国家社科基金青年项目(15CZW037)结项成果

中国语言文学
一流学科建设文库

北宋党争与石刻

罗昌繁 著

图书在版编目（CIP）数据

北宋党争与石刻/罗昌繁著. —北京:中华书局,2024.1
（2024.8重印）
ISBN 978-7-101-16411-4

Ⅰ.北… Ⅱ.罗… Ⅲ.①政治斗争-历史-研究-中国-北宋
②石刻-文献-研究-中国-北宋 Ⅳ.①D691②K877.404

中国国家版本馆 CIP 数据核字（2023）第 214921 号

书　　　名　北宋党争与石刻
著　　　者　罗昌繁
责任编辑　葛洪春
责任印制　陈丽娜
出版发行　中华书局
　　　　　（北京市丰台区太平桥西里 38 号　100073）
　　　　　http://www.zhbc.com.cn
　　　　　E-mail:zhbc@zhbc.com.cn
印　　　刷　三河市中晟雅豪印务有限公司
版　　　次　2024 年 1 月第 1 版
　　　　　2024 年 8 月第 2 次印刷
规　　　格　开本/920×1250 毫米　1/32
　　　　　印张 11⅞　插页 2　字数 300 千字
印　　　数　1501-2300 册
国际书号　ISBN 978-7-101-16411-4
定　　　价　78.00 元

目　录

图表目录

绪　论

　　彻夜西风撼破扉,萧条孤馆一灯微。

　　家山回首三千里,目断天南无雁飞。①

　　据南宋入元的蒋正子说,这首诗是宋徽宗被虏后于北上途中题壁所作。三千里之外的家山此生无缘再见,就连家国之思也没有一只南去的大雁可以携带过去。从陛上龙变为阶下囚,徽宗的反转人生如同被戏剧化一般。

　　君臣被虏,宋室南迁,引发多少喟叹,生活在两宋之交的陈长方也是扼腕者之一,当他生活在那个依旧被称为"宋"的国度里,再回头看逝去不远的历史时,濡墨挥毫写下了如下几句话:

　　等是名丹籍,谁知品月多。

　　蚖龙同在肆,玉石共沉河。

　　摧折人材尽,消磨岁月过。

　　厉阶生已甚,龟鉴莫蹉跎。②

写完上面这首诗,陈长方心中是余怒未消? 抑或是面部潸然? 或许都有吧。这首诗乃针对北宋晚期元祐党籍碑事件而发,此事件

---

① 蒋正子《山房随笔》,《知不足斋丛书》本。

② 陈长方撰,许沛藻整理《步里客谈》卷上,《全宋笔记》第四编,大象出版社,2008年,第4册,第7页。

是北宋晚期朝廷政治局势恶劣化的重要表征。北宋政治发展到徽宗朝，数党交攻，相互倾轧，对立者如冰炭不容，无论贤奸，皆如"玉石共沉河"，此时发生士大夫贬外至死、家族成员被禁锢不得入仕的情况，甚至出现部分士大夫家族几近覆灭的局面。因掌权者"摧折人材尽"，很大程度上加速了北宋的灭亡。后人谈及这段历史时，大都离不开两个字的探讨——"党争"。

宋代文史研究中，党争主题颇受关注。宋史研究中，围绕党争的士大夫政治文化讨论是一个重点与热点，尤其涉及庆历新政（范仲淹新政）与熙宁变法（王安石变法）时，都绕不开党争主题，相关论著较多。此外，为人熟知，王水照论及宋代文学研究时有"五朵金花论"①，其中一朵即"文学与党争"，学界对这朵"金花"的浇灌较多，故其生机勃勃，已然散发出沁人心脾的香味。如沈松勤用力颇勤，成果颇丰②，是培育这朵"金花"的优秀"园丁"。

略习宋代文史者皆知，自宋仁宗朝范仲淹以后，北宋著名文人大都卷入党争漩涡，足见北宋中晚期党争与士大夫政治生活的密切联系。本书选择北宋党争视角，以此观照石刻文献，力图拓广、掘深石刻文献与党争的相关研究，希望本书的研究能为"金花"的继续盛开贡献一些营养，能促发一丝沁人心脾的香味，不必馥郁，淡雅也好。

一、党争视域与石刻文献的多重属性

石刻作为一种文献载体，具有保存文献的长久性，材料的易

①2011年9月于开封召开的第七届宋代文学年会上，王水照提出了宋代文学研究的"五朵金花论"，强调文学与科举、地域、党争、传播、家族等主题的相关研究。
②如沈松勤《北宋文人与党争》，人民出版社，1998年初版，2004年增订本；《南宋文人与党争》，人民出版社，2005年。

得性等优势,故而我国自古以来多加利用,并由此产生了多种石刻
文体,如神道碑、墓表、墓志铭、题名、题记、功德碑、宫观寺庙碑等
等,形成了丰富的石刻文化。从党争视域看石刻文献,可发现它们
除了具备石刻的共性特征,还能呈现特殊风貌,带有时代印记。本
书开端,先联系党争视域对石刻文献的多重属性简述如下。

(一)生成过程性

论及石刻文献的生成,既可指物质形态石刻的生成,也可指文
本形态石刻的生成。石刻文本形态的生成常以物质形态的生成为
基础,因为往往首先存在石刻物质形态的需要,由此催生文本形
态。当石刻物质形态生成之后,石刻手稿也可能被收入作者文集,
收入之前或全无更改,或有修订,从而形成了新的文本形态,而物
质形态的石刻也常会被拓印成图流传于世,此也属石刻文献的文
本形态。

就石刻文献物质形态的生成而言,其产生过程复杂,参与人
员多样。一般而言,一种丧葬性物质石刻的产生,有墓主、丧家、作
者、书丹人、石工等人的联合参与,当这种物质石刻再变为文本形
态时,还涉及拓工,甚至碑估,以及版刻刻工与书商的参与。可见,
石刻文献的生成涉及人员复杂。而记录党争的石刻文献的产生,
其中每一类人员都可能与党争有涉,故而从党争视域考察石刻文
献,需要关注石刻的生成过程性,这与以往将石刻文献作为一种静
态的文本只去关注作者不同,本书尽量全方位地、动态地考察石刻
文献的生成。

(二)物质应用性

石刻具有石上鸿爪的物质形态与纸上春秋的文本形态,其双
重形态属性异于一般的传世纸质文献。中国物质文化史上,石刻
文献占有重要席位,它曾作为食器、礼器、饰器、葬器等形式存世,

具有丰富的应用功能:石刻文献可作为葬器的物质实体而存在,如墓志铭、神道碑作为石刻文献之大宗,分别被埋入地下与树立地表,作为标记墓圹、讴功颂德功用而存在;还如宫观寺庙碑的实体林立于宫观殿宇内,大书深刻着历经千百年沧桑的馆室殿宇的建造、重修、捐资等情况;而作为物质实体存在的石刻题名、题记,主要保留着游记者的旅行足迹以及相关事迹。北宋党争时期,石刻的物质应用性也被士大夫主动运用,除了常见的丧葬性碑志运用与游记性题刻运用,还出现了利用石刻物质不朽性与传播性全国立党籍碑的事件,这些皆是本书关注的范围。

(三)文本复杂性

前已述及,石刻手稿或多被传抄、刻印到纸质文献流播当时与后世,此外,石刻物质形态还能被拓印成文本流播开来。传统文献分类中,石刻作为金石的分支而存在,因利于证经补史,故具有重要的文献意义。从党争视域来看石刻文本,更可见其复杂性与特殊性。

就北宋党争记录而言,有石本与纸本的双重政治书写。党争视域下石刻文献文本形态生成机制较为复杂,涉及人员较多,单就作者创作石刻文献手稿而言,就体现了文本生成的复杂性。以碑志为例,一方碑志的实物产生,以作者创作为基础。其文本的生成是一个复杂的动态过程,一篇碑志不可能一蹴而就,往往经过作者反复修改最终定稿,这个反复打磨的过程就受到党争环境的影响,甚至可能出现因为碑志创作反过来酿成党争的情况,体现了党争与碑志的交互式影响。

众所周知,作者修订文稿的过程很难考察,因为流传下来的是碑志定本,作者手稿与相关拓片早已湮没无闻。且收入作者文集的集本碑志与深埋地下或树立地表的石本碑志,其文本也并非完

全一样。所以说,研究党人碑志往往只能无奈地面对传世定稿,而
缺少手稿、拓片与定稿的异文比对。异质文本的缺少,使得动态的
石刻创作过程趋于简单化、静态化了,从而导致了研究的相对单一
化。尽管这一缺陷无法完全避免,但本书仍然尽力考察其生成的
过程性与复杂性,择相关石刻文献做动态的比对考察。

　　近年来,柯马丁提出的文本的流动性(fluidity)①概念颇受关
注。虽然此观点主要针对先秦两汉文献而言,但若以此概念观照
北宋党争背景下的碑志产生,抑或有不同的认知。党争时期,碑志
文本也具有流动性,不同作者或同一作者笔下的碑志文本可能存
在影响与联系,同一类型或不同类型②的碑志文本叙事也许相似,
也许截然有别。因此,在党争视域下考察不同作者的碑志文本,以
及考察同一作者的不同时期的碑志文本就显得极为必要,这是考
察党争背景与碑志文本创作交互式影响的较好选择。

　　(四)政治相关性

　　石刻文献中,有关士大夫的传记类碑志文献与政治联系非常
紧密。铭功、扬善、彰美乃传记类碑志的主要功用与目的,塑造人
物不朽是碑志的传统使命,但到了北宋却有所改变,士大夫碑志除
了塑造不朽,还一定程度上成为政治代言的工具。

　　碑志发展到北宋,从单一的塑造不朽上升到政治代言较为明

---

① 文本的流动性概念由汉学家柯马丁(Martin Kern)提出,此观点认为与后来的
　文本拥有相对稳定、明确的形态和边界不同,早期文本往往是零碎的、互相影
　响的,同一类型的文本可以以不同形态大量出现于不同的语境之中。见柯马丁
　《方法论反思:早期中国文本异文分析和写本文献之产生模式》,陈致主编《当代
　西方汉学研究集萃》(上古史卷),上海古籍出版社,2012年,第356页。
② 传统将碑志合称,将其视为同一类型文本。但又因碑志分别被立于地表或埋入
　地下,具有文体差异性,又可将其视为不同类型的石刻文献。因此,可对不同作
　者或同一作者笔下的碑与碑,志与志,碑与志比较研究。

显。晋唐士大夫碑志,篇幅多以数百字到千余字为主,两三千字篇幅者罕见,但北宋士大夫碑志中,过千字的所在多有,五六千字大篇幅亦属常见。篇幅的扩大利于容纳更多的文字信息,更利于详细记载墓主的政治履历与仕宦生活,所以其政治相关性异常明显。此外,北宋晚期党籍碑本就是政治斗争的产物,其政治相关性自不待言。

　　碑志是记录墓主事迹、相关人物活动的第一手史料,这种史传性文体在党争这种特殊的文化语境下产生,必定印有时代印记,带有时代文化特色。因此可以从与传统诗文等不同角度挖掘党人心态,了解特殊政治生态环境下碑志的书写特色,能够更加清楚地认识北宋党争。此外,相关石刻题识的大量出现,与北宋党争造成的贬谪活动有关,考察相关石刻题识,对北宋党争与贬谪活动的认识亦有参考价值。

二、学术史简述、创新意义与相关概念界定

　　在本书正文之前,有必要做学术史回顾,同时对相关概念进行界定,如此更有利于了解本书的研究思路与论述过程及创新意义。本书以"党争与石刻"为主要研究对象,故而先分别对北宋党争研究与北宋石刻文献研究做概述,然后概述"党争与石刻"的直接相关研究。

　　(一)学术史简述

　　先看北宋党争的相关研究。

　　目前,有关北宋党争的文史研究已经较为成熟。史学中的党争研究,主要利用传世史著(正史、编年史、纪事本末体史书等)与文人文集,以及笔记小说等来探讨,文学与党争研究中,主要通过文人文集中的诗词与文章予以考察,同时也兼顾传世史著的运用。

　　北宋党争研究的相关成果可分为著作与论文(又可分为单篇期刊论文、辑刊论文与硕博论文)两大类。先看著作类,有关北宋党争的研究早在王桐龄《中国历代党争史》①中就有涉及,但该书简述历代党争,未专深探讨。朱子彦、陈生民《朋党政治研究》(华东师范大学出版社,1992年)亦有专章涉及,然亦相对简略。真正以北宋党争为专题的研究著作,以罗家祥、沈松勤、巩本栋、萧庆伟等人的研究为主,这些成果主要集中在历史学、文学、政治学等研究层面,主要有以下几种。

　　庆振轩《两宋党争与文学》(敦煌文艺出版社,1993年)主要收集了一些会议论文与刊物论文,以及作者曾经开设的选修课的部分讲稿。此书主要谈及两宋党争的起因、特点,及党争对宋代散文、宋词创作的影响;罗家祥《北宋党争研究》(台北文津出版社,1993年第1版。华中师范大学出版社2002年再版,稍加修订,改名为《朋党之争与北宋政治》)从史学角度出发,对北宋朋党观、北宋政治的发展与北宋党争的关系,熙宁、元丰时期的党争,新旧党争,崇宁党禁等一系列问题作了较为深入的研究,乃史学界有关北宋党争研究的首本专著;何冠环《宋初朋党与太平兴国三年进士》(中华书局,1994年第1版)以北宋太平兴国三年的登科进士群体作为研究个案,探讨了同年进士结党的现象;沈松勤《北宋文人与党争——中国士大夫群体研究之一》(人民出版社,1998年第1版。2004年增订版无副标题)较为全面系统地研究了北宋党争,着重探讨了党争对文人士大夫的深刻影响,涉及了文史的双重考察。

---

① 王桐龄《中国历代党争史》(北平文化学社,1922年初版,1928年再版,1931年三版),原著以浅易文言文撰写。21世纪以来,多家出版社以各种形式(重印、译著、图文等)再版。

"这部著作系统而深入地论述了北宋党争的时代背景、起因、过程及其对北宋政治文化等多个层面的影响,着重剖析了在此长达半个多世纪的朋党交讦中集官僚、学者、文人三重社会属性于一身的北宋士大夫们的心灵历程,从一种全新的视角阐释了他们性格深层所蕴涵的文化底蕴,从而揭示出北宋文学发展与流变的内在脉络及深层动力。"[1]萧庆伟《北宋新旧党争与文学》(人民文学出版社,2001年)主要集中探讨新旧党争期间党争与文学的相关问题,如党争与文祸,党争与诗话,党争与文人仕履,党争与文人心态等问题;刘学斌《北宋新旧党争与士人政治心态研究》(河北大学出版社,2009年)试图从政治文化的角度,探讨北宋士大夫在党争中的心态,以及党争造成国是屡变、政局动荡的原因,惜乎乏善可陈。

　　另外,有关北宋党争研究的单篇期刊与辑刊论文中,既有从宏观层面探讨党争原因与影响的,也有集中在个案层面的相关研究。涉及了历史、文学、政治等学科,主要关注的是历史人物在党争视域下的政治表现、文学成就、贬谪心态等问题。

　　有关北宋党争宏观层面的原因探讨、历史影响等,主要有如下几种。罗家祥《试论两宋党争》(《华中师院学报》,1984年第5期)从宏观层面论述了两宋党争的特点,以及对社会经济等方面的影响;罗家祥《元祐新旧党争起因探源》(《江汉论坛》,1985年第9期)论述了元祐党争的产生远因、近因与思想根源;王曾瑜《洛、蜀、朔党争辩》(《尽心集——张政烺先生八十庆寿论文集》,中国社会科学出版社,1996年),认为将程颐、苏轼被台谏官员等人攻击完全纳入党争背景做考察是不符合史实的,元祐时期的政争情况复杂,

---

① 刘成国《宋代文学研究的新创获——读〈北宋文人与党争〉》,《浙江社会科学》,2000年第2期。

不能简单认为元祐时反变法集团内部斗争形成了洛、蜀、朔三党。诸葛忆兵《洛蜀党争辨析》(《南京师大学报》,1996年第4期),认为党争的缘起不仅是因为程颐和苏轼学术思想的不同,更重要的原因是二人性格上的极大反差。其争逐的焦点并非政见有异,而是各报私怨,且洛、蜀二派成员不多,其之所以被夸大,与朔党势力的操纵有关;萧庆伟《论熙丰、元祐党争的文化背景》(《漳州师院学报》,1998年第1期)认为北宋儒学的复兴和南北文化的冲突导致了党争的产生;萧庆伟《熙丰、元祐党争的特质及其蜕变》(《赣南师范学院学报》,1998年第4期)认为熙丰、元祐党争是古代政党政治萌芽的重要标志,但由君子小人之分所引发的道德评价和人格区分,却导致了北宋新旧两党由政见之争向意气倾轧的转化与蜕变。近年,王启玮《范、吕党争与北宋政治文化的转型:基于政治修辞的考察》(《中外论坛》,2020年第1期)一文,是从党争修辞角度看政治,这对庆历政治文化的探讨具有促进意义。

有关北宋党争与文学的探讨,是北宋党争相关研究的重点,代表性论文如下。

程千帆、周勋初、巩本栋《北宋党争与文学》(《文献》,1991年第4期)从宏观层面探讨了党争对北宋文学的影响;庆振轩《论两宋党争对宋诗的影响》(《兰州大学学报》,1993年第1期)则具体论述了党争对宋代诗人生活经历、创作心态、创作内容、艺术风格的影响;沈松勤《两宋党争与"江西诗派"》(《中华文史论丛》,2009年第1期)认为"江西诗派"首先是由政治上的党争分野而成的一个文人群体,其次才是文学意义上的一个诗歌流派;张剑、吕肖奂《两宋党争与家族文学》(《中国文化研究》,2008年第4期)以家族为例,探讨了家族成员在党争中的表现,以及党争对家族文学的影响。除了常见的北宋党争与诗歌、文章的相关研究,在涉及文体方面,还出现了杂剧、辞赋、笔记小说等。如庆振轩《宋代杂剧与两宋党争简论》(《郑州大学学报》,2012年第1期)、刘培《两宋之际的党争与辞赋创作》(《南开学报》,2012年第3期)、程国赋、叶菁《北宋新旧党争影响下的笔记小说创作》(《陕西师范大学学报》,2016年第6期)则分别就宋代(或北宋)党争对杂剧、辞赋、笔记小说的创作影响做了相关探讨。

需要提及的是,上述单篇期刊论文中,其中罗家祥、沈松勤、萧庆伟的部分论文收入了作者有关党争研究的著作中。

在探讨北宋党争与文学的个案研究中,不少单篇论文都将一位文人置于党争背景之下进行探讨,以期明白党争造成的文人处境与心态对文学创作的影响。如喻世华《"为"与"不为"——论苏轼在元祐党争中的处境、操守与选择》(《中国矿业大学学报》,2011年第4期),相对而言,这一类论文研究具有同质化倾向。

此外,还有肖永明《北宋新学理学的对立与新旧党争》(《求索》,2001年第5期),从学术思想的对立来看新旧党争,论述了新学理学的对立与新旧党争的联系与区别。

有关北宋党争的硕博学位论文,也与期刊论文的关注点类似。从政治制度层面探讨党争产生的原因与影响,是北宋党争研究的一个重要关注点。如台谏制度与党争的相关研究,有蒋启俊《元祐党争中的台谏研究》(暨南大学2006年硕士论文)、刘杰《北宋台谏制度与党争问题研究》(山西大学2011年硕士论文)、荀扣《北宋台谏与党争研究》(浙江师范大学2019年硕士论文),这些硕士论文大都论述了台谏官员涉足党争的情况,具体探讨了台谏官员与宰执之间的矛盾,以及台谏官员利用监察职能在党争中的具体表现等问题。还有将科举制度与党争联系起来的相关研究,如叶晋晋《北宋党争对科举改革的影响研究》(河南大学2010年硕士论文)

论述了北宋党争如何影响科举改革,以及科举改革在党争干扰下的实际效果如何。

将历史人物置于党争背景下做历史学、政治学层面的探讨,是硕博学位论文中有关北宋党争研究的另一个重要方向。如熊鸣琴《曾布与北宋后期党争》(暨南大学2004年硕士论文)、张欣《刘挚与北宋中后期的党争研究》(河北大学2006年硕士论文),这都属于历史人物个案与时代背景相结合的研究。女主政治向来是宋史研究的重点之一,从女主与党争角度出发的选题也属此类。如贾保倩《从向太后垂帘论北宋女主在党争中的政治角色》(浙江大学2009年硕士论文)、尤婵婵《北宋中后期太后与新旧党争》(首都师范大学2013年硕士论文)即主要探讨了太后在党争中的重要作用与具体表现。还有将某一党派集团置于党争大背景下做探讨的硕博论文,如李真真《蜀党与北宋党争》(山东大学2007年硕士论文)、李真真《蜀党与北宋党争研究》(山东大学2010年博士论文)的相关探讨即属此类,不赘述。

将历史人物置于党争背景下做文学层面的探讨,也是有关北宋党争的硕博学位论文的重要研究方向。其中苏轼、苏辙兄弟与"苏门四学士"、周邦彦是重点关注对象。如訾希坤《论苏辙诗文创作与北宋党争》(陕西师范大学2007年硕士论文)、马琳《论北宋"新旧党争"下的苏轼诗歌创作》(河北大学2016年硕士论文)、王伟《新旧党争与秦观词风嬗变关系研究》(陕西师范大学2005年硕士论文)、刘红红《绍圣以后党争与张耒后期诗歌创作》(陕西师范大学2007年硕士论文)、曹月萍《党争视域下的清真及其词作研究》(杭州师范大学2019年硕士论文)等等,较之而言,这些论文研究具有同质化倾向,但对了解相关文人生平与文学创作的关系略有助益。而王梅《宋代笔记所述党争及其士风》(首都师范大学

2011年硕士论文)将论述文体限定在笔记体,这不同于以往的诗文研究,惜乎未及深入探讨。

由上可见,与单篇期刊、辑刊论文对北宋党争的关注类似,硕博论文也主要从著名文人与党争、台谏与党争、女主与党争、科举与党争等主题出发,对北宋士大夫在党争中的政治表现、文学成就、贬谪心态,以及党争与选举制度等做专门探讨。

此外,有关庆历新政[①]、王安石变法[②]的研究,也多涉及党争探讨,相关文献较多,兹不赘举。

再看北宋石刻文献的相关研究。

传统的石刻文献研究主要是碑志研究,文史学界对其关注的焦点在魏晋南北朝隋唐时期,宋代碑志研究还有较大空间可掘。[③]以往的北宋石刻文献研究多集中在文字学、金石学层面,以及宋史学界对其史料价值的运用上。叶昌炽访碑近万种,其《语石》云:"宋墓志新旧出土者,视唐志不过十之一,元又不逮宋之半。"[④]此前宋代碑志出土相对少,故而史料价值大,近年来,宋代碑志出土渐多,亦渐受关注。关于北宋碑志的研究概况,全相卿《北宋墓志碑铭撰写研究》(中国社会科学出版社,2019年)绪论已有较为详细的介绍,可资参考,本书不赘述。

要之,上述有关北宋党争的论著研究在讨论北宋党争时,多利用传世史著,如《宋史》《续资治通鉴长编》《宋会要辑稿》等,以及

---

① 可参张俊英、邹璇《近60年来庆历新政研究的回顾与反思》,《社会科学动态》,2019年第1期。

② 可参李华瑞《王安石变法研究史》,人民出版社,2004年。

③ 宋代碑志的研究空间颇大,学界有共识,如包伟民说"宋代的碑铭肯定比唐代要多,但是目前那些材料还未受到它们应有的重视"(包伟民、戴建国主编《开拓与创新:宋史学术前沿论坛论文集》"序言",中西书局,2019年,第4页)。

④ 叶昌炽撰,姚文昌点校《语石》卷四,浙江大学出版社,2018年,第118页。

传世诗文集中的诗词、政论文或辞赋等文体,罕涉党争与碑志的专门考察。即在涉及文体方面多无关乎石刻文献,主要以传世史著与传世诗文集为参考文献加以探讨。

与本书研究主题相近的研究,即将北宋党争与石刻联系起来进行的专门研究,主要有以下成果:

从石刻研究党争,目见所及,这一研究路向似乎从日本学界发端。近藤一成《王安石撰墓志を读む——地域、人脉、党争》(《中国史学》第7期,1997年)开始从墓志看党争;平田茂树《从刘挚〈忠肃集〉墓志铭看元祐党人的关系》(2003年台湾"宋代墓志史料的文本分析与实证运用"会议论文,后收入其著作《宋代政治结构研究》,上海古籍出版社,2010年),主要从刘挚《忠肃集》中的墓志铭出发,探讨了刘挚的日常关系网。

需要重点提及,有别于日本学者从墓志个案看党争,刘成国《北宋党争与碑志初探》(《文学评论》,2008年第3期)是第一种从宏观层面专门探讨北宋碑志与党争的成果。此文对党派立场与碑志创作的相互影响,党锢对碑志创作的影响,以及党争中碑志创作的修辞策略等问题进行了初步探讨,富有重要的启发意义。受刘文启发,罗昌繁《北宋党争与党人碑志研究》(华中师范大学硕士论文,2011年)对"党争与碑志"主题进行了相对系统的研究,该文主要在碑志撰写策略等方面进行了初步挖掘,并对党人碑志做了相关统计。仝相卿《宋代墓志碑铭撰写中的政治因素——以北宋孔道辅为例》(《河南大学学报》,2015年第5期)以孔道辅碑志为个案,探讨了宋代墓志铭中所受的政治因素影响,解释了对同一墓主生平书写产生的差异是由于不同作者撰文时间和所属政治派别的不同。张经洪将眼光移动到南宋,其《庆元党禁与南宋碑志文书写》(《河南大学学报》,2020年第2期)论述了庆元党禁对碑志文创作的影响。

　　从碑志个案探讨北宋党争的成果，主要集中在党争视域下经典石刻个案的相关研究。其中，欧阳脩为范仲淹撰写的神道碑成为关注的热点。21世纪以来，刘德清首开先声，《范仲淹神道碑公案考述》(《西南交通大学学报》，2005年第1期)认为吕、范解仇属实；王水照《欧阳脩所作范〈碑〉尹〈志〉被拒之因发覆》(《江西社会科学》，2007年第9期)，亦对欧阳脩所作《范文正公神道碑》与《尹师鲁墓志铭》被丧家婉拒的原因做了考察，谈及了吕、范之争和古文发展史的相关问题。围绕碑志背后的吕、范之争问题，后来陆续有相关论文做探讨。如全相卿《欧阳脩撰写范仲淹神道碑理念探析》(《史学月刊》，2015年第10期)认为范碑不能作为吕、范解仇的根据；李贞慧《史家意识与碑志书写——以欧阳脩〈范文正公神道碑〉所书吕、范事及其相关问题为讨论中心》(《清华学报》新45卷4期，又收入其著作《历史叙事与宋代散文研究》，中国社会科学出版社，2015年)，继续对《范文正公神道碑》所书吕、范事做了考察，认为欧阳脩本着"言天下之公"的高度与史家意识进行创作，其"互见"的创作概念对北宋中后期党争时期的创作也有深远影响；东英寿《新发现欧阳脩书简与周必大、朱熹关于范仲淹神道碑铭的论争》(《华南师范大学学报》，2019年第1期)，则通过新出书简，探讨了周必大与朱熹关于范碑的争论，阐明新出书简的重要意义。此外，其他党争视域下经典石刻个案的探讨不多，如许浩然《从应制之作到"不朽"之文——政治语境与文化语境中的苏轼〈上清储祥宫碑〉》(《四川大学学报》，2021年第1期)，考察了作为词臣工具与文坛领袖两种身份的苏轼的《上清储祥宫碑》，分别在政治语境下与文化语境下的接受差异。诸如此类的考察，进一步推进了北宋党争与石刻研究。

（二）创新意义

上述几项"党争与碑志"的直接相关研究，已在多方面有肇端
意义。本书将研究主题从"党争与碑志"扩展到"党争与石刻"，不
仅是文体拓展造成了研究空间的扩容，还有参与人员、实体与文
本、重要专题个案等多方面的格外关注。本书详人所略，略人所
详，力争对北宋"党争与石刻"做更深入、更多元的探讨。本书最重
要的创新意义有如下三点。

1. 文体拓展研究：石刻题识的专门考察

以往的党争与碑志研究，尚未拓展到石刻题识（题记、题名
等）等其他石刻文献上，故而在石刻文体方面仍有拓展空间。即传
统学术研究重碑志，轻石刻题识，本书对碑志与石刻题识在文体上
分清畛域，但在史料意义上等量齐观，不偏废其一。

本书首次对石刻题识做概念界定，并且在大量数据统计的基
础上对整个北宋石刻题识进行观照，对其中留存石刻题识最多的
苏轼、黄庭坚、蒋之奇、曾布四位士大夫的石刻题识进行专章专节
考察。故而可对北宋石刻题识的主要内容、分布地域、体现的士大
夫心态有所了解，也由此窥探整个古代不同于文章、日记等纪游文
献的石刻题识的特殊面貌。

2. 人物多元观照：书丹人与石工的考察

以往的石刻研究，关注的主要是碑志文献的作者与墓主及丧
家，而对于与碑志有关的书丹人、石工却罕见留意，此尤其值得填
补。本书对党人碑志的书丹人的惧书行为进行初探，限于书丹行
为的具体记载极少，相关研究难以深入，但从书丹行为来看党争，
庶几对其有些许新的认知。

传统北宋党争研究，着眼点主要是士大夫、武将与帝后，本
书除了关注他们之外，视角还转向小人物——石工，这是"眼光向

下",希望转变视角,"自下而上"对北宋晚期党争中的社会舆情与南宋的党争叙事立场做探索,这样会一定程度拓展北宋晚期政治史研究的视野。对于石工而言,因为他们是小人物,传世典籍几乎很少记载他们,所以学界研究主要集中在石工名录的辑佚上,少有系统深入的研究问世。本书钩沉索隐,联系时代背景来探讨石工,一定程度上有利于了解石工的生存状态,尤其是在政治大背景下的探讨,利于了解小人物的政治立场。

3.重要个案研究:元祐党籍碑的深入考察

以往的党争与碑志研究,已对党人碑志做了一些观照,但对北宋晚期著名的元祐党籍碑的研究还极为不够,这也是"党争与石刻"的范畴,非常值得纳入考察。作为文本文献的《元祐党籍碑》只有近千字,学界对其已有的关注只是停留在简单介绍其静态的版本形态,未深入挖掘。其实,党籍碑事件的经过、对党人家族的影响、《元祐党籍碑》版本的动态形成等等,都是尚待填补的空白。基于此,本书以专章形式探讨这个重要个案,花较大篇幅进行深入研究。另外,笔者通过搜集存世的党籍碑拓本,并比对多种传世党籍碑文献版本,最终基本考实并还原了党籍碑的原初版本名单,考订的名单附于书后。

综上所述,此三点可算是本书填补相关空白的意义所在。此外,本书还对石刻政治文化有所观照,尤其体现在徽宗朝的石刻政治文化的关注。除了传统的文史研究,本书还尝试援引心理学等研究路数,以期对石刻文献的深入研究略有助益。

(三)重要概念界定

贯穿全书的重要概念界定如下:

1.党争、朋党、党人

党争、朋党、党人等概念自古以来就具有贬义及否定意味,目

前学界无法以一个中性概念予以定义,研究人员仍然习惯在中性
意义上使用这些概念,本书亦如此,使用诸概念时,没有贬义及否
定之意。本书论及北宋政治与石刻文献,乃以古论古的纯学术研
究,并不关涉近现代乃至当代政治现象,这是需要特地说明的研究
背景与研究立场。

　　本书所谓党争,限定在庆历党争与新旧党争,涉及北宋中晚期
近百年的历史。党争是指士大夫为了政治主张和政治利益而结成
党派互相攻击,士大夫一般指责政敌为党,而不承认自己结党,是
为"君子无党",如王安石曾不承认自己结党,但他确有结党之实。
党人是指卷入党争的士大夫,无论其自身是否承认有党,或者是否
有结党之实,只要政敌指其为党人,或与党争有较为直接的关系,
本书皆视为党人,纳入考察范围。

　　2.北宋党争

　　北宋党争主要指庆历党争、新旧党争。王夫之《宋论》云:"朋
党之兴,始于君子,而终不胜于小人,害乃及于宗社生民,不亡而不
息。宋之有此也,盛于熙、丰,交争于元祐、绍圣,而祸烈于徽宗之
世,其始则景祐诸公开之也。"① 庆历党争之前存在景祐党争,吕夷
简等人以"朋党"及"离间君臣"之名击败范仲淹一党,直到庆历新
政引发了新一次的更大范围的党争,即所谓的庆历党争,广泛的庆
历党争范围一般都扩大到之前的景祐党争。庆历党争涉及的人数
相比新旧党争要少得多,其持续时间也短得多,这次党争主要发生
在仁宗朝,但其真正拉开了北宋党争的序幕。庆历党争由范仲淹
新政引发,但在此前几年间也存在过明道废后之争和景祐党争,它
们是庆历党争的前奏或开端。谈及庆历党争,一般都会谈到之前

---

① 王夫之撰,舒士彦点校《宋论》卷四,中华书局,1964年,第86页。

几年发生的明道废后之争(明道二年,1033)和景祐党争(景祐三年,1036),因此,本书在谈论庆历党争时,指的是广义上的庆历党争,即以明道废后之争和景祐党争为开端的庆历党争,而不是单指庆历年间的党争。新旧党争由王安石变法引发,前后主要经历神宗、哲宗、徽宗三朝,对北宋政治影响甚大。新旧党争大致经历了熙丰(熙宁、元丰)、元祐、绍圣以来几个阶段。总的来说,关于北宋党争的大致年限,主要是北宋中后期,时间跨度从仁宗朝到北宋末前后约一个世纪。党争中党人党派立场问题复杂,并非截然二元对立,而是纷繁变化,但本书部分表格对党人党派立场(如对吕、范两党碑志的统计)的划分,一般遵循是此非彼,而在分析具体问题时,则以变化发展的辩证眼光对待。

3.石刻文献

石刻文献一般分为传世文献与出土文献。传世文献中,如各种史料中的碑志文献,还如石刻题识文献,即与石刻有关的题记、题名、题诗等纪游性质文献。出土文献亦包括碑志文献与题识文献。出土文献是一个相对概念,本书所谓出土文献主要有两类,一指未收入宋人文集且未被历朝金石文献收录的石刻文献,即未被传世文献收录,它们主要在现当代以出土报告、石刻拓片等形式出现。还有一类是既被传世文献收录,但今又出现出土实物者。本书所谓传世文献,主要指1919年之前的古籍文献,但由于碑志文体的特殊性,其若有出土情况,在1919年之前的若干金石志中录有实体碑志,这一类有时候不作为传世文献考察,故因具体情况而对传世石刻文献定义不同,具体见章节注脚。

碑志文献,文体学上一般称为"碑志体"或"墓碑体"。碑志文体一般分为两类:一类包括记事碑、功德碑、宫观寺庙碑、摩崖碑等;另一类为丧葬性传记类碑志文,包括神道碑、墓碑、墓表、阡表、墓碣、墓志铭、墓砖铭、圹铭、圹志、塔铭等,这一类主要是记载墓主生平事迹德行的,为丧葬文体的重要组成部分。本书所言的碑志主要是第二类,即作为丧葬文体的神道碑、墓志铭等。"碑"与"墓志"的起源、功能、内涵等不尽相同,在文体学上,"碑志"作为一个词出现时,主要是指丧葬文体,它们本质上没有太大差异。本书统言碑志时,主要是从丧葬文体方面做整体考虑,而不对碑、志之间的具体区别进行强调,但具体到相关论证中,也偶有将碑、志区分对待,详见书中论述。另外,文体学上还有"传状体""哀祭体"等分类,"传状体"一般是指记述人物生平的传、行状等,而"哀祭体"一般指祭文、吊文、哀辞、诔词等。多数人将碑志、传状、哀祭分开,如姚鼐编《古文辞类纂》分传状、碑志、哀祭为三类。也有人将碑志与传状合称,名为"碑传体"或"传志体",如曾国藩编《经史百家杂钞》合其为一类曰"传志类"。由于碑志相对于传状会入石刻碑,故而本书着重讨论"碑志体",对于"传状体"与"哀祭体"等不入石之文也有所涉及。

4.党人碑志与党人石刻题识

党人碑志主要分为传记类(即丧葬性碑志)与名单类。传记类党人碑志,既指写党人的碑志(党人作为墓主),也指党人创作的碑志(当然也包括墓主为党人的碑志)。名单类党人碑志,主要指元祐党籍碑,党籍碑因为其特殊性,属于与传记类碑志不同的另一种党人碑志范畴。此外,除了传记类碑志与名单类碑刻,本书所谓党人碑志还包括党人所撰或所书之功德碑、寺庙碑等,即凡党人所撰书碑志,皆予以囊括。

就传记类碑志而言,党人去世后,一般请人创作碑志,作为党人,既可能是碑志的作者,又可能是碑志中的墓主,因此,所谓党人碑志,包括党人创作的碑志,也包括墓主为党人的碑志。因为要

置于党争背景之下考察,本书以墓主为党人的碑志文献为主。石
刻文献中,墓志铭、神道碑、功德碑、寺观碑、塔记、书院题名记、堂
记、厅壁记等属于广义的碑刻范畴,由于它们承载的文字信息量较
大,故而成为石刻研究之大宗。较之碑刻文,那些寥寥数语或仅存
若干字的题名、题记、题字、题诗等石刻文献,除了题诗具有较强的
文体特征之外,其他则几乎异名而同质,后人记载它们时,拟题常
混用,或谓之题名,或谓之题记,或谓之题字,以题名最为常见。这
些石刻文献因信息承载量小,内容简单,文集常略而不记,可统称
为石刻题识。党人石刻题识,或简称为党人题识,主要指党人留下
的石刻题识文献,以及后人重刻的部分党人题识。

　　5.书丹人与石工

　　古人刻石碑志,一般步骤是选石、撰文、书丹、刻石,其中选
石、撰文或先或后,似无一定成规,但书丹之后方可刻石。何谓碑
志书丹? 书丹或称填朱、涂丹、下丹、笔、录等,指将撰写好的碑文
内容以朱砂为颜料(或直接墨书)写在碑石上面,以供刻石之用。
《语石》谓:"盖古人刻碑,或书丹于石,或别书丹而双钩其文以上
石。"[①]此即说明了两种将文字写至石上的方法,书丹与摹勒。摹
勒指先将文字写在纸上,然后用双钩技法勾勒在石头上。广义而
言,摹勒亦可归入书丹范畴。此外,篆额亦是单纯的书写行为,本
书言书丹人时,取其广义,将篆额人也视为书丹人加以考察。

　　上述只对相关重要概念作界定,这些概念贯穿全书,还有一些
概念偶见部分章节,则随文界定,一般见相应脚注说明。

---

① 叶昌炽撰,姚文昌点校《语石》卷六,第219页。

三、何谓石刻文献的多元观照

本书以《北宋党争与石刻》为书名,源自本人申请的国家社科基金青年项目"北宋党争视域下石刻文献的多元观照"(15CZW037)。全书以北宋党争为背景,对石刻文献进行多元观照。何谓石刻文献的多元观照? 归纳而言,既有研究文体的多元,也涉及关注人员的多元,还涉及学科视角的多元。

(一)物质实体与文献文本并观

前已述及,石刻文献具备物质与文本的双重形态。传统研究中多关注文本形态,忽略了物质形态。本书并观二者,除了对党人石刻的文本形态予以重点关注,同时将其物质形态的产生、立毁等纳入考察,这一点尤其体现在元祐党籍碑的立毁过程。

(二)石刻动态与静态考察并观

以往研究将石刻文献作为一种静态的文本,只去关注作者与墓主、丧家,本书尽量全方位地、动态地考察石刻的生成与流播。这一点主要体现在元祐党籍碑的立毁过程与流播,以及少数党人碑志的域外传播。

(三)石刻相关各阶层人物并观

以往的石刻研究多关注士大夫阶层与帝后,而武将、内臣不属文人士大夫阶层,关注度不够,此外匠人阶层,如石工阶层则更罕见关注。本书除了关注石刻之作者与文人士大夫阶层,还格外关注石刻所见之武将、内臣与党争的联系,以及对石刻做出巨大贡献的书丹人与石工阶层。

(四)多学科多视角的研究

传统的石刻研究多将其作为证经考史的材料,以石刻考史的功用尤大,石刻具有遍拾传世文献之余烬,补辑史阙的重要意义。

石刻的千姿百态与单一的补苴罅漏意义形成鲜明对比,石刻文献的多维面相与业已存在的研究偏向存在不对应情况。

　　本书从文献学、历史学、文学、书法学、心理学等视角对石刻文献做多元观照。大致可如下划分:文献学角度而言,主要体现在党人石刻的数据统计(如全书各种表格),以及党籍碑各种版本的比勘(如第五章);历史学研究主要集中在利用石刻题识考订党人生平活动、考察各种党人石刻体现出的言事主题与党派分野、人际关系与党争中的家族命运(如第二、三、四、五、六章);文学研究主要体现在党人碑志的书写策略与奉敕功臣碑志的创作矛盾与张力(如第一章),以及党人石刻题识的宏观考察(如第二章);书法、刻石角度主要集中在惧书行为与石工拒刻行为的考察(如第四章);心理学角度主要集中在宋徽宗的金石情结与碑刻政治的关系探讨(如第六章)。

　　这些学科视角中,文献学与历史学研究是基础,目的在纠谬补史,探微索隐。相关石刻文献可补墓主生平事迹、职官履历、著述流传等。此外还尽力发掘士大夫的创作特色与心态,以及士大夫的政治文化与政治性格等。另外,本书在考察石刻过程中,发现对《全宋文》《全宋诗》等总集可进行一定程度上的补遗,至少可补百余篇(首),限于篇幅与体例,本书未收录这些副产品成果。

　　必须提及的是,各学科视角的界限并非截然分明,特征也非十分明显,而是互相渗透,本书着力对研究对象做综合研究。本书所欲达到的目的,主要是对石刻文献做过程性地、动态地、全方位地考察,同时从石刻反观北宋政治,庶几对北宋党争有更进一步的认知。

四、文献统计、征引与定量分析的说明

本书对研究对象的考察,尽量本着定量分析与定性分析相结合的研究路数,首先基于竭泽而渔式的统计与定量分析,此乃定性分析之基础,从本书所列诸多表格不难看出,在文献基础的全方位统计与宏观把握之上,再择个案进行讨论,有其相对的科学性与合理性。

(一)文献统计与征引的说明

本书除了统计传世文献,还尽力统计出土文献,并大力运用各种石刻数据库。因总集有网罗断章残什的功用,本书以总集为统计文献之渊薮,统计党人碑志时多以《全宋文》等总集为主,但同时亦参考其他文献。在具体引用文献时,则以精校本宋人文集为主。征引具体碑志文献时,一般首先以新式标点的精校本为准,无较善精校本或校本欠佳时,则征引相关影印本(如《宋集珍本丛刊》本、《中华再造善本》本、《四部丛刊》本、影印文渊阁《四库全书》本等),或征引无新式标点的排印本(如《四部备要》本、《丛书集成初编》本)。总的来说,本书所引石刻文献,主要参考了各种传世别集、《名臣碑传琬琰集》、《石刻史料新编》[①]、各种传世地方志、笔记等等。本书统计党人石刻题识(题名、题记等)时,以《宋代石刻文献全编》为主,同时兼及各传世金石文献、地方志、笔记等所载石刻题识。征引具体石刻题识文献时,一般以《石刻史料新编》所收金石文献为主,并兼及其他文献。

[①]《石刻史料新编》(台湾新文丰出版公司陆续影印出版,第1辑30册1977年初版、1982年二版、第2辑20册1979年初版、第3辑40册1986年初版、第4辑10册2006年初版)全4辑共100册,收书千余种,主要传世金石文献概皆囊括。

　　脚注中的参考文献,第一次出现时详细注明版本信息,此后凡引同一版本之文献,则不赘注版本信息。若引用文献时对标点本断句有异议,则在脚注以按语形式标注。

　　(二)相关图表与行文的说明

　　本书在写作过程中,曾经制作大量图表,但限于版面,不得不删除大部分图表,仅保留与论述直接相关的简短表格。一般而言,图表随文而列,所有表格一般在表头位置列脚注说明表格的统计依据。表格与行文中,部分碑志篇名过于冗长,有多达百余字者,为行文简洁,多略写碑志篇名。具体行文中,一般以作者+篇名+(篇名缩写)的形式来行文,如司马光《右谏议大夫吕府君墓志铭》(吕诲墓志铭),括号中的缩写提示墓主姓名,或直接以缩写篇名行文。

第一章　党争与碑志文本：
党人碑志创作与笔法研究

与此前以哀悼为主的创作宗旨不同,北宋士大夫大多本着传记为主的观念创作碑志①,他们还有一些或多或少的碑志创作新观点存在。尤其是碑志大家欧阳脩等人倡导古文运动之后,北宋中晚期的碑志创作出现了若干新特点,如史传成分更多,隶事用典减少,语言更为浅易,叙事更为详瞻,人物刻画更为形象,等等。北宋文人士大夫笔下,碑志文的党争叙事呈现何种面相? 党争压力之下,有人坚持直书,有人曲从避祸,各人或许表现不一,但更多是采取相似的策略完成碑志创作。作者会采取哪些策略以图避祸? 这其中,奉敕创作功臣碑志的作者又会面临哪些矛盾与压力? 本章竭力索解诸问题。

第一节　北宋士大夫碑志创作概述

在探讨党人碑志叙事之前,首先要了解碑志的产生过程。一方碑志的产生,从请铭到创作,最后到立石、刊印是一个动态过程。

---

① 翁育瑄《唐宋墓志的书写方式比较——从哀悼文学到传记文学》,台湾2003年"宋代墓志史料的文本分析与实证运用"国际学术研讨会会议论文。

这个过程关涉人物较多,如墓主、丧家、作者、书丹人、石工、书商等人,本章着重探讨的是作者因素。下面先了解北宋士大夫碑志创作如何取材、传写、刊印。

一、碑志的取材、传写、刊印

北宋时期,碑志成型的过程一如以往,即作者大多受丧家或朋友、学生的请托为墓主创作碑志,并收取一定润笔费。碑志成文后,丧家再请人刻石。碑志创作向来有既定格式,钱泳《履园丛话·考索》之"墓碑"条云:"如墓碑之文曰:'君讳某字某,其先为某之苗裔,并将其生平政事文章略著于碑,然后以某年月日葬某,最后系之以铭文云云。'此墓碑之定体也,唐人撰文皆如此。"①北宋碑志紧承唐人惯例,钱泳所谓"墓碑定体"大体符合北宋碑志的书写范式。不过,北宋碑志已不单是"将其生平政事文章略著于碑",而是对墓主的仕履与人际加以详述。

由于各种迁转制度或政争贬谪、民族战争等外部环境的变化,北宋武将文臣的调动比较频繁,碑志对墓主仕履记叙多有相关迁转记载,这是当时碑志在择人取材方面的一大特色。

首先,从碑志篇名的撰拟来看,北宋士大夫碑志篇名较冗长,尤其是高官碑志。碑志篇名带有墓主官职或勋爵是常例。如北魏的《魏故使持节侍中都督中外诸军事司空公领雍州刺史文宪元公墓志铭》(元晖墓志铭),篇名29字。唐朝的《大唐故宗正卿右翊卫大将军河北道行台左仆射左武卫大将军玄戈军将开府仪同三司上柱国司空公淮安靖王墓志》(李寿墓志铭),篇名48字。这算是宋前碑志篇名中较长者,但它们很少超过六七十字。此外,韩愈等人

---

① 钱泳撰,张伟点校《履园丛话》卷三,中华书局,1979年,第82页。

创作碑志往往不在篇名附带官职,王行《墓铭举例》评《柳子厚墓志铭》云"题不书官,其字重于官也"①。

笔者对《汉魏南北朝墓志汇编》《唐代墓志汇编》以及《全宋文》中碑志篇名进行比较,发现北宋碑志篇名往往有过于冗长的感觉。兹于《全宋文》中选举几例,胪列如下:

杨亿《宋故推诚翊戴同德功臣山南东道节度管内观察处置桥道等使特进检校太尉同中书门下平章事使持节襄州诸军事行襄州刺史判许州军州事上柱国陇西郡开国公食邑一万四百户食实封三千二百户赠中书令谥曰忠武李公墓志铭》(李继隆墓志铭,篇名96字)

王安石《护卫忠果功臣侍卫亲军步军副都指挥使威塞军节度新州管内观察处置等使银青光禄大夫检校司空使持节新州刺史兼御史大夫上柱国始平郡开国公食邑二千一百户食实封二百户累赠太师中书令兼尚书令追封鲁国公谥勤威冯公神道碑》(冯守信神道碑,篇名100字)

胡宿《宋故朝散大夫尚书工部郎中充天章阁待制兼集贤殿修撰知越州兼管内堤堰桥道劝农使提点银场公事充两浙东路屯驻驻泊兵马钤辖温台明越衢婺处州等诸州军并都同巡检兵甲贼盗公事护国军清河县开国男食邑三百户赐紫金鱼袋赠工部侍郎张公墓志铭》(张友直墓志铭,篇名108字)

张方平《宋故推诚保德功臣宣徽南院使安武军节度使冀州管内观察处置等使开府仪同三司检校太傅使持节冀州诸军事冀州刺史兼御史大夫鄜延路马步军都总管经略安抚使判延

---

① 王行《墓铭举例》,影印文渊阁《四库全书》本,台湾商务印书馆,1983—1986年,第1482册,第382页。

州军州事管内劝农使上柱国广平郡开国公食邑五千二百户食
实封一千六百户赠太尉谥曰康穆程公神道碑铭并序》(程戡墓
志铭,篇名120字)

北宋碑志文也往往有"题不书官"的情况,且就《全宋文》所录碑志
文篇名来看,这种冗长的篇名也是占少数,一般被认定为功臣的高
官碑志中因带有功臣号方有冗长的篇名。但这种现象的出现,或
多或少可以说明北宋的职官文化特色已经反映到碑志中。

　　再者,从碑志的具体内容来看,也可以看出北宋碑志创作在取
材方面发生了较为明显的变化。

　　如欧阳脩《翰林侍读学士给事中梅公墓志铭》(梅询墓志
铭)[1],乃为梅尧臣之叔父梅询所作。该墓志铭全文约1400字,约
800字在记叙梅询外迁内调的仕履活动,为官治所变迁频繁,仕途
经历极为丰富,所涉官职多达30余种。又如韩维《程伯纯[淳]墓
志铭》(程颢墓志铭)[2]全文共2800余字,作者花了约2300字记叙
程颢造福于民的政绩,如抑物价、整捐税、治洪水、赈饥民等。北宋
士大夫碑志多以浓重笔墨来渲染墓主的宦游仕履、为官政绩,突出
墓主德行、品格。

　　所以,从碑志篇名与内容来看,都可以看出北宋士大夫碑志在
取材时重墓主仕履与政绩的记叙。

　　魏晋南朝的禁碑政策,使碑志传播受到了较大影响。至隋,长
时间的禁碑时代结束,碑志的流行开启了新的发展机遇。不过,唐
及唐前碑志传播受到了传播载体的较大限制,一般而言,碑志被立

---

[1] 欧阳脩撰,洪本健校笺《欧阳脩诗文集校笺》"居士集"卷二七,上海古籍出版社,
2009年,第730—733页。
[2] 韩维《南阳集》卷二九,影印文渊阁《四库全书》本,第1101册,第754—757页。

于墓旁或埋入地下之后,往往难以广泛流传。但北宋碑志的传写与刊印较之前有了很大不同,至少传播及时性与地域性较之前要快、要广,略有五点原因:

第一,北宋印刷术的改进给碑志的及时传播带来了极大便利。宋代的雕版印刷术、活字印刷术已经相当成熟,使得宋代图书的撰著和流通量远迈前朝。名臣碑志往往出于大手笔,甫经问世就单篇别行传播开来。

第二,碑志也常随文集刊刻而行。唐代文人自编文集的意识性增强,至北宋,又有成熟的印刷术等外部条件,碑志也常被编入文人文集得以刊刻。碑志创作之后,底稿可以收入作者文集,在较短时间内予以刊行。因此,现存宋人碑志多随文集存世。

第三,碑志创作之后,作者常将自己的手稿传示同僚、朋友,以求方家指正,或互相切磋。如欧阳脩在撰写范仲淹碑志时,就将手稿寄予韩琦、富弼等人,以征求修改意见。欧阳脩《与孙威敏公》之二云:

> 昨日范公宅得书,以埋铭见托。哀苦中无心绪作文字,然范公之德之才,岂易称述? 至于辨谗谤,判忠邪,上不损朝廷事体,下不避怨仇侧目,如此下笔,抑又艰哉! 某平生孤拙,荷范公知奖最深,适此哀迷,别无展力,将此文字,是其职业,当勉力为之。更须诸公共力商榷,须要稳当。[1]

之后,欧阳脩又有《与韩忠献王》之十五云:

> 某亦为其子迫令作《神道碑》,不获辞。然惟范公道大材闳,非拙辞所能述。富公墓刻直笔不隐,所纪已详,而群贤

---

[1] 欧阳脩撰,李逸安点校《欧阳脩全集》卷一四五“书简卷二”,中华书局,2001年,第2362页。

各有撰述,实难措手于其间。近自服除,虽勉牵课,百不述一
二。今远驰以干视听,惟公于文正契至深厚,出入同于尽瘁,
窃虑有纪述未详及所差误,敢乞指谕教之。此系国家天下公
议,故敢以请,死罪死罪。①

当朝重臣的碑志要做到"上不损朝廷事体,下不避怨仇侧目",洵非
易事。因此,创作碑志之前咨询朋友、同僚,或碑志初稿完成后征
求他们的建议,这是极有必要的。

　　第四,丧家恐墓主德行泯灭后世,往往希望传扬墓主德行功
业,因此,他们也会争取碑志的流播。刘攽《故将仕郎郡守太子中
允致仕赐绯鱼袋蔡君墓志铭》(蔡□墓志铭)云:"孝子之事,莫重于
葬,葬而垂名后世者,莫重于志铭。"②宋人也认为扬祖功德是子孙
履孝的重要体现。

　　第五,名重当时的大手笔所作的碑志,往往是书商牟利的来源
之一。书贾逐利,经常在碑志问世不久就将其刊刻发行,从而加速
了碑志的传播,碑志也成为更加开放的文本。

　　要之,北宋士大夫碑志在择人取材方面,加重了墓主仕履、政
绩活动的记叙,在传写与刊印方面,也较及时,受众较多。

二、北宋士大夫的碑志创作主张

　　碑志文发展到北宋,士大夫有了一些共识,如碑志史传化、碑
志要实录、碑志异名而实同等。

　　据宋前惯例,从文体功用而言,士大夫碑志与传状的功能有所

① 欧阳脩撰,李逸安点校《欧阳脩全集》卷一四四"书简卷一",第2337—2338页。
② 刘攽《彭城集》卷三七,《丛书集成初编》本,商务印书馆,1935年,第1911册,第495页。

不同。碑志主要是记载墓主名讳、卒葬年月、墓地等信息,以防陵谷变迁、葬地难寻;传状主要记载墓主生平事迹,尤其是仕履活动、学术成就等,以备考功拟谥,或备作碑志与修史之用。

　　至宋初,仍有人认为应将碑志与传状明确区分。如张贺《大宋故推忠翊戴功臣光禄大夫检校太保使持节和州诸军事行和州刺史充本州团练使兼御史大夫上柱国乐安郡开国侯食邑一千户孙公墓志铭并序》(孙汉筠墓志铭)云:"公存扬善政,殁称令名。在家则孝道彰,于国则忠节显。备传信史,不复更书。今以坟垄既营,松楸是植,千载之后,虑迁陵谷,故以志之。"①此文作于宋开宝八年(975)。张贺所持观点是,墓志铭主要是为防陵谷变迁而作的墓圹标记性应用文体,而不是抒发情感、表现人物功德与成就的史传文体。虽然自始至终碑志都有墓圹标记性功用,但早在中唐韩愈等人革新碑志创作时,碑志的史传化倾向就开始增强。北宋欧阳修、曾巩等人继续革新碑志,其墓圹标记性功能渐小,而抒情传记色彩渐成主流。

　　论及碑志创作,唐首推韩愈,宋则首举欧阳修,其次乃曾巩与王安石。欧阳修是名重当时的文坛领袖与政界名流,而曾巩亦是家世为儒的文章名家,他们是北宋新古文运动的中坚力量。欧阳修、曾巩曾明确提出,碑志文要向史传靠拢,要尽可能客观真实地记载墓主的生平事迹,要担负起道德教化之功,而不仅是停留在歌功颂德。②

---

① 河南省文物研究所、洛阳地区文管处编《千唐志斋藏志》,文物出版社,1984年,第1247页。

② 有关欧阳修、曾巩、王安石的碑志观念,学界成果较多。可参见洪本健《论欧阳修碑志文的创作》(《井冈山师范学院学报》2004年第4期);李贵银《论欧阳修以史笔为碑志的成就》(《社会科学辑刊》2011年第4期);李贞慧《史笔入(转下页)

　　欧阳脩在《论尹师鲁墓志》中明确提出了"志用意特深而语简""文简而意深"①的碑志创作理念,他还提倡含蓄蕴藉的碑志创作风格,反对谀墓。而曾巩在《寄欧阳舍人书》②中也道及碑志创作要避免单纯的隐恶扬善、歌功颂德,而要尽量实录。此外,王安石也主张碑志创作要有实录精神,不赘举。正因欧阳脩、曾巩、王安石等人提倡,北宋中晚期碑志文创作的实录意识有所增强。但碑志文自从诞生起就属于颂美之文,因而作者不可能完全做到实录。虽然欧阳脩等人主张碑志实录而不谀墓,但他们的主张体现在实际创作中也有所折扣。

　　碑志文创作在欧阳脩、曾巩等人主张之下,已经越发向史传靠拢了。另外,北宋还有将碑与志同一看待的观点。司马光《书田谏议碑阴》云:"然常怪世人论撰其祖祢之德业,圹中之铭、道旁之碑,必使二人为之。彼其德业一也,铭与碑奚以异?曷若刻大贤之言,既纳诸圹,又植于道,其为取信于永久,岂不无疑乎?"③苏轼《答李方叔》之九云:"阡表既与墓志异名而同实。"④他们着重强调了碑与志的同一性,强调碑志都是记载墓主事迹德业的文体。

(接上页)文集:再论欧阳脩〈尹师鲁墓志铭〉的"简而有法"》(《宋代文学评论》第3辑,浙江大学出版社,2018年);张亚静、马东瑶《论曾巩的"以史笔为墓志"》(《华南师范大学学报》2020年第1期);洪本健《王安石碑志文简论》(《社会科学家》1990年第2期);鄢嫣《王安石碑志文的"史汉之法"与"史汉风神"——以欧阳脩碑志文为比照》(《河南大学学报》2017年第4期);吉文斌《欧、王碑志文比较论》(《重庆三峡学院学报》2008年第1期)。

① 欧阳脩撰,洪本健校笺《欧阳脩诗文集校笺》"外集"卷二三,第1918页。
② 曾巩撰,陈杏珍、晁继周点校《曾巩集》卷一六,中华书局,1984年,第253页。
③ 司马光撰,李文泽、霞绍晖点校《司马光集》卷七九,四川大学出版社,2010年,第1607—1608页。
④ 苏轼撰,孔凡礼点校《苏轼文集》卷五三,中华书局,1986年,第1579页。

三、从哀悼到传记：唐宋碑志创作范式的转型

从魏晋直至明清，碑志作为重要的丧祭文体，其在篇幅、取材、叙述等书写范式上发生过变化。如碑志篇幅，从最初的数十字，到后来的洋洋数千言甚至过万言。又如碑志内容，从最初简记墓主名讳、卒葬时间、葬地，到后来详述墓主为人事迹、为官政绩、为学著述、子孙后嗣等，期间经历了若干代碑志作者的努力。

早期墓志内容书写比较简单，仅仅是为了防止陵谷变迁而作的墓圹标记性描述，具有哀悼纪念功用，所以字数少则数十字，一般两三百字。早期碑文相对字数较多，但也少见千言之上者。刘静贞通过对《汉魏南北朝墓志汇编》《唐代墓志汇编》等书进行统计，得出了西晋只有极少数墓志字数超过千字，唐代也只有少数墓志超过千字的结论。① 但至宋，尽管有欧阳脩等人提倡墓志宜简，但碑志字数还在渐增，超过千字的碑志比比皆是，有的甚至洋洋六七千言。黄宗羲《金石要例》"碑志烦简例"条云："志铭藏于圹中，宜简。神道碑立于墓上，宜详。然范仲淹为《种世衡志》，数千余言。韩维志程明道，亦数千言。东坡《范蜀公志》，五千余言，唯昌黎烦简得当。"②

到北宋，碑志篇幅上有了跳跃式发展。据笔者对宋代碑志文的统计，数千字的长篇碑志并非只有上述几种。墓志铭方面，还如杨亿《宋故赠中书令谥曰忠武李公墓志铭》(李继隆墓志铭)5000余字、苏轼《张文定公墓志铭》(张方平墓志铭)7200余字、苏辙《亡兄子瞻端明墓志铭》(苏轼墓志铭)约7300字；范祖禹《检校司空左

---

① 刘静贞《北宋前期墓志书写活动初探》，《东吴历史学报》2004年第11期。
② 黄宗羲《金石要例》，《石刻史料新编》本，第3辑，第39册，第580页。

武卫上将军郭公墓志铭》(郭逵墓志铭)约6600字,等等。到了南宋,甚至出现了赵雄《韩忠武王世忠中兴佐命定国元勋之碑》(韩世忠神道碑)约13000字,不可谓不长。

欧阳脩曾谈及碑志字数越来越多的主要原因,其《内殿崇班薛君墓表》云:"然予考古所谓贤人、君子、功臣、烈士之所以铭见于后世者,其言简而著。及后世衰,言者自疑于不信,始繁其文,而犹患于不章,又备其行事,惟恐不为世之信也。"[1]篇幅越大,所载内容越多,因此北宋碑志作者记载墓主有关事迹的发挥空间也越大。

一般而言,碑志篇幅受到石材大小限制,而墓志铭实物需要埋入地下,所以字数更易受限,而神道碑、墓表等立于墓外,篇幅相对可长。但北宋碑志篇幅差异似乎已然泯灭,甚有墓志篇幅大于碑文者。据笔者统计,北宋神道碑与墓志铭的字数常常相差无几。举例如下:

表1—1　北宋部分高官神道碑与墓志铭字数对照表[2]

墓主	作者	篇名	字数
范仲淹	欧阳脩	范文正公神道碑铭	2024
	富弼	范文正公仲淹墓志铭	3626
程琳	欧阳脩	赠太师中书令程公神道碑铭	2071
	欧阳脩	赠中书令谥文简程公墓志铭	2085
欧阳脩	苏辙	欧阳文忠公神道碑	4611
	韩琦	赠太子太师欧阳公墓志铭	3415

[1]欧阳脩撰,洪本健校笺《欧阳脩诗文集校笺》"居士集"卷二四,第673页。
[2]字数统计以曾枣庄、刘琳主编《全宋文》(上海辞书出版社、安徽教育出版社,2006年)所录为准,统计可能有误差,但不影响文章论述。

续表

墓主	作者	篇名	字数
富弼	苏轼	富郑公神道碑	6704
	韩维	富文忠公墓志铭	6383
贾昌朝	王安石	贾魏公神道碑	2520
	王珪	贾昌朝墓志铭	4142
韩绛	李清臣	韩献肃公绛忠弼之碑	3662
	范纯仁	韩公墓志铭	4270

　　除了篇幅变化，碑志的内容取材与叙述表达也曾发生大变。碑志发展史上具有革故鼎新意义的首推韩愈。何焯《义门读书记》读《文选·杂文》之"齐竟陵文宣王行状"条云："碑版行状之文，自蔡中郎以来，皆华而无实，唐梁肃、李华、独孤及权德舆辈，欲变而未能，至昌黎而始一洗其习。"①碑志在形成相对固定的形式之后，很长一段时间内，主要是历叙墓主姓氏、讳字、卒葬时间、墓地、德行履历等，这种书写范式被后人概括为"十三事"，致使碑志千篇一律。韩愈之前，碑志大多骈偶华丽，多用"十三事"的书写范式。四库馆臣于王行《墓铭举例》提要云：

　　　　行以墓志铭书法有例，其大要十有三事：曰讳，曰字，曰姓氏，曰乡邑，曰族出，曰治行，曰履历，曰卒日，曰寿年，曰妻，曰子，曰葬。其序次或有先后，要不越此十余事而已。……由齐梁以至隋唐，诸家文集，传者颇多，然词皆骈偶，不为典要。惟韩愈始以史法作之，后之文士，率祖其体。②

① 何焯撰，崔高维点校《义门读书记》卷四九，中华书局，1987年，第974页。
② 四库全书研究所整理《钦定四库全书总目》（整理本）卷一九六，中华书局，1997年，第2756页。

足见韩愈对碑志进行大力改革,以史传之法入碑志,再加之后来欧阳脩等人的提倡,"十三事"的程式化书写局面才得以改变。韩愈对碑志文体的革新意义,主要体现在他把碑志创作从墓主生平资料的简单罗列发展为具有传记文学性质的记叙,从而使碑志创作从单纯的应用文体领域拓展到史传文学领域。[1]中唐之前,碑志创作属于哀悼文学或伤逝文学范畴,其固定的创作模式多给人一种歌功颂德、炫耀家世的感觉。这种创作风气在韩愈之后有了较大改变。韩愈主要以史传笔法和古文笔法创作碑志,熟练运用记叙、抒情、议论等多种表现手法来表现墓主生活及德行。这就使得原本枯燥的碑志文具有了可读性,碑志文开始具有了"史迁风神"。此前千篇一律的碑志经过韩愈等人的改革慢慢富有了抒发情感、表现人物的史传文学因子。北宋碑志文创作大多以韩愈为圭臬,作者继承了韩愈的优良创作传统,同时进一步加入史传性因子,使得碑志进一步向史传文学发展。

要之,碑志文创作到了北宋,篇幅大增,史传化倾向明显,尤重仕履活动的书写。随着碑志文的创作理论、传播方式、文体功能等发生了较大变化,北宋碑志文与士大夫的日常生活越来越密切。

第二节　党人碑志的创作策略

天水一朝,党争对政治、经济、文化的影响甚大,其中北宋尤甚。北宋碑志不单是为了标扩与颂德,而且常需要涉及墓主生平政绩,具有明显的史传性质。考察党争中的党人碑志,可以从与诗

---

[1] 有关韩愈碑志创作的成就,学界成果颇多,如叶国良《韩愈冢墓碑志文与前人之异同及其对后世之影响》(《石学蠡探》,大安出版社,1989年)等。

赋等不同文体角度挖掘党人心态,了解特殊政治环境下碑志的创作特色,也能够更加清楚地认识北宋党争。党人碑志中,涉及党争的敏感因素主要是事件与人物的相关记载,关于它们的记叙,作者在内容取材与叙述表达方面采取了相应的创作策略。

一、党人碑志的内容取材

如果不作碑志,当然可以避免因为碑志创作而得罪政敌的情况。新旧党争时期,不少士大夫经常婉拒丧家请铭,究其原因,除了爱惜羽毛不想谀墓以外,还有慑于党争压力的影响,不过后者一般不为作者明言。

司马光曾多次拒绝他人请铭,其《答两浙提举赵宣德岏书》言:

> 昨晚兵人来,忽辱示问并郑君所为行状,欲令光作志文。光实何人,望先公名德,何啻倍蓰什百。向获接待之久,蒙知顾之厚,今得论撰盛美,自托不朽,何幸如之!顾以光不为人作碑志已十余年,所辞拒者甚多。……去年富公初薨,光往吊酹。其孤朝奉在草土中,号哭自掷,必欲使光作墓志。又遣人来,垂谕至于三四。光亦以所以语孙令者告之,竟辞不为。今若独为先公为之,则是有所轻重厚薄,足下试以尊意度之,谓光敢为之乎? 不敢为乎? 此则不待光辞之毕,足下必尽察之矣。①

司马光推托请铭②,除了爱惜羽毛,也有避祸心态。与其类

---

① 司马光撰,李文泽、霞绍晖点校《司马光集》卷六二,第1297页。
② 有关司马光拒作碑志,可参见赵冬梅《试论北宋中后期的碑志书写——以司马光晚年改辙拒作碑志为中心》,王晴佳、李隆国主编《断裂与转型:帝国之后的欧亚历史与史学》,上海古籍出版社,2017年。

似,苏轼一生创作碑志较少,仅有的少数碑志作品,或奉敕撰写,或代人撰写,大都勉强为之。元祐六年(1091)七月,苏轼曾上《辞免撰赵瞻神道碑状》[①],推托为旧党党人赵瞻撰写神道碑,他婉拒的理由有二:其一,自己一向不写碑志,奉敕撰碑志也非本意;其二,表明自己文辞粗俗浅薄,这显是谦辞,亦是托辞。元祐六年属于旧党掌权时期,此时新旧党争到了白热化阶段,旧党内部相互排挤,出现了蜀洛朔三党内讧。苏轼之所以辞撰赵瞻神道碑,当有慑于党争压力的因素。此前"乌台诗案"就属新党对旧党人员的打压事件,苏轼笔下惹祸的经历应给其留下了阴影与警示作用。元祐六年之后,苏轼又为道士、保母等作有几篇墓志铭,却未再涉足党人碑志。

　　作为著名写手,完全推托撰铭不太可能,有时碍于情面又不得不为之。为了尽可能少给政敌留下把柄,作者得在取材方面下功夫。为党人创作碑志,哪些事可以写,哪些事不能写,哪些事可以多写,哪些事尽量少写,这都关乎作者的仕途命运。碑志文体发展到北宋,对墓主的为官政绩进行较为详细记载是常事,但党人碑志却常被作者故意略写一些重要政治事件,这些事件原本应是墓主仕宦生涯中的重要组成部分,却由于党争压力而被删省,这种情形不胜枚举,兹举几例以为证。

　　如王珪《唐介墓志铭》作于熙宁年间,乃应唐介之子所请。此时新党执政,旧党下台,故墓志铭中不言唐介强烈反对王安石变法之事。吕中《类编皇朝大事记讲义》说:"当安石变法之时,以重德元老为安石所忌者,韩琦、富弼、文彦博也;以雅望隆眷为安石所排者,欧阳脩、司马光、张方平也;始同终异者,曾公亮、陈升之、吴充

————————
①苏轼撰,孔凡礼点校《苏轼文集》卷三三,第929页。

也；力与之争者，唐介也；争而不力者，赵抃、冯京也。"①熙宁初，神宗欲启用王安石为相，唐介极力反对，后又常与之争论，多次上书反对变法，王珪却删去了唐介政治生涯中的重要一笔。但唐介曾为言官，按理必须有劝谏叙述，王珪记叙了唐介反对或弹劾宰相贾昌朝、转运使崔峄、宰相文彦博、外戚张尧佐等人的事迹，这些人皆不属新党，如此记载是力图表现唐介直言敢谏的性格，同时又避免得罪新党。

又如，杨时《曾肇神道碑》在谈及熙宁、元丰年间曾肇事迹的时候，省去了曾肇、曾布两兄弟曾经支持王安石变法的一环，仅仅言这几年曾肇如何讲学、编书等事。曾氏兄弟曾支持王安石变法，得到过王安石的重用，属于新党重要成员。元祐元年（1086）十一月，王岩叟曾接连上表弹劾曾肇，云："……谨按：肇天资甚陋，人望至卑。早乘其兄布朋附王安石，擅权用事，……按：曾肇乃奸臣曾布之亲弟，布之盗窃名器，蠹国家而误苍生，与吕惠卿罪恶无异，当时天下谓之曾、吕。"②这表明曾肇在政治生涯中确实有过一段涉足新旧两党之争的敏感话题故事。此篇神道碑撰写时间应在宣和、建炎年间，严厉的崇宁人事之禁已经过去20年左右，当年曾肇是被列入党籍碑的，作者杨时不得不考虑笔下惹祸问题，因此略去了这一敏感事件的记叙。且神道碑的创作拖延到曾肇去世十几年之后，主要也是因为党争的残酷而未及时请得碑志。还如，范祖禹《朱光庭墓志铭》，作于绍圣元年（1094）五月，全篇对朱光庭政治生涯中极为重要的蜀洛党争只字未提。

---

① 吕中撰，张其凡、白晓霞整理《类编皇朝大事记讲义　类编皇朝中兴大事记讲义》（合刊本）卷一七，上海人民出版社，2014年，第316页。
② 李焘《续资治通鉴长编》卷三九二"元祐元年十一月戊寅"条，中华书局，2004年，第9523—9524页。

　　党争的激烈程度会影响碑志创作,尤其是新旧党争晚期,蔡京
等人制造出《元祐党籍碑》名单之后,相关党人碑志中对敏感事件
的记载都讳莫如深,碑志文的篇幅也有缩小趋势。如丰稷、邹浩都
是被列入《元祐党籍碑》的重要官员,是崇宁党争的主要涉及者之
一。陈瓘《丰清敏公墓志》对丰稷的记叙相对简单,未对相关敏感
事件进行详载。同样是陈瓘所撰的《邹浩墓志》篇幅更少,仅叙其
世系、官阶,未对邹浩相关政事进行详叙。志文简单叙次了邹浩的
官职变动,没有按照惯例用相关事件将其敢谏直言性格表现出来。

　　另外,党争时期,党人碑志中出现了篇幅极短的碑志,仅仅数
句话以叙墓主的简单生平。如《王雱墓志》寥寥数语而已。王雱乃
王安石之子,此墓志乃自撰而成。关于王雱自撰墓志之心态,与王
雱同时的僧人文莹在《玉壶清话》有记载:"元泽病中,友人魏道辅
泰谒于寝,对榻一巨屏,大书曰:《宋故王先生墓志》:'先生名雱字
符泽,登第于治平四年,释褐授星子尉,起身事熙宁天子,裁六年,
拜天章阁待制,以病废于家'云。后尚有数十言,挂衣于屏角,覆之
不能尽见。"[1]今见《王雱墓志》仅数句话而已,即使加上被衣服覆
盖的数十言,此篇墓志也甚为短小。王雱之所以自撰墓志,一是显
达观心态,另外也许是为了党争避祸。王雱曾积极支持其父王安
石变法,为人阴刻有决断,有法家风范。王雱自撰墓志当在熙宁九
年(1076)六月之前不久,此时正是新旧党争的激烈斗争阶段,此
年十月,王安石第二次罢相,在这一风口浪尖时期,树敌众多的王
雱选择了自撰墓志,这可谓是一个较好的选择,如此能为家人减少
不必要的麻烦。

---

[1] 文莹撰,郑世刚、杨立扬点校《湘山野录　续录　玉壶清话》(合刊本)卷五,中华
　　书局,1984年,第55页。

最后,通过对韩维于不同时间创作的两篇旧党碑志进行比较,亦可见出党争对碑志取材的影响。韩维《富弼墓志铭》作于元丰七年(1084),《范镇神道碑》约作于元祐三年(1088)年底。创作《富弼墓志铭》时,正值新党执政,旧党遭到打击,韩维在墓志铭中不提富弼与王安石的多次争论,关涉党争的记载也是用笔隐讳。而在创作《范镇神道碑》时,正值旧党上台,新党遭到打击,此时韩维直叙了范镇与王安石的争论。碑文云:

> 王安石始变更法令,改常平为青苗,公上疏曰:"⋯⋯"疏三上,不报,至与安石互争论于上前。韩琦上书论新法非便,安石令送条例司驳其议;谏官李常乞罢青苗钱法,诏命常分析。公皆封还其诏,诏五下,公执如初。司马光除枢密副使,光以言不用,不肯就职,上疏辞免。公再封还之。上知公不可夺,以诏自内出,不由门下。公自劾:"由臣不才,使陛下废法,实臣失职。"乞解银台司,许之。诏举谏官,公以苏轼应诏,而御史知杂谢景温弹奏轼罪。举孔文仲应贤良。文仲对策,言新法之害,安石怒,罢遣还里。公上疏争之,不报。时公年六十三矣,即上疏曰:"言不行,无颜复立圣朝,请致仕。"疏五上,最后言安石以喜怒赏罚,曰:"陛下有纳谏之资,大臣进拒谏之计,陛下有爱民之性,大臣用残民之法。"安石大怒,自草制,极口诋公。落翰林学士,以原官致仕,议者不以少公而罪安石焉。①

上述内容直言范镇与王安石之争,尽力表现了范镇的直言敢谏性格。可见,在不同时期,同一作者在有无党争环境的压力之下,创作碑志在取材上是有所不同的。换言之,党派立场加上党争风向

---

① 韩维《南阳集》卷三〇,第761页。

的转变一起影响了作者对党人碑志的取材。

综上，党争环境确实影响了党人碑志的取材，删省或略写与党争有关的政治事件，成为这一时期党人碑志取材的共同倾向，这一显著特点是我们认识党人心态的一面镜子。

二、叙述表达与党人碑志变体

古人作文，一般都强调文体规范性。徐师曾云："其为文则有正、变二体，正体唯叙事实，变体则因叙事而加议论焉。"①唐之前，尤其是六朝时期，墓志铭以叙事为本。韩愈等人革新碑志之后，碑志逐渐变为夹叙夹议、叙论结合的文体。唐宋以来，尤其是中唐以后，碑志中的夹叙夹议极为常见，似乎已经不能被视为碑志的变体特点。至北宋中期，这一叙事议论相结合的史传性文体越发突出，几乎成为碑志创作的正体，相反之前的正体在此时反而成了变体。党人碑志由于在叙述表达方面的特殊情况，使得其有别于同时期的其他碑志，这些党人碑志或多或少都出现了变体特征。党人碑志创作过程中，大多数作者想在实录与避祸之间寻找平衡点。碑志中的曲笔，是作者为了在实录与避祸之间寻找平衡点所运用的一种创作方式。为了实现曲笔目标，作者就不得不在叙述表达方面下一番功夫，下面简要举例分析。

（一）称谓借代与变异

笔者对北宋众多党人碑志进行文本细读，发现党人碑志在称谓上主要运用了借代这一修辞手法。简单说来，借代是用相关事物来代替所要表达的事物的修辞方式。党人碑志中，作者对于人

----

① 吴讷撰，于北山点校《文章辨体序说》；徐师曾撰，罗根泽点校《文体明辨序说》（合刊本），人民文学出版社，1962年，第149页。

物的记叙,常常用泛指代替特指,这样既能表达文意,又避免了因为直书相关姓名而惹祸。诸例如恒河沙数,略举数例:

1.宰相益不悦,嗾其党短公于上前,公亦连诋宰相不道,行不肯已,坐是去阁职,贬知饶州。……论者渐龃龉不合,作谤害事。(富弼《范仲淹墓志铭》)①

2.初,范仲淹以言事忤大臣,贬饶州。已而上悔悟,欲复用之,稍徙知润州,而恶仲淹者遽诬以事,语入,上怒,亟命置之岭南。(欧阳脩《程琳神道碑铭》)②

3.庆历之初,……而三人者遂欲尽革众事以修纪纲,而小人权幸皆不悦,独公与相佐佑。(欧阳脩《杜衍墓志铭》)③

4.居无何,新为政者恃其材,弃众任己,厌常为奇,多变更祖宗法,专汲汲敛民财,所爱信引拔,时或非其人,天下大失望。(司马光《吕诲墓志铭》)④

5.而熙宁初,奸小淫纵。以朋以比,以闭以壅。(范镇《初作司马光墓志铭》)⑤

6.一二大臣相继去位,自是正人道壅,而进取者得志矣。(曾肇《彭汝砺墓志铭》)⑥

从上述例子中不难看出作者对借代方式的运用。据笔者统计,北宋党人碑志中出现较多的借代用语主要有:执政者、论者、言事者、大臣权幸、小人权幸、素忌公者、不悦公者、权贵人、进取者、在势

① 杜大珪编《新刊名臣碑传琬琰之集》中集卷一二,《中华再造善本》,北京图书馆出版社,2003年。
② 欧阳脩撰,洪本健校笺《欧阳脩诗文集校笺》"居士集"卷二一,第617页。
③ 欧阳脩撰,洪本健校笺《欧阳脩诗文集校笺》"居士集"卷三一,第822页。
④ 司马光撰、李文泽、霞绍晖点校《司马光集》卷七七,第1570页。
⑤ 邵博撰,刘德权、李剑雄点校《邵氏闻见后录》卷一五,中华书局,1983年,第117页。
⑥ 杜大珪编《新刊名臣碑传琬琰之集》中集卷三一。

者、嫉之者、忌者、新为政者等。除此之外,或者以官职代指,如宰相、丞相、谏官等。众多庆历党人碑志涉及敏感事件的记叙时,很少见到直书相关人物名讳的,大多以执政、小人权幸等词代之,至多以姓氏加以官名代之。新旧党人碑志比前期的庆历党人碑志中多了几分特指,或多或少体现了意气之争。需要提及,碑志创作本来就有不书长者名讳的传统,且史传笔法使用借代用语也属惯例,这在宋前碑志也多有体现,修辞借代并非全因党争,但此特点在党人碑志中似乎更加明显。

碑志中除了叙述墓主与政敌需要使用称谓以外,还有一种情况也常涉及称谓,即碑志作者常在文中交待自己与墓主生前的关系,如同僚、同乡、师生、朋友关系等。尤其是碑志作者与墓主有血缘关系的时候,都会在碑志中言明,但这种惯例在党人碑志中却有变异情况出现。

如王安石《王安国墓志》没有言明作者与墓主有血缘关系,似为外人所作。王安国虽是王安石的胞弟,但对兄王安石变法持反对意见。熙宁四年(1071),神宗召见王安国,询问王安国及外界对新法的态度,王安国对兄之变法颇有微词。对此,陈振孙《直斋书录解题》在《王校理集》六十卷下解题云:"安国虽安石亲弟,而意向颇不合,尤恶吕惠卿,卒为所陷。坐郑侠事,夺官归田里,亦会惠卿方叛安石故也。寻复之,命下而卒。"[1]《王安国墓志》作于元丰三年(1080)四月,时王安石已经罢相闲居江宁。在为自己胞弟作墓志时,王安石不言明两人血缘关系,足见其对胞弟在新政上的非议态度是心存芥蒂的。清人王士禛如是评价:"王介甫狠戾之性,

---

[1] 陈振孙撰,徐小蛮、顾美华点校《直斋书录解题》卷一七,上海古籍出版社,2015年,第498页。

见于其诗文，可望而知，如《明妃曲》等，不一其作。《平甫墓志》，通首无兄弟字，亦无一天性之语，叙述漏略，仅四百余字。虽曰文体谨严，而人品心术可知。《唐宋八家文》选取之，可笑。"① 而同是王安石为长兄所作墓志铭，却提及两人兄弟关系，名曰《亡兄王常甫墓志铭》。从王安石为兄弟两人创作墓志的拟题，即可见他与兄弟之亲疏远近。

（二）有铭无志

宋代墓志铭以志文（或云序文）加铭文为正体，且一般志长铭短。但却有部分党人墓志铭没有志文，只有铭文。主要是因志文承载信息量大，担当着记叙墓主政绩的职责，而铭文多为韵文，只起着总括性的赞语作用。所以，不作志文可以避免对相关政治事件的记载，从而达到避祸目的。

如晁补之《资政殿学士李公墓铭》（李清臣墓铭）② 仅有不足200字的铭文。李清臣曾与司马光、文彦博等一起被列入《元祐党籍碑》之"曾任宰臣执政官"类，乃北宋名臣，但他去世后却没有留下完整的墓志铭。上述铭文收录于晁补之《鸡肋集》，未见志文，仅有铭文。到底是当时即无志文，还是后来志文亡佚仅留铭文，则难以考知。如本有志文为何不存，或许与党争不无关系。

又如上官均《叶祖洽墓铭》也仅有不足200字的铭文，叶祖洽也曾经与苏轼、范祖禹等被列入《元祐党籍碑》之"曾任待制以上官"类。上官均《叶祖洽墓铭》收录于周应合《景定建康志》，据《景定建康志》收录碑志的原则，笔者推断《叶祖洽墓铭》也应是本无志文，仅有铭文。像李清臣、叶祖洽一类的士大夫，如果按照往常的

① 王士禛撰，湛之点校《香祖笔记》卷一二，上海古籍出版社，1982年，第235页。
② 晁补之《鸡肋集》卷六四，《四部丛刊初编》本。

碑志创作惯例,定当在志文中对其政绩大为歌颂一番。但正因为他们的墓志作于北宋晚期激烈的党争期间,所以都只有铭文,没有实质内容。

(三)凸显非重点事件

党人碑志的作者往往有意凸显某些事件,以表达自己对某事的看法。或者在删省墓主相关敏感事件的同时,对其政治生涯中的其他事件进行凸显,从而使得碑志的内容不至于太过空洞。

如《富郑公神道碑》(富弼神道碑)乃苏轼奉敕而作,苏轼向来不喜为人作碑志,作此碑算是职责分内之事。一般而言,高官神道碑有其固定写作模式,开头一般是叙述墓主身份、家族世系及源流等,然后历叙墓主仕履,末尾简单点明墓主的学术著述、子嗣等情况,最后系之以铭文。而苏轼《富郑公神道碑》开篇即以议论起头,阐述北宋开国一百多年以来与契丹保持和平关系,主要功劳在于寇准、富弼等人以增加岁币换和平的做法,肯定了富弼于危难之际出使契丹的勇气,以及其避免北宋与契丹败盟的正确做法。碑文云"故臣尝窃论之,百余年间,兵不大用者,真宗、仁宗之德,而寇准与公之功也"[①],苏轼一反神道碑创作常态,用大量篇幅议论富弼出使契丹之事,此似以策论为碑志。苏轼自己这样解释,其《答陈传道五首》之三云:"顷作神道碑、墓志数篇,碑盖被旨作,而志文以景仁丈世契不得辞。欲写呈,又未有暇,闻都下已开板,想即见之也。某顷伴虏使,颇能诵某文字,以知虏中皆有中原文字,故为此碑(小字注:谓富公碑也),欲使虏知通好用兵利害之所在也。"[②]朱熹颇具只眼,云:"富公在朝不甚喜坡公。其子弟求此文恐未必得,

---

① 苏轼撰,孔凡礼点校《苏轼文集》卷一八,第528页。
② 苏轼撰,孔凡礼点校《苏轼文集》卷五三,第1575页。

而坡公锐然许之。自今观之,盖坡公欲得此为一题目以发明己意耳。"① 苏轼"故为此碑,欲使虏知通好用兵利害之所在也",乃借神道碑文以表达自己对用兵拓边的看法,正是针对绍圣、元丰年间新党多次强调对辽国、西夏拓边用兵而发,也间接利用自己的知名度为本国和平出力。

又如,某些作者在删省墓主相关敏感事件的同时,对其政治生涯中的其他事件进行凸显。如程颐为兄长程颢所作《明道先生墓表》,全篇不提程颢政绩,只提及其在道学上的发明之功。程颢的确以道学名世,但北宋士大夫们集政治、学术、文学于一身,墓表中完全不提政绩似乎有悖常理。此墓表作于元丰八年(1085)十月,此时旧党初次回归,新党被逐,党争异常激烈。程颢曾在熙宁初年积极支持变法,或鉴于此,程颐仅仅凸显其道学之功。

(四)不以墓主为中心

碑志以墓主为记叙中心,此乃理所当然。但极少数党人碑志在内容上顾左右而言他,可谓名不副实。如刘才邵《段元美墓志铭》全文约1000字,其中真正记叙墓主段元美的仅占约15%,而大部分篇幅都在记载墓主之父段仲实,可谓"喧宾夺主",主次颠倒。对此,刘成国认为:

> 正如文中所言,这是因为仲实去世时党禁尚严,"仲实之葬,公尝请铭于人矣,而苏、黄事独不为载,岂以党籍而有所避乎? 慎之过也"。所以仲实墓志铭中不敢记载与苏、黄的交游,唯恐受到党锢牵连。而段元美去世时正当绍兴年间,其时宗元祐之风盛行,故墓志铭中特地表出此事,以显荣光,以

---

① 黄士毅编,徐时仪、杨艳汇校《朱子语类汇校》卷一三〇,上海古籍出版社,2016年,第3117页。

致于连墓志的常规体例都不顾了。政治环境与文体之变异,
于此可见一斑。①

综观众多北宋党人碑志,像这种不以墓主为记叙中心的情况极少,
但它们却体现了党争对碑志创作的消极影响。

（五）不题撰者之名

碑志中一般会谈及作者姓名,或论及作者与墓主有何关系。
而丧家对于作者也大都是感谢,会宣扬作者与墓主的交往及德行
操守,以期得到众人称羡。但党争时期,如果作者与墓主政治立场
不同,且可能因此影响到丧家,则丧家可能对作者姓名隐讳不宣。

如《曾巩墓志铭》的作者归属向来成谜,直到1970年冬,曾巩
墓志在江西南丰县源头村出土,据石刻实物才知道作者是林希。
林希是新党中的重要人物之一,曾积极参与绍圣更化,《宋史·林
希传》云:"时方推明绍述,尽黜元祐群臣,希皆密豫其议。自司
马光、吕公著、(吕)大防、刘挚、苏轼、(苏)辙等数十人之制,皆希
为之,词极其丑诋,至以'老奸擅国'之语阴斥宣仁,读者无不愤
叹。"②林希参与贬谪元祐旧党,并创作众人贬制之词,定会陷入争
议。曾氏后人可能因为党争双方的攻讦之因,对墓志铭的作者隐
讳不宣,从而造成了传世集本《曾巩墓志铭》的作者不明。

要之,揆诸当时实情,为党人创作碑志,作者往往慑于党争压
力而辞撰,这是尽量减少政敌攻讦的靶子。即使不得已而作党人
碑志,在取材方面,作者也会尽量扬善隐恶,多写溢美之词,少选取
关乎政治斗争的事件描写;叙述表达方面,也出现了各种碑志变体
情形。这些情况都或多或少体现了党争对碑志的影响。

---

① 刘成国《北宋党争与碑志初探》,《文学评论》2008年第3期。
② 《宋史》卷三四三,中华书局,1985年,第10913页。

第三节　北宋奉敕功臣碑志的
创作矛盾与张力

众所周知，古人去世之后通常树碑埋志，尤其是官员辞世，懿范流光，刻之金石，传之后世，为其作碑撰志是盖棺论定的评骘。树碑立传以作者创作为重要前提，如何记述墓主仕履、交游、学术等情况，关乎作者创作、丧家与其他读者的接受等多重因素。一般而言，高官显贵与宗室懿亲去世之后，丧家会请铭，帝王会下令相关人员作碑志（大都为碑文），这对墓主与丧家而言都是倍显哀荣。奉敕功臣碑志与奉敕宗室（包括宗妇、宗女）碑志由此成为奉敕丧葬碑志的两大主体，这里主要探讨奉敕功臣碑志。所谓"奉敕"，即奉诏，奉敕碑志指奉帝王旨意创作的碑志，属于应制之文。所谓"功臣"，乃当朝考功所定，有相应的功臣号，需在官、阶、品、爵、勋等方面达到相关规定才被定为功臣。北宋奉敕功臣碑志标题中常含有"功臣"二字，如张方平所撰《故推诚保德宣忠亮节崇仁协恭守正翊戴功臣开府仪同三司守太尉致仕上柱国许国公食邑一万八千四百户食实封七千六百户赠太师中书令谥文靖吕公神道碑铭并序》（吕夷简神道碑），不过并非带"功臣"二字的皆是奉敕碑志。

鉴于北宋奉敕碑志相关研究不足①，比如奉敕功臣碑志的具体产生流程为何？作者创作奉敕碑志的积极性如何？作者所得润

---

① 目前奉敕碑志的专门研究，主要集中在作者身份探讨上。贾志扬著，赵冬梅译《天潢贵胄：宋代宗室史》（江苏人民出版社，2010年）第61—62页略有论及，惜未展开；全相卿《北宋墓志碑铭撰写研究》（中国社会科学出版社，2019年）第一章第一节"奉敕撰碑志者"对奉敕之宗室与功臣碑志的作者身份做了进一步探索。

笔由谁支付？作者创作面临哪些主要矛盾？特殊政争环境下创作
的奉敕功臣碑志何以可能出现变体(或曰破体)情况？针对上述诸
问题，笔者或加深论述，或救过补阙。以下从文学、历史双维度出
发，在综论北宋奉敕功臣碑志的产生流程与创作语境之后，撷取苏
轼《司马温公神道碑》(司马光神道碑)为个案考察其变体缘由，以
期领略北宋奉敕功臣碑志的创作压力、矛盾与张力。

一、北宋奉敕功臣碑志的产生流程与墓主、作者构成及创作态度

宋代单篇高官碑志动辄数千字，它们多被当朝国史与《续资治
通鉴长编》《宋史》等采用，具有极高史料价值。笔者统计的北宋奉
敕功臣碑志胪列如下，现能确定的共计36篇。[①]

表1—2　北宋奉敕功臣碑志统计表[②]

序号	创作时间	作者	墓主	标题	存佚	出处	是否明确请铭	序文骈散
1	太平兴国三年(978)	徐铉	李煜(937—978)	大宋左千牛卫上将军追封吴王陇西公墓志铭并序	存	李振中《徐铉集校注》卷29	否	骈文

---

①　高官碑志标题因带有功臣号、食邑户数、谥号等，往往冗长，不同文献记录它们，或详或简。为简省省文，标题较长者一律在正文和附表使用简称，原标题不明者，一般以"姓名＋神道碑/墓志铭"形式简称之。注释中第一次出现一般使用原标题(不断句)，再次出现则使用简称。为便于论述，正文所用简称与表1—2略有不同。
②　本表统计文献源于宋人文集、《名臣碑传琬琰集》、笔记、金石文献、考古资料。如一文为多处所载，仅列一种出处。碑志的存佚情况主要针对碑志的序文而言："存"指序文完整或基本完整，"残"指序文有较多阙文，"佚"指序文不存，"近佚"指序文残缺太甚，接近亡佚。有关碑志"是否明确请铭"，指作者是(转下页)

续表

序号	创作时间	作者	墓主	标题	存佚	出处	是否明确请铭	序文骈散
2	端拱元年（988）	李至	钱俶（929—988）	大宋故忠懿神道碑铭并序	残	方履籛《金石萃编补正》卷2	否	骈文
3	端拱二年（989）	王禹偁	宋偓（926—989）	右卫上将军赠侍中宋公神道碑奉撰敕并序	存	王禹偁《王黄州小畜集》卷28	是	骈文
4	淳化二年（991）	宋白	钱惟浚（954—991）	钱惟浚神道碑	佚	《宋史》卷439《宋白传》	不详	不详
5	大中祥符四年（1011）	李宗谔	石保吉（954—1010）	大宋故镇安军节度使石公神道碑铭	残	王昶《金石萃编》卷129	不详	骈文
6	大中祥符四年（1011）	杨亿	石保兴（945—1002）	大宋故棣州防御使石公神道碑铭	残	王昶《金石萃编》卷129	是	骈文
7	天禧四年（1020）	祖士衡	向敏中（949—1020）	大宋故赠太师谥曰文简向公神道碑铭	存	祖无择《龙学文集》卷15	是	骈文

（接上页）否在碑志中记录丧家先有请铭之举。仝相卿《北宋墓志碑铭撰写研究》第31—34页统计了20篇（不计佚文、残文）北宋奉敕功臣碑志。榎并岳史著、贾桢译《宋代神道碑目录》（《吐鲁番学研究》，2018年第2期），所列附表统计了209篇宋代神道碑（含佚文、残文），其中北宋部分，标为奉敕属性的有32篇，但其计有宋太宗《赵普神道碑》、宋仁宗《李用和神道碑》2篇，并将7位获得御赐碑额之人（折继闵、高若讷、元绛、蔡挺、李继隆、赵棨、孙固）计入，这9篇似乎不宜纳入奉敕碑文，榎并岳史实际统计北宋奉敕碑文应为23篇。笔者认为，就目前所见文献，获得御赐碑额，似不能完全等同于获得奉敕碑文。如范仲淹获得宋仁宗御赐"褒贤之碑"碑额，但欧阳脩所作《范文正公神道碑》（范仲淹神道碑）却读不出奉敕属性，应非奉敕碑文。笔者统计从严，姑且不计获得御赐碑额者，仅计明确说明奉敕属性的碑志。笔者在仝相卿（20篇）、榎并岳史（23篇）二人统计基础上，剔重得出28篇，笔者再补8篇，共计北宋奉敕功臣碑志为36篇。

序号	创作时间	作者	墓主	标题	存佚	出处	是否明确请铭	序文骈散
8	天禧元年（1017）	夏竦	王中正（962—1016）	赠镇南军节度使王中正神道碑	佚	夏竦《文庄集》卷9	不详	不详
9	天圣四年（1026）	夏竦	王钦若（962—1025）	故赠太师中书令谥文穆王公墓志铭并序	存	夏竦《文庄集》卷29	是	骈散结合
10	明道二年（1033）	赵槩	曹利用（？—1029）	曹利用神道碑	佚	《宋史》卷290《曹利用传》	不详	不详
11	庆历四年（1044）	张方平	吕夷简（978—1044）	故赠太师中书令谥文靖吕公神道碑铭并序	存	张方平《乐全集》卷36	是	散文
12	庆历四年（1044）或五年	李淑	陈尧佐（963—1044）	陈文惠公神道碑	佚	魏泰《东轩笔录》卷3	不详	不详
13	庆历七年（1047）	宋祁	杨崇勋（976—1045）	杨太尉墓志铭	存	宋祁《景文集》卷60	是	散文
14	庆历八年（1048）	张方平	李迪（971—1047）	大宋谥文定李公神道碑铭并序	存	张方平《乐全集》卷36	否	散文
15	皇祐元年（1049）	宋祁	张士逊（964—1049）	张文懿公士逊旧德之碑	存	宋祁《景文集》卷57	是	散文
16	皇祐四年（1052）	孙抃	寇准（961—1023）	寇忠愍公准旌忠之碑	存	杜大珪《名臣碑传琬琰集》上集卷2	否	散文
17	皇祐六年（1054）	孙抃	丁度（990—1053）	丁文简公度崇儒之碑	存	杜大珪《名臣碑传琬琰集》上集卷3	否	散文
18	至和二年（1055）	欧阳脩	晏殊（991—1055）	晏公神道碑铭并序	存	欧阳脩《居士集》卷22	否	散文

续表

序号	创作时间	作者	墓主	标题	存佚	出处	是否明确请铭	序文骈散
19	至和二年(1055)	欧阳脩	王旦(957—1017)	太尉文正王公神道碑铭并序	存	欧阳脩《居士集》卷22	是	散文
20	嘉祐三年(1058)	欧阳脩	王德用(979—1057)	忠武军节度使同中书门下平章事武恭王公神道碑铭并序	存	欧阳脩《居士集》卷23	否	散文
21	嘉祐四年(1059)	欧阳脩	程琳(988—1056)	镇安军节度使同中书门下平章事赠太师中书令程公神道碑铭并序	存	欧阳脩《居士集》卷21	是	散文
22	嘉祐四年(1059)	张方平	陈执中(990—1059)	陈公神道碑铭并序	存	张方平《乐全集》卷37	否	散文
23	嘉祐四年(1059)后	王珪	狄青(1008—1057)	狄武襄公神道碑铭	存	王珪《华阳集》卷47	否	散文
24	治平三年(1066)	王珪	夏竦(985—1051)	夏文庄公竦神道碑铭	存	王珪《华阳集》卷47	否	散文
25	治平三年(1066)	王珪	宋庠(996—1066)	宋元宪公神道碑铭	存	王珪《华阳集》卷48	否	散文
26	熙宁元年(1068)	王安石	贾昌朝(997—1065)	赠司空兼侍中文元贾魏公神道碑	存	王安石《临川先生文集》卷87	否	散文
27	熙宁九年(1076)	王珪	高琼(935—1006)	高卫王神道碑铭	存	王珪《华阳集》卷49	否	散文
28	熙宁九年(1076)	王珪	高继勋(959—1036)	高康王神道碑铭	存	王珪《华阳集》卷49	否	散文
29	元丰八年(1085)	李清臣	王珪(1019—1085)	王太师珪神道碑	存	杜大珪《名臣碑传琬琰集》上集卷8	否	散文

序号	创作时间	作者	墓主	标题	存佚	出处	是否明确请铭	序文骈散
30	元祐二年（1087）	苏轼	富弼（1004—1083）	富郑公神道碑	存	孔凡礼《苏轼文集》卷18	否	散文
31	元祐二年（1087）	苏轼	赵抃（1008—1084）	赵清献公神道碑	存	孔凡礼《苏轼文集》卷17	是	散文
32	元祐二年（1087）	苏轼	司马光（1019—1086）	司马温公神道碑	存	孔凡礼《苏轼文集》卷17	否	散文
33	元祐三年（1088）	李清臣	韩绛（1012—1088）	韩献肃公绛忠弼之碑	存	杜大珪《名臣碑传琬琰集》上集卷10	否	散文
34	元祐四年（1089）	吕大防	吕公著（1018—1089）	吕公著神道碑	近佚	徐自明《宋宰辅编年录》卷10	不详	散文
35	政和八年（1118）	毛友	折克行（？—？）	折克行神道碑	残	戴应新《宋〈折克行神道碑〉考释》	是	散文
36	靖康元年（1126）	不详	张商英（1043—1121）	张商英神道碑	佚	佚名《靖康要录》卷11	不详	不详

（一）奉敕功臣碑志的产生流程与史料来源

古人碑志的创作多与帝王无关，但少数勋阶极品的功臣去世之后，其碑志创作却融入了帝王因素，因此奉敕功臣碑志的产生流程与一般碑志有异。

首先来看请铭环节。一般而言，常见碑志的产生流程是先有请铭，然后才有碑志撰写。从上面表1—2统计的36篇碑志来看，序文亡佚者有5篇，接近亡佚者有1篇，残阙者有4篇，完整的有26

篇。这些碑志中,作者明确记录丧家请铭的有11篇,没有在文中表明请铭的有16篇。若以皇祐四年(1052)孙抃所撰《寇忠愍公准旌忠之碑》(寇准神道碑)为界限,此前碑志中多有请铭叙述,此后多无请铭叙述。这样看来,现存奉敕功臣碑志中,似乎北宋前期一般是丧家主动请铭在先,中期开始多存在直接自上而下令撰碑志的情况,不过由上而下的流程,其实未必占主流。直接自上而下令撰碑志的情况,如孙抃《寇准神道碑》开篇即言:"上祀合宫之明年夏四月,召两府臣谕之曰:'故太子太傅莱国公寇准……不幸以遣终,朕甚叹嘉之,其敕史氏撰扬勋烈,具志于石,用垂示来世。'遂以命臣抃。"①同为孙抃所撰《丁文简公度崇儒之碑》(丁度神道碑)亦如此类。但孙抃《寇准神道碑》作于寇准去世29年之后,或许此诏颁发之前亦有丧家请铭在先,孙抃未记录而已。因为据常理推断,寇准被贬南荒,客死雷州,直到去世29年之后,朝廷才对其旌德表功。朝廷应不会无缘无故突然下令请人创作寇准碑,应是有寇准后人从中沟通,方得促成奉敕神道碑的产生。欧阳修《赠司空兼侍中晏公神道碑铭并序》(晏殊神道碑)云:"以其年三月癸酉,葬公于许州阳翟县麦秀乡之北原。既葬,赐其墓隧之碑首曰'旧学之碑'。既又敕史臣修考次公事,具书于碑下。"②同属自上而下令撰碑志的情况。此外,王珪奉敕所作《高康王神道碑铭》(高继勋神道碑)开篇载宋神宗追念高氏家族功勋而下令撰碑,似乎也是自上而下的令撰行为,但联系此碑末尾高太后催促碑稿之事,或可认为是丧家高氏(高继勋为宋英宗高太后之祖父)请铭在先。故而,诸多碑志文作者虽然没有在文中点出请铭环节,但或许实际上存在

---

① 杜大珪编《新刊名臣碑传琬琰之集》上集卷二。
② 欧阳修撰,洪本健校笺《欧阳修诗文集校笺》"居士集"卷二二,第637页。

先请铭之举,只是不同作者撰写习惯不同,有人会在碑志中明确写出请铭,有人则省略不言。丐文撰美,理当先请后撰,这也符合古之常情。以下例子分别源于北宋前中后三期,皆可见丧家请铭在先。王禹偁《赠侍中宋公神道碑》(宋偓神道碑)载:"嗣子衔恤上章,请刻石于神道。"① 又如欧阳修《赠太师中书令程公神道碑铭并序》(程琳神道碑)云:"惟文简公既葬之二年,其子嗣隆泣而言于朝曰:'先臣幸得备位将相,官、阶、品皆第一,爵、勋皆第二,请得立碑如令。'于是天子曰:……又诏史臣修曰:'汝为之铭。'"② 还如苏轼《赵清献公神道碑》(赵抃神道碑)谓:"故太子少师清献赵公,既薨之三年,其子屼除丧来告于朝曰:'先臣既葬,而墓隧之碑无名与文,无以昭示来世,敢以请。'天子曰:……乃以爱直名其碑,而又命臣轼为之文。"③ 此皆可见丧家请铭在先。

　　从上引欧阳修《程琳神道碑》、苏轼《赵抃神道碑》来看,似乎奉敕功臣碑志的请铭环节,是丧家主动先向官方请铭,然后才有敕令产生。其实未必,据《石林燕语》载:"元祐间,富绍庭欲从子瞻求为《富公神道碑》,久之不敢发。其后不得已而言,一请而诺,人亦以此多子瞻也。"④ 富弼之子富绍庭,或许先私请苏轼作碑,然后才走官方敕令流程,最终促成《富弼神道碑》的产生。所以,奉敕功臣碑志的请铭环节,或多有丧家首先与相关作者私下沟通,初步达成意向,然后再走官方流程的可能。

　　需要进一步说明,并非所有孝子孝孙皆能请得奉敕碑志,而是墓主官品、功绩符合一定要求方可请之。至于太常考功,认定标

① 王禹偁《王黄州小畜集》卷二八,《中华再造善本》,北京图书馆出版社,2004年。
② 欧阳修撰,洪本健校笺《欧阳修诗文集校笺》"居士集"卷二一,第614—615页。
③ 苏轼撰,孔凡礼点校《苏轼文集》卷一七,第516页。
④ 叶梦得撰,侯忠义点校《石林燕语》卷五,中华书局,1984年,第65—66页。

准为何，目前未见相关制度记载，但史上应有规定。这可从上引欧阳脩《程琳神道碑》中管窥一二。程琳之子程嗣隆说："先臣幸得备位将相，官、阶、品皆第一，爵、勋皆第二，请得立碑如令。""立碑如令"说明北宋有相关规定存在，符合奉敕碑志的墓主必须在官、阶、品、爵、勋等方面达到相关规定。北宋规定"国初以来，惟正官三品方得谥，兼官赠三品不得之"[①]，"定谥。王公及职事官三品以上薨"[②]，方可得谥。表1—2统计的墓主36人皆有谥号，这说明能获得奉敕功臣碑志的人，至少生前拥官三品以上（极少数为身后被追封），也即一品或二品，以一品为多：这36人在生前，文臣大都是宰相，武臣为枢密使等职，还有少数如边将折克行因守边军功获得奉敕碑文，王中正因宋真宗崇道获得奉敕碑文，这类较为特殊。诸位功臣，卒后大都被追赠太尉、太师、中书令等称号，可见获得奉敕功臣碑志的官员大都是官阶极品者。祖士衡奉敕所作《赠太师谥曰文简向公神道碑铭》（向敏中神道碑）说："公阶崇三司，爵冠五等，封启万室，号登八字，徽宠之数，曷以加焉！"[③]这应代表了大多数奉敕功臣碑志墓主的生前身后待遇。但北宋还有诸多宰相、枢密使未能获得奉敕碑志，说明官阶并非据以获得奉敕碑志的唯一标准。

此外，需要特别说明的是，并非所有功臣碑志皆为奉敕之作，如王珪《赠司空兼侍中庞公神道碑铭》（庞籍神道碑）篇首记载了丧家直接私请王珪作碑，"明年会修《仁宗实录》，其孤又请于史官

---

①范镇撰，汝沛点校《东斋记事》；宋敏求撰，诚刚点校《春明退朝录》卷中（合刊本），中华书局，1980年，第29页。
②《宋史》卷一二四《志七十七》之《诸臣丧葬等仪》，第2913页。
③祖无择《龙学文集》卷一五，影印文渊阁《四库全书》本，第1098册，第869—870页。

王珪曰:'我先公位丞相于朝,盖显矣,其葬也,谏官司马光实为之铭,今墓隧之碑未立,愿得史官所书以刻之,以信其后人。'"①表1—2中,就王珪所撰五篇奉敕功臣碑文的行文来看,皆未点明请铭,但点明了奉敕环节。而王珪《庞籍神道碑》中,请铭、奉敕皆未点明,这似乎说明庞籍家人并未向官方请铭,而径直私请王珪作碑。故而此作虽为功臣神道碑,但不带有奉敕属性。庞籍生前曾担任宰相、枢密使,官阶高却无奉敕功臣碑志,说明丧家是否向官方请铭是一个关键点,这是影响奉敕功臣碑志产生的重要因素。除此之外,是否获得奉敕功臣碑志,还应与当时外在的政治氛围有关。如前所云,《寇准神道碑》为何没能及时撰写? 这主要因为寇准贬死雷州之际,当时乃丁谓一党掌权,寇准无子,以侄子寇随为准嗣,寇准家人无法及时请得奉敕功臣碑志。在寇准去世29年后,政治氛围大变,相关人员方促成神道碑。

其次,作者创作奉敕碑志皆有一定的创作程序,表明是应制之文。作者常在行文中以"臣"自谓,此习惯是承唐五代而来,《册府元龟·词臣部》载:"旧之工碑版者,奉敕撰碑, ……每于立意,皆称臣。"②作者或直接说明是奉敕行为,如夏竦《进王中正神道碑表》:"臣某言,伏奉圣旨,令臣撰《赠镇南军节度使王中正神道碑》者……。"③

再次,当碑志创作完毕,作者需要缮写上进,以表明完成任务。如张方平《奏陈执中碑文》云:"臣奉敕撰故相陈执中神道碑铭,今已缮写上进。"④此外,碑志最终需要书丹刻石,作者领到任

① 王珪《华阳集》卷四八,影印文渊阁《四库全书》本,第1093册,第354页。
② 王钦若等编《册府元龟》卷五五三,中华书局,1960年,第6641页。
③ 夏竦《文庄集》卷九,影印文渊阁《四库全书》本,第1087册,第125页。
④ 张方平《乐全集》卷二五,影印文渊阁《四库全书》本,第1104册,第249页。

务,往往不能延宕太久。王珪奉敕所作《高继勋神道碑》载:"臣珪既述王碑而工未就,乃八月庚戌,皇太后(高太后高滔滔)敕中使促其文早上。"①从高太后催碑可见奉敕碑志一般应有作文限期。

最后,作文受谢,自古而然,奉敕碑志作者也有相应润笔,或由官方所出,或由丧家支付。王珪《谢撰高卫王康王碑润笔札子》云:"臣近奉敕撰进卫王高琼、康王高继勋神道碑,特赐银绢各五百两匹、金腰带一条、衣一袭,蒙降诏书不许辞免者。"②这是王珪为高太后祖先撰碑得到的相应赏赐,因丧家特殊,故而具有官方性。不过从私人角度来看,或许实质上由高家自己支付劳酬。两宋之际的曾慥《高斋漫录》谓:"欧公作《王文正墓碑》,其子仲仪谏议送金酒盘盏十副,注子二把,作润笔资。欧公辞不受,戏云:'正欠捧者耳。'仲仪即遣人如京师,用千缗买二侍女并献。公纳器物而却侍女,答云:'前言戏之耳。'盖仲仪初不知薛夫人严而不容故也。"③此指欧阳修奉敕作《王旦神道碑》,王旦之子王素(字仲仪)提供润笔之明证,这说明奉敕碑志的润笔由丧家支付,与一般碑志润笔支付习惯相同。

范祖禹《辞润笔札子》谓:"臣先奉敕撰故魏王墓志,已具进呈。今月十四日,怀州防御使孝诒与臣书,送润笔银二百两、绢三百匹。臣误膺诏委,撰述志铭,翰墨微勤,乃其职业,岂可缘公,辄受馈遗?伏望圣慈,特降指挥,令孝诒寝罢。臣无任恳切之至。取进止。"④可见,作者做礼节性辞谢应是常态。这是范祖禹奉敕所

---

① 王珪《华阳集》卷四九,第369页。
② 王珪《华阳集》卷八,第56页。
③ 谢良佐《上蔡语录》;陈模《东宫备览》;曾慥撰,阎海文点校《高斋漫录》;曾慥《乐府雅词》(合刊本),商务印书馆,2019年,第79页。
④ 范祖禹《太史范公文集》卷二六,《宋集珍本丛刊》本,第24册,第303页。

作宗室墓志,由丧家支付劳酬,奉敕作功臣碑志,润笔或许也应从此习,只是尚未见文献有具体说明。综上,奉敕功臣碑志与一般碑志的产生流程对比如下:

　　　　一般碑志:丧家请铭→作者撰铭→交付丧家→书丹刻石

　　　奉敕功臣碑志:丧家请铭→帝王敕令→作者撰铭→作者缮进→交付丧家→书丹刻石

由此可见,奉敕功臣碑志相较一般碑志多了帝王敕令与作者缮进两个步骤。至少从流程而言,一般碑志多是作者与丧家的直接交流,或委托中间人间接交流,奉敕功臣碑志则融入了官方角色。

　　奉敕功臣碑志的史料来源是什么? 王禹偁《宋偓神道碑》载:"于是详求家谍,参用国史,论次功行。"[1]欧阳脩《太尉文正王公神道碑铭并序》(王旦神道碑)云:"臣谨考国史、实录,至于搢绅、故老之传,得公终始之节,而录其可纪者,辄声为铭诗,昭示后世。"[2]说明作者可以利用家谍、国史、实录、同朝耆老口述文献等。这其中,以丧家提供的家谍行状为主,但又须辅以官方史料;而一般碑志则缺少官方史料的添助,主要以家传行状为依据,或记录作者见闻。

　　(二)墓主、作者身份与创作态度

　　从表1—2不难看出,墓主无疑都是朝望攸重之人,或治国理政之能臣,或平叛戡乱之悍将,皆为国之钧轴。已知36位功臣中,具体可分为:宰执22位、名将11位、前朝降主2位(此类特殊)、道士1位(表1—2,第8条,王中正因术士身份借宋真宗崇道而发迹,亦获封高官)。其中部分武将同时为外戚,如宋偓乃宋太祖开宝

---

① 王禹偁《王黄州小畜集》卷二八。
② 欧阳脩撰,洪本健校笺《欧阳脩诗文集校笺》"居士集"卷二二,第629页。

皇后之父,高继勋乃宋英宗高太后之祖父。帝王敕令作碑志,且多有帝王亲赐碑额①,作为丧家子孙当是无限荣耀。北宋历九朝,荣膺奉敕碑志、受此哀荣者只是极少数。

关于奉敕碑志的作者身份构成,仝相卿已经做了较为细致的统计与论述。他说"翰林学士群体在奉敕撰碑志者中间占了绝大多数比例",又说"北宋没有翰林学士奉敕撰写碑志文的制度性规定,不过这或许是约定俗成的规矩","至少在真宗朝以前,翰林学士奉圣旨撰铭已经成为成例了"②,所论为是。其实唐朝已经形成翰林学士创作奉敕碑志的惯例③,两宋乃承唐制而行。下面再看三则史料,以加深论述:

> 王禹偁《宋偓神道碑》:"嗣子衔恤上章,请刻石于神道。事下相府,俾西掖掌诰之臣考其实而文之,于是详求家谍,参用国史,论次功行。"④

> 欧阳修《皇从侄卫州防御使遂国公墓志铭》编者语:"国朝故事,宗室、宗妇初亡,皆权攒京城之僧寺,遇葬尊属,乃启殡从行。……例差翰林学士分撰志铭。"⑤

> 刘克庄《孟珙神道碑》:"惟宰上之碑,学士院久未克为。公二子请不已,天子命词臣克庄曰:'汝为之。'乃按公年谱,

---

① 可参肖红兵《宋代御赐神道碑额考述——以文献所见六十余人碑额为中心》(《中原文化研究》2013年第5期)、《御赐神道碑额所见北宋中后期的君臣关系》(《历史教学问题》2013年第6期)。
② 仝相卿《北宋墓志碑铭撰写研究》,第35、37页。
③ 参见杨向奎《唐代奉敕撰写墓志的制度化及其影响》,《中国文学研究》2016年第2期。
④ 王禹偁《王黄州小畜集》卷二八。
⑤ 欧阳修撰,洪本健校笺《欧阳修诗文集校笺》"居士集"卷三七,第959页。按:此处编者,应指《居士集》编者,非指欧阳修。

　　参以耳目闻见,著其大者于碑……"①

可见,翰林学士群体是承担奉敕碑志的主体。杨亿谓翰林学士:
"别受诏旨作碑、铭、墓志、乐章、奏议之属。"②创作奉敕碑志是翰
林学士的分内之事。上引刘克庄谓"惟宰上之碑,学士院久未克
为",说明奉敕碑志创作任务按例本应属翰林学士院承担,直到南
宋依旧遵循此例。

　　当然,北宋奉敕功臣碑志的作者也并非全是在任的翰林学
士③,如孙抃奉敕为丁度、寇准作神道碑时,任职御史中丞,孙抃自
谓"诏台臣某识其事,以信来世"④。李清臣《王太师珪神道碑》(王
珪神道碑)云:"有诏尚书右丞李清臣,其为太师珪铭。"⑤其《韩献
肃公绛忠弼之碑》(韩绛神道碑)又云:"有诏资政殿学士李清臣其
撰次献肃公绛事,而赐额以为忠弼之碑。"⑥此乃李清臣分别为尚
书右丞、资政殿学士时撰写,皆不属翰林学士作碑之例,不过其曾
任知制诰、翰林学士,有词臣经历。可知,作奉敕碑志之人,大都是
擅长作文的翰苑词臣或有词臣经历的官员。

　　此外,皇帝下令相关人员创作奉敕功臣碑志,一般而言是会考
虑避嫌的。但就现有材料来看,创作碑志的作者并非完全与墓主
没有交情,皇帝有时可能将此任务交给与墓主亲近的才学之士。

　　从表1—2可见,向敏中去世之后,祖士衡奉敕创作了神道碑。

---

① 刘克庄撰,辛更儒校注《刘克庄集笺校》卷一四三,中华书局,2011年,第5688页。
② 杨亿口述,黄鉴笔录,宋庠整理,李裕民辑校《杨文公谈苑》,张师正撰,李裕民辑
　　校《倦游杂录》(合刊本),上海古籍出版社,1993年,第7页。
③ 仝相卿也谓除翰林学士,还有中书舍人、宰执承担奉敕碑志任务,参仝相卿《北
　　宋墓志碑铭撰写研究》,第38页。
④ 杜大珪编《新刊名臣碑传琬琰之集》上集卷三。
⑤ 杜大珪编《新刊名臣碑传琬琰之集》上集卷八。
⑥ 杜大珪编《新刊名臣碑传琬琰之集》上集卷一〇。

为何官方将此任务交给祖士衡？重要因素是祖士衡曾任知制诰，颇有文才。程俱《麟台故事》残本卷三下"修纂"载:

> 天禧四年夏，翰林学士杨亿、钱惟演、盛度，……知制诰刘筠、晏殊、……请出《御集》笺解其义。诏亿等并同注释，宰相寇准都参详，参知政事李迪同参详。准寻罢，丁谓、李迪相，并充都参详。后又以冯拯、曹利用充……同参详。注释官盛度、薛暎、王曙、陈尧咨相继外补，又以知制诰吕夷简、祖士衡、钱易，枢密直学士张士逊，翰林学士李谘充。[①]

《续资治通鉴长编》"天禧四年"条谓:"九月己酉……诏翰林侍读学士张知白……各举常参官堪钱谷任使者二人。工部尚书晁迥，翰林学士杨亿……各举文学优长、履行清素者二人。给事中乐黄目……各举可守大藩者二人。知制诰祖士衡、钱易……各举堪御史者二人……限十日内具名以闻。"[②]此皆可证，天禧四年(1020)秋，祖士衡在任知制诰，所以他成了创作《向敏中神道碑》的人选之一。但这也许并非唯一理由，或许还由于私人关系，以致官方选择了由祖士衡来作向敏中碑。

祖无择《龙学文集》乃祖无择曾孙祖行(或作祖衍)编辑，收录了祖士衡奉敕所作的《向敏中神道碑》。标题后署"朝请大夫、尚书礼部郎中、上护军、范阳县开国伯、食邑七百户、赐紫金鱼袋臣祖士衡奉敕撰"，标题后有注云"士衡乃文简之孙婿也，所以知文简之详"[③]。《状元紫微始末》谓:

> 公讳士衡，字平叔，侍郎第四子。十八岁，殿试，状元及

---

① 程俱撰，张富祥校证《麟台故事校证》，中华书局，2000年，第301—302页。
② 李焘《续资治通鉴长编》卷九六"天禧四年"条，第2214—2215页。
③ 祖无择《龙学文集》卷一五，第865页。

第……尚书李宗讷之婿，后娶太师向文简敏中之孙女。唱名
日，文简在殿上，拜谢。历秘书省校书郎、户吏二部郎中、右
正言、直集贤院、同修起居注、右司谏、同提举在京诸司库务
司。文简薨，恩及外族，例加一官，特授起居舍人。晏殊行制
词有告存焉，录之于后。天禧四年八月，除知制诰。乾兴元年
七月，出知吉州。任满归京。天圣中，奉敕撰《向文简神道碑
铭》。卒，享年三十六[应为三十九]。①

晏殊所撰《起居舍人告词》，今见于《龙学文集》：

敕：故左仆射兼门下侍郎、平章事向敏中孙女婿朝散大
夫、行右司谏、直集贤院、同修起居注、同提举在京诸司库务
司、上轻车都尉祖士衡，早以俊名，擢于上第。工文合雅，缮
学宗经，……眷吾辅臣，惟尔外族，奄兹沦谢，增用悯伤。爰
降宠荣，及其姻属，特迁史秩，无忘钦承。可特授行起居舍
人。时尚书户部员外郎、知制诰、太子舍人臣晏殊行，天禧四
年四月日下。②

可见祖士衡在向敏中生前已娶其孙女，且与向敏中同朝为官，应对
其生平事迹较为熟悉。

我们有理由相信，朝廷基于祖士衡是墓主向敏中的孙婿，曾任
知制诰，有文采，所以将其定为《向敏中神道碑》的作者。这说明官
方安排奉敕功臣碑志作者时，可能还会考虑亲友作文便利的因素。

从上引欧阳脩《皇从侄卫州防御使遂国公墓志铭》编者语，可
知宋宗室去世或早夭，按例皆有墓志，由翰林学士某时段集中撰

---

① 祖无择《龙学文集》卷一四，第854页。按：经核1929年洛阳出土的祖无择所作
《祖士衡墓志铭》拓片，"三十六"应为"三十九"，祖士衡享年39。
② 祖无择《龙学文集》卷一四，第855页。

写。所以宗室墓志铭的创作时间比较集中,这可以从《北宋皇陵》中收录的墓志铭得到印证。如治平四年(1067),宋英宗丧葬,随葬宗室较多,相应此年产生的墓志铭较多。[1]奉敕功臣碑志中,有及时撰写与追撰两种情形,较之,大多数奉敕功臣碑志皆在墓主去世的当年或数年内及时创作,而少数乃追撰。从前面表1—2可知,寇准去世29年、夏竦去世16年、王旦去世38年、高琼去世71年之后方有奉敕碑志。赵冬梅谓北宋中期有对抗遗忘的碑志书写运动,乃年久立碑。[2]这种追撰碑志的情况,多是墓主后代子孙对先人追念的体现,但也有部分碑志创作背后往往有更复杂的政治或文化因素,这从前面所说的《寇准神道碑》即可看出。

作者创作奉敕功臣碑志的积极性如何? 总体来说积极性不高,作者只不过视之为完成一项政治任务。当接到敕令之后,他们心态为何? 举四例以明之:

> 李至《钱俶神道碑》:"臣拜命周章,罔知攸措,惧不能彪炳徽烈,游扬好词,副圣君之知,效良吏[应为'史']之作。"[3]

> 夏竦《王钦若墓志铭》:"有诏侍臣书其徽烈……仰奉宸旨,不获固辞。"[4]

> 孙抃《寇准神道碑》:"臣承命恐悸。"[5]

> 王安石《贾昌朝神道碑》:"有诏造文赐公子,使之并刻。臣某昧死序列,再拜稽首以闻。"[6]

---

[1] 河南省文物考古研究所《北宋皇陵》,中州古籍出版社,1997年,第495页。
[2] 赵冬梅《试论北宋中后期的碑志书写——以司马光晚年改辙拒作碑志为中心》,王晴佳、李隆国主编《断裂与转型:帝国之后的欧亚历史与史学》。
[3] 方履篯编《金石萃编补正》卷二,《石刻史料新编》本,第1辑,第5册,第3505页。
[4] 夏竦《文庄集》卷二九,第291—294页。
[5] 杜大珪编《新刊名臣碑传琬琰之集》上集卷二。
[6] 王安石撰,刘成国点校《王安石文集》卷八七,中华书局,2021年,第1501页。

不难看出,诸人在接到敕令之后,或固辞不获,或不敢辞,有惧怕、不情愿心理,这或被认为是客套之言或程序化表达,却也含有几分实情。谓自己文辞浅陋乃自谦之辞,但作者创作积极性确实不高,最后大都是辞不获命,不得已而为之。北宋当朝翰林学士人员编制一般只有数人,或许创作功臣碑志的命令下达之后,推挹者居多。至于积极性不高的原因较多,其中重要原因是创作难度较大,篇幅较长,叙述墓主仕履会涉及复杂的人际关系与政治利益,而这需要面对诸多读者检验,往往众口难调,以至于会冒政治风险。

总体而言,鸣珂锵玉、年高位隆的高官功臣作古,其人际关系复杂,涉及多方政治利益,故而奉敕功臣碑志创作难度较一般碑志要大。

二、政治常态环境下奉敕功臣碑志的创作矛盾与张力

这里所指政治常态环境,乃与北宋晚期新旧党争时期相对而言的北宋前中期。重臣捐馆,丧家请铭,碑志创作任务落到翰林学士群体身上,这一任务似乎大都是烫手山芋,因为作者必须面临多方读者检验。北宋碑志作者面临的创作矛盾,学界已有论及①,主

---

① 如刘静贞《北宋前期墓志书写活动初探》(《东吴历史学报》2004年第11期),该文所谓作者面临的"真实的焦虑",已经谈及了直书与传信后代的矛盾问题;刘成国《北宋党争与碑志初探》(《文学评论》2008年第3期)也综论党争中为了政治避祸在碑志书写中的矛盾心态;赵冬梅《试论北宋中后期的碑志书写——以司马光晚年改辙拒作碑志为中心》(王晴佳、李隆国主编《断裂与转型:帝国之后的欧亚历史与史学》)论及为了避免虚假而拒绝书写碑志的特例如司马光等人;王瑞来《生长的墓志——从范仲淹撰〈天章阁待制滕君墓志铭〉看后人的改易》(《历史教学》[下半月刊]2019年第12期)论述了后人如何添改墓志;李贞慧《历史叙事与宋代散文研究》(中国社会科学出版社,2015年)中有关碑志书写的史笔、史家意识等论述。

要涉及下文所说的创作真假问题，但未从宏观角度归纳作者为突出实录原则的常规方法。至于奉敕功臣碑志创作的官私问题、文体正变等问题，亦未见论及，以下再加深或拓新论述。先举三例，以明奉敕碑志作者分别面临的来自于丧家、帝王、政敌的压力。

其一，若碑志不符丧家预期，则有可能惹祸。如北宋魏泰《东轩笔录》载：

> 李淑在翰林，奉诏撰《陈文惠公神道碑》。李为人高亢，少许可与，文章尤尚奇涩。碑成，殊不称文惠之功烈、文章，但云平生能为二韵小诗而已。文惠之子述古等恳乞改去二韵等字，答以已经进呈，不可刊削，述古极衔之。会其年李出知郑州，奉时祀于泰陵，而作恭帝诗曰："弄楯牵车挽鼓催，不知门外倒戈回。荒坟断陇才三尺，犹认房陵平伏来。"述古得其诗，遽讽寺僧刻石，打墨百本，传于都下。俄有以诗上闻者，仁宗以其诗送中书，翰林学士叶清臣等言本朝以揖逊得天下，而淑诬以干戈，且臣子非所宜言。仁宗亦深恶之，遂落李所居职，自是运蹇，为侍从垂二十年，竟不能用而卒。[1]

其二，若碑志不符帝王期待，也有可能惹祸。如《旧五代史·明宗纪》载："戊戌，中书奏：'太子少傅李琪所撰进《霍彦威神道碑》文，不分真伪，是混功名，望令改撰。'从之。琪，梁之故相，私怀感遇，叙彦威在梁历任，不欲言伪梁故也。"[2]

其三，奉敕碑志还可能被政敌拿来作为斗争工具加以利用。《东轩笔录》载："太平兴国中，吴王李煜薨，太宗诏侍臣撰吴王神道

---

① 魏泰撰，李裕民点校《东轩笔录》卷三，中华书局，1983年，第31—32页。
② 《旧五代史》卷四〇，中华书局，2016年，第2册，第633页。按：《册府元龟》卷五五三《词臣部四·谬误》（第6641页）对此事的记载更详细，可参。

碑。时有与徐铉争名而欲中伤之者,面奏曰:'知吴王事迹,莫若徐铉为详。'太宗未悟,遂诏铉撰碑,铉遽请对而泣曰:'臣旧侍李煜,陛下容臣存故主之义,乃敢奉诏。'太宗始悟让者之意,许之。"①

通过上述三例,可见作者需要以允公议,应付周全。为此,作者需要考虑如何防止偏倚,在各种矛盾的牵制下取得平衡,以下就三组主要矛盾进行论述。

(一)真与假:实录扬勋与避免谀墓

虚美隐恶是碑志创作常态,但也正因为如此,碑志有谀墓问题。学界主要集中探讨蔡邕、韩愈等人谀墓的个案,对于碑志作者如何力图避免谀墓所作的努力还缺少综论,更遑论奉敕功臣碑志的作者如何在叙事真假问题上所做的努力。

碑志虽多称美,但发展到宋代,已有碑传同史传的共识,碑志亦须求真求实。②从北宋奉敕功臣碑志作者身份自谓而言,颇能看出作者有意凸显创作的真实性原则。前已述及翰林学士群体是奉敕碑志的主创者,但奉敕功臣碑志中却罕见作者自谓翰林,而多自称"史臣""史氏":

> 张方平《吕夷简神道碑》:"有命史臣,俾敷扬其休烈。"③
> 宋祁《张士逊神道碑》:"请而命史臣祁系以词。"④
> 孙抃《寇准神道碑》:"敕史氏撰扬勋烈,具志于石。……

---

① 魏泰撰,李裕民点校《东轩笔录》卷一,第3—4页。按:此处魏泰谓撰吴王神道碑,当为概称或误记,实应为撰墓志铭。《徐铉集校注》卷二九(中华书局,2018年,第1225—1227页)、《宋文鉴》卷一三九(中华书局,2018年,第1949—1951页),二书录文皆谓墓志铭,或碑志皆为徐铉所撰,抑或体现魏泰碑志合一的观念。

② 参见于景祥、李贵银编著《中国历代碑志文话》(辽海出版社,2017年)"上编:中国历代碑志文史话"之"以史笔为碑志的成熟"一节,第103—121页。

③ 张方平《乐全集》卷三六,第400页。

④ 宋祁《景文集》卷五七,影印文渊阁《四库全书》本,第1088册,第545页。

遂以命臣抃。"①

　　欧阳脩《晏殊神道碑》:"既又敕史臣脩考次公事,具书于碑下。"②

　　翰林学士主要承担草诏与参谋决议职责,虽不隶属于专门的修史机构,但亦常兼史职,参与修撰国史③,既有文笔,又是史官,所以自谓史臣亦可。时人皆欲借助史官身份以取信他人,这在非奉敕碑志中也有体现。如王珪《庞籍神道碑》载:"其孤又请于史官王珪曰:'我先公位丞相于朝,盖显矣,其葬也,谏官司马光实为之铭,今墓隧之碑未立,愿得史官所书以刻之,以信其后人。'"④王珪《唐介墓志铭》也谓:"其孤以余职在太史,使人来京师求铭,以纳其墓中。"⑤此皆说明宋人认为史官具有公信力。奉敕碑志乃官方认可,再加上惇史身份的信誉度,则更能取信于世。

　　那么,作者如何体现史臣身份的实录原则呢?至少有三点:

　　其一,主动交代碑志的史料来源。"按牒而撰"是常见表达⑥,旨在说明碑志的史料来源,前面已举王禹偁、欧阳脩等人奉敕作碑之例,此不赘述。

　　其二,直接在碑志中明确强调实录。如李至《钱俶神道碑》载:"无过实、无虚美,斯令戒之所式,亦微臣之所耻。"⑦李宗谔《石

————————

① 杜大珪编《新刊名臣碑传琬琰之集》上集卷二。
② 欧阳脩撰,洪本健校笺《欧阳脩诗文集校笺》"居士集"卷二二,第637页。
③ 张帆《翰林学士院何时兼修史之任》(《史学史研究》1990年第3期)认为"自唐后期以来,翰林学士院官越来越多地参预了修史工作"。
④ 王珪《华阳集》卷四八,第354页。
⑤ 王珪《华阳集》卷五七,第422页。
⑥ 如孙抃、王珪、张方平等在奉敕碑志中常用"谨按""按牒""谨按牒"等词,不赘举。
⑦ 方履籛编《金石萃编补正》卷二,第3505页。

保吉神道碑》谓:"敢凭实录,以示方来。"①杨亿《石保兴神道碑》
云:"一字之褒,虔遵于直笔。"②张方平《李迪神道碑》道:"臣承学
浅昧,然粗闻《春秋》义例矣,大君有命,敢诬信书?"③他们都强调
了实、直、信,即是对真实性叙述的特别说明。

　　其三,叙述时暗用第三人称叙事。南宋费衮《梁溪漫志》"程
文简碑志"条说得好:"凡碑、志等文,或被旨而作,或因其子孙之
请,扬善掩恶,理亦宜然。至于是是非非,则天下自有公论。"④从
现存奉敕功臣碑志来看,作者大都在扮演第三方的独立角色,尽
量不掺杂个人情感因素与喜好。其中如孙抃《寇准神道碑》一反常
态,全文几乎不用"公"而多用"准"称呼墓主,这是少见的表达,或
是作者冷静叙事态度的有意体现。

　　然而,基于碑志本有为死者、尊者讳的颂美传统,无论作者如
何强调实录,最终还是满纸颂赞,难免落入谀墓窠臼。于是,大多
数作者创作时尽量采取"真话不全说,假话全不说"的选择性叙事。
他们在创作中可能会先假想自己叙事的后果,如果会引起争论则
略写或曲笔,甚至完全不提。创作矛盾与张力之大小,视创作碑志
时的利益关系而定。如王珪《高琼神道碑》直接记载了澶渊之盟中
寇准与高琼的功绩,对王钦若的主和行为予以抨击,并且直录王钦
若劝阻天子问疾的经历。因为熙宁九年(1076)王珪作碑时,王钦
若已经去世半个世纪之久,且其后裔不显,王珪毋须顾忌太多。不
过大多数奉敕功臣碑志中都充满了祥和之气,即便偶有政治、人事
纷争记载,作者也常采取策略予以回避,这在前一节已有论及,不

① 王昶《金石萃编》卷一二九,《石刻史料新编》本,第1辑,第2403—2404页。
② 王昶《金石萃编》卷一二九,第2409页。
③ 张方平《乐全集》卷三六,第405页。
④ 费衮撰,金圆校点《梁溪漫志》卷八,上海古籍出版社,1985年,第96页。

予展开。

(二)官与私:官方立场与主观叙事

由于史传多官修,碑传多私作,所以历来碑志多被认为是私人著述,但奉敕碑志却有不同。一般碑志创作不用考虑官方立场,因为作者乃以私人身份进行创作,作者与丧家之间的协议是私人行为。然而奉敕功臣碑志有帝王敕令的介入,带上了官方烙印,作者在很大程度上是代表官方发声。

具体而言,官方因素主要体现在官方欲宣传之价值观念,如忠君爱国、廉洁奉公、注重人伦等,带有社会功用意义。前述作者强调的史家立场也是官方立场、客观立场。李至《钱俶神道碑》说“夫金石之刻,所以垂劝来代,彰明往懿”[1],说明奉敕碑志不仅有私人纪念与哀祭性质,还有垂范世人、垂劝来代的官方传声筒功能。

如程琳去世之后,欧阳脩先应孝子之请作墓志铭,此属私作;后又奉敕作神道碑,则为公事。较之,神道碑比墓志铭承担了更多的官方传声筒功能,这与碑外志内的存放位置差异有关。仔细对比欧阳脩为程琳所作的碑与志,会发现他在行文时有公私之分。《程琳神道碑》中有这样的表达:“臣脩以谓古者功德之臣,进受国宠,退而铭于器物,非独私其后世,所以不忘君命,示国有人,而诗人又播其事,声于咏歌,以扬无穷。”[2]而在《程琳墓志铭》中则没有相关议论,这无疑更多体现了作者代表官方立场在倡导某些价值观。又如李清臣《王珪神道碑》载王珪“奉诏为高卫王、康王碑,发明天子所以崇事圣母之意,天子嘉之”[3],这也是在彰显官方提倡

①方履籛编《金石萃编补正》卷二,第3505页。
②欧阳脩撰,洪本健校笺《欧阳脩诗文集校笺》“居士集”卷二一,第618—619页。
③杜大珪编《新刊名臣碑传琬琰之集》上集卷八。

的上行下效的孝行理念。

　　此外,因为奉敕功臣碑志包含奏进御览的环节,所以作者多了一道必要的书写,即"颂圣",此亦是官方立场的体现。推原君德,颂美君上,归美先帝,均是一般碑志没有呈现的特殊景观。颂圣传统其来有自,《册府元龟·词臣部》载:"旧之工碑版者,奉敕撰碑,皆始叙君上奖功之道,承诏撰述之旨。"①诸奉敕功臣碑志体现墓主勋烈流泽子孙的同时,必定还有颂圣的成分。如欧阳脩《王旦神道碑》说:"得公终始之节,而录其可纪者,辄声为铭诗,昭示后世,以彰先帝之明,以称圣恩褒显王氏,流泽子孙,与宋无极之意。"②又如王珪《高继勋神道碑》谓"右我圣后,保翼天子,以母临天下"③,等等。

　　但墓主毕竟是"一个人"——是去世的个体,碑志创作需要围绕给墓主"扬勋"这个中心点来思考。所以,作者如何叙事会与官方的史家立场偶有矛盾。一般碑志中,如果作者与墓主或丧家有私交,则多会在碑志中予以交代。可奉敕碑志中,作者常以"按牒而撰"来表达史料来源,或多次强调官方"史臣"身份,尤其在叙述政争时,他们尽力表现自己是局外人,似乎力图撇清与墓主的关系,私交的叙述少于非奉敕碑志。一般而言,作者与墓主并非完全没有交集。他们同在朝廷任职,作为同僚,生活中也多少可能存在交集,但这种交集往往不在奉敕功臣碑志中呈现出来。

　　祖无择《龙学文集》卷一五"家集"部分,收录了祖士衡创作的两篇碑志,一为奉敕所作的《向敏中神道碑》,一为非奉敕所作的

---

① 王钦若等编《册府元龟》卷五五三,第6641页。
② 欧阳脩撰,洪本健校笺《欧阳脩诗文集校笺》"居士集"卷二二,第629页。
③ 王珪《华阳集》卷四九,第370页。

《符氏墓志》①。通过对比碑志内容,可以发现祖士衡奉敕为向敏中所作神道碑中,全文未提其与墓主之关系。但为符氏所作墓志中,却明确表明自己是墓主孙婿。同样是孙婿身份,作者在奉敕碑志中不提及,却在非奉敕墓志中明确提及,可见奉敕碑志作者在行文时,一般都力图表现自己的客观立场、官方立场。

按理说,既然作者代表的是官方立场、史家立场,则奉敕碑志的叙事理应翔实。实际上,奉敕碑志中的曲笔书写、选择性叙事、人称代词虚化等主观叙事策略,比比皆是。尤其涉及到政治集团或私人政见之争,人称代词多为虚指,如用"权宠""执政""宰相"等暗指当权者,即为奉敕碑志中的常用写作技巧。这一点在此前如唐朝高官碑志中也有体现,非宋所特有。

那么,在奉敕功臣碑志中,官方立场与主观叙事的矛盾如何处理?除了上述各种叙事策略之外,实际上作者无一例外皆遵循一种约定俗成的大原则:即在颂扬墓主功勋时,强化有利的人际关系,而弱化或忽略不利的人际关系记载。在"称美"方面,大都以官方立场来发言,记叙翔实,"美"具体体现在墓主身上,亦兼及他人,颂及他人时皆坐实姓名;在"称恶"方面,作者则以主观叙事技巧将部分当事人模糊化、简单化处理,"恶"的体现在他人,且大都无实指,或多是无实权的宦官、术士、叛军、夷狄等。

(三)守与变:碑志义例与创作策略

任何文体都有相应的文体规范,奉敕功臣碑志也必须在既定义例的掣肘下进行创作。如议论或叙事谁为主?典型书写或逐节敷写谁为主,叙事繁简、篇幅长短多少合适?颂圣崇君与扬勋墓主的比例如何把握?甚至互文、典故使用等也需考虑在内。奉敕碑

①祖无择《龙学文集》卷一五,第872—874页。

志虽为程序化较强的应制文,但部分作者也求创新。北宋范温《潜溪诗眼》说"老坡作文,工于命意,必超然独立于众人之上。如《赵清献碑》……"①,此即言苏轼奉敕创作《赵抃神道碑》时是力求命意为新的,以下就四点创作考虑作出概括。

其一,从表达方式而言,奉敕功臣碑志是以议论为主还是叙事为主,是作者要面对的矛盾。清人唐彪说:"碑文事实多者,止须叙事,若故意搀入议论,便成赘瘤。事实寡者,不少参之以议论,必寂寞不成文字。"②可见本来碑志以叙述为正体,但实际上,北宋作者也偶在碑志中搀和议论。清人蔡世远也说:"凡纪传直叙到底者,正局也;间以议论者,变体也。……墓志表状亦然。韩、欧志表,多以议论行文,仿屈原等传也。"③如前所述,北宋已有碑传同史传的共识,奉敕碑志作者多自谓史官,即是为了突出实录原则,史传的创作以客观叙事为宗,碑传也同此。作者大都以叙事为主,议论为辅,此为碑志创作常态。不同作者所擅文体各异,这也会一定程度造成碑志叙事、议论谁为主导的差异。明代古文评点家对宋人的叙事与议论多有见解,如茅坤说"而论、策以下,当属之苏氏父子兄弟""宋诸贤叙事,当以欧阳公为最。何者? 以其调自史迁出,一切结构裁剪有法"④。后人多认为欧阳修叙事简而有法,而苏轼则短于叙事,好发议论。就现存欧、苏碑志来看,确如所言,可见碑志作

---

① 范温《潜溪诗眼》,吴文治主编《宋诗话全编》,江苏古籍出版社,1998年,第1257页。

② 唐彪《读书作文谱》卷一一,王水照主编《历代文话》,复旦大学出版社,2007年,第3564页。

③ 蔡世远编《古文雅正》卷二《汲黯列传》按语,影印文渊阁《四库全书》本,第1476册,第37页。

④ 茅坤编《唐宋八大家文钞》卷首《论例》,影印文渊阁《四库全书》本,第1383册,第15页。

者创作时会考虑叙事与议论之比例。

其二,从叙述方法而言,奉敕功臣碑志采用逐节敷写还是典型书写,也是作者要面对的矛盾。清人张谦宜谓:"史氏之法,有挨年顺月序者,正体也。有以情事相凑,不拘年月者。此法尤妙。"①碑志创作有"挨年顺月序"的正体,还有"不拘年月"的变体,此即分别指逐节敷写与典型书写。自从韩愈等人确立了以史笔为碑志的典型叙述方法,蔡邕、庾信等开创并强化的逐节敷写逐渐不受重视,典型书写渐成传统,尤其高官碑志的叙述多采取典型书写。②然而,对于奉敕功臣碑志而言,仕履是碑志叙述的重心所在,故而逐节敷写完全必要。南宋俞文豹说"碑记文字铺叙易,形容难"③,说明逐节敷写相对容易,故而宋代部分碑志作者往往以典型书写标新立异。张谦宜还谓:"墓志碑表,称善不称恶固已,然其事有大小,或存或削,须裁以义理,以善予人,如以财施惠,其轻重多少,必有准则。"④可见碑志的典型书写需要以称善之义理来剪裁。奉敕功臣碑志不可能本末巨细,一一兼赅,只能撷取典型叙述,书大略小。如前引欧阳脩《王旦神道碑》中的"录其可纪者"就是明确的典型书写提示。对于有创造意识的作者而言,往往是欲为难为者,舍弃易为者。奉敕功臣碑志的作者大都是结合两种叙述方法,兼顾典型书写与逐节敷写,这其中以逐节敷写为纲,以典型书写为目。

其三,从叙事繁简而言,如何在有限的字数内完成丧家期待的

---

① 张谦宜《絸斋论文》卷三,王水照主编《历代文话》,第3902页。
② 参见于景祥、李贵银编著《中国历代碑志文话》"上编:中国历代碑志文史话"之"以史笔为碑志的成熟"一节,第103—121页。
③ 俞文豹撰,张宗祥校订《吹剑录全编·四录》,古典文学出版社,1958年,第107页。
④ 张谦宜《絸斋论文》卷三,王水照主编《历代文话》,第3897页。按:"固已",《历代文话》误作"固已"。

颂德书写,也是奉敕功臣碑志作者要面对的矛盾。南宋洪迈《容斋随笔》"志文不可冗"条载:"东坡为张文定公(张方平)作墓志铭,有答其子厚之一书,云:'志文路中已作得大半,到此百冗未绝笔,计得十日半月乃成。然书大事略小节,已有六千余字,若纤悉尽书,万字不了,古无此例也。知之知之。'盖当时恕(张恕,字厚之,张方平子)之意但欲务多耳。"①如苏轼一样,奉敕功臣碑志的作者须面临丧家"贪多务得"的心态,但囿于体例,必须剪裁篇幅。后人对苏轼碑志之繁冗有过论述,如茅坤说:"欧阳公碑文正公仅千四百言,而公之生平已尽。苏长公状司马温公几万言而上,似犹有余旨。盖欧得史迁之髓,故于叙事处裁节有法,自不繁而体已完。苏则所长在策论纵横,于史家学或所短,此两公互有短长,不可不知。"②后人非议苏轼碑志失于剪裁,时人亦或有之。故而作者创作奉敕功臣碑志时,于篇幅亦应有所考虑。

其四,从颂扬对象而言,碑志自然是以墓主为中心,但奉敕功臣碑志仍少不了颂圣环节,如何把握颂亡与颂圣的比例也是作者必须面对的矛盾。大多数作者都不偏离颂亡的中心,颂圣只是辅助,但作者往往在碑志开头或结尾予以点睛,突出圣恩浓厚。因朝廷礼法规定问疾、辍朝、赠官等是褒奖大臣、以表圣恩的体现,所以碑志会突出相关记载。比如墓主弥留之际,天子问疾;墓主去世,帝王悲伤辍朝;墓主丧葬,耗费悉从官给;皇帝厚待墓主子孙等等,都是奉敕功臣碑志不可缺少的程序化点睛之笔。不过,有时颂圣的比例却因时局紧张与否,在不同碑志中有不同体现,甚至有颂圣

① 洪迈撰,孔凡礼点校《容斋随笔》"四笔"卷二,中华书局,2005年,第648—649页。
② 茅坤编《唐宋八大家文钞》卷五一《庐陵文钞》二三《范仲淹神道碑》按语,第573页。

掩盖颂亡的情况出现，此一点在下文以苏轼《司马温公神道碑》为个案显示，兹不展开。

综上所论，勋阶极品的功臣闻人去世，创作奉敕功臣碑志的任务遂落到翰林学士等人身上。虽然他们强调史臣身份，以官方立场对墓主盖棺定论，但在创作碑志时依旧会面临不少矛盾，需要考虑多方读者的期待视野，同时还须遵守碑志的文体义例。创作矛盾与张力是相伴相生的，有矛盾即有张力。上述矛盾中，真与假、守与变的矛盾亦存于一般丧葬碑志中，而官与私的矛盾则属奉敕功臣碑志所独有。这些矛盾或多或少存于奉敕功臣碑志的创作中，随着政治环境时松时紧，碑志表现出来的创作张力也或大或小。作者要在扬勋与不谀墓、守义例与避祸之间求得最大平衡。

三、苏轼《司马温公神道碑》变体原因抉隐

关于北宋党争时期的碑志变体现象，学界已有论及①，但未专门从奉敕功臣碑志角度深挖细掘。下面以苏轼《司马温公神道碑》（简称《温公碑》）为例，管窥特殊政治环境压力下苏轼的创作心态。

苏轼传世作品较多，却因自惜羽毛少为人作碑志。其《辞免撰赵瞻神道碑状》自谓"臣平生不为人撰行状、埋铭、墓碑，士大夫所共知"②。在为数不多的苏轼碑志中，有三篇奉敕功臣碑文，其中《温公碑》还有传世碑帖，乃东坡书法中的精品，但这样一篇名作却不符合神道碑创作常态，前人偶有论及。如明人茅坤云："此碑记乃公应制者，较公所为司马公状，似不能尽所欲言，然行文特略

---

① 刘成国《北宋党争与碑志初探》，《文学评论》2008年第3期。
② 苏轼撰，孔凡礼点校《苏轼文集》卷三三，第929页。

矣。"①清人王懋竑亦谓:"《司马温公神道碑》多用议论,非史汉旧
法,与韩、欧异矣。荆川宗苏学,故以为奇绝。而鹿门不甚取此文,
鹿门是也。"②荆川指唐顺之,鹿门乃茅坤,皆推崇唐宋古文。清人
袁枚撰《方君柯亭传》时论曰:"传记之体,有叙无断。尝谓苏子瞻
作《温公神道碑》以一'诚'字相贯串,是温公论,非温公碑也。"③从
文体学角度而言,碑志多以叙事为主,一般是序(叙)文前铭文后,
序文主叙墓主生平,铭文总结。《温公碑》虽以前序后铭形式创作,
但却迥异于当时的碑志创作常态。何以见之?

其一,从篇幅而言,《温公碑》篇幅与墓主司马光地位不埒,且
文以议论为主。该碑约2100字,比一般官员碑文虽不算短,但却
逊于当时其他名公巨卿碑志。④诚如茅坤所说,《温公碑》"似不能
尽所欲言,然行文特略矣"。北宋如司马光曾为宰执名赫天下者,
多有奉敕碑志,且得御书碑额。《温公碑》乃宋哲宗篆额,命苏轼撰
书碑文。同时代声名煊赫的如韩琦、富弼碑志,亦为御书篆额,碑
文字数却远多于《温公碑》。《温公碑》中,苏轼云"臣盖尝为公行

① 茅坤编《唐宋八大家文钞》卷一四二《东坡文钞》二六《司马温公神道碑》按语,第694页。
② 王懋竑《读书记疑》卷一六,《续修四库全书》本,上海古籍出版社,2002年,第1146册,第431页。
③ 袁枚《小仓山房文集》卷三三,王英志主编《袁枚全集》本,江苏古籍出版社,1993年,第2册,第612页。按:细读该碑,据文义,知此处"一"字似当与"诚"字一样加单引号。
④ 《温公碑》约2100字。苏轼其他奉敕碑志字数为:《富弼神道碑》6000余字、《赵抃神道碑》3000余字;苏轼创作的其他名臣墓志铭,如《范镇墓志铭》5000余字、《张方平墓志铭》6000余字。宋神宗《两朝顾命定策元勋之碑》(韩琦神道碑)约3500字、陈荐《韩琦墓志铭》6000余字。按:以上碑志,皆有传世文集、方志或《新刊名臣碑传琬琰之集》收录,不再赘注。其中,韩琦墓志铭2009年出土于安阳,可参河南省文物局编《安阳韩琦家族墓地》(科学出版社,2012年)。

状,而端明殿学士范镇取以志其墓矣,故其详不复再见,而独论其大概"①。此理由虽可解释《温公碑》篇幅为何简短,但却不符合创作习惯。碑外志内,不能因为墓志已叙,则在神道碑略写。唐宋人碑志双行,碑志俱详者,不乏其人。如与司马光同时期的富弼,苏轼作《富弼神道碑》(简称《富弼碑》)、韩维作《富弼墓志铭》②,皆在6000字以上。

其二,就颂扬对象而言,《温公碑》似不以颂亡为主,反以颂圣为多。南宋王正德《余师录》"陈长文"条载:"或曰:'东坡作《富郑公神道碑铭》学商颂,《温公神道碑铭》学鲁颂',此论近之。"③这里将两碑对比,谓《富弼碑》学《商颂》,似旨在说明其符合碑志正体,所颂为去世之人;而谓《温公碑》学《鲁颂》,言下之意当指此碑有"颂美"之嫌。④此处所谓"颂美",即颂圣:于《鲁颂》为颂鲁僖公,于《温公碑》即颂"二圣"(高太后与宋哲宗)与"神考"(宋神宗)。现存奉敕功臣碑志中,《温公碑》的颂圣力度最大,成分最多。《温公碑》2100余字,其中序文近2000字,铭文近200字,约三成篇幅直叙墓主,近七成篇幅似反复颂圣。

由上可见,谓《温公碑》为变体之文,似无不可。那么,《温公碑》是苏轼信手而作的吗? 显然不是。两宋之交的朱弁《曲洧旧闻》载苏轼作《温公碑》后访晁补之:"东坡作温公神道,来访其从

---

① 苏轼撰,孔凡礼点校《苏轼文集》卷一七,第514页。本节凡引《司马温公神道碑》皆出自此本第511—515页,不赘注。
② 韩维《南阳集》卷三〇,第744—754页。按:2008年,富弼墓志铭已于洛阳出土,拓片见洛阳市第二文物工作队编《富弼家族墓地》(中州古籍出版社,2009年)。
③ 王正德《余师录》卷二,王水照主编《历代文话》,第363页。
④ 毛亨传,郑玄笺,孔颖达等正义《毛诗正义》卷二〇,谓《鲁颂》第一篇《駉》云"作是《駉》诗之颂,以颂美僖公也"(《十三经注疏》本,中华书局,1980年,第609页)。

兄补之无咎于昭德第。坐未定,自言:'吾今日了此文,副本人未见也。'啜茶罢,东坡琅然举其文一遍,其间有蜀音不分明者,无咎略审其字,时之道从照壁后已听得矣。东坡去,无咎方欲举示族人,而之道已高声诵,无一字遗者。"①这本是为了突出晁之道资敏强记,但却从侧面可以看出苏轼重视《温公碑》的创作,此文绝对是绞尽脑汁、精思熟虑之作,所以在正式定稿之前先与晁补之交流。

为何会出现如此变体碑文?将其置于北宋新旧党争背景下去思考应是合适的思路。先看创作《温公碑》的难度。墓主司马光与作者苏轼皆身处政治漩涡中心,苏轼作碑面临巨大矛盾与压力,绝难措手,几乎无法作出常态碑文。司马光一生视新法为仇雠,他在神宗、哲宗两朝截然相反的际遇,本身形成了巨大的叙事张力与创作难度。创作《温公碑》,其中司马光对于新法的态度是无法绕开的话题,所以如何在碑文中书写新法话题,给苏轼造成不小困扰。当时苏轼身负"谤上"与"讥斥先朝"等罪名,加之作碑难以措手,故而以论代叙,发明己意,大力颂圣,避祸全身。换言之,创作《温公碑》,既然无论如何都会面对矛盾与压力,那么不妨选择别样的表达方式为自己辩解。苏轼撰碑志以议论为多,有异于袁枚谓碑志文"有叙无断"的客观叙事传统。论者多认为东坡碑志长于议论而短于叙事,常借碑志发明己意,有自己的创作策略与目的。苏轼好议论,有借碑文表达己见的先例。朱熹曾论苏轼《富弼碑》是"坡公欲得此为一题目以发明己意耳"②。所以,苏轼无奈选择了在《温公碑》中用以论代叙的方式表达自己的观点。

① 李廌《师友谈记》;朱弁撰,孔凡礼点校《曲洧旧闻》卷三;陈鹄《西塘集耆旧续闻》(合刊本),中华书局,2002年,第124页。
② 黄士毅编,徐时仪、杨艳汇校《朱子语类汇校》卷一三〇,第3119页。

　　《温公碑》的具体创作时间与苏轼处境是探讨其变体原因的关键。孔凡礼《苏轼年谱》谓"碑文（指《温公碑》）之作，约在元祐二年秋冬之间"①，大致不误，但不够具体。据《续资治通鉴长编》，元祐三年（1088）正月乙丑（十七日），苏轼、孙觉、孔文仲等领命知贡举。②在《书试院中诗》中，苏轼自谓元祐三年正月二十一日领贡举事。③这说明苏轼领命知贡举在元祐三年正月十七日，四日后苏轼、黄庭坚等一起正式入锁院，所以《温公碑》的创作时间定在苏轼正式入锁院之前。具体而言，此碑当作于元祐二年十二月。《苏轼全集校注》也谓此文乃"元祐二年（一〇八七）十二月作于开封"④。

　　再看苏轼作《温公碑》时的具体处境。苏轼于元祐元年（1086）九月任翰林学士，直到元祐四年（1089）三月出知杭州，期间屡遭台谏弹劾，身负"诽谤先朝""讥议二圣"等罪名。元祐元年十二月至二年正月，苏轼即因"师仁祖之忠厚、法神考之励精"⑤的策题遭到朱光庭、傅尧俞、王岩叟等人弹劾，如朱光庭认为苏轼"涉嫌诽谤先朝"⑥，吕陶谓朱光庭"指其策问为讥议二圣而欲深中之"⑦，但苏轼最终被定无罪。至元祐二年十二月二十四日、二十八日、三年正月十九日，因廖正一策试馆职问题，苏轼又遭到台谏官员的抨击，前后有杨康国、赵挺之、王觌以策题为由弹劾苏轼，

① 孔凡礼《苏轼年谱》卷二七，中华书局，1998年，第811页。
② 李焘《续资治通鉴长编》卷四〇八"元祐三年"条，第9921页。
③ 苏轼撰，孔凡礼点校《苏轼文集》卷六八，第2139页。按：原文为二月，乃正月之误。如孔凡礼《苏轼年谱》卷二七（第815页）谓"二月"乃"正月"之误。
④ 张志烈、马德富、周裕锴主编《苏轼全集校注》"文集校注"卷一四，河北人民出版社，2012年，第1894页。按：该书第1991页注84也有对该文系年的考证，可参。
⑤ 李焘《续资治通鉴长编》卷三九三"元祐元年"条，第9564页。
⑥ 李焘《续资治通鉴长编》卷三九三"元祐元年"条，第9564—9565页。
⑦ 李焘《续资治通鉴长编》卷三九三"元祐元年"条，第9568页。

《续资治通鉴长编》有详细记载,下引元祐二年十二月丙午(二十八日)赵挺之所奏以见当时苏轼所面临之境况:

> 按轼学术本出《战国策》苏秦、张仪纵横揣摩之说,近日学士院策试廖正一馆职,乃以王莽、袁绍、董卓、曹操篡汉之术为问。……自生民以来,奸臣毒虐未有过于此数人者,忠臣烈士之所切齿而不忍言,学士大夫之所讳忌而未尝道。今二圣在上,轼代王言,专引莽、卓、袁、曹之事,及求所以篡国迟速之术,此何义也!公然欺罔二圣之聪明,而无所畏惮,考其设心,罪不可赦。轼设心不忠不正,辜负圣恩,使轼得志,将无所不为矣。①

如果说赵挺之非议苏轼学术源出纵横之说,还停留在针对苏轼学术思想的批评上,那么"公然欺罔二圣"的罪名却是苏轼面临的又一次严峻考验②,因为所谓"二圣"指在世的高太后与哲宗。台谏官以当朝"二圣"说事,想必对"乌台诗案"心有余悸的苏轼知道此罪名非同小可。在元祐三年三月初,苏轼出锁院之后,就立即上札子请除闲职,《乞罢学士除闲慢差遣札子》云:

> 及蒙擢为学士后,便为朱光庭、王岩叟、贾易、韩川、赵挺之等攻击不已,以至罗织语言,巧加酝酿,谓之诽谤。未入试院,先言任意取人,虽蒙圣主知臣无罪,……臣只欲坚乞一郡,则是孤负圣知,上违恩旨;欲默而不乞,则是与台谏为敌,不避其锋,势必不安。……今既未许请郡,臣亦不敢远去左

---

① 李焘《续资治通鉴长编》卷四○七"元祐二年"条,第9915页。
② 笔者认为前后两次策题风波,由第一次的"诽谤先帝""讥议二圣"(仁宗、神宗)发展到第二次格外强调"欺罔二圣"(高太后与哲宗),程度更深,苏轼面临的压力更大。第一次策题风波苏轼未被定罪,第二次策题风波则以苏轼外贬杭州告结。

右,只乞解罢学士,除臣一京师闲慢差遣。①

苏轼为避其锋芒,选择了辩解,更选择了躲避。苏轼一向擅长通过笔端为自己申辩,他好以策论风格为碑志,所以有可能借《温公碑》辩诬,制造颂美"二圣"现象。

此外,《温公碑》不仅歌颂在世的"二圣",更对过世的神宗大加颂美。南宋谢枋得云:"东坡平生作诗不经意,意思浅而味短。独此诗(《潮州韩文公庙碑》)与《司马温公神道碑》《表忠观碑》铭三诗奇绝,皆刻意苦思之文也。"②苏轼平生诗作"意思浅而味短",暗指《温公碑》等三篇碑文的铭文"意思深而味长"。细读《温公碑》结尾部分及铭文即可得见:

> 二圣之知公也,知之于既同。而先帝之知公也,知之于方异。故臣以先帝为难。昔齐神武皇帝寝疾,告其子世宗曰:"侯景专制河南十四年矣,诸将皆莫能敌,惟慕容绍宗可以制之。我故不贵,留以遗汝。"而唐太宗亦谓高宗:"汝于李绩无恩,我今责出之,汝当授以仆射。"乃出绩于迭州都督。夫齐神武、唐太宗,虽未足以比隆先帝,而绍宗与绩,亦非公之流,然古之人君所以为其子孙长计远虑者,类皆如此。宁其身不受知人之名,而使其子孙专享得贤之利。先帝知公如此,而卒不尽用,安知其意不出于此乎?臣既书其事,乃拜手稽首而作诗曰:

> 于皇上帝,子惠我民。孰堪顾天,惟圣与仁。圣子受命,如尧之初。神母诏之,匪亟匪徐。圣神无心,孰左右之。民自择相,我兴授之。其相惟何,太师温公。公来自西,一马二童。万人环之,如渴赴泉。孰不见公,莫如我先。二圣忘己,

---

① 苏轼撰,孔凡礼点校《苏轼文集》卷二八,第816—817页。
② 谢枋得编《文章轨范》卷四,中州古籍出版社,1991年,第17页。

惟公是式。公亦无我,惟民是度。民曰乐哉,既相司马。尔贾
于途,我耕于野。士曰时哉,既用君实。我后子先,时不可失。
公如麟凤,不鸷不搏。羽毛毕朝,雄狡率服。为政一年,疾病
半之。功则多矣,百年之思。知公于异,识公于微。匪公之
思,神考是怀。天子万年,四夷来同。荐于清庙,神考之功。①

创作《温公碑》让苏轼压力较大,如何正确评价司马光在神宗、哲宗
两朝际遇不同的问题至关重要,因为这不仅涉及墓主司马光的仕
途书写与政治观点,更涉及背后的君主是否知人善用问题。苏轼
在《温公碑》中以前后君主皆"知公"、神宗故意将司马光留给哲宗
重用的评骘,几乎完美地化解了这一矛盾。神宗是否"知公于异"、
是否有意安排,完全是苏轼的"后见之明",这种两不得罪的写法,
也不失为一种解决办法。《温公碑》的创作,似乎还暗含苏轼为元
祐更化(1086—1093)合法化作辩护之意,即苏轼在碑文中还间接
体现了自己对新法的态度。

　　另外,碑志文的序、铭如何创作,宋人有持论。如南宋陈模
《怀古录》说:"东坡云:'铭不似叙,铭不似诗,铭不似赞。'盖叙已
言之者,铭不必重出;诗则[铺]叙,铭要高古。赞则称颂其美而
已,铭则不专赞颂。"②此专就颂德文体而言,碑志文体也有颂德因
素,所以在创作奉敕功臣碑志时,作者也要考虑序、铭写法问题。
前已引谢枋得云苏轼《潮州韩文公庙碑》《司马温公神道碑》《表忠
观碑铭》"三诗奇绝",即应指这三篇碑文的铭文,非指序文。苏轼
说"铭不似叙,铭不似诗,铭不似赞",陈模认为这是指"叙已言之

---

① 苏轼撰,孔凡礼点校《苏轼文集》卷一七,第515页。
② 陈模撰,郑必俊校注《怀古录校注》卷下,中华书局,1993年,第65页。按:"叙已
　言之者"之"已",据文意当作"已"。

者,铭不必重出"。细读《温公碑》,苏轼不仅在序文中大力颂圣,铭文中亦是如此,似乎违背了"铭不似叙"的创作原则,这或许也可视为在党争压力下做出的不得已的变体之举。

如果联系司马光的墓志铭来看,也能看出苏轼此一时期面临的压力。署名范镇的《司马文正公光墓志铭》(简称《温公墓志铭》),取材来自苏轼所撰行状。朱熹云:"范蜀公作《温公墓志》乃是全用东坡《行状》,而后面所作铭多记当时奸党事。东坡令改之,蜀公因令东坡自作,因皆出蜀公名,其后却无事,若他依范所作,恐不免被小人掘了。"①比《温公碑》略早的《温公墓志铭》作于元祐二年正月,苏轼劝范镇修改用语严厉的铭文,后亲自捉刀,这也体现了苏轼惧祸自保的心态。苏轼《司马温公行状》详载司马光诸多政治人事纷争②,但用语相对平和。早在行状中,苏轼已开论神宗知人之先端,因为这涉及前后两朝君主对新法的态度问题,是无法回避的。不过,苏轼在行状中尚未对"二圣"多加颂美,因行状作于赵挺之以"公然欺罔二圣"罪名抨击苏轼之前,故而他不必通过颂美"二圣"予以自辩。

再联系苏轼另一篇奉敕功臣碑文《赵抃神道碑》而论,苏轼在该碑实名列举被赵抃弹劾之人,如刘沆、陈执中、王拱辰、宋庠、陈升之等,以突出墓主弹劾不避权贵。《温公碑》中却缺少了司马光

---

① 黄士毅编,徐时仪、杨艳汇校《朱子语类汇校》卷一三〇,第3109页。按:范镇初作《司马文正公光墓志铭》之铭文300余字,因针对熙宁变法与新党人员用词严厉,遂不用。苏轼重作铭文持论平和,多颂圣之言,迥异于初作。因范镇《司马文正公光墓志铭》多直取苏轼所撰《司马温公行状》,故而杜大珪编《名臣碑传琬琰集》时不复详载。

② 苏轼撰,孔凡礼点校《苏轼文集》卷一六,第475—493页。按:孔凡礼《苏轼年谱》卷二五(第752页)认为《司马温公行状》作于元祐元年十二月。

做谏官时的气节之举。《赵抃神道碑》先于《温公碑》创作①，苏轼作赵碑时，尚未受到台谏官员用"公然欺罔二圣"的罪名抨击。可见，前后相隔不久的两篇奉敕碑文，因为苏轼面临的创作压力不同，导致了两种不同风格。

还有，司马光与范镇是共同反对新法的好友。范镇生前，司马光为之作传，元祐四年（1089），范镇去世，苏轼为之作墓志铭。通过对比司马光《范景仁传》与苏轼《范景仁墓志铭》，可知范镇一生可书之事迹，尤以建议立储、濮议事件、非议新法为重，司马光与苏轼皆书之。但司马光《范景仁传》论及王安石新法，直谓"专以聚敛为务，斥逐忠直，引进奸佞"，"极口丑诋"②，用语严厉；而苏轼《范景仁墓志铭》论及新法争论时，则用语平和。

据前表1—2统计，苏轼在元祐二年先后作三篇奉敕功臣碑文，这对于不喜作碑志的苏轼而言，并非主动创作。查《苏轼年谱》可知，此期间苏轼正任翰林学士、知制诰③，奉敕作功臣碑志恰好属分内职责。所以，《温公碑》应是苏轼辞不获命而作。

尽管苏轼苦心孤诣作《温公碑》，约七年后还是被引以为罪。绍圣元年（1094）四月，台谏官虞策、来之邵建言究治苏轼，其中来之邵云："轼在先朝，援古况今，多引衰世之事，以快忿怨之私。……撰《司马光神道碑》则曰'其退于洛，如屈原之在陂泽'，凡此之类，

---

① 苏轼撰，孔凡礼点校《苏轼文集》卷一七，第516—523页。按：孔凡礼《苏轼年谱》卷二六（第793页）认为《赵抃神道碑》作于元祐二年九月。

② 司马光撰，李文泽、霞绍晖校点《司马光集》卷六七，第1388—1389页。

③ 孔凡礼《苏轼年谱》卷二五（第738页）谓"（元祐元年九月）丁卯（十二日），以试中书舍人为翰林学士、知制诰"，卷二八（第863页）又谓"（元祐四年三月）丁亥（十六日），以龙图阁学士出知杭州"。可见，元祐元年九月十二日至四年三月十五日，苏轼任翰林学士、知制诰。

播在人口者非一,当原其所犯,明正典刑。"①本出知定州的苏轼因而再贬英州,可见党争中奉敕功臣碑志的"惹祸因子"非同一般。

　　据表1—2统计,可见元祐四年后,北宋奉敕功臣碑志出现了长达近30年的空缺期。②此前一直存在的奉敕功臣碑志,为何从元祐年间开始长期缺席呢? 直到政和八年(1118)、靖康元年(1126),方分别出现了《折克行神道碑》《张商英神道碑》。南宋又出现了如周麟之、楼钥、刘克庄等分别奉敕创作的张俊、周必大、孟珙等功臣碑志③,说明这一特殊文体并未完全绝迹,而只是在北宋晚期曾一度集体缺席。目前未见北宋晚期有制度性规定取消奉敕碑志,至于其缺席原因,目前难以阐明,也许唯一能做出的合理解释,即是北宋晚期恶劣党争对碑志创作产生了极端影响,于此已可见党禁环境对这一文体影响之大。熙宁变法之后,新旧党人政见之争逐渐恶化,最终发展成党禁态势。绍圣初,已立数年的司马光、吕公著神道碑遭毁碑厄运,奉敕碑文被磨毁。④崇宁元年

①　杨仲良《皇宋通鉴长编纪事本末》卷一〇五,《续修四库全书》本,第387册,第218—219页。

②　所谓碑志集体缺席,并非指全部碑志,而特指奉敕碑志。如苏辙《欧阳文忠公神道碑》(曾枣庄、马德富校点《栾城集》,《后集》卷二三,上海古籍出版社,1987年,第1424页)载:"熙宁五年秋七月,……欧阳文忠公薨于汝阴,……自葬于崇宁五年,凡三十有二年矣。公子棐以墓隧之碑来请,辙方以罪废于家,且病不能执笔,辞不获命,……既而病已。"这说明在宋徽宗崇宁党禁时期,碑志之请铭、撰写的私人行为仍存在。

③　周麟之《张俊神道碑》(《海陵集》卷二三,影印文渊阁《四库全书》本,第1142册,第178—183页)、楼钥《周必大神道碑》(《攻媿集》卷九三,影印文渊阁《四库全书》本,第1153册,第440—447页)、刘克庄《孟珙神道碑》(辛更儒校注《刘克庄集笺校》卷一四三,第5679—5690页)。

④　杨仲良《皇宋通鉴长编纪事本末》卷一〇一,第174页。

(1102),又诏毁范纯仁神道碑。① 此后更是禁锢相关党人与子孙,
甚至出现空前绝后的全国树立元祐党籍碑事件。试想在这样的恶
劣环境之下,无论丧家还是作者,都难以完成一篇皆大欢喜的奉敕
碑志。人所共知,元祐元年王安石去世之后无碑志,很大原因应是
基于当时的政治局势难以促成碑志。北宋晚期出现的折克行神道
碑,其墓主为边将,并未卷入朝廷党争,而张商英也在党禁结束之
后,方获得奉敕碑文。此皆可见北宋晚期酷烈政治生态对奉敕碑
志的影响。

考察北宋奉敕功臣碑志,至少在文史两个维度具有重要意义。
就文学维度而言,利于传记文学、接受美学的相关研究。碑志文体
隶属于传记文学范畴,考察奉敕功臣碑志的创作心态,更能了解作
者面临的历史语境与创作构思、剪裁、笔法等相关问题。奉敕功臣
碑志的文体变异情形或大或小,对其细究深掘,亦能体会政争与人
际网络对碑志文体的影响。变体碑志的背后是作者实时内心情感
体验的证明,也常常是碑传文学张力得以产生的动力。有矛盾就
有张力,于张力之大小开合处予以细读深品,往往会别有所获。此
外,考察奉敕功臣碑志,亦可反思接受美学的相关理论,如"隐含的
读者"理论与文学文本意义的生成等相关问题。就历史维度而言,
利于发掘历史隐情,"还原"历史真实。奉敕创作功臣碑志,其实质
是宋人写宋史,体现的是一种普遍的创作焦虑,即当代人写当代史
的困境。由于碑志传播的实时性,作者必须面对多方读者。奉敕
功臣碑志作为当代史创作,因其与现实政治紧密关联,故而往往难
以反映真实的历史情境,其客观性与真实性或受质疑。奉敕功臣

---

① 杨仲良《皇宋通鉴长编纪事本末》卷一二一(第309页)载:"其范纯仁神道碑,如
已镌立,令颍昌府毁磨。"

碑志中的矛盾冲突因素往往隐微难见，但这些暗含的冲突却可能是史料解读的关键所在，若能深掘于此，会利于了解史料未明言之史实。

最后，需要特别说明的是，本书单就北宋奉敕功臣碑志为例，阐明了作者需要在扬勋、尊体、避祸之间求得最大平衡，但此并非北宋特有现象，此前或之后的奉敕功臣碑志作者皆面临这些矛盾与抉择，只不过北宋党争时期这种矛盾体现相对明显，从苏轼的个案可见碑志作者在北宋党争中面临的为难之处更甚。

第二章　党争与题识文本：
党人石刻题识考察

　　碑志文体含载的文字信息量较大，历来为人所重，成为证经考史的重要文献。石刻题识指与石刻有关的题名、题记、题字等，多以摩崖、碑石形式存在。较之神道碑、墓志铭一类的碑志文，石刻题识往往寥寥数语，或仅存数字，它们多是内容简短的纪游性质文献，是文人墨客游玩时的石上鸿爪体现，罕为学界关注。不过，石刻题识亦有其特殊价值，它们往往包含时间、地理、官职信息，亦是考证相关人员生平的重要文献。本章对石刻题识的补史、证史意义予以考察，并论及党人石刻题识的特殊文化意义。下面选取蒋之奇、曾布、苏轼、黄庭坚四位党人①做个案考察，这四人都是北宋重要的历史人物，且都涉新旧党争，皆名列《元祐党籍碑》，留下石刻题识数量较多。此外，在统计众多党人石刻题识的情况下，还可从宏观着眼，对北宋中晚期石刻题识的共性特征与党争关系做探索。

---

① 笔者统计，苏轼、黄庭坚、蒋之奇、曾布四位党人石刻题识数量较多，或许是北宋留存石刻题识最多者。下面行文时，一般泛称题名、题记、题字等时用"题识"，征引具体题识时，则用"题名""题记"等。

第一节　蒋之奇、曾布、苏轼、黄庭坚石刻题识的实证考察

石刻题识首要的、直接的史料意义是考补人物生平,本节以存世数量较多的蒋之奇、曾布、苏轼、黄庭坚为考察对象,举例证明石刻题识的补史意义。《宋史》碍于体例,诸人本传皆少记述交游情况,个人文集亦往往失载部分交游信息,石刻题识恰可补之。

一、蒋之奇石刻题识考察

蒋之奇(1031—1104?),常州宜兴人,字颖叔,又字去非。嘉祐二年(1057)进士,历仕四朝,乃北宋著名文人士大夫,《宋史》有传。

蒋之奇石刻题识统计,以表格形式呈现如下:

表2—1　蒋之奇石刻题识统计表

题识名	同游者	皇帝纪年	月日	公元纪年	今地点	出处
蒋之奇碧虚岩铭		治平三年		1066	湖南永州九嶷山	《八琼室金石补正》卷102
蒋之奇等朝阳岩题名	鞠揆、项随、安瑜、巩固、李忠辅	治平四年	九月	1067	湖南永州	《八琼室金石补正》卷85
蒋之奇奇兽岩题名	沈绅	治平四年	十月十六日	1067	湖南永州江华县	《八琼室金石补正》卷102
蒋之奇暖谷题名(铭)	沈绅、李伯英、蒋祺	治平四年	十月十七日	1067	湖南永州江华县	《八琼室金石补正》卷103

续表

题识名	同游者	皇帝纪年	月日	公元纪年	今地点	出处
蒋之奇等寒岩铭题名	沈绅	治平四年	十月	1067	湖南永州江华县	《八琼室金石补正》卷103
蒋之奇阳华岩题名		治平四年	冬	1067	湖南永州江华县	陈安民、周欣《蒋之奇潇湘摩崖石刻考释三题》,《常州大学学报》2019年第5期
蒋之奇澹山岩题名		治平四年		1067	湖南永州	《金石萃编》卷133
蒋之奇琴高山题名		熙宁二年	八月	1069	安徽泾县琴高山	《安徽通志稿·金石古物考》卷12
蒋之奇等乌石山题名	张徽	熙宁四年	六月晦日	1071	福建福州乌石山	《闽中金石志》卷7
蒋之奇等龙泓洞题名	苏颂、岑象求、李杞	熙宁五年	二月二日	1072	浙江杭州龙泓洞	《两浙金石志》卷6
蒋之奇龙洞题名		熙宁五年		1072	江苏连云港孔望山	《江苏文物综录》
蒋之奇天祚岩题名		熙宁六年	四月十八日	1073	江苏南通狼山	《江苏金石志》卷9
蒋之奇观音岩题名		熙宁六年		1073	江苏南通狼山	《语石》卷5
蒋之奇等西岳庙题名	王希倩	元丰二年	六月四日	1079	陕西华山西岳庙	《金石萃编》卷128
蒋之奇灵璧石题名		元丰二年?		1079?	安徽宿州	《墨庄漫录》卷1
蒋之奇狮子洞题名		元丰四年	五月二十六日	1081	甘肃成县狮子洞	《陇右金石录》卷3
蒋之奇麦积山题名		元丰四年	三月二十六	1081	甘肃天水麦积山	《麦积山石窟内容总录》(东崖部分)

题识名	同游者	皇帝纪年	月日	公元纪年	今地点	出处
蒋之奇等第一山题名		元丰六年	四月十五日	1083	江苏盱眙第一山	《安徽通志稿·金石古物考》卷12
蒋之奇等上清岩题名	傅燮	元祐元年	十月十三日	1086	安徽池州齐山上清岩	《安徽通志稿·金石古物考》卷12
蒋之奇白龟泉题名		元祐元年		1086	安徽池州	《九华山志》卷3
蒋之奇等药洲题名	李之纪、吴荀、张升卿	元祐二年	三月十六日	1087	广东广州药洲	《八琼室金石补正》卷102
蒋之奇碧落洞题名		元祐四年	五月二十二日	1089	广东英德碧落洞	《八琼室金石补正》卷104

　　先看蒋之奇的交游情况。上表2—1中,与蒋之奇交游者有鞠拯、项随、安瑜、巩固、李忠辅、沈绅、李伯英、蒋祺、张徽、苏颂、岑象求、李杞、王希倩、傅燮、李之纪、吴荀、张升卿等。其中,苏颂曾拜相,岑象求亦是一时名宦。

　　再者,还可通过相关题识补证蒋之奇的生平履历。《宋史·蒋之奇传》谓"之奇为部使者十二任"[1],部使者指地方监司之官。蒋之奇石刻题识可证明这一点,其宦辙所至,不可谓不广。由上表2—1可见,蒋之奇曾到湖南、安徽、福建、浙江、江苏、陕西、甘肃、广东等省为官,部分地区不止一次到任,其足迹遍布当时北宋大部分国土。

　　如果利用石刻题识考察蒋之奇仕宦行迹,亦多有所得。《宋史·蒋之奇传》谓"英宗览而善之,擢监察御史。神宗立,转殿中

——————
[1]《宋史》卷三四三,第10917页。

侍御史"①。在英宗治平年间(1064—1067),蒋之奇本传只言其为监察御史。据石刻题识来看,治平三年(1066)、四年,蒋之奇应在永州为官。故而,本传谓其因诬欧阳脩被"贬监道州酒税"②,并非他首次赴今湖南地区为官。蒋之奇由殿中侍御史被贬道州之后又"改监宣州税"③,即今安徽宣城。这一点石刻题识中亦有相关留题,熙宁二年(1069)八月,蒋之奇在今安徽泾县琴高山留有题识,此处当年即为宣州所辖。本传又谓"新法行,为福建转运判官……迁淮东转运副使"④,熙宁四年六月晦日,蒋之奇等人游今福建福州乌石山,并有留题,此题名即其为福建转运判官时所留。而熙宁五年二月二日,蒋之奇与苏颂、岑象求在今浙江杭州龙泓洞留题,是蒋在淮东转运副使任上,此时苏颂也正在浙江为官。王同策等点校的《苏魏公文集》所附颜中其所编《苏颂年表》⑤,即谓"熙宁五年……赴婺州任,年初过杭,与苏轼唱和,作《次韵苏子瞻学士腊日游西湖诗》。二月十二日过桐庐县漏港滩失舟,母陈夫人得救,妹张君夫人苏氏、甥獐老暨子颖士,同日而亡"⑥。则蒋之奇与苏颂等人杭州龙泓洞留题,是在苏颂过杭州赴婺州知州任时。在苏颂游龙泓洞十天之后,就发生了失舟丧亲之痛。此《苏颂年表》未载苏颂与蒋之奇等游龙泓洞留题之事,可补。

　　《宋史·蒋之奇传》又谓"历江西、河北、陕西副使。之奇在陕

<hr />

① 《宋史》卷三四三,第10915页。

② 《宋史》卷三四三,第10915页。

③ 《宋史》卷三四三,第10915页。

④ 《宋史》卷三四三,第10915—10916页。

⑤ 颜中其编《苏颂年表》,又收入《宋人年谱丛刊》(四川大学出版社,2003年)第4册。

⑥ 苏颂撰,王同策等点校《苏魏公文集》附录二"苏颂年表",中华书局,1988年,第1263页。

西……移淮南,擢江、淮、荆、浙发运副使"①,据其麦积山等石刻题识可知,元丰四年(1081)蒋之奇应该到过今甘肃,此时任职陕西副使。本传又载:"元祐初,进天章阁待制、知潭州。御史韩川、孙升、谏官朱光庭皆言之奇小人,不足当斯选。改集贤殿修撰、知广州。"②蒋之奇受命知潭州时,正在江、淮、荆、浙发运副使任上,后因谏官反对,改知广州,在赴广州的路途中,在今安徽池州齐山上清岩留题,时元祐元年(1086)十月十三日,其真正到任广州,约在年底。在知广州任上,蒋之奇依旧好游山水,在今广州药洲、英德碧落洞等地留下题识。蒋之奇在广州任职约两年半,元祐四年"(六月)癸亥……宝文阁待制蒋之奇为河北路都转运使、直秘阁"③。蒋之奇离开广州北任之后,直至"崇宁元年,除观文殿学士、知杭州。以弃河、湟事夺职,由正议大夫降中大夫。以疾告归,提举灵仙观"④,这期间约13年。

蒋之奇享年约74岁⑤,仕宦约45年。现存第一种石刻题识在其36岁时,最后一种题识在其59岁时。如将其仕途分为前中后三期,则其仕宦后期石刻题识渐少。据上统计,从蒋之奇离广州北上之后就未见有题识留存至今,这是否意味着蒋之奇仕宦后期留题兴趣大减?或许可从其晚年任职寻出端倪。从元祐四年(1089)至崇宁元年(1102)的13年间,朝廷党争有越发残酷态势。期间,蒋之奇时而出外,时而入内。据本传记载,元祐四年,蒋之奇时年59岁,他此后历任河北路都转运使、知瀛州、户部侍郎、知熙州、中书

①《宋史》卷三四三,第10916页。
②《宋史》卷三四三,第10916页。
③李焘《续资治通鉴长编》卷四二九"元祐四年六月癸亥"条,第10375页。
④《宋史》卷三四三,第10917页。
⑤蒋之奇生卒年有争议,据《宋史》本传暂定为74岁。

舍人、知开封府、翰林学士兼侍读、知汝州、知庆州、同知枢密院、知枢密院事、知杭州等,任京官与地方官约各占一半。此前蒋之奇多在外,而晚年曾经几度在朝,这就相对缺少四方留题的客观条件。此外,新旧党争晚期,朝野局势异常复杂,蒋之奇置身其中,难免疲于应对,加之年龄渐长,也不便出游。

　　由上不难看出石刻题识对考证人物生平的重要价值,诸题识对蒋之奇年谱的编制具有参考意义。其实,蒋之奇四方留题的不只有题名,还有题诗,如滁州琅琊山、韶关九成台等处皆有蒋之奇题诗,兹不展开。

二、曾布石刻题识考察

　　曾布(1036—1107),字子宣,江西南丰人,乃"南丰七曾"之一,为曾巩之弟。他与吕惠卿曾协助王安石变法,乃新党核心成员,后在徽宗朝拜相。元人将其列入《宋史·奸臣传》,褒贬不一。

　　在探讨曾布石刻题识之前,亦先以表格形式予以统计。

表2—2　曾布石刻题识统计表

题识名	同游者	皇帝纪年	月日	公元纪年	今地点	出处
曾布等药洲题名	向宗旦、□(应为"石")庼声叔	元丰元年	正月晦日	1078	广东广州药洲(九曜石)	《金石续编》卷15
曾布雉山题名		元丰二年	三月初三	1079	广西桂林	《八琼室金石补正》卷105
曾布等龙隐岩题名	苗时中、刘宗杰、齐谌、刘谊	元丰二年	四月二十日	1079	广西桂林龙隐岩	《粤西金石略》卷4
曾布等龙隐岩题名	陈倩、苗时中、刘宗杰、齐谌、刘谊	元丰二年	五月一日	1079	广西桂林龙隐岩	《粤西金石略》卷4

续表

题识名	同游者	皇帝纪年	月日	公元纪年	今地点	出处
曾布等叠彩山题名	陈倩、苗时中、刘宗杰、齐谌、刘谊	元丰二年	六月初三	1079	广西桂林叠彩山(风洞山)	《粤西金石略》卷4
曾布等伏波岩题名	陈倩、苗时中、刘宗杰、齐谌、刘谊	元丰二年	六月初三	1079	广西桂林伏波岩	《粤西金石略》卷4
曾布等水月洞题名	陈倩、苗时中、刘宗杰、齐谌、刘谊	元丰二年	八月十五日	1079	广西桂林水月洞	《粤西金石略》卷4
曾布九龙岩题名		元丰三年	十月十三日	1080	湖南永州九龙岩	《八琼室金石补正》卷86
曾布谒李长者象题名	钱景山、乐平、潘璟、邵埙、张元淳、李毅、李良臣、李乘、曾纡	元祐四年	六月辛丑	1089	山西寿阳县	《山右石刻丛编》卷15
曾布云门山题名		元祐六年	闰八月	1091	山东青州市	《寰宇访碑录》卷7

从表2—2中,可见与曾布同游者有:向宗旦、石赓、苗时中、刘宗杰、齐谌、刘谊、陈倩、钱景山、乐平、潘璟、邵埙、张元淳、李毅、李良臣、李乘、曾纡等人,其中曾纡乃曾布之子。

熙宁变法初期,曾布在朝中大力协助王安石,曾得重任,后因对市易法持异议而与王安石、吕惠卿有隙,被谪出外。《宋史·曾布传》载:

> (熙宁)七年,大旱,诏求直言,布论判官吕嘉问市易掊克之虐,……事下两制议,惠卿以为沮新法,安石怒,布遂去位。惠卿参大政,置狱举劾,黜布知饶州,徙潭州。复集贤院学士、知广州。元丰初,以龙图阁待制知桂州,进直学士、知秦

州,改历陈、蔡、庆州。元丰末,复翰林学士,迁户部尚书。司
马光为政,谕令增捐役法,布辞曰:"免役一事,法令纤悉皆出
己手,若令遽自改易,义不可为。"元祐初,以龙图阁学士知太
原府,历真定、河阳及青、瀛二州。①

本传对曾布从熙宁七年(1074)至元祐初的仕宦经历记载如上,限
于史书体例,往往用笔简略,省略具体年号,代之以"元丰初""元
丰末""元祐初"一类的表达。又杜大珪《名臣碑传琬琰集》据当
朝《实录》载有《曾文肃公布传》,亦多系年不确,文字表达与《宋
史·曾布传》类似,元人修《宋史·曾布传》应取材于此。联系石刻
题识,可对曾布仕履予以勘核。

　　元丰元年(1078)正月晦日,曾布与向宗旦等人在今广东广州
药洲留题,这应是曾布知广州时所为。《续资治通鉴长编》引当朝
实录云:

> 按《实录》,熙宁六年九月七日,翰林学士、右正言曾布为
> 起居舍人。七年二月九日,翰林学士、起居舍人曾布权三司
> 使。七年八月十七日,翰林学士、起居舍人、权三司使曾布落
> 职,以本官知饶州。八年十二月三日,起居舍人、知饶州曾布
> 知荆南。八年十二月二十三日,知荆南、起居舍人曾布知潭
> 州。十年二月二十三日,知潭州曾布为集贤院学士、知广州。
> 此皆《实录》所书。②

《长编》引用明确,正好补《宋史》之失。上述谓曾布"(熙宁)十年
二月二十三日"知广州,熙宁十年即1077年,曾布在广东广州药洲
留题署元丰元年正月晦日,正合《长编》引《实录》所载。曾布知广

---

① 《宋史》卷四七一,第13715页。
② 李焘《续资治通鉴长编》卷二七一"熙宁八年十二月庚寅"条,第6633—6634页。

州后又知桂州,即本传谓"元丰初,以龙图阁待制知桂州"。

现存曾布在桂林的第一种题识,即元丰二年三月初三的《曾布雉山题名》,此符合《长编》所载。曾布在知桂州期间的元丰二年(1079)三月至八月,多次游历桂林景观,留下诸多题识。期间,与其交游频繁者正是与其一起留题者,有陈倩、苗时中、刘宗杰、齐谌、刘谊诸人,其中,苗时中在《宋史》有传,他人虽无传,但如陈倩、刘谊等,皆有史料涉及,乃当时与曾布共事之地方官员。这从石刻题识署衔就能看出,如《曾布等伏波岩题名》云:"起居舍人、龙图阁待制、知桂州曾布子宣,转运使、尚书度支郎中、直集贤院陈倩君美,副使、殿中丞苗时中子居,提点刑狱、太常博士刘宗杰唐辅,提举常平、秘书丞齐谌子期,管勾常平、前江山县丞刘谊宜父,元丰二年六月初三日,自风洞游伏波岩。"① 可见曾布作为地方长官,与当时共事的地方官多次结伴出游,乃一时盛事。

《长编》又谓"(元丰三年闰九月)壬寅,知桂州、龙图阁直学士曾布知秦州"②,则曾布在桂州任约两年一月余。元丰三年(1080)十月十三日,曾布在今湖南永州九龙岩留题,当是其北上路过此地所题。元祐四年(1089)六月辛丑,曾布在今山西寿阳县谒李长者(李通玄,唐代华严学者)象,并有题识。《长编》谓"(元祐四年三月)丁酉,龙图阁直学士、知太原府曾布知成德军"③,成德军即今河北正定地区,则曾布在六月辛丑寿阳县题识,当是曾布离任太原府而东进成德军的途中所为。《长编》又载:"(元祐五年十二月)壬辰,龙图阁学士、知河阳曾布知青州。"④ 则元祐六年闰八月,曾布在

① 谢启昆编《粤西金石略》卷四,《石刻史料新编》本,第1辑,第17册,第12500页。
② 李焘《续资治通鉴长编》卷三〇九"元丰三年闰九月壬寅"条,第7496页。
③ 李焘《续资治通鉴长编》卷四二四"元祐四年三月丁酉"条,第10254页。
④ 李焘《续资治通鉴长编》卷四五二"元祐五年十二月壬辰"条,第10843页。

今山东青州市云门山题识，正合《长编》所载。此两段仕宦经历，曾布本传仅载"元祐初……历真定、河阳及青、瀛二州"，此类简略记载，在《长编》与石刻题识的互参之下，都能予以明确系年。

叶昌炽《语石》谓："曾子宣（曾布字子宣）为子固之弟，文章、名位，辉映一时。宦辙所至，到处留题。余收得其题名最多……摩崖累累，风流好事，可见一斑。"[1] 其实，较之蒋之奇石刻题识分布广且散，曾布题识分布相对单一，主要在岭南以及今山西、山东，其中以岭南桂林一处为主。曾布在知桂州期间多题识，说明此时心境平和，颇多雅趣。曾布因与王安石、吕惠卿持论有异被谪岭南，但他醉心岭南山水，算是谪居中的短暂欢愉。

其实曾布好留题，不仅表现在游山玩水，而且还体现在为民生国计。如其知太原府时，元祐元年（1086）七月十三日有《安抚使曾布等祷雨题名》，元祐四年（1089）五月辛卯有《鲁郡侯曾布告违题记》，兹不展开。

曾布题识对其年谱的编撰也有直接参考意义。周明泰编《曾子宣年谱稿》[2] 就直接利用了诸题识，不过仍有遗漏。如元丰二年（1079），曾布有题识至少六种，皆系有明确时间，但周明泰仅利用了其中两种。还有元祐六年（1091）《青州云门山题名》亦未利用，这些都可以编入，以充实其生平游历。曾布题识还对当今别集、总集的编撰有补遗意义。编辑曾布别集自不必说，如《全宋文》辑有曾布题识多种，但遗漏了《青州云门山题名》。

曾布作品亡佚太甚，现存多奏章表状一类，少有文学作品，

---

[1] 叶昌炽撰，姚文昌点校《语石》卷八，第269页。

[2] 周明泰此书，又与其所编曾巩、曾肇年谱合刊，称为《三曾年谱》，有1930年北平文岚簃书局排印版，1932年再版。收入《宋人年谱丛刊》（四川大学出版社，2003年，第4册）。

《全宋诗》亦仅辑得九首诗歌与若干残句,其中几首就是石刻题诗。当我们读到曾布章表文献时,难以想象其生活雅趣,但观其题识时,则会对这位汲汲功名的士大夫有别样感受。

三、苏轼石刻题识考察

苏轼(1037—1101),字子瞻,号东坡居士,四川眉山人。苏轼作为宋代著名文人士大夫,其文化影响力远胜蒋之奇、曾布等人,下面对其石刻题识予以探讨。

《语石》谓:"苏文忠笠屐所至,最好留题,以党禁多镌毁。"①叶昌炽访碑甚多,名人苏轼的石刻题识也自然在特别关注之列。北宋晚期,朝廷曾禁元祐学术,苏轼、司马光等人文集曾遭毁版,其学术、文集曾被禁毁,其题识亦多被镌毁。这从南宋人的记载可以窥斑知豹,《咸淳临安志·寺观》谓:"大仁院,广运中吴越王建……有洞曰石屋,镌石作罗汉诸佛像。山顶有石庵天成,团圆如凿,高丈余,一名天然庵。洞崖仿佛有东坡题名,传云党禁时镌去。"②南宋咸淳年间谓党禁时镌去东坡石刻,想必当时全国似此者不在少数。叶昌炽又谓:"琼岛孤悬海外,苏子瞻题字皆明以后重摹,或可不到。"③叶氏谓苏轼石刻多因党争被毁,此说不误,但若我们理解为东坡石刻皆为明及之后重刻,却不合实情。

苏轼石刻题识甚多,虽遭党禁毁坏不少,但它们或处于荒谷断崖,难以毁尽,况且北宋末期党禁解除,东坡石刻亦被认为是名人遗迹,当有部分留存于世。其实南宋人就见到不少东坡石刻,明清

①叶昌炽撰,姚文昌点校《语石》卷五,第173页。
②潜说友《咸淳临安志》卷七八,影印文渊阁《四库全书》本,台湾商务印书馆,第490册,第808页。
③叶昌炽撰,姚文昌点校《语石》卷五,第177页。

人亦多见之。明叶盛曾云:"东坡居士书崖镌野刻,几遍天下。予尝戏谓东坡平生必以石工自随,不然何长篇大章,一行数字,随处随有,独异于诸公也?"①叶盛之言,除了说明东坡石刻数量之多,似乎还透露出一个信息,即叶盛的时代,存世的东坡石刻多为人见。叶盛(1420—1474)生活在明英宗、代宗、宪宗几朝,可视为明前期。既然东坡石刻曾多次入叶盛之眼,则说明它们并非都是明人、清人重刻,至晚为南宋及元人所为。

苏轼石刻题识,王星、王兆鹏研究②已有涉及,这里详其所略,主要从石刻补史证史角度来考察苏轼题识。下面在具体考察苏轼题识之前,先对其予以统计。通过遍检金石文献、文人别集、地志等,并参考业界已有成果,得苏轼题识如下。

表2—3　苏轼石刻题识统计表③

题识名	同游者	皇帝纪年	月日	公元纪年	今地点	出处
苏轼大慈极乐院题名	苏辙	至和三年	三月二十八	1056	四川成都	《舆地纪胜》卷137
苏轼等太平宫碑阴题名	章惇	治平元年	正月十一日	1064	陕西西安周至县终南山	《八琼室金石补正》卷97

①叶盛撰,魏中平点校《水东日记》卷四,中华书局,1980年,第41页。

②王星、王兆鹏《苏轼题名、题字及文类石刻作品数量统计与分析》,《湖北大学学报》,2013年第3期。

③王星、王兆鹏《苏轼题名、题字及文类石刻作品数量统计与分析》中的"苏轼题名、题字类石刻表"曾统计21种相关石刻。本表加以参考,删除一种(其中苏轼《草堂寺题名》有误,考辨见下文第一条按语)。另外,孔凡礼《苏轼文集》附《苏轼佚文汇编》载苏轼游行类题识共计22种,本表亦加以参考。本表增补近20种,共计46种。

续表

题识名	同游者	皇帝纪年	月日	公元纪年	今地点	出处
苏轼等仙游寺题名	章惇	治平元年	正月十三日	1064	陕西西安终南山	《金石萃编》卷140
苏轼等青神县三岩题名(即云安下岩)	苏辙、侃师(应为某人字)	治平四年	正月二十日	1067	四川眉山青神	《蜀中广记》卷12
苏轼眉山大池院题名(或云天池院)		治平四年	十二月七日	1068	四川眉山	《舆地碑记目》卷4
苏轼等石屋洞题名	陈襄、苏颂、孙奕、黄颢、曾孝章	熙宁六年	二月二十一日	1073	浙江杭州石屋洞	《两浙金石志》卷6
苏轼绿筠轩题名①		熙宁六年	三月	1073	浙江杭州临安	《(民国)杭州府志》卷32
苏轼等西菩寺题名	毛国华、方武、参寥(僧)、辩才(僧)	熙宁七年	八月	1074	浙江杭州临安	《(咸淳)临安志》卷84
苏轼定山慈严院题名		熙宁七年		1074	浙江杭州定山	《两浙金石志》卷6
苏轼等佛日净慧寺题名	景山、达原、子中(皆为某人字)	熙宁七年	八月十三日	1074	浙江杭州	《(咸淳)临安志》卷81

---

① 历代文献载苏轼有绿筠轩题诗,未见题名之说,但龚嘉儁修、李格纂《(民国)杭州府志》卷三二(《中国方志丛书》,华中地方第199号,成文出版社,1974年,第778页)云:"绿筠轩,在金鹅山巅绿筠坪,东坡行县时题名建此,久废。国朝光绪二十三年,知县丁良翰改建文昌宫于其旁,重构此轩。"此云"题名建此",或指苏轼名作《於潜僧绿筠轩》"可使食无肉,不可居无竹……"。

续表

题识名	同游者	皇帝纪年	月日	公元纪年	今地点	出处
苏轼等灵鹫兴圣寺题名	杨绘、鲁有开、陈舜俞	熙宁七年①	九月二十日	1074	浙江杭州	《(咸淳)临安志》卷80、《(民国)杭州府志》卷96
苏轼玲珑山九折岩题字		熙宁四年至七年		1071—1074	浙江杭州玲珑山	《两浙金石志》卷6
诸城县学明伦堂苏轼等题名	乔叙、赵呆卿、章传	熙宁七年至九年		1074—1076	山东潍坊诸城	《山左金石志》卷16
苏轼岁寒堂题名		熙宁七年至九年		1074—1076	山东泰安东平	《六艺之一录》卷97
苏轼书张揆读书堂石刻		熙宁十年	二月初一	1077	山东济南历城县学桥门外	《山左金石志》卷16
苏轼徐州百步洪岸石题名	张天骥、道潜(僧)	元丰元年左右		1078	江苏徐州	《江南通志》卷33、《舆地志》
苏轼等云龙山题名	张天骥、颜复、王巩	元丰元年	九月十七日	1078	江苏徐州	《补注东坡编年诗》卷17

---

① 潜说友《咸淳临安志》卷八〇(第840页)"灵鹫兴圣寺"下载："苏文忠公题名：杨绘元素，鲁有开元翰，陈舜俞令举，苏轼子瞻同游，熙宁九年九月二十日。"但熙宁九年苏轼在密州任，龚嘉儁修、李榕纂《(民国)杭州府志》卷九六(第1873页)录为"杨绘四人下天竺题名"，谓《咸淳志》……误七年为九年"，以熙宁七年为是。

续表

题识名	同游者	皇帝纪年	月日	公元纪年	今地点	出处
苏轼吴安中题灵璧石		元丰二年		1079	安徽宿州	《墨庄漫录》卷1
武昌西山苏轼等题名	江绖、杜沂、杜传、杜俣	元丰三年	四月十三日	1080	湖北鄂州西山	《湖北金石志》卷9
苏轼等西山题名	李婴、吴亮、赵安节、王齐愈、潘丙	元丰五年	二月二十二日	1082	湖北鄂州西山	《湖北金石志》卷9
苏轼等师中庵题名	徐得之、参寥子（僧）	元丰七年	二月一日	1084	湖北黄冈	《商刻东坡志林》卷10、孔凡礼《苏轼年谱》卷23、孔凡礼《苏轼文集》附《苏轼佚文汇编》卷6
苏轼银山铁壁题字		元丰七年	四月十四日至二十三日	1084	湖北黄石阳新	《湖北金石志》卷9
苏轼宝云寺此君亭题名		元丰七年	五月十日	1084	江西宜春奉新县	释大欣《蒲室集》卷9
苏轼白鹭亭题名①		元丰七年	七月十四日	1084	江苏南京	《舆地纪胜》卷17、《古刻丛钞》
苏轼等题名	参寥（僧）	元丰七年	九月二十三日②	1084	无考	《日涉园集》卷2

---

① 苏轼撰，孔凡礼点校《苏轼文集·苏轼佚文汇编》载"白鹭亭题柱"，归入题跋类，第2578页。

② 苏轼撰，孔凡礼点校《苏轼文集·苏轼佚文汇编》谓"九月"疑为"五月"之误，第2582页。

续表

题识名	同游者	皇帝纪年	月日	公元纪年	今地点	出处
苏轼天堂山残刻		约元丰八年		1085	山东莱州天堂山	《山左金石志》卷17
苏轼等相国寺题名	苏辙、秦观、孙敏行、申先生	元祐三年	八月五日	1088	河南开封相国寺	《汴京遗迹志》卷10
苏轼等龙井寺题名	王瑜、张璟、周焘	元祐五年	二月晦日	1090	浙江杭州龙井寺	《（咸淳）临安志》卷78
苏轼等韬光寺题名	张璟、杨杰、王瑜	元祐五年	三月二日①	1090	浙江杭州韬光寺	《（咸淳）临安志》卷79
苏轼等龙华寺题名	王瑜、杨杰、张璟	元祐五年	三月二日	1090	浙江杭州	《两浙金石志》卷6
苏轼杭州大麦岭题名	王瑜、杨杰、张璟	元祐五年	三月二日	1090	浙江杭州	《两浙金石志》卷6
苏轼等南昭庆寺题名	明夫、子方、明弼、康道、嘉甫	元祐五年	八月	1090	浙江杭州	《二老堂杂志》卷4
苏轼等龙井寺题名	钱勰、江公著、柳雍、辩才（僧）	元祐六年	正月七日	1091	浙江杭州龙井寺	《（咸淳）临安志》卷78
苏轼青莲峰题字		元祐六年	三月十三日②	1091	浙江湖州白雀山法华寺	《吴兴金石记》卷7
苏轼青莲道场题字		元祐六年	三月十三日③	1091	浙江湖州白雀山法华寺	《石柱记笺释》卷3
苏轼半月泉题名	曹辅、刘季孙、鲍朝懋、郑嘉会、苏固	元祐六年	三月十一日	1091	浙江湖州德清半月泉	《两浙金石志》卷6

①《咸淳临安志》《武林金石记》等载"二月二日"，孔凡礼（孔凡礼点校《苏轼文集》，第2583页）据《苏文忠公诗编注集成总案》定为"三月二日"，从之。

②《吴兴金石记》载"三月三日"，此"三月三日"疑为"三月十三日"之误，详见下文第三条按语考辨。

③此题字本无署题时间，当与青莲峰题字同时。

续表

题识名	同游者	皇帝纪年	月日	公元纪年	今地点	出处
苏轼开元寺塔题名		元祐八年		1093	河北定州	滕安上《东庵集·登塔》
苏轼等祷雨岳庙题名	李之仪、李士龙、鄗长卿、孙敏行、贾温之	元祐八年		1093	河北定州	《求古录》
苏轼圣寿寺题名	苏过、石汝砺	绍圣元年	九月十二日	1094	广东清远英德南山圣寿寺	《广东通志》卷209《金石略》
苏轼罗浮题名记		绍圣元年	九月二十七日	1094	广东惠州罗浮山	《广东通志》卷104《山川略》
苏轼白鹤峰思无邪斋、德有邻堂题榜		绍圣三年		1096	广东惠州白鹤峰	《广东通志》卷209《金石略》
三洲岩苏轼题名	弓允(字明夫)、苏过	元符三年	九月二十四日	1100	广东省肇庆市德庆县三洲岩	《八琼室金石志补正》卷108
苏轼清远峡广陵寺(飞来寺、广庆寺)题名	吴子野、何崇道、颖堂通三长老、黄明达、李公弼、林子中	元符三年	十一月十五日	1100	广东清远	《粤东金石略》卷3
苏轼开先寺漱玉亭题名		建中靖国元年	四月	1101	江西九江庐山秀峰寺	周必大《文忠集·泛舟游山录》
苏轼天真院灵化洞题名					浙江杭州	《(咸淳)临安志》卷29
苏轼石排山碧潭万丈题字					江苏镇江	陈仁锡《无梦园初集·金山记迹》

上表2—3辑出苏轼石刻题识总计46种，除了《天真院灵化洞题名》《石排山题字》无法系年，其他皆可具体系年。《天真院灵化洞题名》在杭州地区，当是苏轼熙宁年间任杭州通判，或元祐年间知杭州时所为。而石排山题字在镇江，苏轼生前多次过镇江，未知何时所题。

从表2—3可以看出，从至和三年（1056）苏轼弱冠开始，直至其去世的建中靖国元年（1101），一共45年，石刻题识有46种，平均每年约一种。考虑到统计还不包括文类石刻、石刻题诗，在遭党禁毁除之厄后，还能保留如此众多石刻题识信息，说明苏轼热衷石刻留题。前引叶盛戏说东坡之言，也说明了苏轼留题的主体意识十分强烈，可谓古今第一好留题者。

作为文化名人，苏轼生平历来为人关注，南宋就有王宗稷编《东坡先生年谱》等，历代诸种苏轼年谱[1]，属孔凡礼编著的《苏轼年谱》[2]最为详赡。下面以苏轼石刻题识与孔著年谱互参，以按语形式考辨苏轼生平，仅举数例。

（一）孔凡礼《苏轼年谱》于治平元年（1064）下列："正月十三日，与章惇同游仙游潭，为文记之。时惇与苏旦、安师孟来访。因与惇游楼观、五郡、大秦、延生、仙游。是为三游终南山。惇别去，有诗。"[3]

按：孔凡礼将苏轼与章惇游仙游潭系于正月十三日应无误，但这段游历系年仍不够精细，因为这段时间，苏轼并非一日之游。楼

---

[1] 参保苅佳昭《历代苏轼年谱、词集苏词一览表》，《宋代文化研究》，线装书局，2001年。

[2] 参朱靖华《一部超越古今的新编年谱——评孔凡礼的〈苏轼年谱〉》，《惠州大学学报》2000年第2期。

[3] 孔凡礼《苏轼年谱》，第122页。

观、五郡、大秦、延生、仙游等皆属终南山范围，一日无法览毕。孔氏引陈继儒《晚香堂苏帖》、毕沅《关中金石记》、王昶《金石萃编》，以及《宋史·章惇传》、赵嵋《石墨镌华》等文献，其中唯有《晚香堂苏帖》谓苏轼与章惇游仙游潭在嘉祐九年(即治平元年)正月十三日。若联系其他金石文献，可对他们终南山之游的具体行踪予以更明确的系年定位。

治平元年初，苏轼在签书凤翔府判官任上，此前，他曾两次游终南山。章惇此时任商洛令，这时两人任职地点是苏轼在西，章惇在东，两人之间为长安。为便于理解，以图示之。

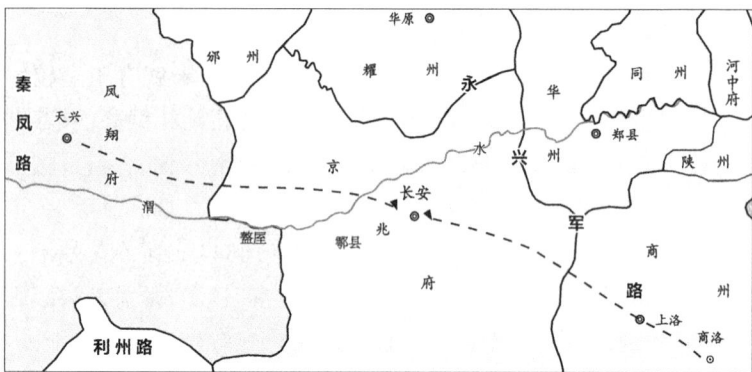

图2—1　北宋永兴军路区域图

《八琼室金石补正》录《苏子瞻等题名》(即《苏轼太平宫碑阴题名》)云："章子厚自长安来终南，会轼西还岐下，因同西游南山。轼三年连三至此，然与子厚游，其乐如始至也。甲辰正月十一日。赵郡苏轼子瞻题。"[1]知治平元年正月十一日或稍前，章惇来访苏

────────

[1]陆增祥编《八琼室金石补正》卷九七，《石刻史料新编》本，第1辑，第8册，第5575页。

轼,在苏轼西还岐下之前,苏轼与章惇同游终南山,于正月十一日
留题太平宫。终南山有广义、狭义甚或中义之分,古人谓终南与今
人所谓或有差异,以致读者常被其中地名所混淆,由此可能会误解
苏轼、章惇这次同游。

《金石萃编》载:

> 惇自长安率苏君旦、安君师孟至终南谒苏君轼,因与苏
> 游楼观、五郡、延生、大秦、仙游。旦、师孟二君留终南。回,
> 遂与二君过渼陂,渔于苏君旦之园池。晚宿草堂。明日宿紫
> 阁。惇独至白阁废寺,还,复宿草堂。间过高观,题名潭东
> 石上。且将宿百塔,登南五台与太一湫道华严,趋长安别二
> 君,而惇独来也。甲辰正月二十三日,京兆章惇题。供养主僧
> □□模,绍圣二年十二月初八日,住持讲经赐紫僧□□立石。[1]

孔凡礼亦见这段《章惇草堂寺题名》,但并未留意深究。此章惇题
名所记之事在治平元年正月二十三日及稍前发生。该题名叙述似
乎游移不定,间或插叙,令人费解。然细味之,则知章惇曾独自出
游,在草堂寺宿二晚,苏轼并未参与草堂寺之游,应不存在苏轼在
草堂寺题名之实。因为楼观、五郡、延生、大秦、仙游(位于今西安
周至县)几处名胜较为集中,在苏轼、章惇游玩这几处名胜时,苏旦
与安师孟似未参加,而是留在终南山某处(可能是苏轼住所)。当
苏轼、章惇结束楼观、五郡、延生、大秦、仙游诸名胜之游后,苏轼往
西回凤翔,即《苏轼太平宫碑阴题名》谓"西还岐下"。而章惇与苏
旦、安师孟三人则往东,经过渼陂,渔于苏旦之园池,并晚宿草堂(位
于今西安鄠邑,鄠邑在周至县东),次日宿紫阁。而此时,章惇还独
至白阁废寺,过高观,题名潭东石上,并再次复宿草堂。所谓《草堂

---

[1] 王昶《金石萃编》卷一四〇,第2602页。

寺题名》,乃章惇独自一人所为,当时苏轼并未参与此游。

又《苏轼诗集》载诗序云"自清平镇游楼观、五郡、大秦、延生、仙游,往返四日,得十一诗寄舍弟子由同作"[1],下分为《楼观》《五郡》《授经台》《大秦寺》《仙游潭》《南寺》等诗,苏辙《栾城集》卷二亦有《和子瞻三游南山九首》。则知苏轼第三次游终南山乃与章惇携游,往返耗时四日,这四日大致行程是,首游楼观,最后游仙游潭、仙游寺。前引《苏轼太平宫碑阴题名》已谓苏轼、章惇游终南山太平宫在正月十一日或稍前,《晚香堂苏帖》谓游仙游潭在正月十三日。则苏轼第三次游终南山的具体时间与行程,大致应是正月十日至十三日共计四天,这四天内,苏轼、章惇等先后游终南山太平宫、楼观、五郡、大秦、延生、仙游等地。这其中游太平宫因无诗寄苏辙,故而未在诗序中明确提出。在正月十三日或十四日,苏轼与章惇分别之后,章惇等继续往东游草堂寺并题识,时间在正月二十三日。

由此可知,若利用《苏轼太平宫碑阴题名》与《章惇草堂寺题名》,能将苏轼治平元年正月游终南山一事予以具体定位,并可推断出苏轼并无草堂寺题识。

(二)孔凡礼《苏轼年谱》于元丰七年(1084)四月下列:"别黄州……过江夜行武昌山上,闻黄州鼓角,赋诗眷恋。至车湖,略留王齐愈(文甫)家……至兴国军,晤知军杨绘(元素),绘留赵吉。与陈慥、道潜过李翔(仲览)家。""离兴国军。与杨绘(元素)皆浓醉。""十四日,至慈湖。""二十三日,至瑞昌县。""二十四日,至庐山北麓。""至奉新,与弟辙简,言旦夕相见……将至筠州,弟辙与洞

---

① 苏轼撰,王文诰辑注,孔凡礼点校《苏轼诗集》卷五,中华书局,1982年,第192页。

山克文禅师、圣寿聪禅师来迎于建山寺。"①

　　按:上述苏轼行程,其背景是元丰七年(1084)四月,苏轼将离黄州移汝州(今河南临汝)。在苏轼离黄赴汝之前,他要先去江西高安(筠州治所)看望监筠州盐酒税的弟弟苏辙。苏轼约四月八日从黄州出发,约月底见到苏辙。为了明晰苏轼此行路线,以图示之。

图2—2　北宋江南西路区域图

①孔凡礼《苏轼年谱》,第613—620页。

　　参照上图2—2来看孔著年谱的叙述。孔著年谱载苏轼这段路线为:黄州(今属黄冈)——车湖^①(今属鄂州)——兴国军(今阳新)——慈湖(又名磁湖,今黄石市区)——瑞昌(今属九江)——庐山北麓——奉新(今属宜春)——筠州、高安(今属宜春)。

　　通过地图可知,由黄州过车湖到兴国军,再到慈湖,这并非顺路,而是绕行。苏轼当时无论走水路还是陆路,正常路线应是先从黄州过车湖,再到慈湖,再到兴国军,即从今天的黄冈黄州出发,渡长江,至鄂州车湖,再过黄石慈湖,再到阳新。这段路程总体来说是从黄州往东南方向至庐山,应是水路为主,再往南偏西至高安,又以陆路为主。可知,孔著此处编年系地于兴国军到慈湖段当误^②。

　　苏轼"十四日,至慈湖","二十三日,至瑞昌县",中间这九天,孔著年谱没有其他记录。其实根据《苏轼银山铁壁题字》,可证苏轼期间曾经过今湖北黄石阳新之银山铁壁。慈湖在今湖北黄石,瑞昌、庐山则隶属江西九江。从慈湖到瑞昌之间,阳新是必经之地。所以苏轼四月十四日到达慈湖之后,应行经阳新铁壁。《山堂肆考·宫室》云:"又湖广武昌府兴国州北有银山寺,苏轼与李仲览过此书'铁壁'二字,世传以为银山铁壁。"^③李翔,字仲览,乃东坡好友。《湖北金石志》亦引《金石录》载:"'铁壁'二大字,苏轼正书。明人重摹,在兴国州银山寺。"^④可见苏轼曾到阳新银山铁壁。终

---

① 王象之《舆地纪胜》卷八一(《续修四库全书》本,第584册,第653页)载:"车湖,在武昌东三十里。苏轼在黄州,王文甫居湖上,往来殆百数。车武子故居及墓在其上。"
② 虽苏轼亦有故意折返行程的可能,但揆诸常理一般不会如此。
③ 彭大翼《山堂肆考》卷一七四,影印文渊阁《四库全书》本,第977册,第498页。
④ 张仲炘辑《湖北金石志》卷九,《石刻史料新编》本,第1辑,第16册,第12114页。

苏轼一生，唯有元丰七年四月可能路过阳新，其他时间未临此地。所以据《苏轼银山铁壁题字》，可补充苏轼于元丰七年四月在阳新这一活动，此可补孔著年谱。

元释大欣《龙兴路奉新县宝云寺记》载："宝云代多耆德，而别院为七，卢所居者曰观音院，尤号整肃。院旧多竹，熙宁间，僧可蟾作此君亭，县令李平记之，东坡苏公题名其上。亭久废，而人至今传诵，予少时数造焉。"①此谓熙宁间（1068—1077）此君亭修建，则《苏轼宝云寺此君亭题名》当在修建之后。《苏轼年谱》又谓元丰七年五月："九日，过新吴，与县令李志中同谒刘真君祠。寄弟辙诗。……十日，与李志中同游宝云寺此君亭。"②新吴即奉贤别称，释大欣谓县令李平，即应是李平字志中。此事指苏轼分别苏辙之后又北上路过奉新，与李志中同游宝云寺此君亭，故《苏轼宝云寺此君亭题名》当系于元丰七年五月十日，此亦可补孔著年谱。

（三）孔凡礼《苏轼年谱》于元祐六年（1091）三月下列："三月三日，与客快哉亭饮。四日，书石。五日，简马城（忠玉）。"③

按：孔著年谱载苏轼三月三日与客饮事在杭州快哉亭，但《吴兴金石记》载：

《苏东坡青莲峰题字》："青莲峰，东坡居士，元祐六年三月三日。"右摩崖，高二尺，广一尺五寸，正书，字径六寸，款字径二寸五分。在法华山白雀寺后。案，王宗稷《东坡年谱》："元祐四年三月，累章请郡，除龙图阁学士知杭州，六年三月，被旨赴阙。"又《参寥泉铭序》云"予以寒食去郡"，以此题推

---

① 释大欣《蒲室集》卷九，影印文渊阁《四库全书》本，第1204册，第586页。
② 孔凡礼《苏轼年谱》，第624页。
③ 孔凡礼《苏轼年谱》，第955页。

之，东坡去郡，当有法华之游，由杭至湖，不过一日程，此正去杭之日所题也。①

苏轼游湖州青莲峰，题字落款亦是元祐六年三月三日。孔著年谱与《吴兴金石记》所载青莲峰题字两者必有一误。陆心源对此青莲峰题字描述细致，当是亲见其石刻题识，或至少见拓本。陆心源乃湖州本地人，见此题识真迹可能性较大。但并不能由此判定孔著年谱必误。又据《两浙金石志》载：

《宋苏轼半月泉题名碑》

苏轼、曹辅、刘季孙、鲍朝懋、郑嘉会、苏固同游。元祐六年三月十一日。请得一日假，来游半月泉。何人施大手，擘破水中天。东坡……（上阙）纪游旧碣向秦中越四百年，而余来令邑满六载，甫属觉海僧以众舍新亭泉上，重摹旧刻，置之壁间。长公墨妙，随地见珍。矧吴兴旧治，讵令兹典终阙？物固有遘者，王麈山灵于今大有遭矣。

右碑上截刻题名，下截年月后刻纪游诗一首。诗后有跋文六行，乃明万历间重刻也。此诗，案查注云："诸刻不载，见谈钥《吴兴志》，石刻在慈相寺中。余家有搨本，按，先生自杭守召还，在元祐辛未。集中有《三月六日别南北山诸道人》诗，与《半月泉题名》相距才五日。当是还朝时便道来游，岁月凿凿可据。而此诗本集失载，诗与题名大小不同，迥出两手，疑后人因题名而赝作此诗。盖先生时方还朝，何云请假，以此辨之，其为假托，未可知也。"徐志莘跋云"笔势及诗句，非他人所能仿。一日假者，乃邮程之假也。碑虽重刻，而笔势不失"云云。二说互异，姑存俟考。末有明令重刻跋语，初白

①陆心源辑《吴兴金石记》卷七，《石刻史料新编》本，第1辑，第14册，第10755页。

未之见也。刘景文名季孙,开封祥符人,壮闵公平之子,以左藏副使为两浙兵马都监驻杭州。曹辅字子方,海陵人,自太仆丞为福建转运判官,"后六客词",子方其一也。二人与文忠唱和甚多,见本集。苏固或即伯固,亦见集中。①

这段题名与查、徐二人之辨,亦为陆心源《吴兴金石记》所引用。其中有争论的是这首苏轼纪游诗,有人认为后人依题名而赝作此诗,对于题名则无异议。苏轼离杭州北上,需经过德清,再至湖州。若至德清半月泉在三月十一日,则在湖州青莲峰题名,当在十一日之后,所以《吴兴金石记》谓三月三日游青莲峰,疑为三月十三日之误,脱一"十"字。但陆心源似亲见青莲峰题字,似未可轻断其误。若联系孔著年谱对苏轼三月上旬的其他活动记载,以及苏轼本人相关诗词,如《三月六日来别南北山诸道人》,可知苏轼三月三日确实应在杭州,未曾至湖州青莲峰。之所以会造成青莲峰题字时间有误,想必青莲峰题字乃后人重刻致误。

苏轼石刻在党争中被磨毁不少,后人仰慕东坡才情风流,时常对其石刻题识予以重刻。清陆以湉《冷庐杂识》载《石屋烟霞二洞》一文云:

> 杭州石屋、烟霞二洞,皆在南高峰下。余于咸丰辛亥往游,由赤山埠折而南,行二里许,至石屋岭。岭不甚高,有亭可憩。逾岭即为石屋,洞宽广三丈,深丈许。中凿释迦佛、诸菩萨像,四壁镌罗汉五百余,皆涂以金。左壁题名云:"陈襄、苏颂、孙奕、黄颢、曾孝章、苏轼同游,熙宁六年二月二十一日。"按,《志》称东坡题名字甚漫漶,相传党禁时镌去。兹所

---

① 阮元等编《两浙金石志》卷六,《石刻史料新编》本,第1辑,第14册,第10337页。

题字画完好,而笔法俗嫩,定是近人伪托。①

明清人多有重刻东坡题识者,此前引叶昌炽之语已言及。由此可见,通过石刻题识梳理相关人物生平活动,虽多有新见,但往往需要综合考辨,不能单独利用一种石刻予以妄断,尤其是名人石刻的使用需要更谨慎。

除了上述三例之外,其他石刻题识对苏轼生平研究亦有补正意义,兹不赘叙。此外,苏轼诸题识对《全宋文》《苏轼文集》亦有补遗意义,而苏轼石刻题诗利于补《全宋诗》,诸多补遗意义早已被学人重视,毋庸多言。下面对一个与东坡石刻至关重要的问题进行探究。

前引陆以湉《冷庐杂识》载《石屋烟霞二洞》文云东坡题名"党禁时镌去"。《广东通志·金石略》在《苏轼三洲岩题名》之后,有一段案语云:"谨案:题名在德庆三洲北岩。石崩坠,覆压岩口外,视石旁仅见'东坡遗迹'四字耳。俯身而入,此刻仰刊石底,田掘土三尺拓得之。东坡遗刻,经党禁后辄遭磨灭,此刻独完,或以崩坠故耳。"②叶昌炽《语石》也谓"苏文忠笠屐所至,最好留题,以党禁多镌毁"。凡此种种,众口同声透露出一个信息,即苏轼石刻在北宋党禁时期曾遭全国性毁除厄运。既然如此,为何苏轼石刻未被全部毁除?这应在宋代当朝史料中予以索解。

由于现存《续资治通鉴长编》缺宋徽宗、宋钦宗两朝记事,所以它也未载诏毁苏轼石刻之事。南宋杨仲良《皇宋通鉴长编纪事本末》有载:"(崇宁二年)丁巳四月,诏焚毁苏轼东坡集并后集印

---

① 陆以湉撰,崔凡芝点校《冷庐杂识》卷一,中华书局,1984年,第8页。
② 阮元主修,梁中民点校《广东通志·金石略》一一,广东人民出版社,2011年,第244页。所列标题乃笔者所拟。

板……乙亥，诏三苏、黄、张、晁、秦及马涓文集，范祖禹《唐鉴》、范镇《东斋记事》、刘攽《道话》、僧文莹《湘山野录》等印板，悉行焚毁。"①南宋陈均《皇朝编年纲目备要》亦载宣和五年七月"禁元祐学术"：

> 中书省言福建路印造苏轼、司马光文集。诏令毁板，今后举人传习元祐学术者，以违制论。明年，又申严之。冬，又诏曰："朕自初服，废元祐学术。比岁，至复尊事苏轼、黄庭坚，轼、庭坚获罪宗庙，义不戴天。片文只字，并令焚毁勿存。违者以大不恭论。"靖康初，罢之。②

新旧党争发展到后期，出现"崇宁党禁"，始于崇宁元年（1102），结束于靖康元年（1126），持续24年。可知从徽宗崇宁年至宣和年，苏轼、司马光等人文集在禁毁之列。这一朝廷文禁措施，早已为学人熟知。虽然诏毁苏轼文集并未使其殆尽，但对部分被禁文字确实起到一定毁除效果，《资治通鉴》就曾几遭毁版。上述史料只能表明朝廷曾下诏毁苏轼文集，并未涉及苏轼石刻，似乎毁文集与毁石刻是两码事。

党争激烈之际，少不了有人要建议实施文禁。《续资治通鉴长编》载："（元符二年九月）戊午，通判潭州毕渐言，请应元祐中诸路所立碑刻纪述等，并令碎毁。从之。"③可见在党禁正式开始之前，就有人建议碎毁元祐党人地方石刻。周煇《清波杂志》曰："淮西宪臣霍汉英奏：欲乞应天下苏轼所撰碑刻，并一例除毁。诏从之。时崇宁三年也。……政和间，潭州倅毕渐，亦请碎元祐中诸路所刊碑，

---

① 杨仲良《皇宋通鉴长编纪事本末》卷一二一，第309—310页。
② 陈均撰，许沛藻等点校《皇朝编年纲目备要》卷二九，中华书局，2006年，第750页。
③ 李焘《续资治通鉴长编》卷五一五"元符二年九月戊午"条，第12247页。

从之。"①南宋李埴《宋十朝纲要》亦载:"(崇宁三年)七月乙亥,毁苏轼凡所撰碑刻。"②在党禁正式开始之后,苏轼及元祐党人石刻遭到了全国性磨毁。如同苏轼文集一样,苏轼石刻并未完全绝迹。南宋《舆地纪胜》《咸淳临安志》等多载有东坡题识,说明当时就存有东坡石刻。其实,就现存宋人史料来看,记载除毁东坡石刻的实例并不算很多,当时诏令磨毁东坡石刻后,私下藏东坡石刻实物或拓本者应有之。南宋徐度《却扫编》谓:

> 东坡既南窜,议者复请悉除其所为之文,诏从之。于是士大夫家所藏既莫敢出,而吏畏祸,所在石刻多见毁。徐州黄楼东坡所作,而子由为之赋,坡自书,时为守者独不忍毁,但投其石城濠中,而易楼名"观风"。宣和末年,禁稍弛,而一时贵游以蓄东坡之文相尚,鬻者大见售,故工人稍稍就濠中摹此刻。有苗仲先者适为守,因命出之,日夜摹印,既得数千本,忽语僚属曰:"苏氏之学,法禁尚在,此石奈何独存!"立碎之。人闻石毁,墨本之价益增。仲先秩满,携至京师,尽鬻之,所获不赀。③

足见当时全国的确有过毁东坡石刻的风潮,但亦有不忍毁者,既然有藉此鬻财者,那么私藏以囤积居奇也极有可能。总之,东坡石刻与其文集一样并未在党禁中绝迹。

为何苏轼石刻得以保存不少?笔者认为可能有如下原因:

其一,东坡政治际遇坎坷,宦辙所到之地较多,石刻本身数量众多,且分布广,即使有磨灭者,也难以殆尽。

---

① 周辉撰,刘永翔校注《清波杂志校注》卷五,中华书局,1994年,第191页。
② 李埴撰,燕永成校正《皇宋十朝纲要校正》卷一六,中华书局,2013年,第445页。
③ 徐度《却扫编》卷下,影印文渊阁《四库全书》本,第863册,第783页。

其二，题识石刻多无关学术，即使在被禁的"元祐学术"之列，似乎也不会引起文禁的特别重视，文禁关注的重点对象是苏轼文集等纸质版文献及书版。

其三，石刻题识多在野外僻静名胜之地，不属个人拥有，也自然不会涉及私藏苏轼文集之嫌，加之苏轼名重一时，其风流遗迹当为大部分时人所珍重，故而可能免除厄运。

其四，党禁时间不算太长，虽然前后持续24年，但在南渡初期，元祐党人得以平反，党人子弟反以为荣，若有私藏其石刻或拓本者，亦以荣耀意义重见天日。

宋人好留题，《语石》等皆已道之。苏轼可谓宋人石刻代表，他四处留题的习惯影响了时人与后人，这其中就有其子苏过。苏轼四处为官时，苏过曾长期追侍左右。苏轼《圣寿寺题名》《三州岩题名》，苏过亦在题名之列。也许正是受到父亲的影响，苏过本人亦有题识存世，如《寰宇访碑录》载有"天宁寺苏过题名，正书，宣和五年九月"[①]。宣和五年（1123），苏轼已去世22年之久，苏过题识可谓同其父之雅好。同样，曾布好题识，其子曾纡也随其左右受到浸染，《曾布谒李长者象题名》中，曾纡就名列其中，可谓得其父风。《八琼室金石补正》载有《澹山岩题名》，曾纡亦名列其中。可见，党人子弟常因奉侍父祖左右，耳濡目染受长辈雅好留题影响。

如要通过苏轼作品画出一幅东坡行迹图，石刻题识应是首选文体，将苏轼诸多石刻题识之日期与地点连起来，基本就是苏轼成年之后大半生行踪轨迹图。东坡行遍祖国大好山河，在当时备享雅致佳话的背后，又给后人提供了若干丰富的史料线索。

①孙星衍、邢澍编《寰宇访碑录》卷八，《石刻史料新编》本，第1辑，第26册，第19976页。

四、黄庭坚石刻题识考察

黄庭坚(1045—1105),字鲁直,号山谷道人,江西修水人。他是与苏轼齐名的著名文人,同苏轼一样,在诗、文、书法等方面都取得了傲世成就。黄庭坚石刻题识留存数量较多,几与苏轼题识相埒。下面依旧先统计后考察。

表2—4　黄庭坚石刻题识统计表①

题识名	同游者	皇帝纪年	月日	公元纪年	今地点	出处
卧羊山黄庭坚等题名		熙宁三年		1070	河南叶县	《寰宇访碑录》卷7
黄庭坚黄龙洞题字		熙宁五年②		1072	浙江湖州	《吴兴金石记》卷7
黄庭坚书青牛篇题名	李参、李秉彝、李秉文、吴择宾、丘楫	元丰三年	小寒日	1080	安徽安庆潜山县石牛洞	《安徽通志稿·金石古物考》卷12
黄庭坚潜山题名	李参、李秉彝、李秉文、吴择宾、丘楫	元丰三年	小寒日	1080	安徽安庆潜山县	《山谷年谱》卷10
黄庭坚海昏题名	元聿、胡勋、李安行、王从政(道)	元祐八年	正月甲辰	1093	江西九江永修	《山谷别集》卷11
黄庭坚黔州题名	杨晧、任柔	元祐间			重庆彭水	《八琼室金石补正》卷107

①统计包括各种黄庭坚题识,单纯的题诗未纳入,但附有题名的题诗纳入统计。

②《吴兴金石记》载黄龙洞题字未记年月,郑永晓《黄庭坚年谱新编》(社会科学文献出版社,1997年)谓熙宁五年(1072),黄庭坚曾赴湖州拜谒孙觉,故系于本年,详见下文考辨。此黄龙洞题字,亦见于陶宗仪《南村辍耕录》卷二九,未载年月。

续表

题识名	同游者	皇帝纪年	月日	公元纪年	今地点	出处
黄庭坚石镜溪题字	真净禅师	绍圣元年	七月辛亥	1094	江西九江星子	《寰宇访碑录》卷7
黄庭坚彭泽县题名	石振、李几道	绍圣元年	八月八日①	1094	江西九江彭泽	《山谷年谱》卷26
彭泽读书岩题字		绍圣元年		1094	江西九江彭泽	《山谷年谱》卷26
池州斋山焦笔岩题名	黄大临、黄叔献、黄叔达、黄朴、黄相、黄梲、黄杰	绍圣元年	九月辛丑	1094	安徽池州	《山谷年谱》卷26
黄庭坚蒙泉题字		绍圣初②（二年）		1095	湖北荆门	《八琼室金石补正》卷109
黄庭坚三游洞题名	黄大临、辛纮、辛大方	绍圣二年	三月	1095		《湖北金石志》卷9
黔州报恩寺街观水题名		绍圣二年至元符元年		1095—1098	重庆彭水	《豫章先生遗文》卷12
泸州木龙岩题名		绍圣五年/元符元年	五月晦日	1098	四川泸州	《山谷年谱》卷27

① 黄𩕳《山谷年谱》原作"六月八日"，据郑永晓《黄庭坚年谱新编》（第260—261页）考证，当为八月八日。

② 陆增祥编《八琼室金石补正》卷一〇九（第5780页）引《澧州志林》谓："蒙泉，在花山，有二泉，宋绍兴初，黄鲁直为章惇、蔡卞所忌，贬涪州安置，戎州、黔州，又改宜州。经此题'蒙泉'二字于石壁。"此处"绍兴初"当误，应为"绍圣初"。因绍兴年间，黄庭坚、章惇、蔡卞等已去世多年。这里的绍圣初，当为绍圣二年。且此处谓黄庭坚题蒙泉在今湖南石门，当误，而应在今湖北荆门，详见下文第五条"黄庭坚蒙泉题字辨伪"按语考辨。

题识名	同游者	皇帝纪年	月日	公元纪年	今地点	出处
黄庭坚戎州无等院题名	在纯(僧)、唐履(道)、蔡相、张溥、黄相、黄桓等	元符元年	九月九日	1098	四川宜宾	《山谷年谱》卷27
题作庵		元符元年	十一月十一日	1098	四川宜宾	《豫章先生遗文》卷10
石门寺题名	元聿	元符元年或二年或三年		1098或1099或1100	四川宜宾	《山谷别集》卷11
黄庭坚锁江亭题名	刘广之、廖琼、张宗、徐确、石谅、成节等	元符三年	五月戊寅	1100	四川宜宾	《山谷年谱》卷27
锁江磨岩留题		元符三年	五月戊寅	1100	四川宜宾	《山谷年谱》卷27
黄庭坚虎跳题名	王颖、廖养正兄弟侄五人、杨咸孺、祝有道、慈元(道)、孙叔慈(道)	元符三年	七月辛卯	1100	四川眉山青神	《山谷年谱》卷27
黄庭坚慈姥岩题记		元符三年	八月戊午	1100	四川眉山青神慈姥山	《蜀中广记》卷12
黄庭坚中岩题名	王元直、杨全、张子谦	元符三年	九月己巳	1100	四川眉山青神慈姥山	《山谷年谱》卷27
黄庭坚白鹤梁题名①		元符三年		1100	重庆涪陵	《八琼室金石补正》卷83

① 又名《涪翁题刻》,或有认为乃伪刻,但笔者认为定伪证据不足,仍纳入统计。

续表

题识名	同游者	皇帝纪年	月日	公元纪年	今地点	出处
泸州中坝葛氏竹林留题	石谅	建中靖国元年	正月丙寅	1101	四川宜宾	《蜀中广记》卷16
香山寺行记题名	高仲本、谭处道	建中靖国元年	二月庚申	1101	重庆万州	《全蜀艺文志》卷64
南浦黄庭坚题名	高仲本	建中靖国元年	二月	1101	重庆万州	《寰宇访碑录》卷8
黄庭坚西山题记①	高仲本、谭处道	建中靖国元年	二月辛酉	1101	万县岑公洞	《八琼室金石补正》卷108
题固陵寺壁	张茂先、黄叔向	建中靖国元年	三月丁卯	1101	湖北宜昌	《豫章先生遗文》卷10
黄庭坚等三游洞再题名	黄叔向、黄相、黄橄、唐履(道)	建中靖国元年	三月庚寅	1101	湖北宜昌三游洞	《湖北金石志》卷9
石笋上行记题名	江通、吕珣	建中靖国元年	三月	1101	湖北宜昌	《全蜀艺文志》卷64
秀江亭题名②		崇宁元年	四月丁未	1102	江西新余	《山谷年谱》卷29
黄庭坚太平观题名	王宰、朱章、汤居善、周虚已	崇宁元年	五月甲子	1102	江西九江	《山谷年谱》卷29
黄庭坚题胡氏所憩亭壁		崇宁元年	五月乙卯	1102	江西九江	《山谷年谱》卷29
黄庭坚西林寺题壁云	黄叔豹、黄柄、黄相、朱章、刘义仲、李彭	崇宁元年	五月癸亥	1102	江西九江庐山北麓	《山谷年谱》卷29

①《寰宇访碑录》卷八录《南浦黄庭坚题名》,应即《黄庭坚西山题记》,异名同实。
②《山谷别集》卷一一录《书吴叔元亭壁》,即《秀江亭题名》,异名同实。

题识名	同游者	皇帝纪年	月日	公元纪年	今地点	出处
黄庭坚太平州后园石室壁题名	郭祥正、高大忠、冯彦择	崇宁元年	六月丁未	1102	安徽马鞍山当涂	《豫章先生遗文》卷10
礼思大禅师塔题名记	黄仲堪、黄枌、黄梓、黄椿、黄相、黄悦、范温、文演(道)	崇宁三年	正月甲辰	1104	湖南衡阳	《豫章先生遗文》卷10
浯溪黄庭坚东崖题记	陶豫	崇宁三年	三月己卯	1104	湖南永州祁阳	《潜研堂金石文跋尾》卷14
朝阳岩黄庭坚题名	徐武、陶豫、黄相、崇广(僧)	崇宁三年	三月辛丑	1104	湖南永州零陵朝阳岩	《八琼室金石补正》卷85
黄庭坚水字桥石壁题刻		崇宁三年		1104	湖南永州零陵	《(光绪)湖南通志》卷272《艺文志》
黄庭坚书摩崖碑后题名	曾纡等人	崇宁三年	三月	1104		《挥麈录》"后录"卷7
黄庭坚南山题字		不详			江西九江修水	《明一统志》卷49

　　上表统计了从熙宁三年(1070)至崇宁三年(1104)共34年计41种(其中位于彭水的黄庭坚黔州题名、修水的南山题字无法准确系年)黄庭坚石刻题识,时间跨度几乎从黄庭坚步入仕途直至去世。

　　与历代苏轼年谱之详赡相比,黄庭坚年谱所记生平相对简略。

现存黄庭坚年谱大都以黄庭坚从孙黄𦔼①所作《山谷先生年谱》（或曰《山谷年谱》）为基础,其中郑永晓《黄庭坚年谱新编》②后出为胜,下面主要参考此书,对部分题识予以准确系年,或以题识考证黄庭坚生平,或对部分题识予以辨伪。

（一）郑永晓《黄庭坚年谱新编》于熙宁五年（1072）条谓黄庭坚"本年似尝赴湖州谒孙觉"③。

按:孙觉为北宋著名文人,乃黄庭坚岳父,亦是秦观、陆佃等人之师。由于文献不足征,所以郑著年谱用了一"似"字表明此事之不确定性。但此一系年有其理由,其一即郑著年谱谓清人茆泮林《宋孙莘老先生年谱》（孙觉年谱）于熙宁五年条谓"黄鲁直邵茂诚来谒"④。其二即郑著年谱引苏轼寄孙觉诗予以推断。查茆泮林《宋孙莘老先生年谱》⑤,知熙宁四年（1071）十二月,孙觉移知湖州,熙宁六年春移知庐州。黄庭坚拜谒孙觉,有可能发生在熙宁五年,郑著年谱系年有理。黄庭坚一生未曾到湖州任职,到湖州仅见此熙宁五年拜谒孙觉之事,故而《黄庭坚黄龙洞题字》当系于此年。

（二）郑永晓《黄庭坚年谱新编》于元丰三年（1080）条谓黄庭坚于此年游石牛洞,自号山谷道人⑥。

按:郑著年谱此条系年无误,但时间不够精确,郑著据黄𦔼

---

① 黄𦔼,字子耕,乃黄庭坚堂弟黄叔敖之孙,可参见叶适《黄子耕墓志铭》（《水心先生文集》卷一七,《宋集珍本丛刊》本,第66册,第544—545页）。

② 郑永晓《黄庭坚年谱新编》,该书序言自谓吸取诸多黄谱之长,书前有刘扬忠、陈铁民荐书肯定之语。

③ 郑永晓《黄庭坚年谱新编》,第53页。

④ 郑永晓《黄庭坚年谱新编》,第53页。

⑤ 茆泮林《宋孙莘老先生年谱》,《宋人年谱丛刊》,四川大学出版社,2003年,第4册。

⑥ 郑永晓《黄庭坚年谱新编》,第99页。

《山谷年谱》将游石牛洞事大致系于十月。然据《黄庭坚书青牛篇题名》云"李参、李秉彝、秉文、吴择宾、丘楫观余书青牛篇,黄庭坚,庚申小寒"①,可知时间在元丰三年小寒日,非十月。则知黄庭坚自谓山谷道人,时间大致在元丰三年小寒日前后。

又《安徽通志稿·金石古物考》所载《黄庭坚书青牛篇题名》,与《山谷年谱》载《黄庭坚潜山题名》,皆谓在元丰三年小寒日,所录出游者亦同,初看令人疑此二刻为同一刻。《山谷年谱》谓:

> 十一月小寒日上潜峰。先生有题名石刻云:"建康李参、彭蠡李秉彝、秉文,磁湖吴择宾、华阳丘楫,豫章黄庭坚,岁庚申日小寒,过饭,而西上潜峰,谒司命。所过道人寝室将十区,便房曲阁,所见山皆不同,辄有佳处。行憩宝公井,瞻礼粲禅师塔,坐卧傅岩亭下,下酒岛,归宿晓老生生堂西阁下,漏下十刻所。"②

此二题名记载内容有异,且石牛洞题名在山谷间,而潜山题名在潜峰,可谓一低一高,二者并非同一地点,当是同一天内,黄庭坚等人先后游玩了不同景点,所以青牛题名与潜山题名为两种石刻无疑。另,《山谷年谱》谓小寒日为十一月当误,应为十二月,或为抄录致误。

(三)郑永晓《黄庭坚年谱新编》于建中靖国元年(1101)二月三日有列:"二月三日(甲午),到达汉东(今湖北随县西北唐县镇),观唐人所作《北齐校书图》,叹赏弥日,题书其上。"③

按:郑著年谱此条系年有误。据建中靖国元年(1101)二月至

---

① 徐乃昌等《安徽通志稿·金石古物考》卷一二,《石刻史料新编》,第3辑,第11册,第343—344页。
② 黄𪲔《山谷年谱》卷一一,影印文渊阁《四库全书》本,第1113册,第855页。
③ 郑永晓《黄庭坚年谱新编》,第342页。

三月诸黄庭坚石刻题识可知,此时黄庭坚沿长江东下,二月尚在今重庆地区,三月方到湖北宜昌地区。以当时的行程路线与交通速度,不可能在二月三日到今湖北随县。郑著年谱此条前后之记录,皆谓黄庭坚在巴蜀之地,中间舛入黄庭坚在湖北随县观唐人图之事,显谬。

(四)郑永晓《黄庭坚年谱新编》于崇宁三年(1104)条谓黄庭坚在该年三月于永州停留,有观摩崖碑后作诗,书陶渊明诗,题诗淡(澹)山岩等事。①

按:崇宁三年(1104),黄庭坚南下赴贬所宜州,途经永州,驻足有时,在永州留下不少作品。据黄庭坚石刻题识可补其在永州的活动,以丰富其年谱。《潜研堂金石文跋尾》②录《黄庭坚题名》,云黄庭坚与陶豫曾游浯溪,访元结遗迹。《寰宇访碑录》③载《黄山谷搜剔浯(瘖)颅铭题记》,行书,无年月,在湖南祁阳。这两处记载题名各异,实则为同一事。郑著年谱谓三月六日己卯,黄庭坚等泊浯溪(湖南祁阳),观摩崖书碑则指此事。又郑著年谱谓三月十四日丁亥,黄庭坚到达永州治所零陵,即今湖南永州零陵区。从黄庭坚永州零陵地区石刻题识来看,他当在此驻足多日。郑著年谱仅谓黄庭坚曾在永州题诗淡山岩,未载以下几种题识。

《八琼室金石补正》载《朝阳岩黄庭坚题名》④,题崇宁三年三月辛丑,黄庭坚与徐武、陶豫,儿子黄相、僧人崇广等一起游朝阳岩

---

① 郑永晓《黄庭坚年谱新编》,第401—403页。
② 钱大昕《潜研堂金石文跋尾》卷一四,《石刻史料新编》本,第1辑,第25册,第18916页。
③ 孙星衍、邢澍编《寰宇访碑录》卷八,第19965页。
④ 侯永慧《新见黄庭坚永州朝阳岩题名考》(《河池学院学报》,2013年第4期)谓经过多次实地考察,终于发现此题名真迹,可参看。

并题名,此可补郑著年谱。又《(光绪)湖南通志·艺文志》载《黄庭坚水字桥石壁题刻》,虽未录留题时间,但应是崇宁三年三月在永州时所为。此皆可补郑著年谱。

(五)黄庭坚蒙泉题字辨伪

按:历史文化名人的石刻题识,如题记、题名、题字等作为一种文化遗产,多被当地人视为本地瑰宝,甚或被当作可资利用的旅游资源加以宣传。但正因如此,就出现了不少附会伪造的石刻题识。这里所谓伪造,主要指假托名人题字发生在某处,即假托其事,并非指题字内容文本之真伪。假托名人题字,地点虽异,但所题内容往往是临摹原书。假托其事,古人好之,今人亦好之。我们利用这类文献时,往往需要格外甄别其产生的历史背景与地点。黄庭坚书法自成一格,为"宋四家"之一。其人一生足迹遍游长江流域,可谓宦辙所至,到处留题。据传为黄庭坚所题的"蒙泉"二字石刻至少有两处,即湖北荆门市蒙泉题字、湖南常德市石门县蒙泉题字。这两处题字孰真孰假?下面予以考索。

今属荆门象山风景区,在荆门龙泉中学旁有颇负盛名的"象山四泉",分别是惠、蒙、龙、顺泉,四泉皆有碑刻存世。此地蒙泉碑刻原有很多,经历千百年的战乱毁坏等,今仍有五方存世(其中一块仅存"蒙"字,"泉"字仅残留第一笔)。五方蒙泉碑中,其中有一方落款黄鲁直。荆门蒙泉隋唐以来即为名胜,在唐代便有相关题咏,史载唐沈传师就曾赋《蒙泉》诗。南宋王象之《舆地纪胜》对荆门蒙泉有记载,云"蒙泉,在军城西,出于硖石山之麓,即蒙山也。南曰'蒙',西北曰'惠'。"① 该书同卷《碑记》还谓:"《蒙泉题

---

① 王象之《舆地纪胜》卷七八,第637页。

咏序》,由沈传师而下得五十七人,朱震序。"①同卷《风俗形胜》又
谓:"政和六年,朱震《蒙泉题咏序》曰……"②这说明北宋政和六年
(1116),有人将57人有关荆门蒙泉的题咏汇编一集。南宋史料也
载有不少有关荆门蒙泉的题咏之作,此皆说明两宋时,荆门蒙泉定
是一方名胜,乃文人喜好游玩之地。两宋人编的《墨池编》《宝刻类
编》等,皆谓唐沈传师赋《蒙泉》诗,时人宇文鼎书之刻石,这是可知
的较早的蒙泉石刻。明代李贤等人所修《明一统志》云:"蒙泉、惠
泉,俱在荆门州西二里,源出峡山之麓,分为二派。后人名其北泉
曰'蒙',南泉曰'惠'……宋元人多游此二泉,上有四碑刻犹存。"③
虽然《舆地纪胜》与《明一统志》对蒙泉、惠泉的记载方位有异。但
它们都说明了荆门蒙泉早在宋元时期就有石刻题识之盛况。

　　较早记载黄庭坚在荆门蒙泉题字的是明人袁中道,《南归日
记》载:"止荆门,游惠、蒙泉,泉在西门外,过桥度山足,有双泉出
山下,汇于池。泉上沸若珠,大约同苏门百泉云。泉上有黄鲁直所
书'惠泉''蒙泉'字,近黄平倩亦书此二字。"④除了袁中道载黄庭
坚曾题荆门蒙泉,后来亦有其他史料言之。如清代的修志名家胡
虔,在《柿叶轩笔记》中对荆门蒙泉作了一番考辨:

　　　　东坡《荆门惠泉》诗,自注"在宜都大江之南,与虎牙相
　　对",盖在今归州。郭景纯《江赋》云:"荆门阙竦而盘薄。"《水
　　经注》云:"上合下开,闇彻山南。"杜子美"群山万壑赴荆门"
　　是也。今《归州志》无惠泉,而移惠泉于荆门州。州志即载坡

---

① 王象之《舆地纪胜》卷七八,第640页。
② 王象之《舆地纪胜》卷七八,第637页。
③ 李贤等《明一统志》卷六〇,影印文渊阁《四库全书》本,第473册,第229页。
④ 袁中道撰,钱伯城点校《珂雪斋集》"前集"卷一三,上海古籍出版社,1989年,第
　　622页。

此诗,殆未见公自注,又不审诗语,与荆门之象山无与也。象山只有蒙泉,绍兴壬子,鄱阳张垓篆,陆文安九渊立石。明万历末,知州阮上卿,重刻山谷"蒙泉"二大字。今人因坡诗,别指一穴为惠泉。①

胡虔认为荆门本无惠泉,而只有蒙泉,此似非确论。荆门是否有惠泉非本书讨论范围,暂不论及。胡虔记载蒙泉乃山谷旧题,明万历(1573—1620)阮上卿重刻。袁中道主要活动在万历年间,其《南归日记》中所载游览荆门蒙泉所见之石,就极有可能是阮上卿重刻者。晚清《湖北金石志》亦载黄庭坚书"蒙泉"二字之事,云:

> 蒙泉:绍兴壬子,鄱阳张垓书。十月旦日,临川陆九渊立。蒙泉,张垓正书,绍兴壬子十月旦日。湖北荆门州。(自注:《寰宇访碑录》)

> 马案:右碣石高七尺,宽四尺四寸,镌"蒙泉"二字,字径三尺。前题"绍兴壬子,鄱阳张垓书",后题"十月旦日,临川陆九渊立"。

> 案《宋史·陆九渊传》"光宗即位,差知荆门军",尝讲学于象山,因以为号。其时,京南观察使张垓行部至荆,大书"蒙泉"二字,子静刻诸石者。又嘉定间,东平刘无欲篆镌《蒙》卦于崖石,今无存矣。又黄鲁直书"蒙泉"二大字,久失,明万历间知州富顺阮上卿,重摹勒石。与黄一元书"蒙泉"碑二字碑,分列张垓所书"蒙泉"碣左右,上覆以亭,亭前有池,即蒙泉也。源在象山之麓,从石罅涌出成渠,环城三面,至东门北流。宋熙宁中,翰林学士彭乘知军事,于蒙泉北,析为三沼,并引至竹坡河,东注于汉水,入江,此水亦《水经注》所

---

① 胡虔《柿叶轩笔记》,《续修四库全书》本,第1158册,第46页。

未载,并及之。(自注:《湖北金石诗》注,按绍熙或作绍兴,非
是)①

这里的"马案",指马绍基的按语,是《湖北金石志》录清人马绍基为
清人严观《湖北金石诗》所写的按语。由上可知,位于今湖北荆门
市象山风景区东麓的蒙泉,在明万历年间,曾由当地知州阮上卿重
刻"蒙泉"二字。

　　上述诸材料说明,至少从明袁中道生活的万历年起,就有黄庭
坚在荆门题"蒙泉"二字的说法。不过有关黄庭坚题"蒙泉"二字,
还有其他史料记载与此有异,另一种说法是黄庭坚题"蒙泉"二字
事在今湖南石门。

　　今湖南石门县蒙泉镇,据传起名源自黄庭坚在当地的蒙泉题
字。明隆庆年间钟崇文《岳州府志》载"石门县"之"花山"云:"花
山,县南三十里有泉曰蒙泉,宋黄庭坚大书'蒙泉'二字勒于碑。"②
清陆增祥《八琼室金石补正》载有《黄庭坚蒙泉二字》,其引乾隆年
所修《澧州志林》谓:"蒙泉,在花山,有二泉,宋绍兴初,黄鲁直为
章惇、蔡卞所忌,贬涪州安置、戎州、黔州,又改宜州。经此题'蒙
泉'二字于石壁。"③此"绍兴"当为"绍圣"之误,因绍兴时,黄庭坚、
章惇等已去世多年。章惇等执政,始于绍圣初。另外,嘉庆年修
《大清一统志》载:"蒙泉,在石门县西花山下,有宋黄鲁直书'蒙
泉'二字。"④可见,至少从明隆庆年间始,就有黄庭坚在石门题"蒙
泉"二字的说法。这与前面所述黄庭坚题"蒙泉"二字在荆门之说

---

① 张仲炘辑《湖北金石志》卷一二,《石刻史料新编》本,第12174页。
② 钟崇文等纂修《岳州府志》卷一七,《天一阁藏明代方志选刊》本,上海古籍书店,
　　1963年,第57册。
③ 陆增祥编《八琼室金石补正》卷一〇九,第5780页。
④ 穆彰阿等纂修《大清一统志》卷三七三,《续修四库全书》本,第620册,第712页。

有异。

　　钟崇文、袁中道可视为同时之人，一记黄庭坚题字在石门蒙泉，一记黄庭坚题字在荆门蒙泉，孰是孰非？抑或皆是，抑或皆非。隆庆、万历前后相继，若单从文献产生时间而言难以定夺，还得联系黄庭坚生平活动与当时的地理环境来综合考察。由于从黄庭坚本人传世文集中无法找到相关佐证，无法直接证明其人曾在石门或荆门题"蒙泉"二字，所以只有从侧面予以索解。我们先来看黄庭坚是否有可能到石门题"蒙泉"二字。终黄庭坚一生，其赴任黔州前后或赴宜州前后，最有可能到过石门。

　　郑永晓《黄庭坚年谱新编》，其于绍圣二年(1095)条谓："二月至江陵，寓居承天寺。……三月十六日(辛亥)，次下牢关。"①据此，黄庭坚二月乙未已在江陵(荆州)承天寺，三月十六日再到下牢关(在今宜昌)，这中间有17天左右，郑著年谱未载黄庭坚其他活动事件。从江陵至石门花山直线距离约100公里，从石门花山至下牢关直线距离亦约100公里，如有绕行，在17天内，也当能至。故而从时间、距离因素考察，黄庭坚是有可能到石门题字的。但黄庭坚要从江陵绕道石门，再经下牢关西入巴蜀之地，难免可能耽误行程。因为被谪之人，一般按规定是要在限定的时间内到达贬所的。黄庭坚是以贬臣身份赴任巴蜀，绕道石门不太符合当时的行走路线。

　　此外，黄庭坚在崇宁三年(1104)赴任宜州，年前岁末由鄂州、潭州到永州，再到全州、宜州，这期间可能曾经绕道石门。但郑永晓《黄庭坚年谱新编》等皆未记载黄庭坚晚年到过石门。察其晚年赴宜州的行程路线，如绕道石门，距离过远，时间不符，这比绍圣二

①郑永晓《黄庭坚年谱新编》，第273—274页。

年绕道石门的可能性更小。故而《澧州志林》谓黄庭坚改任宜州经此题字应误。

前已述及,从时间而言,黄庭坚是有可能在绍圣二年过石门题"蒙泉"二字的,但逻辑上的可能并不能代替真实历史的发生。为任渊《黄山谷年谱》、黄𫆀《山谷年谱》、郑永晓《黄庭坚年谱新编》等所引用的黄庭坚《书萍乡县厅壁》云,绍圣二年,黄庭坚是从陈留出发,过许昌,跨汉水,到江陵府(今湖北江陵县),再溯长江而上赴黔州。这条行程路线先由北向南,再转由东向西。其中由北向南至江陵段,就会经过荆门。所以,黄庭坚极有可能是在绍圣二年二月路过荆门时,在象山题"蒙泉"二字的。比起从江陵转道石门,再到下牢关的绕行路线,从北向南路过荆门应该更加符合当时实情。黄庭坚所处的时代,荆门蒙泉早已是名胜景区,此地堪称地方石刻渊薮,一向好留题的黄庭坚路过此地留下墨宝是极有可能的。至于石门"蒙泉"二字,或为后之好事者用黄庭坚题字重刻于此。

南宋时的《舆地纪胜》,明代的《明一统志》,以及诸多地方志,都记载了多处有蒙泉,或作濛泉,可知天下名蒙泉者,远不止荆门与石门两地。为何泉多以"蒙"字为名呢?这是因为《周易·蒙卦》:"象曰:山下出泉,蒙。君子以果行育德。"[1]天下以蒙泉命名者,都是源自《周易》,故而蒙泉为名者甚多。较之荆门蒙泉,石门蒙泉的知名度似有不及。我们似可推测,石门蒙泉因为其泉名与荆门蒙泉相同,故而攀附黄庭坚"蒙泉"二字。

综上,可知黄庭坚题"蒙泉"二字,应发生在绍圣二年二月路过荆门时,湖南石门"蒙泉"题字应为后人附会行为。今湖南石门蒙泉镇的命名,云来自黄庭坚石门蒙泉题字的传说,此传说由来已

---

[1] 王弼、韩康伯注,孔颖达等正义《周易正义》卷一,《十三经注疏》本,第20页。

久,从明隆庆至今已数百年,故而当地人早已习惯此佳话。从地点命名而言,荆门蒙泉并非黄庭坚所命名,早在黄庭坚题字之前即有此称。而石门蒙泉镇的命名,当是在黄庭坚之后。今观数方荆门蒙泉碑刻的排列位置,与前引马绍基按语所云相符。其中左边黄庭坚所书,明人重勒的蒙泉碑①,从书法笔意而言,"黄鲁直"三字,尤其是"鲁"字写法符合黄庭坚落款时的常用写法。而"蒙"字笔法,与黄庭坚书《经伏波神祠》中的"蒙"字相符,"泉"字笔法则与黄庭坚书《范滂传》中的"泉"字相符。

以上所举数例,说明了黄庭坚石刻题识对其生平考察有参照意义。黄庭坚石刻题识包含的时间地点二因素都较为集中,在一个时间段内,同一地域的石刻题识大量产生,由此能够形成一定的规模效应,从中可以考察其产生的文化意义。《金石萃编》云:"《零陵县志》:一名流香洞,有石淙源自群玉山,伏流出岩腹,气如兰蕙,从石上泻,入绿潭洞。门左右有石壁,黄山谷题名镌其上。岩后有祠,祀唐宋谪官。盖朝阳岩距城不远,凡游华严岩、澹山岩者,必先经朝阳岩。"②此载黄庭坚朝阳岩题名,乃黄庭坚晚年赴宜州贬所途中在永州所为。显而易见,这里记载的朝阳岩与唐宋谪官现象有紧密联系。永州石刻的文化影响力,可以说与唐宋以来的贬谪现象有莫大关系,而贬谪与党争又息息相关,故而党争对石刻题识的生成有一定的促推作用。如果统计唐宋时期的永州石刻题识,考察黄庭坚在其中扮演的角色如何,是否具有名人效应,可以将这一北宋文化名人在永州的石刻文化影响力揭示出来。就所存文献来看,永州浯溪石刻群影响力如此之大,开元者为唐代元结,

---

① 笔者在2016年7月23日上午9:25亲访此碑,正值酷暑,行人罕至。
② 王昶《金石萃编》卷一三四,第2509页。

而宋代黄庭坚为重要推手。

综上四节,可从蒋之奇、曾布、苏轼、黄庭坚的石刻题识统计及分析情况归纳出一些共性特征:

其一,党争环境下,多留题者亦多是卷入党争贬外者。蒋、曾、苏、黄四人皆为党人,正因外贬,四处留题有了可能性。若长期任京官,则留题缺乏相应地理条件,此即谓贬谪生活与石刻题识息息相关。

其二,多留题者,其文人秉性较强,且都工书法。尤以苏、黄为最,两人名列"宋四家",又都是当朝著名文人,好吟咏性情。史载蒋之奇工书,尤擅篆书,也是一时名家。曾布书名为政声所掩。因为石刻题识要经过书丹才能入石,题识的作者既为善书者,则可能亦为书丹人,所以善书者自然也有雅好留题之倾向。不过,题识者不等于书丹者,并非所有题识皆作者本人所书。叶昌炽谓:"唐宋题名,不皆亲为命笔。余所见临桂诸山摩崖,或曰'奉台旨书',或曰'奉命书',非其属吏,即其子侄行也。其亲笔者,往往有捧砚之人。"[1]

其三,诸人题识中,同游者可分为三类,或为同僚好友,或为僧道,或为子侄。其中同僚好友一起出游的最多,多为被贬者与当地官员一起出游,正是这种文人墨客的雅趣,才留下了如此众多的史料。再者,可从石刻题识中见出宋人与僧道交往频密。至于党人题识中常含子侄,乃源于党人被贬,子弟常随左右,这在苏轼、黄庭坚、曾布等人题识中体现较为明显。

从这些党人石刻题识入手,我们可以跟随其足迹寻绎他们当时的心态。黄庭坚《跋登江州百花亭怀荆楚诗》云:"崇宁元年八

---

[1] 叶昌炽撰,姚文昌点校《语石》卷五,第182页。

月壬戌，来集斯亭，其甲子又来。四顾徘徊，怅诗人之不可见，因大书此三诗，遗寺僧宗素，俾刻之坚石，后来者得观览焉。修水黄某。"①这种本着"后来者得观览"而留题的主观愿望，是苏轼、黄庭坚等人主体意识的体现，是"三不朽"说在石刻方面的具体外在表现形式。诸人除了石刻题识之外，一般还有题诗，相比而言，题识具有准确系年，并包含人物地点信息，对于考证作者生平更有价值。因为石刻题识包括时空二因素，我们以题识为参照，联系传世史料考相关人物行实，往往能对《宋史》本传、碑志传状、相关年谱中的记载加以核验或做为更为准确的编年系地。反之，部分石刻题识缺时间信息，或缺地点信息，或兼缺之，根据相关人物年谱等资料，亦可考证题识的题刻时间及地点。

　　蒋之奇、曾布、苏轼、黄庭坚四人的石刻题识可视为北宋石刻题识的代表，它们大都是当朝所刻，乃这些文化名人在场的见证者。本节只是着重考察石刻题识的补史意义，就价值而言，远不止此。比如石刻题识的书迹，亦是考察北宋书学的重要文献。又如题识包含游记性质，一定程度上能考察相关人员的仕途心境，尤其是与贬谪有关的题识，除了可以考察相关人员的踪迹，亦可用来考察党人被贬之后的心态。而如苏、黄题识的名人效应，起到的广告效应自然是不言自明的。

　　名胜古迹、摩崖洞天的古人石刻题识，若今天被一般人模仿，则被视为破坏文化遗产的低素质行为，但这种"某某到此一游"的留题，却盛行于古代文人墨客的生活之中。正是这种历史"鸿爪"，为我们了解古人游历、仕宦生活提供了丰富的文献，通过寻找历史

---

① 黄庭坚撰，刘琳等点校《黄庭坚全集》"宋黄文节公全集·别集"卷七，中华书局，2021年，第1467页。

"鸿爪",我们能真切体验丰富的古代文人雅趣。石刻题识实体如存世,大多仍在景观原地,到实地读这些石刻题识,犹如置身其中,现场感十足,观者可想象当时盛会之景,常常令人抚今追昔,喟感万千。

第二节　北宋中晚期石刻题识的常与变

石刻文献中,那些寥寥数语甚或仅存几个字的题名、题记、题字、题诗等,因信息承载量小,内容同质化,文集常失载。这类可统称为石刻题识(或以石刻题名概称)①的文献大都散布于传世金石文献,甚或至今仍存于古刹荒涧,因其呈现出碎片化特点,钩稽不易,几无文献的规模效应,所受关注度与石刻研究之大宗——碑志文相比有云泥之别。石刻题识多为摩崖形式(不可移动),少数为碑刻形式(易于搬运)。叶昌炽《语石》云:"士大夫雅好文章,游宦登临,往往濡毫以志岁月。名山洞壑,不乏留题。"②作为古人游玩时所留之"石上鸿爪",石刻题识(尤其是题名)几乎都是"某某于某年某月到此一游"的留题。宋人说"洗壁留名题岁月,登高著句

---

① 石刻题识(不包括进士题名碑、党人碑)、题记(不包括厅壁记、造像记)、行记、题字、题诗(部分题诗常附题名,多合刻,笔者适当纳入考察)等,除了题诗文体特征明显,其他可谓异名同质,后人记载它们拟题时常混用题名、题记、题名记等,以题名最常见,故也可以之统摄这些纪游类石刻题识。叶昌炽撰,姚文昌点校《语石》卷五(第180—181页)云:"或问:北朝造像有文字断裂仅存像主姓氏,此可谓之'题名'乎? 曰:不可,仍当归之造像。石刻中惟有两种不得谓之非题名,而与纪游之迹迥然不同。一则官吏之题名也,一则科举之题名也。"
② 叶昌炽撰,姚文昌点校《语石》卷一,第26页。

记川山"①,"题名扫高壁,岁月记所遇"②,要之,题咏留念目的在
志岁月以图不朽。对此,欧阳脩在《唐甘棠馆题名跋》中早已点明:
"人之好名也! 其功德之盛,固已书竹帛、刻金石,以垂不朽矣;至
于登高远望,行旅往来,慨然寓兴于一时,亦必勒其姓名,留于山
石,非徒徘徊俯仰,以自悲其身世,亦欲来者想见其风流。"③《语
石》也说:"于斯时也,山川登眺,俯仰兴怀,选石留题,以纪鸿爪。
其人其字,大都出自雅流;某水某山,从此遂留古迹。姓名年月,皆
考证之攸资;子弟宾僚,亦牵连而并录。"④题识往往涉及时间、地
点、人物、事件等信息,成为后人了解古人的重要依凭。

　　文史艺术学界对石刻题识已有关注,⑤但仍有较大研究空间。
这里主要探讨石刻题识的产生及相关问题,首先论述石刻题识发
展中的唐宋转型现象⑥,继而通过个案探讨题识的相关常态问题,
并将题识置于酷烈党争背景下,考察其在特殊历史语境中的特殊
面相。

---

① 陈师道《和范教授同游栖山》,冒广生《后山诗注补笺》卷一〇,中华书局,1995
　年,第351页。
② 张耒《饭昭果寺》,李逸安等点校《张耒集》卷七,中华书局,1990年,第86页。
③ 欧阳脩《集古录跋尾》卷八,《石刻史料新编》本,第1辑,第17902页。"勒"字,
　《石刻史料新编》作"鞿",据《四部丛刊初编》本《欧阳文忠公文集》卷一四一(第5
　页)改。
④ 叶昌炽撰,姚文昌点校《语石》卷五,第172页。
⑤ 如王星、王兆鹏《苏轼题名、题字及文类石刻作品数量统计与分析》,《湖北大学
　学报》2013年第3期;杜海军《论题名的文学研究意义》,《安徽师范大学学报》
　2017年第1期;王延智《壁上烟云:宋代题名书法刻石初探》,《中国书法》2019年
　第4期。
⑥ 本文所谓石刻题识的唐宋转型,非指由日本学者提出的"唐宋变革论",而只是
　强调石刻题识在题刻方式、数量、主题等方面在宋代发生了较明显的变化。

一、石刻题识的唐宋转型

石刻题识虽早已有之,但其发展到北宋,在题刻方式、数量、表现主题上都有了新气象,可谓北宋为题识发展史上唐宋转型的转捩点。

(一)题刻方式与题刻地点的新变

石上题识具体源于何时,难以断定,但在北宋此风有变。顾炎武《金石文字记》云:"唐人纪游题名,皆就旧碑之阴及两旁书之,前人已题,后人即于空处插入,大小、高下,俱无定准。宋初亦然。自大中祥符以后,题名者乃别求一石刻之,字体始得舒纵,亦不与旧文相乱。然石小易于搬取,故题名愈多,而存者愈少。今之沟渠碾磨之间,皆是物矣。"①顾氏之言明确了两点:一是唐人已多有题识,但主要以碑阴、碑侧跟题方式为之;二是北宋初、中期,题识的兴盛趋势已然显现,题刻方式转向"别求一石"的碑刻另题。②叶昌炽《语石》也说:"题名同,而所题之石不同。一为旧碑之阴,后来者阴不足,则题于两侧,再不足,题于额,或额之阴,或正面提行空处,如华阴曲阳岳庙、曲阜孔庙诸碑是矣。秦中唐碑煊赫者,如昭陵、《醴泉》、《圣教》、《圭峰》,其阴、侧亦莫不有题字。"③华阴华岳庙、曲阜孔庙诸碑都是中国北部重要的题识渊薮,题者多唐人,主要是碑阴、碑侧跟题方式,尚非宋人"别求一石"的碑刻另题方式。

石刻题识的另一重要形式——摩崖题识在宋代也有了较大新

---

① 顾炎武《金石文字记》卷六,《石刻史料新编》本,第1辑,第9287页。

② 顾炎武所谓的大中祥符乃宋真宗年号,一般被学界纳入北宋前期,真宗之后的宋仁宗则被纳入北宋中期。需要说明的是,宋人仍在碑阴、碑侧题识,不过同时也大大发展了"别求一石"的碑刻另题。

③ 叶昌炽撰,姚文昌点校《语石》卷五,第173页。

变,主要体现在题刻地点的变化上,即宋人扩大了摩崖题识由北向南的延伸发展。"中国古代山水文学的发展,一言以蔽之,是指文官们对山水之美的发现由北向南的拓展"①,摩崖题识常与山水文学相生相依。唐宋文人,尤其是宋人,因国土疆域的限制、经济重心的转移,活动足迹往往南移,他们在很大程度上开创了长江流域及以南地区摩崖题识的兴盛。②

摩崖较之碑刻,因人迹罕至,且不易移动,故其保存相对长久。③较之唐人,宋人在题刻方式上有所转变,在题刻地点上也有明显的南移倾向,这会导致题识数量的激增。

(二)数量:北宋臻至极盛

数量是反映一类事物兴盛与否的最直观感受。汉唐历朝都有石刻题识,但数量较之宋代要少。后世不少摩崖题识,大都由唐人开创,如华山多题识,约自中唐开始就渐有题刻,北宋欧阳脩、赵明诚都专门记录了华岳题识。又如中唐元结在永州朝阳岩、阳华岩诸处题识。永州摩崖是中国摩崖石刻的典型代表,而元结又可谓是永州摩崖石刻的创始者。④然而,唐人题识诸如元结者,或许只能算作个案,尚未形成全国性题刻风潮。

---

① 户崎哲彦《唐代岭南文学与石刻考》,中华书局,2014年,第1页。
② 如叶昌炽撰,姚文昌点校《语石》(第62、176页)云"桂林山水甲天下,唐、宋士大夫度岭南来,题名、赋诗,摩崖殆遍";"唐宋题名之渊薮以桂林为甲,其次即五溪矣"。而"桂林现存石刻已超过2000件,其中摩崖最多,占五分之四"(《中国西南地区历代石刻汇编·广西桂林卷》"前言",天津古籍出版社,1998年)。户崎哲彦《唐代岭南文学与石刻考》(第42页)说:"桂林市摩崖石刻现存数量虽为全国之首,然而唐代石刻尚甚少,并且不集中。"
③ 叶昌炽撰,姚文昌点校《语石》卷五(第183页)有云:"山巅水涯,人迹不到,且壁立千仞,非如断碑之可砻为柱础,斫为阶甃,故其传较碑碣为寿。"
④ 程章灿《方物:从永州摩崖石刻看文献生产的地方性》,《武汉大学学报》2021年第1期。

　　王芑孙《碑版文广例》说:"游览题名,自东汉有之,然故不多,而残剥亦甚,北宋以后,文句可观者在今又多而不胜举也。"①叶昌炽《语石》也谓:"此唐以后石刻惟题名为可宝也。虽然,汉亦有之,……故题名不必求古刻,考其纪年,两宋为多,即唐贤亦不过百一。"叶氏的判断未必是经过精确统计得出的,但大致不差。他还说:"惟石淙两崖间略有宋人题识,亦如晨星之落落。不如由褒斜入蜀,天梯石栈,阁道云连,石门、析里之间,宋时士大夫入蜀者莫不濡毫于此。"这说明石淙两崖间的题识少于蜀道中的题识,但无论多寡,大都由宋人为之。叶昌炽在序中言其"访求逾二十年,藏碑至八千余通"②,《语石》亦被公认为石刻学集大成之作,故而谅言不虚。此外,王延智统计了《寰宇访碑录》所载题识,指出"北宋初期,题名书法刻石一直处在相对缓慢的发展阶段。这种情况在仁宗庆历年间开始发生变化"③,这与笔者的统计相符。石刻题识发展到北宋,数量明显上升,至北宋中晚期臻至鼎盛,故谓北宋为石刻题识发展史之转捩点,似无不可。

　　(三)主题:由公到私、由人文到自然的转向

　　摩崖刻石,古已有之。秦始皇刻石、汉燕然勒石、石门十三品、西狭颂、大唐中兴颂等等,或为彰显功勋,或为宣威耀武,或为纪事颂德,凡此种种,皆是有关政治、军事、民生的宏大叙事传统。摩崖中的这种传统从秦汉绵延明清未绝,但摩崖的主题表现在唐

---

① 王芑孙《碑版文广例》卷九"游览题名括例",《石刻史料新编》本,第3辑,第356页。
② 以上见叶昌炽撰,姚文昌点校《语石》卷五、序,第172—173、176、13页。
③ 王延智《壁上烟云:宋代题名书法刻石初探》(《中国书法》2019年第4期)中有"仁宗庆历年间开始发生变化"的结论,此与笔者统计若合符节。此外,《北京图书馆藏中国历代石刻拓本汇编》(中州古籍出版社,1989年)所收宋代题识也远多于唐五代题识。

宋之际却有了新转向,尤其到北宋,除了延续宏大的言公传统,更大大拓展了内容无关宏旨的文人群体私人化、个性化的摩崖题识传统。

　　就北宋而言,石刻题识多是带有游玩感怀的简短叙述,往往随性所致。与地下墓志不同,石刻题识居于地上,具有可视化特点,是历史"胜迹"形成过程中人物的在场证明,其表现的基本是纪游的轻松主题。若论题识公私性质,因其是记载游人姓氏的,无疑大都属于私人纪游。先看几则例子:

　　　　《蒋之奇等乌石山题名》:"熙宁辛亥六月晦,蒋之奇颖叔、张徽伯常登乌石绝顶。"①

　　　　《苏轼半月泉题名碑》:"苏轼、曹辅、刘季孙、鲍朝懋、郑嘉会、苏固同游,元祐六年三月十一日。请得一日假,来游半月泉。何人施大手,擘破水中天。东坡。"②

　　　　《苏轼等三洲岩题名》:"东坡居士自海南还来游,武陵弓允明夫、东坡幼子过叔党同至。元符三年九月廿四日。"③

古人题识标题多为后世石刻文献的编撰者所拟,即便同一题识,拟名也或有异。后人拟题时,多遵循一种默认的规则:众人出游,不在标题中一一列出人名,而一般以第一署名为准,谓之某某题名(或题记)或某某等题名(或题记)。在诸人游历当时,署名先后往往根据序齿、序官等惯常原则。以上几则题识皆无关公事,其实除了观览山水宴饯纪游,题识中也有勾当公事主题,如劝农、祈雨等。《语石》云:"故惟题名有资于考史,而钩稽亦颇不易。其纪游也,多

---

① 冯登府辑《闽中金石志》卷七,《石刻史料新编》本,第1辑,第12741页。
② 阮元编《两浙金石志》卷六,第10337页。
③ 阮元主修,梁中民点校《广东通志·金石略》一一,第244页。所列标题乃笔者所拟。

以幕僚公宴,或饯别,或勾当公事,如劝农、祈雪、行水之类。"① 如《曾布等祷雨题记》载:"龙图阁学士河东经略安抚使曾布,提点刑狱朝议大夫范子谅,躬率寮吏,祷雨祠下。通判太原军府事田盛、高复,签书河东节度判官卢讷,知阳曲县冯忱之,走马承受王演,检法官史辩从行。元祐丙寅岁七月十三日讷谨题。刊者任贶。"② 与前述纯粹的纪游题识多不署衔、不题石工姓名有异,此祷雨题名带题衔,且题石工姓名,或因勾当公事,故题署较为正式。可见,石刻题识主题不出公私二者之外,以私人纪游为主,以勾当公事为辅,其中,私人纪游所占比例为大多数。

由于唐人多在塔壁、旧碑等人文建筑、器物题识,故而题识发展到一定数量就会面临书写空间不够的困境。宋人则另择碑题之,尤其是转向了山水摩崖这一自然环境大施拳脚。所以,从唐宋题识主题而言,也就有了从人文到自然的转向趋势。因为寺观亭台楼阁是常见的出游场所,所以宋人题识仍广布于人文建筑或器物上,但较之唐人,宋人在山野林地题识的趋势增加,此可谓宋人题识的自然化、山林化,户外多野刻乃宋人题识的一大特点。

(四)北宋题识兴盛之因

纵观石刻题识史,北宋中晚期形成了全国性的士大夫集体题刻意识。若考察桂林、永州、天柱山、华山、庐山、三峡等地方题识的"发帖者"与"跟帖者",多由唐人发端,宋人跟题③,且以跟题为多。

---

① 叶昌炽撰,姚文昌点校《语石》卷五,第179页。
② 胡聘之编《山右石刻丛编》卷一三,《石刻史料新编》本,第1辑,第15224页。顾炎武《求古录》谓此为题名,非题记,可见同一石刻题识,不同编者拟名有异。
③ 如因白居易、白行简、元稹始游且留题得名的"三游洞"(今属宜昌),欧阳脩、苏洵、苏轼、苏辙、黄庭坚、陆游等人陆续"跟帖",后人称中唐三人为"前三游",又将跟题宋人中的"三苏"定为"后三游"。

宋代除了文人,武将甚至石工也留有纪游类题识①,说明题刻主体阶层在扩大,题识风潮炽盛。何以北宋开始出现石刻题识的兴盛局面?②除了题刻方式与地点的变化导致,至少还有以下几点原因:

第一,宋人具有格外关注山水胜景的审美取向与题刻以图不朽的主观意识。

在宋人社会生活中,旅行已经成为重要组成部分,包括学者游学③、举子赴考、官员出任等等。经历了战乱频仍,宋初统治者励精图治,北宋文官待遇优渥,较之唐人,他们多具有新型的文人生活态度。王禹偁《听泉》中的两句诗可以很好地概括宋人随遇而安的宦游④心态:"平生诗句多山水,谪宦谁知是胜游。"⑤宋人性好

---

① 如北宋名将游师雄(进士出身)就留有多种题识传世。此外,《白龙池吕全等题名》(《山左金石志》卷一六,《石刻史料新编》本,第1辑,第19册,第14623页)说:"元符三年十月一日,奉高人石匠吕全、周通同游。"此外,《苏念五题名》(阮元主修,梁中民点校《广东通志·金石略》一五,第347页)云:"苏念五题名,存,静江府石匠人苏念五,宝祐元年十二月日到此,未知何日再来记山口。谨案:题名在灵山三海岩。"可知宋人题识风潮还影响到匠人,这与石工"物勒工名"的题署有异,尚未见宋前有类似的石工纪游题识。
② 王延智《壁上烟云:宋代题名书法刻石初探》(《中国书法》2019年第4期)解释说:"其根本原因当在这段时间各州郡官学培养了大量的人才,这些人才恰恰是题名书法刻石的主体人群。"这种解释未触及石刻题识发展史所涉及的诸多重要外部因素。如前朝也曾人才兴盛,为何没有出现题识兴盛局面呢?所以还得多从外部因素去寻找答案。
③ 北宋中期胡瑗的说法或能代表宋人共识:"学者只守一乡,则滞于一曲,则隘吝卑陋。必游四方,尽见人情物态,南北风俗,山川气象,以广其闻见,则为有益于学者矣。"参见王铚撰,朱杰人点校《默记》卷下;王栐撰,诚刚点校《燕翼诒谋录》(合刊本),中华书局,1981年,第51页。
④ 张聪著,李文锋译《行万里路:宋代的旅行与文化》(浙江大学出版社,2015年,第35页)说:"游学与游宦(或宦游),以前也被使用过,但是在宋代它们才被精英们用于描述旅行的特征。"
⑤ 王禹偁《王黄州小畜集》卷八。

山水,以胜游排遣谪宦意绪,这是具有普遍性、时代性的"集体无意识"行为。此外,历代文人都深受"三不朽"意识的影响,宋人则有过之而无不及,他们似乎有格外强烈的参政意识与社会责任感,通过金石铭记不朽的意识也更强烈,这从侧面增强了题诸石刻的主观动机。

第二,官方的石刻保护意识与文人圈金石学风潮的影响。

宋初即有诏令禁止在前代陵寝樵采[1],官方立法保护石刻实物,这在一定程度上促成了金石学研究风潮。[2]北宋中晚期是金石学发端、兴盛期,正与石刻题识之兴盛基本同步,此恐非巧合。文人为了搜录金石文献迈出门户,又于此过程中留题纪游,可谓金石学兴趣与石刻题识的产生有着相辅相成的互促关系。不仅欧阳脩有专门整理华山题识而成书的《华岳题名跋》,与其同时期的陈舜俞也在游览庐山时收录了中唐以来的若干题识,其《庐山记·古人题名篇》序云:"予游东林,颇爱屋间有唐以来人题名,寺僧因为予言,往岁屋室迁改,方板数百,文字昏暗,堆积闲处,不复爱惜,凡此者幸而未至于投削耳。嗟乎!昔人叹贤达胜士登山远望者多矣,皆湮没无闻,此几是。今得永泰已来颜鲁公下十有七人题名可见者,著之以备亡失云。"[3]这种"著之以备亡失"的文献搜集意识,就是当时金石学风潮的影响体现。今虽未发现陈舜俞在庐山的题

---

[1] 如《宋大诏令集》卷一五六《政事九》(中华书局,1962年,第586页)收录了景德元年(1004)十月辛巳的《圣帝贤臣陵墓禁樵采诏》云:"诸路管内帝王陵寝、名臣贤士义夫节妇坟垄,并禁樵采,毁者官为修筑。无主坟墓碑碣石兽之类,敢坏者论如律,每岁首所在举行此令。"

[2] 宋代金石学风潮的产生原因是多方面的,可参看刘心明《略论金石学兴起于宋代的原因》,《山东大学学报》2004年第2期。

[3] 陈舜俞《庐山记》卷五,《大正新修大藏经》,佛陀教育基金会影印本,1990年,第51册,第1050页。

识,但有熙宁七年(1074)九月二十日,他与苏轼、杨绘、鲁有开等人在杭州灵鹫兴圣寺的题名。[①]说明陈氏不仅收录题识,其本人也亲自题识或参与题识。

第三,北宋选官迁调制度与频繁党争贬谪的双重影响。

官职性质与调任频次制约出游频率,也影响石刻题识的产生。士大夫在何处为官,在很大程度上决定着是否有题识的产生。职官迁调与贬谪行役对石刻题识生成的影响,是笔者要着重探讨的因素,这一原因丝毫不弱于前几项因素,甚或过之。

唐人亦有职官迁调与升黜贬谪行役,但比宋人频率要低。宋代选任官制度有其特殊性,官员异地调动较为频繁,流动性强。如宋代成定制的磨勘、考课、差遣、量移等制度规定限年转官,使得士大夫一般需要每隔数年异地调动,迁转有差。且宋代冗官严重,因候选官较多,朝廷须让在任官员任期缩短[②],如此方能给排队的候选者更多希望。此外,北宋中晚期,旷日持久的酷烈党争所造成的升黜贬谪行役不胜枚举,客观上也增加了士大夫的出游频率。《语石》说:“或请祠归隐,或出守左迁,林壑徜徉,自题岁月。其词皆典雅可颂,其书皆飘飘有凌云之气,每一展对,心开目明,如接前贤謦欬。”[③]这里的“请祠归隐”与“出守左迁”指退居与贬谪,在北宋多

①潜说友《咸淳临安志》卷八〇,第840页。
②文彦博《奏中外官久任事》(文彦博《文潞公文集》卷二九,《宋集珍本丛刊》本,线装书局,2004年,第5册,第405页)说:“中外任官移替频速,在任不久,有如驿舍。”宋代地方长官频繁更替,任期有缩短趋势,学界多有论述。如苗书梅《宋代官员选任和管理制度》(河南大学出版社,1996年,第249页)说:“宋代地方长官以三年或二年为一任的制度在神宗朝以前还能遵守。但是,自哲宗朝以后,知州在任的时间以一年或不足一年为主,很少任满两年者。此外,监司在任的时间往往比知州还要短。”
③叶昌炽撰,姚文昌点校《语石》卷五,第173页。

与党争有关。无论是秩满离任迁调他处,还是因党争贬谪外地,都促成了流动。所谓熟悉的地方无风景,人往往只有到了异地才有别样的新鲜感、兴奋感与表现欲①,才会有兴致出游磨墨濡毫。

综上,从题刻方式、数量、表现主题来看,北宋石刻题识都有了新态势,故而,石刻题识发展史上的唐宋转型现象值得注意。

二、常态化:石刻题识的产生及相关问题

知常以观变,要深入了解北宋文人的题刻常态,需要找一个案例进行具体深描。北宋以苏轼、黄庭坚、蒋之奇、曾布等人留下的题识信息为多。苏轼题识被镵毁严重②,题识信息或有真伪难辨者。故下面以黄庭坚题识为主——就现存黄庭坚题识信息来看,包含:登山、登楼、观书法、观古碑、观古编钟、观古树、观古寺、观古井、观旧题名、观雨、观水、煮茶、饮酒、宴饮、吃荔枝、弹琴等等,内容关涉山水人文风景、植物器物、嬉游宴乐等文人业余生活的方方面面;同时,辅以他人题识佐证或对比,讨论与题识产生有关的诸问题。

(一)参与人员

欧阳脩《唐华岳题名》谓:"往往当时知名士也,或兄弟同游,

①曾大兴《文学地理学概论》(商务印书馆,2017年,第126—127、135页)说,"文学家对陌生的自然或人文地理景观则往往有一种难以遏抑的新鲜感和表现欲。从这个角度来讲,雅集上的外地文学家的创作激情是不可小觑的,文学家的动态分布对文学创作的影响也是不可小觑的";"文学家对本籍文化与客籍文化的感受、认识和表现是比较复杂的。一个文学家到了异地,往往会对异地风物表现出浓厚的兴趣,其浓烈程度甚至超过本地文学家"。
②叶昌炽多次强调东坡题识的党争厄运,如叶昌炽撰,姚文昌点校《语石》卷五(第173、177页)说,"苏文忠笠屐所至,最好留题,以党禁多镵毁";"琼岛孤悬海外,苏子瞻题字皆明以后重摹,或可不到"。

或子侄并侍；或僚属将佐之咸在，或山人处士之相携；或奉使奔命，有行役之劳；或穷高望远，极登临之适。"①欧氏已说明了题识的主要参与者有同事僚属、兄弟子侄、方外隐士等。

若从出游人数而言，有单独野游者，这往往是本着寻幽探奇之心态，偶有文人为之。如黄庭坚就有诗《红蕉洞独宿》②，独宿山洞应是黄庭坚野游过晚不及归家所致。但从游者众则会有妨静赏，故而三五僚友结伴出游的情况最多，此乃雅集之体现，兹例如恒河沙数，不赘举。读宋人题识，某某同游、某某同谒、某某同至、某某同来是常见句式。在苏轼、黄庭坚的题识中，同游、同来、从游等词出现频率很高。此外，宋人题识中，"挈家"出现频率也较高，有些题识虽未用到"挈家"一词，但也是携家出游。如《黄大临等池州焦笔岩题名》载："江西黄大临，弟庭坚，叔献、叔达，子朴、桓、相、槐，孙杰，绍圣元年九月辛丑，泛舟同来。"③此纯属黄庭坚家庭内部聚会。同僚出游或多或少带有人际交往之目的，家庭出游则多是亲情显现。黄庭坚还多次带上子侄与僚友同游，如《朝阳岩黄庭坚题名》载："崇宁三年三月辛丑，徐武、陶豫、黄庭坚及子相、僧崇广同来。"④

僧道好留文人墨宝刻之，这在宋人题识中极为常见。如黄庭坚《海昏题名记》云："玉真观道士王从政治石欲刻余书，因书予之。"又其《浯溪崖壁记》云："余与陶介石绕浯溪，寻元次山遗迹，……故书

① 欧阳脩《集古录跋尾》卷六，第17886页。
② 黄庭坚撰，刘琳等点校《黄庭坚全集》"外集"卷一八，第1179—1180页。
③ 赵绍祖《安徽金石略》卷四，《续修四库全书》本，第912册，第224页。所用标题乃笔者所拟。
④ 陆增祥编《八琼室金石补正》卷八五，第5385页。《八琼室金石补正》原书"辛丑"之"辛"误作"卒"。

遗长老新公，俾刻之崖壁。"①苏轼、黄庭坚多与僧道交好，诸题识中所见僧道姓名在在皆是，如僧人辩才、道潜、在纯、崇广、绍蒙、绍希，道人唐履、慈元、文演等，这是文人与僧道交往的见证。因文人常至寺观，且僧道多能奏刀②，所以寺观成为题识渊薮。

（二）心态差异

士大夫公务闲暇时，基于闹中求静的户外小憩行为造就了诸多题识。如黄庭坚《石枕铭》云："来此暂憩，修省退藏。藏久游倦，自兹石床。少息则可，甘寝则荒。老何敢荒，匪惮石凉。"又其《虎跳题名》云："元符三年七月辛卯，次虎跳。……久居城市，至此令人忘归。"③"来此暂憩""久居城市，至此令人忘归"，这些都表明文人们的户外求静行为是产生题识的重要原因。但即便是户外小憩，不同身份、不同情境之下，题者会有不同心态，由此催生出不同面相的题识，如追慕前人、抒发政治期望、戏谑时人或后人等等。

以"三游洞"为例，白居易等三人的始游"发帖"，在北宋迎来了"三苏"、欧阳脩、黄庭坚等人陆续"跟帖"。黄庭坚数次光临"三游洞"并留下题识，他钟情于"三游洞"，除了该地乃宋人从巴蜀沿江东下必经之地且风景迷人，更重要的是此处远有唐白居易、元稹等人的题识，近有欧阳脩与"三苏"题识，面对前人与时人留下的到访痕迹，黄庭坚期待的是异时异地的神交相聚。张聪将黄庭坚的三游洞之行称作"文化朝圣"，认为"宋代文人旅行者试图寻找一

---

① 以上引文参见黄庭坚撰，刘琳等点校《黄庭坚全集》"别集"卷二，第1362、1364页。

② 叶昌炽撰，姚文昌点校《语石》卷六（第221页）说："古人能书类能刻，不尽出于匠氏，缁黄亦多能奏刀。"

③ 以上引文参见黄庭坚撰，刘琳等点校《黄庭坚全集》"补遗"卷十、九，第2154、2127—2128页。

种空间和时间上的延续性,使这类名胜能把他们自己的那个时代和他们的经历流传后世"①。游览名胜,追慕前人,"跟帖"行为是为该名胜添砖加瓦。"发帖"与"跟帖"存在共生与竞争的双重状态,题识共同存在于某景点,后人或有与前人"较劲"之意。黄庭坚也是希望后人能记住自己而"跟帖",后人观黄庭坚题识,正如黄庭坚观白居易题识一样,"跟帖"行为成为一种承前启后、沟通古今的雅事。"题名之设,所以记往传后"②,此之谓也。而《咸淳临安志》所载"灵化洞,在郊台天真院,山顶深百余步,直下阔十余丈,有和靖、东坡题名刻于石"③,也应是苏轼览林逋旧题而"跟帖"的结果。黄庭坚《游戎州无等院题名》谓:"元符始元重九日,……乃见东坡道人题云。低徊其下,久之不能去。"④览前人题识不觉慨然,是众多"跟帖者"的共鸣,可谓前人题识引起的感慨成为"跟帖"的催化剂。

　　当然,"发帖者"心态又与"跟帖者"心态有异。"发帖者"往往有首创之功,而"跟帖者"多有抚今追昔之感。如《蒋之奇等奇兽岩题名》云:"奇兽岩,在江华邑南二里。蒋之奇颖叔过而爱之,为之铭曰:'奇兽之岩,瑰怪诡异。元公次山,昔所未至。我陪公仪,游息于此。斯岩之著,自我而始。勒铭石壁,将告来世。'治平丁未,同沈公仪游。"⑤又《蒋之奇澹山岩题名》云:"澹山岩,零陵之绝境,盖非朝阳之比也。次山往来湘中为最熟,子厚居永十年为最久。二人者之于山水,未有闻而不观,观而不记者,而兹岩独无传焉,

---

① 张聪《行万里路:宋代的旅行与文化》,第240页。
② 周应合《景定建康志》卷二七,影印文渊阁《四库全书》本,第489册,第290页。
③ 潜说友《咸淳临安志》卷二九,第333页。
④ 黄庭坚撰,刘琳等点校《黄庭坚全集》"补遗"卷九,第2126—2127页。
⑤ 陆增祥编《八琼室金石补正》卷一一二,第5815页。《八琼室金石补正》录为"重刻蒋之奇铭",所列标题乃笔者所拟。据陆氏云,此乃蒋之奇治平四年(1067)作,南宋张璪端平三年(1236)重刻。

何也？岂当时隐而未发耶？不然，使二人者见之，顾肯夸其寻常而遗其卓荦者哉！物之显晦固有时，何可知也？蒋颖叔题。"[1] 显然，"斯岩之著，自我而始""兹岩独无传"之说意在强调首游意义，能够制造一个新的景点，其背后往往是权力与名气的体现，因而开辟新的"发帖"领域，成为不少题识产生的重要动机。此外，蒋之奇谓"物之显晦固有时"，似乎暗喻政治期望，抒发了显晦际遇之心态。新发现的《蒋之奇阳华岩题名》云："阳华岩，江华胜纪之地也。元结次山为之作铭，瞿令问书之，刻石在焉。自□□以还，不遇真赏者二百年于今矣。之奇自御史得罪，贬道州，是冬来游，爱而不忍去，遂铭于石间。"[2] 明显是在山水胜游中排遣贬谪失意，这在谪外士大夫的题识中较有代表性。

（三）工具与刻石

题识是否产生受限于主观兴趣与客观条件，如果出游之前已准备笔墨丹砂，甚或以刻工相随，此乃有意为之。古人往往闲暇出游，如上巳、端午、中秋等节日，以及朔、晦日，都是常用的题署时间。

前文已谓黄庭坚红蕉洞独宿或是太晚无暇归家所致，则古人题识，事先或多有准备，即便是野游题识，工具的准备也并不繁琐。北宋沈括《梦溪忘怀录》"游山具"条有载：

> 游山客不可多，多则应接人事劳顿，有妨静赏，兼仆众所至扰人。今为三人，具诸应用物，共为二肩，二人荷之，操几杖持盖杂使，三人便足矣。……行具二肩，甲肩，左衣箧一，衣，被，枕，盥洗具，……右食箧一，竹为之，二扃，……暑

① 王昶《金石萃编》卷一三三，第2480页。《金石萃编》总谓"澹山岩题名六十段"，下列诸人题识，此为其中一种，所列标题乃笔者所拟。
② 陈安民、周欣《蒋之奇潇湘摩崖石刻考释三题》，《常州大学学报》2019年第5期。

月果修合,皆不须携。乙肩,竹鬲二,下为匮,上为虚鬲。左
鬲上层书箱一:纸,笔,墨,砚,剪刀……匮中棋子,茶二、三
品……附带杂物:小斧子,斫刀,劚药锄子,蜡烛二,柱杖,泥
靴,雨衣,……油筒。[1]

不难看出,不带仆众的两三人出游,就能基本将所需日常生活用品
备齐,完成一次自助式的、吃住玩一条龙式的户外野游。如果带有
仆众,甚至带有刻工一类的匠人,则外出游玩的后勤准备会更充
分。在沈括所说的纸、笔、墨、砚、斧、刀等游山具中,就涉及题识的
书写用具与披剪藤树、剔薜清污的工具。宋代官员赴任地方往往
伴有随从,如负责护卫、搬运行李的兵士等等,依据官品大小,随从
可有数人到三百余人不等,但并非全程跟随,一般在跨越州境时由
地方再派当地兵士挑担。[2]带有随从的官员想题识,工具的准备应
非难事,故而宋代官员赴任途中游历山水时产生的题识较多。被
贬南迁的黄庭坚就曾被迫买小船载其16个随从[3],这些随行人员
想必带有题识需要的工具。当然,洗壁题识也偶有缺工具的时候。
沈括族弟沈辽乃北宋著名书家,有《三游山记》其一谓:"崖西彻阳
气,生草木。其东平峭洁白,雨露之所不至也。德相欲题名,索笔
不得,怅然者久之。……德相姓马,名永誉。"[4]马永誉因看见"平

---

[1] 沈括《梦溪忘怀录》,胡道静、吴佐忻辑《〈梦溪忘怀录〉钩沉——沈存中佚著钩沉
之一》,《杭州大学学报》1981年第1期。
[2] 参见张聪《行万里路:宋代的旅行与文化》,第117—118页。
[3] 惠洪《冷斋夜话》(胡仔撰,廖德明点校《苕溪渔隐丛话》"前集"卷四八引,人民文
学出版社,1962年,第328页)云:"山谷南迁,与余会于长沙,留碧湘门一月,李
子光以官舟借之,为憎疾者腹诽,因携十六口买小舟。"
[4] 沈辽《云巢编》卷七,《沈氏三先生文集》卷五八,《四部丛刊三编》本。

峭洁白,雨露之所不至"的绝佳地段而欲留题①,又因无笔而作罢。

多数题识当时或稍后即能刻石。正如释元净(即辩才)《题辩才庆寿东坡题名记后》所云:"题名留于版壁,非久固尔,乃刻于石,以永兰若,为不朽之宝矣。龙井山老释元净题。"②刻石是一门技术活,如题识之处并非人迹罕至的野地,一般都能请到民间石工及时刻石。③如黄庭坚《跋自书乐天三游洞序》云:"余往来三游洞下,未尝不想见其人。门人唐履因请书乐天序刻之。夷陵向宾闻之,欣然买石,具其费,遂与之。建中靖国元年七月,涪翁题。"又其《张仲吉绿阴堂记》云:"故书游息之乐,使工李寿刻之绿阴堂上,使后之不及与予同时者得观焉。元符三年六月丙子,涪翁记。"④而文人题识一般比较简短,多在当时就能上石,抑或有未及刻石完成即先行归去者,待石工刻石后也会制成拓本传阅、分享,题识从而成为交游、赏玩的对象。如苏轼《秦太虚题名记并题名》载:"览太虚题名,皆予昔时游行处。闭目想之,了然可数。……明年予谪居黄州,辩才、参寥遣人致问,且以题名相示。"⑤可知,秦观题名就辗转传阅于苏轼等文人与辩才、参寥等僧人手中。黄庭坚《答黔州

① 题于洞外洞内,保存时间有异。叶昌炽撰,姚文昌点校《语石》卷六(第225页)云:"绝壁显露、雨淋日炙之处,与深藏洞壑者亦不同。"

② 施谔撰,胡敬辑《淳祐临安志辑逸》卷五,《丛书集成续编》本,上海书店,1994年,第614页。

③ 虽然未能找到宋代石工及时刻题识的记录,但明人张寰《两山游录》上(何镗《古今游名山记》卷一〇引,广西师范大学出版社,2009年)载:"己卯,雨,……杨二檀宪副,徐六桥符卿,徐鹤溪别驾,泊弘斋弟,玉泉郡守也。庚辰,二檀访予山寺,方与听雨,命酌六桥,嗣至,同此题名,古冲遣石工来,并予往侍先君子题名,镌之大佛头。"这说明一般当时即请石工刻石。

④ 以上引文参见黄庭坚撰,刘琳等点校《黄庭坚全集》"别集"卷八、二,第1489、1361页。

⑤ 苏轼撰,孔凡礼点校《苏轼文集》卷一二,第398页。

崔少府》亦云："并寄《黔江题名记》,甚慰。……石刻数种谩往,恐兵辈调护不谨,封在鼎臣鄂子中,可就取之。"又其《与云岩禅师》云："石门阁字,气象差可观,题名刻得,石文鞍鞁,乃似古碑尔。"[①]可见,黄庭坚不仅与朋友传阅题识拓本,还评论刻工水平。当然,古人出游并非时刻都能以刻工相随[②],因而题识也常由题者自刻,故不少文人都略通刻石技艺[③]。此外,还有当时仅留墨迹后人补刻者,此多是题壁,如南宋范成大云："右文忠公倅杭时送客至佛日山寺壁间所题。余年十五,往来山中,常与举上人游,居其下。后三十七年,举欲句县公勒之石,余亦自蜀道东归,因劝成之。"[④]

(四)职务、地点与频率

以下先根据前文"表2—4　黄庭坚石刻题识统计表",将黄庭坚题识从其任职时段与地域统计如下。

表2—5　黄庭坚石刻题识分时段地域统计表

时段	1070—1074	1075—1079	1080—1084	1085—1089	1090—1094	1095—1099	1100—1105
数量	2	0	2	0	6	7	23
年龄	26—30	31—35	36—40	41—45	46—50	51—55	56—61

①以上引文参见黄庭坚撰,刘琳等点校《黄庭坚全集》"续集"卷五、一,第1855、1768页。

②叶盛撰,魏中平点校《水东日记》卷四(第41页):"东坡居士书崖镌野刻,几遍天下。予尝戏谓东坡平生必以石工自随,不然何长篇大章,一行数字,随处随有,独异于诸公也?"

③叶昌炽撰,姚文昌点校《语石》卷六(第221、223页)谓"古人能书类能刻,不尽出于匠氏";"唐碑自书自刻者多矣"。

④潜说友《咸淳临安志》卷八一,第864页。

续表

地点	平顶山、湖州	安庆		九江、池州	荆门、彭水、泸州、宜宾	宜宾、眉山、涪陵、万州、宜昌、九江、马鞍山、衡阳、永州

不难看出，黄庭坚题识主要集中在晚年，这是其贬谪集中期。考其仕履[1]，熙宁五年（1072），黄庭坚除国子监教授，至元丰二年（1079），长达七八年，皆在京师，未见题识。大致从元丰四年到元祐五年（1090），他历任太和知县、监德州德平镇、秘书省兼史局等，此间在太和两年多，在京城约五年。太和境内地势平坦，几乎无山可登，题刻条件受限，加之又到京城为官数年，所以此期题识甚少。

　　再具体看黄庭坚仕途初期与晚期的题识情况。治平四年（1067），23岁的黄庭坚中第后调汝州叶县（今属平顶山）县尉，次年即熙宁元年九月到任。其作于熙宁二年的《书舞阳西寺旧题处并序》云："己酉二月，……壁间得往岁书。思拂尘落笔之时，观者左右，便似数百年事，信今梦中强记昔梦耳。……万事纷纷日日新，当时题壁是前身。寺僧物色来相访，我似昔人非昔人。"[2]可知黄庭坚甫到叶县就有游题行为。熙宁三年正月，黄庭坚又有《卧羊山黄庭坚等题名》[3]，本年还作有《红蕉洞独宿》《题南寺王髯题名

---

[1] 郑永晓《黄庭坚年谱新编》。黄庭坚仕履皆本于此，下不赘注。
[2] 黄庭坚撰，刘琳等点校《黄庭坚全集》"外集"卷一九，第1207—1208页。此处所举熙宁二年及下举熙宁三年作于叶县的作品，皆黄庭坚文集编者据黄𪩘《山谷年谱》系年。
[3] 孙星衍、邢澍《寰宇访碑录》卷七（第19945页）载："卧羊山黄庭坚等题名，正书，熙宁三年，河南叶县。"

处》①等诗,说明他于叶县公务之余常出游,尤其喜欢在题壁之处
"跟帖"。可见黄庭坚在仕途初期,既有管辖境内的寺观之游,又
有野游独宿的经历,此时他并未名盛天下。宋人题识并非全是入
仕后才产生,如"三苏"三游洞题名就是苏洵带二子应试途中所留,
但文人步入仕途之后,题识频率往往更高。黄庭坚晚年被贬黔州,
结束黔州贬谪生涯由巴蜀东归,后又南贬经过永州等地,此间其
题识频率远高于其他时段,几乎近七八成题识都产生于最后十年。
如此高频题识与黄庭坚晚年卷入激烈党争有关,由于党争他被屡
贬外地,面对贬谪逆境,他坦然处之,于赴任沿途观赏风景,屡施濡
毫,到任之后亦不忘题识以志岁月,这些前文已述及,不再赘举。

　　从黄庭坚题识来看,至少有两点规律可循:第一,长期居官京
师者少有题识,题识多在宦游生涯中产生。②以苏、黄为代表的文
人型士大夫长期在地方为官,宦辙所至,题识四方。古人从廊庙到
山林,寄情山水以排遣失意,故而题识多出自宦游期。第二,题识
产生的客观地理条件较为重要。比如风景旖旎的杭州、永州、峡州
容易促成题识的产生,而地势平坦的太和县则相对缺乏题刻的地
理条件。

　　北宋中晚期党争频仍,谪宦频繁,士大夫四处留题。叶昌炽
《语石》云:"元祐诸臣,皆有石刻传世,并以人重。"③叶氏所谓"皆
有石刻传世"更多指石刻题识,元祐党人在外游题成为风气。换言

---

① 参见黄庭坚撰,刘琳等点校《黄庭坚全集》"外集"卷一八、一九,第1179—1180、
　　1202页。
② 若以官僚型士大夫曾布、蔡京为例,亦可证明贬谪对题识的促进影响。曾布因市
　　易法之争被贬出外,在饶、潭、广、桂、秦、陈、蔡等地辗转调动,尤其在广西任职
　　时留下多种题识。此外,笔者目见三则蔡京题识,全是蔡京在谪外生涯中所为,
　　不赘举。
③ 叶昌炽撰,姚文昌点校《语石》卷七,第249页。

之,党争贬谪是士大夫仕途之不幸,却是石刻题识之大幸。

三、异常化:党禁因素对石刻题识的限制影响

影响题刻频率的因素很多,年龄、身份、秉性、地域、石材等都是相关因素。虽然题识一般无关宏大叙事,但若将其置于大历史背景,却能发现别样面貌。北宋中期,由熙宁变法引起的新旧两党轮番执政,致两党人员不断交替出外,至徽宗朝更发展成酷烈的党禁之事,从而影响到石刻题识。

(一)党禁下的普遍惧题现象

崇宁党禁[①]对石刻题识有制约作用,这主要体现为毁石风气与禁足惧题两方面的消极影响。徽宗朝的党禁毁石政策对题识的影响较大,兹以苏轼为例。吴曾《能改斋漫录》载:“崇宁二年,有旨:应天下碑碣榜额,系东坡书撰者,并一例除毁。”[②]周煇《清波杂志》也载:“淮西宪臣霍汉英奏:欲乞应天下苏轼所撰碑刻,并一例除毁。诏从之。时崇宁三年也。……政和间,潭州倅毕渐,亦请碎元祐中诸路所刊碑,从之。”[③]可知被毁的有苏轼所撰“碑碣榜额”,这其中可能包含石刻题识。《咸淳临安志》“寺观”中有载:“大仁院,广运中吴越王建。……今额有洞曰石屋,镌石作罗汉诸佛像。山顶有石庵天成,团圆如凿,高丈余,一名天然庵。洞崖仿佛有东坡题名,传云党禁时镌去。”[④]这三位南宋文人都记载了苏轼题识

---

① “崇宁党禁”前后持续达24年,自崇宁元年始,直至徽宗退位前夕止,可参见《宋史·吕好问传》(《宋史》卷三六二,第11329页)。

② 吴曾《能改斋漫录》卷一一“除东坡书撰碑额”条,上海古籍出版社,1979年,第327页。崇宁二年,或当为“三年”。

③ 周煇撰,刘永翔校注《清波杂志校注》卷五,第191页。

④ 潜说友《咸淳临安志》卷七八,第808页。

曾遭遇大面积镵毁厄运。不过,从周必大《泛舟游山录》所说"观石柱间东坡辛巳四月题名"①可知,南宋仍有苏轼题识实物存世,并未毁尽。

苏轼自谓"平生好诗仍好画,书墙涴壁长遭骂"②,党禁之前,他的"涂鸦"行为就引人非议,党禁产生之时,苏轼已然去世,但在前后持续二十多年的党禁期间,其题刻遭镵毁的阴影难免会或多或少影响其他士大夫题刻的积极性。题识是个人印记,有可能被政敌据以为罪。魏泰《东轩笔录》载:"吕升卿为京东察访使,游泰山,题名于真宗御制《封禅碑》之阴,刊刻拓本,传于四方。后二年,升卿判国子监,会蔡承禧为御史,言其题名事,以为大不恭,遂罢升卿判监。"③此事乃党争时期因题识之事而影响仕途的明证。

元祐年间,被贬士大夫所受禁足程度应该不如此后的崇宁党禁时期严厉。周必大《跋曾无疑所藏黄鲁直晚年帖》所说"自崇观以后,凡片文只字,禁切甚严"④,是对黄庭坚文字禁切甚严的感慨,从中可窥知崇宁党禁时期的紧张氛围。从前引《苏轼半月泉题名碑》所载来看,元祐年间,苏轼尚得以请假出游。而到了崇宁党禁时期,士大夫如果被安置某地或除名勒停编管某地,会被限制人身自由,类似画地为牢,不可轻易外出雅游,即使出游也不敢随意题刻。这可以从《挥麈录》的记载窥斑知豹:

> 崇宁三年,黄太史鲁直窜宜州,携家南行,泊于零陵,独

①周必大撰,王瑞来校证《周必大集校证》卷一六七,上海古籍出版社,2020年,第2508页。

②苏轼《郭祥正家,醉画竹石壁上,郭作诗为谢,且遗二古铜剑》,苏轼撰,孔凡礼点校《苏轼诗集》卷二三,第1235页。

③魏泰撰,李裕民点校《东轩笔录》卷五,第57页。此本作"刊剋",《全宋笔记》本(第二编,2013年,第39页)作"刊刻",笔者据以改之。

④周必大撰,王瑞来校证《周必大集校证》卷五一,第764页。

赴贬所。是时外祖曾空青坐钩党,先徙是郡。太史留连逾月,极其欢洽,相予酬唱,如《江槛书事》之类是也。帅游浯溪,观《中兴碑》。太史赋诗,书姓名于诗左。外祖急止之云:"公诗文一出,即日传播。某方为流人,岂可出郊? 公又远徙,蔡元长当轴,岂可不过为之防邪?"太史从之。但诗中云:"亦有文士相追随。"盖为外祖而设。①

此事发生在崇宁三年(1104)三月②,被贬的黄庭坚本想纪念雅集盛会,但"书姓名"(即题名)行为被曾纡"急止之",最终模糊处理。曾纡劝阻原因是担心黄庭坚诗名过盛,畏惧被政敌引以为罪,自己也会受到牵连。曾纡谨慎的举动并非个案,而是被降黜的士大夫集体惧祸之心理表征。但在本年内的《李昭辅等题名》中,"李昭辅、魏泰、黄大临、姚天常、蒋存、曾纡,甲申仲冬游澹山岩"③。此事发生在黄庭坚等人出游的八个月之后。同样是崇宁三年,曾纡既有与黄庭坚一起出游时的惧题,也有与李昭辅、魏泰等人一起出游的留题。这说明题与不题,还得考虑"安全系数"的高低。曾纡本身乃"坐钩党"被流零陵,他出郊有违规之嫌,而与其交游者乃名盛天下的元祐党人黄庭坚,两个党人同游,所以曾纡惧题;而曾纡与李昭辅、魏泰等非党人出游留题,且只书姓名,未言其他,应不至于遭祸,故而此时曾纡并不惧题。

以今留存题识较多的苏、黄、蒋、曾来看,四人全部卷入党争,都被列入《元祐党籍碑》,除了苏轼在党禁开始之时已去世,其余三

---

① 王明清撰,田松青校点《挥麈录》"后录"卷七,上海古籍出版社,2012年,第109页。

② 郑永晓《黄庭坚年谱新编》(第401页)谓:"三月六日(己卯)泊浯溪(今湖南省祁阳县)。观摩崖碑,有《书摩崖碑后》等诗。"

③ 陆增祥编《八琼室金石补正》卷九五,第5536页。

人在党禁之后仍然存世数年，却只有黄庭坚在党禁期间留有题识，曾布、蒋之奇在党禁期间分别被贬出外与革职回乡，未见两人在生命最后几年留下题识。崇宁党禁期间，被除名勒停编管岭南等地的党人多达数十人，大批遭编管的士大夫被禁足。笔者曾对《元祐党籍碑》所录309名党人进行统计，在党禁期间有题识的不足10人，主要原因或许就是被禁足与惧题。

由上可知，党争贬谪在一定程度上增加了士大夫题刻频率，而在崇宁党禁期间，因流贬之安置、编管、勒停等因素，又在一定程度上阻滞了党人题刻频率。未卷入党争中的士大夫受到影响相对较小，游题依旧，目前仍能见到不少崇宁到宣和年间的题识，兹例不举。

（二）党禁对石刻题识主题的影响

党禁时期，朝廷下令禁毁苏、黄等人文集，还镵毁相关石刻，此一文禁措施对元祐党人的笔下创作造成了相当影响，由此也限制了题识的主题表现。

与单纯的“某某到此一游”的记载不同，石刻题诗往往可能含有言外之意，所以诗歌主题受到党禁影响更大。前引《挥麈录》所载因曾纡惧题，黄庭坚用“有文士相追随”的模糊曲笔表达，且题名不书曾纡。[1]黄庭坚当时所题的诗歌乃《书摩崖碑后》：

> 春风吹船着浯溪，扶藜上读中兴碑。平生半世看墨本，摩挲石刻鬓成丝。明皇不作苞桑计，颠倒四海由禄儿。九庙不守乘舆西，万官已作乌择栖。抚军监国太子事，何乃趣取大物为。事有至难天幸尔，上皇跼蹐还京师。内间张后色可否，

---

① 从《书摩崖碑后诗并题名》拓片来看，诗左题名中确无曾纡，仅有“宋豫章黄庭坚字鲁直，诸子从行：相、棁、梠、楛、舂陵尼悟超”。

外间李父颐指挥。南内凄凉几苟活,高将军去事尤危。臣结
春陵二三策,臣甫杜鹃再拜诗。安知忠臣痛至骨,世上但赏琼
琚词。同来野僧六七辈,亦有文士相追随。断崖苍藓对立久,
冻雨为洗前朝悲。①

在闻名遐迩的永州石刻中,由元结撰文、颜真卿书丹的《大唐中兴
颂》尤为知名。崇宁三年,黄庭坚因"幸灾谤国"②之罪被除名羁管
宜州,在赴宜州的途中,他与曾纡等人观中兴碑而作此诗。这类诗
歌因含政见表达的可能,往往被政敌认为是借古讽今,难免被深文
周纳。此外,黄庭坚道经永州浯溪时,还在朝阳岩、水字桥、东崖等
处留有其他题识,如前引《黄庭坚朝阳岩题名》。比起名列党籍碑
的曾纡,同游朝阳岩的徐武、陶豫、黄相、僧崇广皆非党人,自然不
惧题识;而黄庭坚晚年万里投荒,有随缘自适的处世心态,也没有
完全罢题,但一般党人在纪游与惧祸的博弈中或许难有这份潇洒
与从容。

　　赵室南渡,党争局势相对宽松。魏了翁《归州推官承奉郎致仕
张君墓志铭》(张宗说墓志铭)载:"光宗践祚,君以累举恩授官。时
朱文公以忤权贵人免官,君率僚友送[逆]诸武夷,会于精舍,君语
及时事,感愤激烈。文公喟然曰:'岩夫真可与语。'为张饮尽欢,书
乐府一阕,命同志歌之,且题名以识岁月,今石刻犹存。"③墓志记

---

① 黄庭坚撰,刘琳等点校《黄庭坚全集》"正集"卷五,第109页。
② 郑永晓《黄庭坚年谱新编》,第388页。
③ 魏了翁《重校鹤山先生大全文集》卷八○,《宋集珍本丛刊》本,第77册,第476
　页。按,"送诸武夷",《四部丛刊初编》本《鹤山先生大全文集》卷八○作"逆诸武
　夷","逆"有迎接义,似以"逆"字为佳。据束景南《朱熹年谱长编》(华东师范大
　学出版社,2001年,第1197页)谓朱熹"至武夷,与弟子会于武夷精舍",知朱熹
　途经武夷,张宗说等人迎朱熹于武夷。但束著年谱(第1197页)引《张宗说墓志
　铭》直谓"迎诸武夷",其谓"迎"字,不知何据。

载张宗说率僚友与朱熹交游,不惧权贵而题识刻石,可见南渡后相对宽松的党争局势,对题识的限制及影响应比北宋晚期要小。崇宁党禁时期,严酷的政治态势显然左右了入籍党人之间的交游频次与心态,让他们在游玩题刻之时心存顾忌,这是石刻题识的别样体现。

　　石刻题识本质上是一种休闲文化,临壁闲题,追求的是一种精神自由,符合"宋型文化"的主导性思想精神。通过了解石刻题识的常态表现与多维面相,同时也了解它们在政争因素影响下的异常显现,至少能引起三点思考:

　　其一,题识书法属于纪游文献,是维系士大夫之间或士大夫与僧道群体关系的纽带之一,因为是人际网络关系的体现,它往往受到政治、制度较大影响。大凡涉及人际关系的文体,如尺牍、唱和诗词等,都会受到政治、制度较大影响。

　　其二,题识书法一般具有明确的时间、地域信息,是考察古人行迹的重要材料。此外,题识还利于考察著名书家的书风形成历程,以及利于考察某地书坛的人员构成与书风好尚。古人留下众多题识,在备享雅致佳话的背后又给后人提供了若干丰富的史料线索。

　　其三,《语石》说"题名皆在名山洞府"[1],从古至今,胜迹一直吸引着游客的目光。石刻题识作为胜迹的重要表现,离不开古人踵事增华地集体层累建构,尤其是唐宋人的"发帖""跟帖"行为,造就了诸多文学胜迹与书法景观,可谓石刻题识是考察文学景观与书法景观的重要视角。纪游文学文献内涵应该扩容,石刻题识具

①叶昌炽撰,姚文昌点校《语石》卷五,第174页。

有重要的旅游文化意义。今人研究纪游文学（或谓旅游文学），谈及古代纪游文献，主要指诗赋、散文[1]，极少将题识纳入考察范围。即便偶有关注，也只是考察题诗，对于众多"某某到此一游"的题识类文献忽略不言，此一偏见似应反思。有学者认为旅游文学具有四个艺术特征：片段性、抒情性、美感性、知识性[2]，如果以这四个因素衡量石刻题识，它们或许缺少散文、诗赋的强烈抒情美感特质，但却具有独特的实录性与现场性。从古至今，胜迹场所一直吸引着游客的目光。巫鸿说："胜迹并不是某个单一的'迹'，而是一个永恒的'所'（place），吸引着一代代游客的咏叹，成为文艺表现与铭记的不倦主题。……所以胜迹不是一种个人的表达，而是由无数层次的人类经验累积构成。"[3]石刻题识作为诸多古人游历的历史见证，还是重要的旅游资源，具有当代旅游文化意义，应该引起纪游文学的关注。诸如桂林、永州[4]、潜山、华山等地多题识存在，离不开唐宋文人，尤其是宋人的层累建构，诸题识与古人的审美情趣、心路历程等皆息息相关，而这些皆值得深入探讨。

---

[1] 如谢鹤林《旅游文学的定义和分类》（《旅游论坛》1986年第3期）认为旅游文学的分类为山水诗（包括词、曲）、游记散文、对联、碑文、传说五种类型。叶幼明《纪游文学始于辞赋说》（《中国文学研究》1989年第2期）持类似观点。
[2] 冯乃康《再谈旅游文学的特征》，《旅游学刊》1988年第4期。
[3] 巫鸿著，梅玫、肖铁、施杰等译《时空中的美术》，生活·读书·新知三联书店，2016年，第98页。
[4] 如关于永州浯溪石刻题识，王星《唐宋浯溪石刻的"中兴"话题》（《文艺研究》2019年第1期）已经开始重点关注。

第三章　碑志与传播：
党人碑志的刊刻、传播与解读

党争时期，党人碑志的刊刻、传播受到较大影响，北宋晚期出现党禁之后，影响尤著。党禁是指禁止名列党籍的士大夫及相关子弟出任官职，是党争获胜方掌权之后对政敌的压制与排挤。新旧党争发展到后期，崇宁元年(1102)出现了"崇宁党禁"[①]，当朝从人事组织到学术理论形态都实施了严酷的禁锢，直至靖康元年(1126)宋钦宗继位，党禁才解除。长达24年之久的"崇宁党禁"极大影响了碑志创作与传播。本章先比较党禁产生前后的请铭撰铭风气，由此可见党禁对碑志产生与传播的巨大影响。继而探究党争时期，碑志入石、结集时内容的删改及毁碑情况，以见碑志文体与碑志实物受制于党争态势的制约程度。此外，还简析苏轼《富弼神道碑》的西夏传播现象，以窥名家碑志的域外传播简况。最后，从碑志传播角度出发，以庆历党人碑志为例，探讨"范是吕非"刻板印象之形成，以见碑志史料对人物形象塑造的重要性，以及后人对

[①] "崇宁党禁"既包括崇宁期间的人事政事之禁，也包括持续至靖康元年的元祐学术之禁与元符上书邪等之禁，大致从崇宁元年持续至靖康元年(1102—1126)，长达24年。解除党禁在徽宗禅让后，可参《宋史·吕好问传》(《宋史》卷三六二，第11329页)。

相关历史人物接受印象与碑志塑造的关联性。

第一节　党禁前后请铭撰铭风气的
盛行与衰落

碑志的产生、流通与否，与是否有请铭、撰铭有直接关系。无丧家请铭则无作者撰铭，亦无碑志的产生与流通。两宋并未实施如南朝一样的禁碑政策，碑志撰写没有制度上的直接制约。但党争时期，党人碑志创作却受党争牵连，尤其是新旧党争晚期所受影响尤大。

早在庆历时期，碑志创作就受到了党争影响。如欧阳脩《徂徕先生墓志铭并序》(石介墓志铭)云："以庆历五年七月某日卒于家……。友人庐陵欧阳脩哭之以诗，以谓待彼谤焰熄，然后先生之道明矣。……后二十一年，其家始克葬先生于某所。将葬，其子师讷与其门人姜潜、杜默、徐遁等来告曰：'谤焰熄矣，可以发先生之光矣。敢请铭。'"①这种请铭、撰铭风气受政争影响的情况在"崇宁党禁"前后更为明显，分别出现了丧家不敢请铭、党人生前叮嘱不要请铭、党人自作墓志等情况。

崇宁元年，新党成员蔡京掌权之后，炮制《元祐党籍碑》。《宋史·蔡京传》载："时元祐群臣贬窜死徙略尽，京犹未惬意，命等其罪状，首以司马光，目曰奸党，刻石文德殿门，又自书为大碑，遍班郡国。初，元符末以日食求言，言者多及熙宁、绍圣之政，则又籍范柔中以下为邪等。凡名在两籍者三百九人，皆锢其子孙，不得官京

---

① 欧阳脩撰，洪本健校笺《欧阳脩诗文集校笺》"居士集"卷三四，第897—898页。

师及近甸。"①崇宁年间，蔡京集团前后掀起三次立党籍碑热潮，最终将元祐、元符及上书反对新法的人重新定罪，合为一籍，共309人，刻石天下。这是继东汉"党锢之祸"后中国历史上又一次大规模的党禁。

北宋士大夫离世，碑志若能够得到名家手笔，乃为幸事。张师正《倦游杂录》载"程师孟善谀"条云："有善谀者，熙宁中曾以先光禄卿荐守番禺，尝启王介甫丞相曰：'某所恨，微躯日益安健，惟愿早就木，冀得丞相一埋铭，庶几名附雄文，不磨灭于后世。'"②从中可见当时请铭希冀得名家手笔之风气。一般而言，碑志作者会收到丧家支付的润笔费，大多数文人士大夫乐于接受请铭。如欧阳修在《张子野墓志铭》(张先墓志铭)谓"呜呼！予虽不能铭，然乐道天下之善以传焉"③。但党争期间，党人碑志的请铭却受影响，尤其是"崇宁党禁"前后，请铭撰铭风气大变，如下两宋之交的例证。

"清江三孔"都是北宋著名文人士大夫，孔文仲、孔武仲、孔平仲三兄弟曾上书反对王安石变法，对王安石理财、取士等持异议，后皆被列入党籍碑。王庭珪《故孔氏夫人墓志铭》云："夫人孔氏，世居临江军之新淦，其族甚大，不知其所以徙。异时经甫伯仲以文章居显位，名重天下，世号清江三孔，遂为一世名门，士大夫伟其望而争与为婚。逮崇宁钩党之说起，取元祐以来名卿才士悉陷党中，皆一时俊异也，于是三孔散徙，不敢以谱系自矜。"④

"三孔"后人慑于党争压力"不敢以谱系自矜"，而碑志创作、

---

①《宋史》卷四七二，第13724页。
②杨亿口述，黄鉴笔录，宋庠整理，李裕民辑校《杨文公谈苑》，张师正撰，李裕民辑校《倦游杂录》(合刊本)，第4页。
③欧阳修撰，洪本健校笺《欧阳修诗文集校笺》"居士集"卷二七，第742页。
④王庭珪《卢溪文集》卷四五，影印文渊阁《四库全书》本，第1134册，第311页。

入石及传播就是典型的谱系自矜,党人家族不敢自矜谱系,相关碑志的产生与传播自然大受影响。汪藻《右中大夫直宝文阁知衢州曾公墓志铭》(曾纡墓志铭)云:"文肃公(指曾布)薨于谪籍,公不敢求为碑铭,独取平时奏对之辞会萃之,如辩明宣仁诬谤等事,名曰《朝正论》,藏于家,不敢出者二十余年。"①同时期的綦崇礼也在《宋故中大夫提举西京嵩山崇福宫上柱国荥阳郡开国公食邑二千一百户食实封五百户追复资政殿学士赠宣奉大夫郑公行状》(郑雍行状)中谈及"方党禁严,例不敢为铭志,故公之事不克尽传"②。

上述之例可见"崇宁党禁"期间,党人家属慑于压力不敢请铭。除了丧家不敢请铭,也有不少党人在生前主动嘱咐家人不要请铭,如旧党成员吕陶就遗令家人不作碑志。马骐为吕陶《净德集》所作序云:"公于绍圣坐党事贬湖南,后守潼川,拜崇宁改元诏,即乞身而归。遗令不作碑志,休影灭迹。"③还有部分党人通过自撰墓志来为家人减少惹祸机会,如北宋晚期著名言官陈瓘曾多次弹劾蔡京,被蔡京等人列入党籍大加打压,其晚年就自撰墓志,这在《遂初堂书目》等文献皆有记录,为宋元人熟知。

宋室南渡,党禁已除,请铭撰铭风气得以恢复,之前未及立碑埋铭者,纷纷请人补作碑志。如汪藻《朝请郎龙图阁待制知亳州赠少师傅公墓志铭》(傅楫墓志铭)载:

> 崇宁间,钩党之论起,元祐以来,士大夫为世指名者,悉堕党中。故一时盛德精忠之人,往往赍志以没。既没矣,子孙惧及,率秘其阀阅不敢传。逮靖康党禁除,人人争言嘉祐、治

---

① 汪藻《浮溪集》卷二八,《丛书集成初编》本,第1961册,第351页。
② 綦崇礼《北海集》卷三四,《宋集珍本丛刊》本,第38册,第308页。
③ 吕陶《净德集》,《丛书集成初编》本,第1921册,第1页。

平以前事，于是昔之悼不幸土中者，咸振耀于时。公虽没于崇宁之初，为不预其祸，然用事者犹指公为党人。至绍兴九年，公之卒葬也，三十八年矣，而墓碑未立。公之子七人，惟诲度在。诲度以书来乞铭，藻少仰公名，以不获拜公为恨，今乃得执笔次公之行事，幸矣。①

墓主傅楫受党禁牵连，去世38年无立墓碑，待南渡后其子傅诲度才为父请铭。

还有李纲在《宋故追复龙图阁直学士赠少师钱公墓志铭》(钱飔墓志铭)记载：

崇宁元年，又以党籍刻诸石。大观二年，再看详公等出籍者十数人。……公之葬开封也，方在谪籍中，不克铭于墓。建炎元年某月，诸子迁奉公及三世之丧，葬于镇江府金坛县某乡之原。方朝廷大除党籍之禁，而收录其子孙，旌别淑慝，焕然明白，乃论撰公平生行事，以状来请铭。余雅闻公之贤德，其敢以固陋辞。②

可见，如钱飔一样的党人"在谪籍中，不克铭于墓"，这些党人子孙大都在"朝廷大除党籍之禁……以状来请铭"。

通过以上诸例不难看出，党争、党禁在很大程度上影响了碑志的产生与流传。

①汪藻《浮溪集》卷二六，第308—309页。
②李纲撰，王瑞明点校《李纲全集》卷一六七，岳麓书社，2004年，第1548—1549页。

第二节 碑志刻石、结集时的
删改及毁碑、域外传播

上面谈及的是党争时期,党人碑志写不写与何时写的问题。本节要论及的是党人碑志在写成之后的传播过程中的刻石、删改内容等问题,此外还谈及因党争而毁碑的恶劣打击事件。

党人所撰书之碑志,或在党争态势严峻时不敢被刻石。如苏轼曾应邀为钱氏家族撰《表忠观碑》,以及为僧人辩才作《辩才塔铭》,但相关碑志并未及时刻石,除了或受刻石经费限制,更大的原因是党争态势。苏轼被贬惠州时写信给道潜,其中《与参寥子二十一首》之十六道:"《表忠观记》及《辩才塔铭》,后来不见入石,必是仆与舍弟得罪,人未敢便刻也。"[1]此可见党争态势对碑志刻石的直接影响。

如果党人碑志文本言辞过激,可能导致政敌以文字兴事。因此,党人碑志刻石之时,往往临时修订、更换内容。范镇所作《司马文正公光墓志铭》(司马光墓志铭)先后出现了两个版本,邵博《邵氏闻见后录》云:"司马文正公薨,范蜀公取苏翰林《行状》作志,系之以铭,翰林当书石,以非《春秋》微婉之义,为公休谏议云:'轼不辞书,恐非三家之福。'就易名铭。蜀公之铭世不传,予故表出之。曰:……。"[2]

这里试对前后两个版本作一直观对比:

> 而熙宁初,奸小淫纵。以朋以比,以闭以壅。乃于黎民,

---

[1] 苏轼撰,孔凡礼点校《苏轼文集》卷六一,第1864页。
[2] 邵博撰,刘德权、李剑雄点校《邵氏闻见后录》卷一五,第117页。

诞为愚弄。人不聊生，天下讻讻。险诐憸猾，唱和雷同。谓天不足畏，谓众不足从，谓祖宗不足法，而敢为诞谩不恭。(范镇《初作司马文正公墓铭》)①

　　于穆安平，有魏忠臣。更六百年，有其元孙。元孙温公，前人是似。率其诚心，以佐天子。天子圣明，四世一心。有从有违，咸卒用公。公之显庸，自我神考。命于西枢，曰予耆老。公言如经，其或不然。帝独贤公，欲使并存。公退如避，归居洛师。帝徐思之，既克知之。知而不以，以遗圣子。惟我圣子，协德神母。人事尽矣，天命顺矣。(范镇《司马文正公光墓志铭》)②

范镇初作墓志直书王安石之罪，后来之作乃苏轼代笔，用语缓和，未直接攻击王安石变法，真正以墓主司马光为记叙中心。后作代替前作，表现了苏轼、范镇、丧家对党争压力的妥协。

　　据苏轼《范景仁墓志铭》③(范镇墓志铭)记载，范镇曾有《文集》一百卷、《谏垣集》十卷、《内制集》三十卷、《外制集》十卷等，惜其不传于世。南渡后，范镇文集应见于世，尚未亡佚，但邵博谓"蜀公之铭世不传"，想必其初作未入范镇文集，故而不传。此可见文人结集时对相关党人碑志的摘选删汰。

　　还有部分党人删改先贤文集，为的是在舆论方面制造利于自己的党派分野叙述。如王安石曾为司马光的从伯父作过墓表，《司马君墓表》提及两人早年的交情。此文却被新党成员蔡京等人从王安石文集中删去。清末胡聘之推断"此篇乃蔡京、蔡卞、冯澥之

----

① 邵博撰，刘德权、李剑雄点校《邵氏闻见后录》卷一五，第117页。杜大珪编《新刊名臣碑传琬琰之集》中集卷一八亦收录此文。
② 杜大珪编《新刊名臣碑传琬琰之集》中集卷一八。
③ 苏轼撰，孔凡礼点校《苏轼文集》卷一四，第435—443页。

徒删之故也"，"京、卞之徒，贬窜元祐旧臣以快其私，毁温公所著书不已，并举此碑文而削之，意将示天下后世二公生平若始终相凿枘者"①。

此外，"崇宁党禁"期间，朝廷曾大规模禁毁元祐学术文字。苏轼、秦观等元祐党人文集被禁，文集中党人碑志的传播也随之受到影响。更有甚者出现了掘坟毁碑之事，致使碑志的实体传播受到影响。如苏轼所作《司马温公神道碑》在绍圣年间就遭到了新党毁坏。"绍圣间，朝廷贬责元祐大臣及禁毁元祐学术文字。有言《司马温公神道碑》乃苏轼撰述，合行除毁。于是州牒巡尉，毁折碑楼及碎碑。"②

对此，孙承泽在《庚子销夏记》"苏文忠书温公碑"条之下以案语形式加以详述：

> 苏文忠书温公碑：温公碑在夏邑，苏文忠奉旨撰书。……按，司马温公以元祐元年九月卒于位，二圣亲临其丧，……。既葬之期年，敕翰林学士苏轼撰碑，上亲为篆字，以表其首。又命永言及公从孙桂督将作百工，起楼于墓之东南以居焉，楼城，凡四丈有五尺。七月毕，事费公帑一万六千有奇。八年九月，宣仁皇后崩，绍圣元年七月，三省言前后臣僚论列元祐以来司马光等罪恶，诏追所赠官并谥告，及追所赐神道碑额，拆去官修碑楼，及倒碑、磨毁碑文。未几，熙宁奸党之碑，大书深刻，皆以公为首。靖康初元，除元祐党禁，赠公太师，而时已不可为矣。按王廷直修复公墓，在金皇统八年戊辰，乃宋高宗绍兴之十八年也，距绍圣仆碑时计五十有五，时公墓已沦

---

① 胡聘之辑《山右石刻丛编》卷一三，第15239页。
② 何薳撰，张明华点校《春渚纪闻》卷五，中华书局，1983年，第78页。

在异域，而其臣爱护修复之如此，其视绍圣、崇宁为何如也？
金主卜相，乃绘温公之像赐之，正中国指为党魁时也，吁！ 可
叹哉。①

司马光的神道碑在绍圣年间遭到拆毁之后，后来其墓地沦为金国
地域。此碑后别称"杏花碑"，又得以重刻。

另外，苏轼所撰书其他石刻也曾多遭磨毁厄运。吴曾《能改斋
漫录》之"除东坡书撰碑额"条云："崇宁二年，有旨：应天下碑碣榜
额，系东坡书撰者，并一例除毁。"② 又"万松亭"条云："崇宁以来，
坡文既禁，故诗碑不复见。"③ 为人熟知，苏轼所撰书《上清储祥宫
碑》被蔡京所书代替，亦缘党争所致。蔡絛《铁围山丛谈》载："上
清储祥宫者，乃太宗出藩邸时艺祖所锡予而建也。……及宣仁高
后垂帘，乃损其服御而考落焉，因诏东坡公为之记，而哲庙自为书
其额。后泰陵亲政，元祐用事臣得罪，遂毁其碑，又改命鲁公（指蔡
京）改更其辞。"④

足见苏轼石刻因党争而被磨毁情况严重。党争激烈时，被毁
碑的党人碑志非司马光一人，吕大防所作《吕公著神道碑》立石之
后也曾被磨毁⑤，兹不赘述。

综上可见，北宋党争中，尤其"崇宁党禁"时期，无论是从碑志
的文本形式来说，还是从碑志的物质实体而言，党人碑志的传播都
受到了很大影响。

---

① 孙承泽《庚子销夏记》卷七，影印文渊阁《四库全书》本，第826册，第79—80页。
"卜相"，原作"拜牲"，倪涛《六艺之一录》卷一二五录此文作"卜相"，据文意，以
"卜相"为佳，笔者据以改之。
② 吴曾《能改斋漫录》卷一一，第327页。
③ 吴曾《能改斋漫录》卷一一，第309页。
④ 蔡絛撰，冯惠民、沈锡麟点校《铁围山丛谈》卷二，中华书局，1983年，第37页。
⑤ 杨仲良《皇宋通鉴长编纪事本末》卷一〇一，第174页。

　　本节论及党人碑志的传播,不得不提及党人碑志的域外① 传播。苏轼《富郑公神道碑》(富弼神道碑)开篇即以议论北宋战争与外交起头,一反碑志创作常态,苏轼《答陈传道五首》之三解释说:"某顷伴虏使,颇能诵某文字,以知虏中皆有中原文字,故为此碑(小字注:谓富公碑也),欲使虏知通好用兵利害之所在也。"② 苏轼利用名人效应来表达自己的战争观念,希望少开边隙,这是党人碑志传播的别样情况。

　　人所共知,苏轼名重当代,在辽金亦备受推崇。但苏轼在西夏有无影响,却一直苦于无证据可索。黑水城西夏文《德行集》中节译的苏轼《富郑公神道碑》,成为苏文的西夏传播铁证。西夏文节译如下图,共计144字:

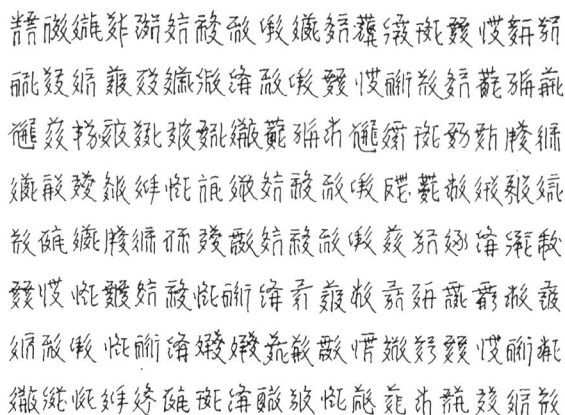

图3—1　西夏文《富郑公神道碑》节译原文 ③

---

① 所谓域外,指与北宋政权并峙的其他政权区域。
② 苏轼撰,孔凡礼点校《苏轼文集》卷五三,第1575页。
③ 孙伯君《苏轼〈富郑公神道碑〉的西夏译文》,《宁夏社会科学》2002年第4期。

据孙伯君研究,对译汉文如下:

> 子瞻先生曰君子小人者譬火水如必定器同令处无若平时用则小人必定胜也譬香草菜臭与一处置时乃至香草亦臭为如谓故天子者他职因心不行惟君子小人分别而进退用也此者天子之职是君子小人与同在则其势必定不敌君子不胜则身护而自退道乐而怨无小人不胜则合力相寻是非宣说必定胜上至然后心止如此则天下不乱求亦得处无也①

孙伯君认为,节译的语句(括号中是《德行集》略去不译的句子)是:

> 君子小人如冰炭,决不可以同器,若兼收并用,则小人必胜。薰莸杂处,终必为臭。(其为宰相及判河阳,最后请老家居,凡三上章,皆言:)天子无职事,惟辨君子小人而进退之,此天子之职也。君子与小人并处,其势必不胜。君子不胜,则奉身而退,乐道无闷;小人不胜,则交结构扇,千岐万辙,必胜而后已。(小人复胜,必遂肆毒于善良,无所不为。)求天下不乱,不可得也。②

如苏轼所愿,他作的《富郑公神道碑》确实传入了"虏中"。不难看出,西夏文节译的《富郑公神道碑》,乃苏轼引富弼有关君子小人之论,这段论述恰好出自党争背景。冰炭之喻典出《韩非子·用人》,形容事物互不相容。以冰炭喻君子小人,乃宋人党争中论及君子小人之争时常用的叙事语言。

据聂鸿音言,《德行集》成书于西夏桓宗时代(1194—1206),

---

① 孙伯君《苏轼〈富郑公神道碑〉的西夏译文》。亦见于聂鸿音《西夏文德行集研究》(甘肃文化出版社,2002年)第146页,聂译与孙译略有不同。
② 孙伯君《苏轼〈富郑公神道碑〉的西夏译文》,《宁夏社会科学》2002年第4期。

是西夏大臣曹道乐(番大学院教授)从汉籍中抄录德行可观的文字译为西夏文,用于对西夏帝王与贵族教育①。所以,这段节译的《富郑公神道碑》至迟晚于苏轼约一个世纪产生。

聂鸿音说:"就目前所知,《德行集》的选材范围在所有的西夏文献中是最广的,它上起先秦,下至北宋,即使是曾与西夏为敌的司马光和苏轼的言论也在选取之列。"②西夏政权出于教育贵胄帝王的目的编制了《德行集》,入选之人皆德行可观者,这说明在西夏人眼中,司马光、苏轼与富弼皆是德行可观者。为何西夏会选择富弼其人? 这或许不是偶然。欧阳修《论雕印文字劄子》(至和二年,1055)载:

> 臣伏见朝廷累有指挥,禁止雕印文字,非不严切。而近日雕板尤多,盖为不曾条约书铺贩卖之人。臣窃见京城近有雕印文集二十卷,名为《宋文》者,多是当今论议时政之言。其首篇是富弼往年让官表,其间陈北敌事宜甚多,详其语言,不可流布。而雕印之文不知事体,窃恐流布渐广,传入虏中,大于朝廷不便。③

可见,几度使辽的富弼多有"北敌事宜"之论,这是与北宋并峙政权尤为关心的知己知彼之言,故而欧阳修等人担心其"恐流布渐广,传入虏中,大于朝廷不便"。

当时北宋政权与并峙的辽、金等国有图书贸易禁令存在,图书不能随意入出域内外。因时间久远,文献不足,苏轼此文是通过何种途径、何种形式传入西夏,已不可考。但有一点可以推断,出自

---

① 聂鸿音《西夏文德行集研究·导论》,第1、12页。
② 聂鸿音《西夏文德行集研究·导论》,第17页。
③ 欧阳修撰,李逸安点校《欧阳修全集》卷一〇八,第1637页。

大手笔的有关"虏中"之论，确实更容易播至域外。所以，出自名家之手的党人碑志，其中若有关于"虏中"之论，更易被域外所关注。

西夏文《德行集》选择《富郑公神道碑》，除了有关"虏中"之论，还一定程度上说明了党人碑志在域外传播时，域外舆论或许偏向元祐旧党。前已述及，西夏选译司马光、苏轼等元祐旧臣的言论，是对他们德行的认可体现。《金史·完颜承晖传》亦载："承晖生而富贵，居家类寒素，常置司马光、苏轼像于书室，曰：'吾师司马而友苏公'。"[①]金国部分贵族对司马光与苏轼的喜爱于此也可见一斑。

总的来说，笔者寓目之相关文献极少，难以对党人碑志的域外传播做更深入探究，苏轼《富郑公神道碑》的西夏传播只不过是吉光片羽的体现。

第三节　从庆历党人碑志看"范是吕非" 刻板印象之形成

庆历新政（范仲淹新政）与熙宁变法（王安石变法）中，同为改革派的范党与王党，同为守旧派的吕党与司马党，为何在后世赢得不同评骘？其原因极为复杂。本节选择庆历党争中的范吕之争为例，从碑志角度出发，探讨"范党为是，吕党为非"刻板印象的成因。

刻板印象又叫定型化效应，主要属于心理学的研究范畴。它是指对某些人或事持稳定不变的看法，一般是对某个群体及其成员概括而固定的看法，人们往往由于受到刻板印象的影响而对认

---

① 《金史》卷一〇一，中华书局，1975年，第2227页。

知对象产生先入之见,从而影响对认识对象的正确判断。本节借用刻板印象这一术语,用它概括后人对北宋庆历党争的一种笼统性认识,即后人对庆历党争形成了一种"范是吕非"的刻板印象。为何会形成这种刻板印象呢?这无疑和后人对范、吕两党的接受和认识有关。后人于两党的认知,首先是基于正史本传、党人文集等史料对双方的评价,而这种评价在很大程度上又与范、吕两党的自评与互评有关,这种自评与互评反映在史料中,最为突出的表现文体就是奏章与碑志传状,其中碑志传状乃正史成书的重要史源。

一、范、吕两党党人碑志创作统计

笔者据《全宋文》对范吕两党核心成员的碑志创作数量进行了统计,不难发现范党一派的主要成员如范仲淹、富弼、韩琦、欧阳修、蔡襄、余靖、尹洙、石介、苏舜钦等人文集大都传世,收入文集的碑志文也不少,现存270余篇。而吕党一派的主要成员如吕夷简、夏竦、章得象、贾昌朝、陈执中、王拱辰、钱明逸、高若讷、张方平等人,其中除了夏竦、张方平两人文集传世,存有碑志约60篇,他人文集都散佚严重,尤其是作为吕党核心成员的吕夷简、夏竦、章得象、贾昌朝、陈执中等人没有碑志创作传世。可知,范、吕两党文集的接受境遇殊异。在现存两党党人撰写的约330篇碑志中,其中党人碑志数量也是范党多于吕党。此外,笔者将现存庆历党人碑志统计为下面两表。

表3—1　范党党人碑志统计表

墓主	撰者	碑志篇名	《全宋文》卷数
范仲淹	欧阳修	范文正公神道碑铭	746
	富弼	范文正公仲淹墓志铭	610

续表

墓主	撰者	碑志篇名	《全宋文》卷数
富弼	苏轼	富郑公神道碑	1994
	韩维	富文忠公墓志铭	1070
韩琦	宋神宗	两朝顾命定策元勋之碑	2524
	陈荐	韩魏公墓志铭	1052
欧阳脩	苏辙	欧阳文忠公神道碑	2101
	韩琦	赠太子太师欧阳公墓志铭	859
蔡襄	欧阳脩	端明殿学士蔡公墓志铭	756
余靖	欧阳脩	赠刑部尚书余襄公神道碑铭	748
	蔡襄	赠刑部尚书谥曰襄余公墓志铭	1023
尹洙	韩琦	检校尚书工部员外郎尹公墓表	856
	欧阳脩	尹师鲁墓志铭	751
石介	欧阳脩	徂徕先生墓志铭	755
杜衍	欧阳脩	太子太师杜祁公墓志铭	753
苏舜钦	欧阳脩	湖州长史苏君墓志铭	753
孙甫	欧阳脩	赠右谏议大夫孙公墓志铭	755
王素	王珪	王懿敏公素墓志铭	1161
孔道辅	王安石	赠尚书工部侍郎孔公墓志铭	1412
郭逵	范祖禹	检校司空左武卫上将军郭公墓志铭	2151

表3—2　吕党党人碑志统计表

墓主	撰者	碑志篇名	《全宋文》卷数
吕夷简	张方平	吕公神道碑铭	819
夏竦	王珪	夏文庄公竦神道碑铭	1154

墓主	撰者	碑志篇名	《全宋文》卷数
章得象	宋祁	文宪章公墓志铭	528
贾昌朝	王安石	赠司空兼侍中文元贾魏公神道碑	1410
	王珪	贾昌朝墓志铭	1160
陈执中	张方平	陈公神道碑铭	821
高若讷	文彦博	尚书左丞谥文庄高公神道碑	659
	宋祁	高观文墓志铭	529
宋庠	王珪	宋元宪公神道碑铭	1155
宋祁	范镇	宋景文公祁神道碑	872

显而易见：范仲淹一派的党人碑志中，墓主与作者在政治关系中基本处于同一方，范党党人去世后，碑志大都由自己人来写。而吕夷简一派的吕党核心成员去世后，其碑志并非由他们内部核心人员创作，这与范党情况大相径庭。

二、"范是吕非"刻板印象形成之因

"范是吕非"这一刻板印象是如何形成的？这无疑和历来人们对两党的接受和认识有关。因为宋人碑志是元修《宋史》的重要史源，且宋人碑志大都收入文人文集随之流播。无论是正史本传还是文人文集，碑志都间接或直接被后人接受。因此以党人碑志为中心，可以窥斑知豹。

细读党人碑志，可明显体会到范党党人常以受害者口吻创作碑志，这集中体现在欧阳修、韩琦、蔡襄等人的党争叙事。庆历党人碑志中，"四贤"之论可谓是出现得最频繁的党派分野记叙。被称为"四贤"的是范仲淹、尹洙、余靖、欧阳修四人，他们去世后，其碑志都记叙了范、吕政治斗争中被贬谪、被对方指为朋党的事情，范党将其视为引以为荣的政坛佳话。

如韩琦《故崇信军节度副使检校尚书工部员外郎尹公墓表》（尹洙墓表）载：

> 时文正范公治开封府，每奏事，见上论时政，指丞相过失，贬知饶州。余公安道上疏论救，坐以朋党，贬监筠州酒税。公慨然上书曰："臣以仲淹忠谅有素，义兼师友，以靖比臣，臣当从坐。"贬崇信军节度掌书记，监郢州商税。欧阳公永叔移书让谏官不言，又贬夷陵令。当是时，天下称为四贤。①

欧阳修《资政殿学士户部侍郎范文正公神道碑铭并序》（范仲淹神道碑）载：

> ……由是吕丞相怒，至交论上前，公求对，辨语切，坐落职知饶州。……自公坐吕公贬，群士大夫各持二公曲直，吕公患之，凡直公者，皆指为党，或坐窜逐。②

蔡襄《工部尚书集贤院学士赠刑部尚书谥曰襄余公墓志铭》（余靖墓志铭）载：

> 范文正公知开封府，屡言丞相过失，贬饶州，言事者畏缩不敢论列，公即上疏，曰："古之帝王逐谏臣，终为盛德之累。仲淹宜在朝，不宜远谪。"坐是落职监筠州税。尹公师鲁、欧阳公永叔继之，皆以朋党斥去。某官微，不得自达，作诗四篇以直之，一日传于京师，故天下目为"四贤"。③

韩琦《故观文殿学士太子少师致仕赠太子太师欧阳公墓志铭》

① 韩琦《安阳集》卷四七，《宋集珍本丛刊》本，第6册，第594页。
② 欧阳修撰，洪本健校笺《欧阳修诗文集校笺》"居士集"卷二〇，第588—590页。
③ 蔡襄《宋端明殿学士蔡忠惠公文集》卷三六，《宋集珍本丛刊》本，第8册，第256页。

《欧阳脩墓志铭》载：

> 时文正范公权尹京邑，以直道自进。每因奏事，必陈时政得失，大忤宰相意，斥守饶州，谏官不敢言。公贻书责之，坐贬峡州夷陵令。余安道、尹师鲁继上书，直范公，复被逐。当时天下以"四贤"称之。……会文正范公与同时入辅者终为谗说所胜，相继罢去，一时进用者皆指之为党。公复慨然上书，极言论救。执政与其朋益怒，协力挤之。①

可见，范党成员在范党碑志中，无一例外地对"四贤"颂赞有加，对反对党予以抨击，异口同声地以受害者口吻记叙了范、吕之争。

除了上引的几篇碑志之外，富弼《范文正公仲淹墓志铭》（范仲淹墓志铭）也记载了范、吕之争。欧阳脩作为范党核心成员与当时文坛领袖，又较之其他几位党人较晚去世，所以为范党成员创作了不少碑志。欧阳脩《太子太师杜祁公墓志铭》（杜衍墓志铭）、《尚书刑部郎中充天章阁兼侍读赠右谏议大夫孙公墓志铭》（孙甫墓志铭）、《赠刑部尚书余襄公神道碑铭》（余靖神道碑）、《端明殿学士蔡公墓志铭》（蔡襄墓志铭）等都记载了范、吕两党之争。从这些碑志不难看出，作为范仲淹一党，"四贤"以及韩琦、富弼、蔡襄等是范党的核心成员，他们逝后的碑志基本都是由内部核心人员撰写，其中以去世较晚的欧阳脩和韩琦撰写最多，并且都在碑志中表现了"范是吕非"的态度。

时人王辟之以旁观者眼光记载了这场斗争，《渑水燕谈录》载：

> 景祐中，范文正公知开封府，忠亮谠直，言无回避，左右

---

① 韩琦《安阳集》卷五〇，第610—611页。

不便，因言公"离间大臣，自结朋党"。仍落天章阁待制，黜知饶州。余靖安道上疏论救，以朋党坐贬。尹洙师鲁言："靖与仲淹交浅，臣与仲淹义兼师友，当从坐。"贬监郢州税。欧阳永叔贻书责司谏高若讷不能辩其非辜，若讷大怒，缴其书，降授夷陵县令。永叔复与师鲁书云："五六十年来，此辈沉默畏慎布在世间，忽见吾辈作此事，下至灶间老婢亦为惊怪。"时蔡君谟为《四贤一不肖诗》，布在都下，人争传写，鬻书者市之，颇获厚利。虏使至，密市以还。张中庸奉使过幽州，馆中有书君谟诗在壁上。四贤：希文、安道、师鲁、永叔；一不肖，谓若讷也。①

"四贤"的美誉来自于范党成员蔡襄《四贤一不肖》诗，此诗现存，诗中高度赞扬范仲淹等四人为贤人，斥责不履行谏官职责的高若讷为不肖之徒。据王辟之记载，此诗一出，名扬北国，汴京士民争相传抄，看来当时舆论也偏向范党。

相比较，吕夷简一派流传的党人碑志文甚少，后人几乎无法从相关碑志中读到有关这场斗争的叙述。细读吕党党人碑志，发现这些碑志基本不言庆历党争。张方平奉敕作《吕夷简神道碑》《陈执中神道碑》不言范吕几次政治斗争，王珪奉敕作《夏文庄公竦神道碑铭》(夏竦神道碑)，还作《贾昌朝墓志铭》、王安石奉敕作《赠司空兼侍中文元贾魏公神道碑》(贾昌朝神道碑)不言范、吕之争，宋祁《高观文墓志铭》(高若讷墓志铭)、文彦博《观文殿学士尚书左丞谥文庄高公神道碑》(高若讷神道碑)也不言范、吕之争。而宋祁《文宪章公墓志铭》(章得象墓志铭)不言范、吕之争，仅以数笔言

① 王辟之撰，吕友仁点校《渑水燕谈录》；欧阳修撰，李伟国点校《归田录》(合刊本)，中华书局，1981年，第15页。

吕、章共同辅政尽忠。由此可见,从吕党党人碑志中无法察见吕党这一派针对范党实施的政治合作。

范党在碑志中多次提及庆历党争,而吕党党人碑志绝口不言此事。党争叙事为何出现如此差异,揆诸实情,应有如下几条原因:

1.所谓庆历党争,大都是吕党指责范仲淹等人勾结为党,吕党自身不承认结党,故而他们可能会嘱咐家人在传状碑志中避免自己结党的叙述。如张方平《吕夷简神道碑》云"其接僚友,周而不比,宽而有辨"①,周而不比之论,或是吕夷简的朋党观念。文彦博《观文殿学士尚书左丞谥文庄高公神道碑》(高若讷神道碑)云"公性资方介,中立无党,惟道是信,不以世俗毁誉为得失"②,张方平《陈执中神道碑》也谓"公繇世资,自致通显,初不藉交党引重为名高,挺拔特立,峻清不杂,如绝壁千仞,高倚霄汉"③,此亦可见高若讷、陈执中持不党观念。

2.与范仲淹、欧阳脩等人不一样,吕党之间的政治合作并不是非常紧密,他们不如范仲淹等人以君子相朋自居。柳诒徵云:"然庆历中虽有党论,而并无两党相对峙之形式。范仲淹、欧阳脩等为党,而反对范、欧之吕夷简、夏竦等并不能为党。吕虽反对范,后转为之画策,明与夏非党。"④可见吕、夏并不是稳固的政治同盟。比如《夏文庄公竦神道碑铭》(夏竦神道碑)以隐秘的笔法言夏竦与陈执中不合,其文云:"又明年,召公入为宰相。制下外廷矣,而议

---

① 张方平《乐全集》卷三六,第400页。
② 文彦博《文潞公文集》卷一二,第335页。
③ 张方平《乐全集》卷三七,第419页。
④ 柳诒徵《中国文化史》,上海古籍出版社,2001年,第582页。

者诋公终不已，乃复以为枢密使，进爵英国公。"① 此言庆历丁亥年(1047)，召夏竦为宰相，因谏官、御史认为夏竦与陈执中论议不合，不可使两人共事，遂改枢密使，封英国公。而《宋史·夏竦传》也记载夏、陈二人曾在宝元年间论兵事不合，结果夏竦遭贬。又如，宋庠、宋祁兄弟以及郑戬、叶清臣，曾在庆历初被宰相吕夷简等人以"庆历同年党"为由排出朝廷，关于此事，王珪《宋元宪公神道碑铭》(宋庠神道碑)有隐讳记载："公自以才术得进用，天下事有未便者，数论上前，于是为宰相所忌。会同榜郑戬为枢密副使，叶清臣权三司使，或亦谓不可并据要职者，遂俱罢，公得知扬州。"② 但后来，宋祁又为吕党核心成员章得象作墓志铭，还为高若讷也作了墓志铭。这说明章得象与互为政敌的宋家兄弟及吕夷简都有交情，因此可以看出吕党党人关系的复杂性。

3.从年龄上比较，吕党核心成员普遍比范党成员要年长，可谓两代人。欧阳修、韩琦、蔡襄等人为了政治权力的谋求，对付根深蒂固的朝中老臣，确实可能同道相朋。而年长的吕党诸人大多为权臣，可能只是暂时结为政治同盟。当将范党逐出朝廷之后，他们又各自为政。也许在他们看来，碑志中不必言及自己与年轻一辈士大夫所作的政治斗争。

4.欧阳修、韩琦等人作为庆历党争中的受害者，对庆历党争中自己受诬、遭贬之事引以为荣，这属直言敢谏，可博忠直之名。这些正是碑志中反映墓主政绩的绝好材料，所以碑志中毫不讳言，甚至有意突显。

5.范吕两党的斗争程度其实并非异常激烈，主要因政见不同

---

① 王珪《华阳集》卷四七，第349页。
② 王珪《华阳集》卷四八，第360页。

才出现朋党之论。比如吕党的夏竦曾保举范仲淹为陕西四路经略安抚招讨副使,范仲淹给夏竦写了《谢夏太尉启》,这说明两派并非水火不容。范党碑志多次记叙"四贤"之论,为的是在碑志中涂上光彩的一笔。

6.作为吕党党人碑志的作者,张方平、王珪、王安石等人并未参与范、吕之争,算不上吕党成员。他们多是奉敕作吕党碑志,秉承书美略恶、为长者尊者讳的书写传统,没有必要在碑志中记叙范吕之争。

综上,从现存庆历党人碑志来看范、吕之争,只能单方面从范党碑志中见其以受害者口吻叙述的政治同盟意识,而无法从碑志中见到吕党的结党情况。因为在作品的接受史中,人们习惯于接受忠正的正面人物的作品,而负面人物的作品也就在时间的浸淫下慢慢退出了历史舞台。

南宋及以后的士大夫对北宋党争各持己见,但总体而言,论及庆历党争时大都有"范是吕非"的共识,论及新旧党争时则大都有"旧是新非"的共识。形成这种认识趋向的原因较为复杂。其中,后人通过前人的党争叙事来了解党争是重要途径,而党人碑志是关于党争叙事的重要文体。仅举一例,可见南宋士大夫对庆历党争的接受情况。南宋陈傅良有《读范文正公神道碑有感佚事》一诗云:

> 武侯不可致,元德造其庐。
>
> 公在衰絰中,乃上时政书。
>
> 维时君臣定,事与草昧殊。
>
> 出处千载同,岂必名迹如。
>
> 行伍拔大将,寒饥得名儒。
>
> 推毂天下士,百年用其余。

生平慕河汾,未许王魏俱。

殷勤八司马,意独何区区。

自古朋党论,消复莽无期。

谁令群疑亡,韩富及有为。

惜哉公不见,功名止西陲。①

诗中对范仲淹的景仰之情与怀念之意不言自明。作者似以范仲淹比拟诸葛亮,并言范仲淹对狄青、石介等人的赏识皆是为国揽才,还谈及韩琦、富弼等皆国之良才。这些认识皆源于作者读《范仲淹神道碑》所感,代表了大多数后人对庆历党争的认识。

碑志作为后世修史的第一手史料来源,许多正史本传基本就是直抄碑志传状。当党人碑志融入各种史料,尤其是进入正史叙事,后人从正史中读到的也就是"范是吕非"了。除了正统的纪传体史书,后世其他官修史籍在记载范、吕两党双方时,也多持"范是吕非"观点,兹不赘举。另外,如果从文学作品中来看,范党成员以文学名世的人远远多于吕党一派。如属范党的欧阳脩乃文章大家,其文集收有为杜衍、孙甫、余靖、蔡襄等范党党人所作的碑志,这些碑志随欧阳脩文集流传于世,后世读者从这些碑志中读出的自然就是"范是吕非"了。

要之,无论从正史抑或是流传的文集中,党人碑志的渗透使得后世读者读到的大多是"范是吕非",由此这一观念就逐渐深入人心,以至于形成了刻板印象。

三、刻板印象作为主体意识对文史研究的消极影响

笔者无意于对庆历党争本身孰是孰非作出价值判断,而欲致

---

① 陈傅良《止斋先生文集》卷一,《四部丛刊初编》本。

力于对"范是吕非"这一刻板印象的形成进行原因探析,并简述刻板印象作为一种主体意识对文史研究的影响。

文史研究人员的主体意识直接影响到其研究水平。有学者将史家的主体意识归纳为哲学观点、政治立场、知识基础、生活经验、情感、性格气质等因素,并认为这些因素相互渗透交融,共同构成一个认识结构整体来实现认识功能。①心理学认为,认知过程中,刻板印象往往能降低认识的复杂性,会简化认知过程。刻板印象对于认知既有积极影响,也有消极影响。且这种影响往往是潜移默化的,不容易被认知主体所发现。人们往往由于受到刻板印象的影响而对认知对象产生先入之见,从而影响正确、客观判断。

"范是吕非"这一刻板印象是否也对文史研究产生了消极影响? 回答是肯定的。文史研究人员也存在着刻板印象,着重体现在知识基础这一主体意识因素中。

文史研究人员如受到刻板印象的影响,往往不自觉地体现在研究中。如文学界、史学界往往对一些问题达成"共识",这些"共识"往往是经历前后几十年或几百年层累而成。文史研究者基于"共识",直接或间接将"共识"融入研究中,则易出错。比如谈及庆历党争时,不少初步习治文史者往往囿于"范是吕非"刻板印象的影响,首先直接将范仲淹定为忠正之士,将吕夷简定为奸臣来论述。吕夷简果真就是奸臣吗? 对此,姚红予以否定②。无论吕夷简是否为奸臣,姚文这一结论值得深思。由此也就体现出某些"共识"的消极影响。

笔者之所以举"范是吕非"刻板印象形成之例,只是想说明,

---

① 李振宏《论史家主体意识》,《历史研究》1988年第3期。
② 姚红《北宋宰相吕夷简奸臣说献疑》,《人文杂志》2008年第3期。

研究者往往会忽略刻板印象这一主体意识对研究造成的消极影响。因此，作为文史研究者，平时要尽量摆脱刻板印象对自己的束缚，这一点对于初涉文史研究的人员尤为重要。对于一些长久以来形成的"共识"，研究者多留心，多几分理性精神，多几分怀疑精神，往往会于"共识"中发现异见，而这些异见也往往成为真正的学术创见。

第四章 书丹与刻石：
党争视域下的书丹人与石工研究

传统文史研究关注的重点是作者与墓主,即重点关注作者写了什么或者如何去写,以及重点关注墓主的生平信息。碑志从稿本形成石本、拓本,需要刻成实物,这离不开书丹人与石工的贡献。因他们多被视为匠人,相关文献不足征,学界关注不多。碑志书丹历来是书法学研究的重点,但也常常停留在书迹的品鉴与书风的探讨,这属于书丹完成之后的静态书迹、书风考察,关于书丹行为活动的文史研究更是极为缺乏。而关于石工研究,也多集中在姓名辑录,少见深入的综合性研究①。鉴于未见从党争视域关注书丹人与石工的成果,故而本章着重考察他们在党争中的心态与行为表现。

①关于石工研究,清末叶昌炽《语石》已有涉及,曾毅公《石刻考工录》(书目文献出版社,1987年)辑录较多石工名姓,程章灿《石刻刻工研究》(上海古籍出版社,2008年)上编为"石刻刻工研究",下编为"《石刻考工录》补编",可视为集中探讨石工的首部专著,兼有制度考察与石工名录辑佚,具有重要意义。另外,部分书学与史学、考古研究也偶及石工考察,但总体而言,囿于史料不足,石工研究仍显薄弱,目前未见专门从党争角度来研究石工的成果。

第一节　党人石刻的书丹风险

党争态势与碑志请铭、创作频率密切相关,也与碑志书丹行为有一定关系。就参与制造党人碑志的各类人所承担的风险系数而言,丧家请铭、请书丹、请刻石,承担风险系数较高,而作者负责创作,具有碑志的署名归属权,同样具有相当高的风险系数。相较而言,书丹人与石工所要承担的风险系数略小,作为匠人的石工尤其距离党争最远。

树碑埋志少不了书丹步骤,党人碑志的书丹常由当朝善书者为之。一般而言,为士大夫碑志书丹不会有负面影响,还会得到相关润笔。但党人碑志的书丹却具有风险性,因为碑志中的党争叙事可能因为过于激烈而引祸。这从刘航与苏轼的"惧书"行为可以窥斑知豹。

吕诲乃熙宁年间反对王安石变法的著名言官,司马光曾为吕诲作墓志铭,内容直指王安石变法,使得书丹人刘航感到颇难下笔。《邵氏闻见录》载:

> 故温公志其(吕诲)墓,论献可为中丞时,则曰:"厌常为奇,多变更祖宗法,专汲汲于敛民财,所爱信引拔,时或非其人,天下大失望。献可屡争不能及,抗章条其过失曰:'误天下苍生者,必此人也。使久居庙堂,必无安靖之理。'又曰:'天下本无事,但庸人扰之耳。'"志未成,河南监牧使刘航仲通自请书石,既见其文,仲通复迟回不敢书。时安石在相位也。仲通之子安世曰:"成吾父之美可乎?"代书之。仲通又阴祝献可诸子勿摹本,恐非三家之福。[1]

---

[1] 邵伯温撰,李剑雄、刘德权点校《邵氏闻见录》卷一〇,中华书局,1983年,第107—108页。

邵伯温又载："刘仲通慕司马温公、吕献可之贤，方温公欲志献可墓，时仲通自请书石。温公文出，直书王介甫之罪不隐，仲通始有惧意。其子安世字器之，出入温公门下，代其父书，自此益知名。"①

可见，"自请书石"的刘航并未料到司马光会以激烈言辞叙述新法，面对当政的王安石等新党成员，刘航"不敢书"，最终儿子刘安世代笔书之。刘航乃久居官场之人，深知其中利害，时刘安世未中进士，未步入仕途，乃无畏后生。就邵伯温所载，最终书丹署名应还是刘航，而非刘安世。所以刘航"又阴祝献可诸子勿摹本，恐非三家之福"，刘航叮嘱吕诲的儿子们不要拓碑摹本，目的是希望墓志刻石之后就湮没无闻，不为世人知晓，以免引火烧身。

除了刘航畏惧书丹，还有苏轼惧书的例子。范镇《初作司马光墓志铭》言辞过激，被临时替换铭文。初作因《邵氏闻见后录》才得以流传下来，其云："司马文正公薨，范蜀公取苏翰林《行状》作志，系之以铭，翰林当书石，以非《春秋》微婉之义，为公休谏议云：'轼不辞书，恐非三家之福。'就易名铭。蜀公之铭世不传，予故表出之。曰：……。"②苏轼为《司马光墓志铭》书丹时，发现范镇行文非微婉之义，对司马康（字公休，本为司马光大哥司马旦之子，后过继给司马光为嗣子）说"轼不辞书，恐非三家之福"，征得丧家同意之后，临时替换了墓志铭之末尾铭文。苏轼临时替换铭文一事，杜大珪《名臣碑传琬琰集》收录《司马文正公光墓志铭》之末尾亦有提及。苏轼惧书行为与刘航惧书类似，都是为了避免碑志党争叙事惹祸。

刘航与苏轼书丹之例，皆谓"恐非三家之福"，三家即指丧家、

---

① 邵伯温撰，李剑雄、刘德权点校《邵氏闻见录》卷一三，第140页。
② 邵博撰，刘德权、李剑雄点校《邵氏闻见后录》卷一五，第117页。

作者、书丹人,其中未含石工,可见石工被视为匠人,多与党事无关。一般情况下确实如此,但在后来的"崇宁党禁"期间,石工亦与党争有涉,下一节专门论述。

上面主要论述了党人丧葬碑志中的"惧书"现象,从书丹人而言,书写相关碑志可能给其带来风险,所以尽量避免相关书丹工作,即便有书丹,也多不希望留下名字。不希望书丹留名的情况,在北宋晚期"崇宁党禁"时期的题识中也有体现。《挥麈录》载:

> 崇宁三年,黄太史鲁直窜宜州,携家南行,泊于零陵,独赴贬所。是时外祖曾空青坐钩党,先徙是郡。太史留连逾月,极其欢洽,相予酬唱,如《江樾书事》之类是也。帅游浯溪,观《中兴碑》。太史赋诗,书姓名于诗左。外祖急止之云:"公诗文一出,即日传播。某方为流人,岂可出郊?公又远徙,蔡元长当轴,岂可不过为之防邪?"太史从之。但诗中云:"亦有文士相追随。"盖为外祖而设。①

此事发生在崇宁三年(1104)三月②,被贬的黄庭坚本想纪念雅集盛会,但"书姓名"(即书丹题名)行为被曾纡"急止之",这也是担心因留名惹祸的例证。

但党争时期,还有一种希望在石刻上留下自己名字的现象,同样可能给相关人员带来风险。试看黄庭坚《承天院塔记》撰书案例。

洪迈《容斋随笔》"承天塔记"条云:

> 黄鲁直初谪戎、涪,既得归,而湖北转运判官陈举以时相赵清宪与之有小怨,讦其所作《荆南承天塔记》,以为幸灾,遂

---

① 王明清撰,田松青校点《挥麈录》"后录"卷七,第109页。
② 郑永晓《黄庭坚年谱新编》(第401页)谓:"三月六日(己卯)泊浯溪(今湖南省祁阳县)。观摩崖碑,有《书摩崖碑后》等诗。"

除名羁管宜州，竟卒于彼。今《豫章集》不载其文，盖谓因之
兆祸，故不忍著录。其曾孙莹续编别集，始得见之。大略云：
"余得罪窜黔中，道出江陵，寓承天禅院，住持僧智珠方彻旧
浮图于地，而属余曰：'成功之后，愿乞文记之。'后六年，蒙恩
东归，则七级岿然已立，于是作记。"其后云："儒者尝论一佛
寺之费，盖中民万家之产，实生民谷帛之蠹，虽余亦谓之然。
然自省事以来，观天下财力屈竭之端，国家无大军旅勤民丁赋
之政，则蝗旱水溢或疾疫连数十州，此盖生人之共业，盈虚有
数，非人力所能胜者邪！"其语不过如是，初无幸灾风刺之意，
乃至于远斥以死，冤哉！①

洪迈并未明确记载黄庭坚因撰书《荆南承天塔记》得罪的细节与原
因，《宋名臣言行录》对原因做了解释：

　　崇宁三年初，自蜀出峡，留荆州，待辞免乞郡之命，与府
帅马瑊甚欢。闽人陈举自台出漕，先生未尝与交也。承天寺
僧为先生乞塔记，文成，瑊饭诸部使者于塔下，环观先生书
碑，碑尾但书"作记者黄某，立石者马某"而已。举与李植、林
虞相顾，前请曰："某等愿托名不朽，可乎？"先生不答，举由此
憾之。举知先生昔在河北与挺之有怨，挺之执政，遂以墨本上
之，谓幸灾谤国，先生遂除名羁管宜州。②

黄庭坚乃文坛名流，应邀撰书《承天院塔记》刻石，时人名字若能与
黄庭坚一起出现在石刻上，则必能流芳千古。但当黄庭坚书丹时，
他并未答应陈举等人希望以附骥尾之请，由此遭到陈举的举报，以

---

① 洪迈撰，孔凡礼点校《容斋随笔》"四笔"卷八，第722页。
② 朱熹纂集，李幼武续纂《宋名臣言行录》"续集"卷一，影印文渊阁《四库全书》本，
　　第449册，第294页。

"幸灾谤国"之罪名遭到除名,且羁管宜州,最终卒于贬所。这一"承天塔记"书丹案例与前面的党人碑志、题识书丹性质有异,一者不书,一者惧书,都与当时的政治氛围紧密相关。党人碑志、题识书丹,书丹人或参与人对于未来可能出现的结果是有预期的,由于害怕牵连而"惧书"。而"承天塔记"的书丹人黄庭坚对于可能出现的结果却无预期,至少没有想到会因此惹祸甚重。黄庭坚是因为书丹未能加上陈举等人姓名而致惹火上身,但不书丹只是该案例产生的引子,其"幸灾谤国"之罪名的判定也并非来自书丹,而是来自创作了《承天院塔记》。所以说,从这两种性质的书丹案例来看,不难看出,在党争背景下,当石刻与人际关系产生联系时,创作环节富含的风险系数更大,但书丹环节也同样具有一定风险性。有关党争石刻书丹的史料罕见,无法做出更多讨论,不过由此也能窥斑知豹,能够体会到党争氛围恶劣时,与石刻产生的任何环节都可能出现异样。

第二节　党争视域下的官私石工考察

以往的北宋党争研究中,士大夫与帝后是被关注的重点。然而作为波及北宋数十年的政治运动,不可能只牵涉士大夫与帝后,凡与其有直接或间接接触机会的人都有可能卷入党争。北宋晚期新旧党争中,有一群无足轻重的小人物,他们看似独立于政争之外,但却并非与党争毫无关系,那就是石工①。石工乃工匠之一种,

---

① 石刻刻工可简称为石工(或称为石匠),以与书籍版刻刻工相区别。石刻与版刻一身兼二任者不乏其人,此乃另一主题,本书不予考察。篆刻家亦属于广义的石工,本书亦不考察。本书探讨的是与北宋晚期党争有关的以刻石为业的专门石工,尤指官署石工及与党争事件有关的民间石工。

历代不被重视,但一方石刻的产生离不开他们的刀刻斧凿,他们是石刻作为物质文化实体得以流传下来至关重要的参与人物,正因为他们施展铁笔①,才留下了如此丰富的石刻实物。

党争是一种政治运动,此类宏大叙事下极难见小人物的表现,石工虽然不太可能直接参与政治事件,但他们中间部分人或多或少却与党争有关。作为被忽视的群体,中央官署石工与民间石工分别在党争中有什么样的生存状态?奉令刻元祐党籍碑的石工心态为何?通过这些小人物能透视出什么样的党争舆情?上述诸问题,既无史籍明载,又未见相关研究,本节本着"眼光向下"的视角,希望"自下而上"看待北宋晚期党争这段大历史。

本节选题研究难度在于史料的稀缺,所面临的往往是无米之炊的困难。"在传统的历史文献中,我们难得看到有关刻工的记录。刻工在石刻中的自我题署,几乎成为我们研究这个具有特殊技艺的工匠群体的唯一史料依据。这当然包括传世的石刻著录,也包括近现代以来考古发掘所得的各类石刻。"②石工历来不被史籍关注,即便有一两处零星记载,也毫无文献的规模效应,惜莫能详。相比一般士大夫传状碑志的详细记载,石工的自我题署乃是偶留鸿爪,但却是我们考察他们可以依据的几乎唯一的直接史料,故而本节部分推论仅从姓名入手,实属无奈之举。本节除了竭泽而渔式地排查传世文献,还利用出土文献,钩沉索隐,力争对这群小人物进行一些考察,也许对石工研究有一点方法论启示。

---

① 古人常用"铁笔"来雅称刻石、篆刻、雕画等工作。
② 程章灿《石刻刻工研究》,第50页。

一、北宋石工的官私来源构成与官署石工的政治地位

唐宋之前，中央或地方就可能有官署石工存在[①]。唐宋官署石工已有制度可查，虽然唐代已有中央政权机构的刻工官署，但朝廷的刻石制度到了宋代才正式成立，宋代的刻石官署及规模也超越唐代[②]。就宋代中央官署石工[③]而言，他们的职责主要是负责御书翰墨刻石、朝廷仪式等国家重要事务刻石、后妃宗室与京城高官显贵的丧葬碑志刻石、石经刻石及官署题名碑、寺观碑刻石等镌刻事务[④]。

[①] 程章灿《石刻刻工研究》（第4页）载："关于汉代中央或地方政府中是否有专设机构雇用专门刻工负责刻石，在汉碑及汉代正史中，似乎未见到明确记载，依据情理以及间接证据推论，应该是有的。"

[②] 程章灿《石刻刻工研究》，第91页。

[③] 本书所谓官署石工指中央官署石工，因未见相关史料记载地方官署石工，所以不将其列入考查。笔者怀疑大多数地方无正式的石刻官署，地方官署刻石任务可能多由民间石工兼任。

[④] 龚延明引《宋会要辑稿·职官》（龚延明《宋代官制辞典》[增补本]，中华书局，2017年，第78页）谓翰林御书院为"掌皇帝亲笔文字，供奉书写之属、图籍之册及琴棋之艺"。其编制中有"印碑匠"与"雕字匠"，可知御书院的石工主要为御书翰墨刻石。《北宋皇陵》附录的宗室碑志题署皆为中央官署石工，说明他们多为皇帝与宗室后妃碑志刻石。又以出土的《韩琦墓志》石工题署为例，可见官署石工的服务对象也兼及朝廷名公钜卿碑志。《郡斋读书志·附志》（孙猛校证《郡斋读书志校证》，上海古籍出版社，1990年，第1084页）赵希弁记载《石经尚书》曰："右《尚书》十三卷，经注并序八万一千九百四十四字。将仕郎试秘书省校书郎臣周德贞书，镌玉册官陈德超镌。"可见官署石工亦负责石经镌刻。宋代学士院及舍人院之士大夫题名，亦由官署石工镌刻，如洪遵所编《翰苑群书》（影印文渊阁《四库全书》本，第595册，第408页）卷一二《翰苑遗事》引曾纡《南游记旧》载："学士及舍人院最重题名，学士及舍人赴职之日，本院设具，应他学士、给、谏、丞郎、待制皆预会。以是日题名于石，玉册官刊字。后有拜宰相者，即其名下刊'相'字。"官署石工还负责皇家寺观碑刻石，如洪迈《容斋随笔·三笔·六经用字》（孔凡礼点校《容斋随笔》，第544页）载："孝宗初登极，以潜邸为佑圣观，令玉册官篆碑。"由诸文献记载可见，宋官署石工几乎承担了与官方、皇家有关的一切刻石任务。

自古迄今就有手工吃不空的说法，学好一门手艺，虽谈不上立命之资，但却能成为安身之本，刻石为生亦属此类。所以自古以来，技艺的传承大都具有家族化、地域化、师徒制特点①，刻石技术的传承亦如此，因而官署石工的人员构成应该很大程度上也呈现家族化特点。一般来说，宋代石工家族内部技术超群者会入官署，或与官方刻石有生意往来，另一部分则在民间营生。《语石》谓："《韩国华神道碑》（嘉祐八年）题'中书省玉册官王克明、蹇亿刊'，而亿刊《昼锦堂记》，但曰'浔阳蹇亿刊字'，不署衔，盖一则奉敕，一则私家所刻耳。"②从出土石刻也可以看出这一规律，石工们镌刻私人碑志一般不题职衔，而刻官方石刻则署题衔。由此倒推，不题职衔的可能为民间石工，也可能为官署石工，有署题衔的则定为官署石工。

若从官种而言，官署石工乃伎术官行列③，职务低贱，是典型的"劳力者"。龚延明据《宋会要辑稿·职官》等文献归纳出宋代伎术官的诸多特征：

> 伎术官，职官总名。又称技术官。持技艺以侍奉皇上、禁中者，通称伎术官。伎术官之名始于唐。宋代，凡以解天文、占卜筮、谙音乐、明医术、精书艺、擅图画等技艺得官职者，皆列为伎术官。……伎术官属杂流，不同于科举出身的仕类，泾渭分明，不能混杂。伎术官地位卑下，受到种种限制。如不入吏部四选磨勘之列，不得任地方亲民官（知州之类），

---

① 程章灿《石刻刻工研究》（第56—59、101—104页）已提及石工群体家族化、师徒制、世袭技艺的特点。
② 叶昌炽撰，姚文昌点校《语石》卷六，第223页。
③ 就石工题署而言，部分官署石工或为胥吏，有勒留官之嫌，本节统一视为伎术官来讨论。

不得荫子与赠官(后改为伎术官若荫子止授以伎术官),出职
改官不得过遥郡等等。伎术官最高阶为从六品。[①]
相对科举出身的士流而言,作为伎术官的官署石工的身份认同感
则不高[②],虽然名为官员,实际上地位卑下,仍被视为匠人,属于杂
流之列。

　　由于技术传承的家族化、内部化特点,官署石工应有荫袭情形
存在,这一点可以从出土文献中找到明证。如石工謇亿,他作为中
书省玉册官与王克明合刻《韩国华神道碑》在嘉祐八年(1063)[③],
其刻《昼锦堂记》在治平二年(1065)[④],其与郭翼合刻《韩琦墓志
铭》在熙宁八年(1075)[⑤]。而河南巩义出土的多方元符三年(1100)
与大观二年底(1109)的宗室墓志,题为少府监玉册官謇思刻或
刊[⑥]。从嘉祐到大观历经半个世纪,前有謇亿为中书省玉册官,
后有謇思为少府监玉册官[⑦]。謇亿与謇思是何关系? 如从姓氏判

---

① 龚延明《宋代官制辞典》(增补本),第738页。有关伎术官,可参见余贵林、张邦
　炜《宋代伎术官研究》(张邦炜《宋代政治文化史论》,人民出版社,2005年)、包
　伟民《宋代技术官制度述略》(包伟民《传统国家与社会(960—1279)》,商务印书
　馆,2009年)。
② 程章灿《石刻刻工研究》(第7页)云:"大部分石工都做了无名英雄,他们并没有在
　石刻上留下名字,而只是站在历史舞台幕后的人物。从客观方面来看,这似乎是
　由于石刻制度中存在不重视刻工的因素,反映了社会对刻工之身份地位的认定;
　而从主观方面来看,它也在一定程度上反映了刻工对身份地位的自我体认。"
③ 见河南省文物考古研究所编《北宋皇陵》附录三"北宋皇陵出土墓志、墓记录
　文"。
④ 王昶《金石萃编》卷一三六,第2537页。
⑤ 河南省文物局编《安阳韩琦家族墓地》,第96页。
⑥ 见河南省文物考古研究所编《北宋皇陵》附录三"北宋皇陵出土墓志、墓记录
　文",题衔为少府监玉册官謇思的有25篇。
⑦ 程章灿《石刻刻工研究》(第106页)载:"在元丰改制以后,原隶中书省的玉册官
　以及中书省的镌刻职责被撤并入少府监中去了。"

断可能是子承父业，蹇思极有可能是蹇亿之子，或者至少是亲族关系。因为同一时期的官署石工人数并不多[1]，且蹇姓乃稀见姓氏[2]，他们都为官署石工，故而为父子关系的可能性较大。那么蹇亿为何处人氏？据其刻《昼锦堂记》末尾题署云"浔阳蹇亿刊字"，则其应为浔阳蹇氏。《宋会要辑稿·职官》载："嘉祐元年十一月，诏伎术官合奏荫者，止授以伎术官。仍一次而止。"[3]此诏颁布在嘉祐元年，而据前引《韩国华神道碑》，至少嘉祐八年蹇思已任玉册官，故而蹇思任玉册官极有可能属于伎术官"荫子止授以伎术官"的例子。不过，这些官署石工即便荫袭授官也只是授以伎术官，并且只能荫袭一次。

综上简述，石工的组成大都具有地域化、家族化特点，官署石工虽然名为官员，实际上地位低下，仕途迁转很少跳出伎术官体系，其待遇也不如士大夫。在日常生活中，他们应很难直接与高官显贵接触，故而直接参与党争的可能性较小，但却有可能被动地卷入党争，并且通过某种行为表达自己的政治立场，下面予以探讨。

二、寂寂无闻：党争中的官署石工形象

史料对官员的记载会远多于匠人，但对于石工而言，即便是官署石工也基本不为史籍所载。若联系党争因素而言，有关官署石工更未见只言片语。下面拟探讨官署石工是否会牵涉党争，并对京城所立党籍碑之石工姓名做推测。

---

① 参见本书下面所列《宋代官制辞典》中"翰林御书院"的官署石工编制。
② 作为姓氏，一般认为蹇与蹇不同，均未入《百家姓》，皆为稀见姓氏无疑。或谓蹇即蹇。有关此二姓之区别，唐宋明清皆有人论述，不赘举。
③ 徐松辑《宋会要辑稿》"职官"三六之一一三，中华书局，1957年，第4册，第3128页。

(一)官署石工与党争关系试探

今可知入党籍碑者,在"内臣"这一类有梁惟简、陈衍、张士良等人,他们是涉及党争的重要宦官,其中张士良名列内臣类第三名。张士良曾任皇城使、宣仁殿御药官等职。《续资治通鉴长编》"哲宗元祐四年(1089)"条小字注引用前朝所修实录云:

> 《旧录》云:(蔡)确与(章)惇皆顾命大臣,摘小诗疑似责退斋,乃至诋先帝所任之人,大臣、侍从则曰"奸邪小人",左右内侍则曰"尤无状者",自是先帝旧臣无一人在朝,法度悉废改矣。盖内则陈衍、梁惟简、张士良主之,皆出臣下,宣仁唯首肯而已。[1]　　　　　　　　.

"哲宗元符元年(1098)"条又云:

> 曾布独留,因为上言:"……近见蔡京言:'勘问张士良,称陈衍于垂帘时日作掌记,裁决政事,太母但诵之而已。'又言:'太母弥留之际,不复晓人事……凡诏旨用宝,皆衍专之。'衍一阉寺,敢盗弄国柄如此,何可胜诛。"[2]

可知入党籍的宦官张士良,与宦官陈衍等人在元丰年间有盗弄国柄之嫌。崇宁三年(1104)所刻《太平州芜湖县新学记》,石工题署翰林张士亨[3],说明其曾任翰林书艺局的官署石工[4]。政和二年(1112),张士亨又参与刻宋徽宗《太清楼特宴记》,署睿思殿御

---

[1] 李焘《续资治通鉴长编》卷四二七"元祐四年五月丁亥"条,第10329页。
[2] 李焘《续资治通鉴长编》卷四九五"元符元年三月辛亥"条,第11763页。
[3] 北京图书馆藏金石组编《北京图书馆藏中国历代石刻拓本汇编》,第41册,第79页。张士亨刻黄裳所撰《太平州芜湖县新学记》,由米芾行书书丹,乃米芾晚期名作,石刻行书较楷书更难,足见张士亨石刻技术超群。
[4] 叶昌炽撰,姚文昌点校《语石》卷六(第222页)谓:"至《芜湖县新学记》,翰林张士亨模、刊,则文学侍从之臣亦为之。"此翰林似非一般翰林学士之简称,乃翰林书艺局之简称。

前文字外库镌字艺学①，亦为官署石工。长期为官署石工的张士亨与入党籍碑的宦官张士良是否有关？

　　神宗熙宁八年建睿思殿②，睿思殿相关人员皆为皇帝服务，故而常由宦官充任③。如北宋末年的著名宦官梁师成，"初隶贾详书艺局，详死，得领睿思殿文字外库"④，梁师成接替宦官贾详任睿思殿文字外库得以接近皇帝而发迹⑤。可知睿思殿的镌字艺学也可能由宦官担任，这说明张士亨有可能是宦官。张士良在元丰年间有操弄权柄之嫌，而张士亨在政和、宣和年间有刻石产出，说明张士良略长于张士亨。从名字⑥而言，两人都起笔为点——"丶"，"良""亨"字义皆体现美好之意，且生活年代相近，故而有理由相信他们或许为同族。作为一般官署石工与皇帝高官接触的机会较少，但若作为兼善刻石的宦官而言，则可能常有机会接触雅好书画艺术的宋徽宗以及与之相关的高官。宣和元年（1119），张士亨又参与合刻宋徽宗所撰的《神霄玉清万寿宫碑》。徽宗太清楼赐宴

①叶盛撰，魏中平点校《水东日记》卷二五，第244页。
②《宋史》卷八五《地理志》，第2099页。
③如亲身经历过徽宗朝党争的翟汝文有《内侍五人直睿思殿制》，藤本猛《直睿思殿与承受官——北宋末的宦官官职》（《东洋史研究》74卷号2，2015年9月）也说睿思殿相关人员可能由宦官充任。
④《宋史》卷四六八《宦者传·梁师成传》，第13662页。
⑤《宋史》卷四六九《宦者传·董宋臣传》（第13675页）谓南宋著名宦官董宋臣"以睿思殿祗候特转横行官"。
⑥张乃常见姓氏，古人以"士某"起名也较为常见，但笔者以"张士"二字检索"中国基本古籍库"，其中北宋中晚期人物中，未见洛阳以外的其他地区有大规模的以"张士某"（某起笔为点——"丶"）为名的家族。又检杨倩描主编《宋代人物辞典》（河北大学出版社，2015年），北宋前期有贝州清河（今河北清河县）张氏，其中有张士安、张士宣、张士宗，乃五代宋初武将张美之孙。又以"张士"二字检索"中国金石总录"，刻石者皆为洛阳石工。所以，基本可以断定石工中以起笔为点——"丶"的"张士某"皆为洛阳人。

这种盛事,作为官署石工的张士亨就参与刻石,说明他极有可能是兼善刻石的宦官,并且可能与雅好书法的蔡京等人有交集。宋徽宗在位期间曾多次发动全国性刻石大潮,在徽宗朝,像张士亨这样的官署石工,应有较多机会与相关党人接触,尤其可能与善书的党人相交。当然,此乃推测,无文献可以证实。

就北宋晚期而言,大部分官署石工可能仅凭刻石技术得以在少府监谋职,难以接近皇帝与高官,但翰林书艺局与睿思殿的石工则不一样,尤其是睿思殿石工可能由宦官充任,他们可能会卷入党争。但总体而言,官署石工被视为杂流,并无实权,所以他们在党争中的参与度也不会很高。有关官署石工与党争的关系,限于史料稀缺,实难进一步探讨。

(二)皇城所立元祐党籍碑之石工姓名蠡测

从历时角度而言,北宋中晚期某单位时间内的官署石工的编制人员并不多。崇宁年间,官署石工主要隶属于少府监、翰林书艺局以及睿思殿,其中翰林书艺局与睿思殿的官署石工更多是为皇帝本人服务。据《宋代官制辞典》,知“翰林御书院”的编制如下:

> 北宋时,勾当官三人。又有御书待诏,翰林书艺,翰林待诏。御书院祗候十七人,装界匠九人,印碑匠六人,雕字匠五人。南宋绍兴十六年复置时,干办官一员,押宿官二员,技术官书待诏三人,书艺学七人,书学祗候十四人。书学生,不限员(无俸给)。各种祗应人:弹琴一名,着棋一名,擘阮一名;镌字三人,点笔班一名,描边花一名,装界三人,造墨一名,雕字二人,画细文一名,打碑二人,砑纸兼印书二人,系笔三人,系飞白笔一名,造琴、阮一名,裁缝一名,漆作一名,小木一

名,镌作一名,剪字一名,钑作一名。[1]

以翰林御书院为例,如印碑匠中当有官署石工,他们在某一单位时间内的编制一般为数人。元丰改制之后,翰林御书院更名为翰林书艺局,编制应大致不变。崇宁年间,蔡京等人炮制党人碑,御书刻石端礼门旁、文德殿旁,刻石任务的承担者应是官署石工。不过由谁刻石却无任何记载,下面做一合理推测。

崇宁年间,党争正处于白热化阶段。想必当初刻碑命令下达到相关部门,时任在籍的官署石工应该感到震惊。党籍碑是蔡京执政打击政敌异己的产物,将诸多政敌的名单刻石加以羞辱,镌之金石传之久远,这种行为是对刻石之人的名誉性侮辱,并牵涉其后人,有"使其子孙有余辱"[2]的目的。自古至今,将名字刻石加以禁锢与羞辱,这种行为都是极为招人憎恨的。北宋晚期政争不断的时局下,势力反转时常有之,曾经的得势者可能不久就会被贬甚或锒铛下狱,而曾经被贬的士大夫也可能反转得势。作为官署石工,历来刀刻斧凿的产出都是彰显荣耀的丧葬碑志,或是体现朝廷尊严体度的相关典礼仪式石刻,以及御书翰墨等,这些皆是含有褒义、彰显荣光的石刻,刊刻党籍碑这种政争产物乃是史无前例。所以得令的石工应该心存畏惧,即便刻石也会惧题署,此当是实情。但上令下行,作为小人物,他们也不得不操刀凿石。

统计《北宋皇陵》所录的石工名单,以及曾毅公《石刻考工录》、程章灿《石刻刻工研究·石刻考工录补编》、任江《略论唐宋玉册官制度——以碑志资料为中心》、钱定一《美术艺人大辞典·碑

---

[1] 龚延明《宋代官制辞典》(增补本),第78页。

[2] 明徐𤊹《笔精》卷七(影印文渊阁《四库全书》本,台湾商务印书馆,第856册,第563页)杂记《党籍碑重刻》云:"元祐党籍碑,蔡京欲传示后世,使其子孙有余辱也。"

刻工艺类》等所收石工名单。可以归纳出崇宁年间及前后的中央官署石工，主要是赵隐、蹇思、曹惠良、张惟几等人①。故而朝廷所立党籍碑极有可能出自他们之手，或出自他们中间某一人之手。进一步对他们分类，可知崇宁及前后的中央官署石工题署大致可以分为两类：赵隐、蹇思、张惟几皆题为少府监玉册官；曹惠良则题为翰林书艺局镌字祗应，此职主要为御书翰墨服务，他刊刻党籍碑的可能性相对较小。其他三人则隶属少府监，主要为朝廷刻石服务。北宋晚期的官署石工，尤其是少府监的石工，亦面临"视将作匠法，物勒工名，以法式察其良窳"②的法度，所以他们刻石一般都有题署。我们有理由相信，崇宁年京城所立党籍碑，极有可能是出自少府监的刻工之手，尤其可能出自赵隐、蹇思、张惟几之手，由于赵隐刊刻活动频繁，又有崇宁年间刻石京城的实例存在③，所以党籍碑出自赵隐之手的可能性最大。有关崇宁官署石工刻党籍碑事迹未见他人论及，笔者提出，如有新材料问世再加以续论。

　　总之，限于史料，我们无法绝对确定官署石工是否会直接卷入党争，是否会与党人有紧密关系。此外，就连影响甚大的朝廷所立元祐党籍碑，我们亦无法确定具体由谁刊刻，只能予以推测。少之又少的零星史料使得官署石工们几乎在党争中集体无声，这或许

---

① 程章灿《石刻刻工研究》（第107页）载："已知宋代刻工中自署为少府监玉册官者有赵隐、王礓、邢肃、蹇思、张惟几五人，此外还有一个佚名。"此与笔者统计大致相同。赵隐（活动时限为元丰、元祐、绍圣、崇宁、大观）、蹇思（活动时限为元符、建中靖国、大观）、张惟几（活动时限为大观）三人刻石较多，他们活动时限集中在崇宁前后。王礓似乎更年长，其刻石集中在元祐年间。邢肃刻石则集中在元祐时期，政和年间亦有之。
② 《宋史》卷一六五《职官志》，第3917页。
③ 《北宋皇陵》附录明确记载的崇宁年间有石刻产出的仅有赵隐一人，其在崇宁元年（1102）刻《赵令杳女墓记》，题署少府监玉册官。

与他们被限定在伎术官范畴有莫大关系。

三、琬琰流芳：党争中的民间石工形象

程章灿说："至迟从宋代开始，可以确定民间已经出现以家族师徒为中心的刻石作坊。"①北宋时期，除了中央有官署石工，民间亦有作坊式的石工群体，他们可能拥有自己的商铺，在某区域经营石刻以牟利。如果没有传世文献的零星记载与出土北宋皇陵碑志的记载，我们甚至无法知晓诸多北宋晚期官署石工的姓名。若对官署与民间石工作对比考察，会发现官署石工群体寂静无名②，他们的名字基本在传世文献中处于缺席状态，民间石工面临的境遇亦如此。若将官署石工与民间石工皆置于党争视域之下进行对比，少数民间石工因为在党争中拒刻党籍碑反而名盛后世，其中安民、李仲宁即为典型代表，可谓琬琰流芳千年之后。

崇宁年间，除了朝廷立党籍碑，各地方亦立党籍碑③，地方州郡所立党籍碑应为民间石工所镌。无论是中央还是地方，能得令刻党籍碑的石工在技艺方面当超过一般石工。安民、李仲宁不以刻石技艺名世，而以气节风尚名世。

（一）正史与小说的异口同声：安民、李仲宁拒刻党籍碑故事考述

有关安民拒刻党籍碑的最早记载来自两宋之交邵伯温《邵氏

---

① 程章灿《石刻刻工研究》，第59页。
② 程章灿《石刻刻工研究》第五章第四节"宋代官署刻工及其所刻碑目"辑录宋代官署石工共计50余人，而其《石刻考工录补编》（第221—289页）所辑宋代民间石工则有数百人之多，如果再加上新近各地方出土的宋代石刻所见，民间石工人数当远超官署石工。
③ 本节以下有关党籍碑的立毁、版本引用论述，皆可参见本书第五章的相关论述。

闻见录》,有关李仲宁的最早记载则来自南宋王明清《挥麈录》。
先看《邵氏闻见录》所载:

> 长安百姓常安民,以镌字为业,多收隋、唐铭志墨本,亦
> 能篆。教其子以儒学。崇宁初,蔡京、蔡卞为元祐奸党籍,上
> 皇亲书,刻石立于文德殿门。又立于天下州治厅事。长安当
> 立,召安民刻字,民辞曰:"民愚人,不知朝廷立碑之意。但元
> 祐大臣如司马相公者,天下称其正直,今谓之奸邪,民不忍镌
> 也。"府官怒,欲罪之。民曰:"被役不敢辞,乞不刻安民镌字
> 于碑,恐后世并以为罪也。"呜呼! 安民者,一工匠耳,尚知邪
> 正,畏过恶,贤于士大夫远矣。故余以表出之。①

邵伯温所记常安民,"常"字当为衍字②,应是后人所加。因为
北宋晚期有士大夫常安民,乃邛州(今四川邛崃)人,其人曾入党
籍碑,并非长安石工安民,邵伯温与常安民同时,不至于混淆二人。

---

① 邵伯温撰,李剑雄、刘德权点校《邵氏闻见录》卷一六,第176页。
② 历来似乎未曾有人怀疑过邵氏谓其为常安民的记载,但清人张澍提出了异议。
其《石工安民为武威人考》(张澍《养素堂文集》卷一二,《清代诗文集汇编》本,上
海古籍出版社,2010年,第536册,第448页)云:"澍按:石工姓安名民,武威人。
邵氏以为姓常,名安民,误矣……是宋世,金石著于人间者,大半系安氏所镌。
其驳落沉霾不传于世者,谅复不少。其云京兆安民者,安民本武威籍,寓长安镌
字,故曰京兆也。"张澍此说有理。常安民"字希古,邛州人"(《宋史》卷三四六,
第10988页),亦曾入《元祐党籍碑》。清人王梓材(黄宗羲等《宋元学案》卷一
九,中华书局,1986年,第806页)也说:"梓材谨案:时二蔡为元祐党籍刻石,召
石工安民,至则乞不刻'安民镌字'于碑,恐后世并以为罪。安民长安人,《邵氏
闻见录》误以为常安民。倪文正《跋党籍碑》云:'石工安民乞免书名,今披诸贤
位中,赫然有安民在。'盖亦同此误也。"至于张澍所谓"安民本武威籍,寓长安镌
字,故曰京兆"却难以确定,因为京兆本有安氏一族,安民是京兆本地安氏,还是
武威一族,尚难考实。又辛德勇《说阜昌石刻〈禹迹图〉与〈华夷图〉》(辛德勇《石
室賸言》,中华书局,2014年)也认为邵伯温所记常安民之"常"字当为衍字。

安民拒刻党籍碑应在崇宁二年或三年[1]，邵氏未明说他是否刻碑，但因"府官怒，欲加罪"，想必最终还是妥协刻碑息事。此事后来被摭入《宋史·司马光传》：

> 蔡京擅政，复降正议大夫，京撰《奸党碑》，令郡国皆刻石。长安石工安民当镌字，辞曰："民愚人，固不知立碑之意。但如司马相公者，海内称其正直，今谓之奸邪，民不忍刻也。"府官怒，欲加罪，泣曰："被役不敢辞，乞免镌安民二字于石末，恐得罪于后世。"闻者愧之。[2]

邵伯温乃亲身经北宋晚期党争的士大夫，《邵氏闻见录》虽然一定程度上体现了对新党士大夫的偏见，但其记载大都被认为可信。安民也随着名臣司马光多次进入读者视野，因此在明清时期被广泛赞誉，知名度甚广，这是宋代其他石工，包括官署石工所不及的。

关于李仲宁，其知名度较之安民要低，但较之被湮没的官署石工要高。《挥麈录》载：

> 九江有碑工李仲宁，刻字甚工，黄太史题其居曰"琢玉坊"。崇宁初，诏郡国刊元祐党籍姓名，太守呼仲宁使镌之。仲宁曰："小人家旧贫窭，止因开苏内翰、黄学士词翰，遂至饱暖。今日以奸人为名，诚不忍下手。"守义之曰："贤哉，士大夫之所不及也！"馈以酒而从其请。[3]

黄太史指黄庭坚。李仲宁知名度相对较低，与其未入正史有关。相比安民受到的"府官怒，欲加罪"的待遇，李仲宁要幸运得多，最终有司赠酒从其请。

---

[1] 关于地方立碑时间，可参见本书第五章第一节的相关论述。
[2] 《宋史》卷三三六《司马光传》，第10769—10770页。
[3] 王明清撰，田松青点校《挥麈录》"三录"卷二，第157页。

无独有偶,关于安民、李仲宁的首次记载,前者来源于《邵氏闻见录》,后者来源于《挥麈录》,这两本书皆属私人笔记。对于石工这种小人物,历来官方史籍都不会加以留意。元修《宋史》将安民故事采入,无疑扩大了其影响。

(二)为公或为私:安民、李仲宁拒刻党籍碑深层原因发覆

北安南李皆拒刻党籍碑,此事是否属于同一性质?他们拒刻有没有深层原因?

关于安民、李仲宁拒刻党籍碑,后人有过诸多议论。其中清人汪师韩《谈书录》从公私角度做了对比:

> 以两事比观,安民特不镌名耳,碑固镌也,仲宁竟不镌碑,似尤胜矣。乃安民事载正史,而人无不知之。仲宁仅纪于说部之书,人罕有知者,何不幸也。盖仲宁所争在文情也,安民所争在行理也,一人之私,固不及天下之公也哉!①

汪师韩对安、李二人做出了道德高低评判,颇具慧眼。尤其是公理私情之论,能引人深思。汪师韩认为安民拒刻是为公理,李仲宁拒刻乃为私情,两者性质各异。不可否认的是安民拒刻党籍碑或多或少含有道德因素的影响,但同时也许还有其他不为人知的深层原因,下面予以索隐。先将安民所镌石刻统计如下。

表4—1　安民所刻石刻统计表

刻石	撰文	书丹	石刻名	时间	地点	石工题衔	出处
安民	辛育	安宜之	奉天县新修浑武忠公祠堂记(浑瑊祠堂记)	元祐五年(1090)清明	陕西乾县	京兆安民镌	《金石萃编》卷139

① 汪师韩《谈书录》,《续修四库全书》本,第1147册,第558页。

刻石	撰文	书丹	石刻名	时间	地点	石工题衔	出处
安民、武宗道	吕大临	游师雄	宋故清河县君张氏夫人墓志铭	元祐五年（1090）三月	陕西眉县	安民、武宗道镌	王其祎、周晓薇《"关学"领袖张载家族人物新史料——〈宋故清河县君张氏夫人墓志〉研读》，载《碑林集刊》14辑
安民	黎持	安宜之	京兆府学移石经记	元祐五年（1090）九月二十日	陕西西安	安民镌	《金石萃编》卷139、《中国西北地区历代石刻汇编》第7册6页
安民、安敏、姚文、安延年	张舜民	邵篪	游师雄墓志铭	绍圣四年（1097）十月十七日	陕西武功	京兆安民、安敏、姚文、安延年模刻	《中国西北地区历代石刻汇编》第7册20页、《金石文考略》、《金石萃编》、拓本
安民	赵宗辅	僧道雅	宋故京兆府鄠县白云山主利师塔记	元符二年（1099）	陕西西安	安民刊	《金石萃编》卷142
安民、安延年、姚革	王箴	王振	孙昭谏墓志	建中靖国元年（1101）十一月四日	陕西西安	安民、安延年、姚革刻	《户县碑刻》31页、《新中国出土墓志》（陕西三）下册93页
安民			元祐党籍碑	崇宁二年（1103）或三年（1104）	陕西西安	未署名	《邵氏闻见录》

　　上表囊括了目前所知的安民所刻的全部石刻，联系邵伯温的记载，并分析此表所录石刻，能得出如下几点认识：

　　1.安民是受到过忠义思想影响的具有文化修养的石工。前引

《邵氏闻见录》载其"以镌字为业,多收隋、唐铭志墨本,亦能篆。教其子以儒学",此已见其修养与普通石工有异。若从安民所刻碑志来看,他有经常与忠义节孝之思想接触的机会。如所刻《奉天县新修浑武忠公祠堂记》赞颂了唐朝名将浑瑊;又如所刻《孙昭谏墓志》歌咏了北宋西北良将孙昭谏守边有功,嘉许了其忠义许国;所刻《宋故京兆府鄠县白云山主利师塔记》赞扬的乃是高僧大德;所刻的《京兆府学移石经记》体现了尊经重道之举。如此种种,安民参与其间,或亦受到熏染。可见安民独自刊刻,或以其为首合刻的碑志并非寻常石刻,大都体现了标举忠孝节义的意义。

2.安民与旧党重要成员可能有交集。《宋故清河县君张氏夫人墓志铭》由吕大临撰文,安民主刻。吕大临乃名播当朝的"蓝田四吕"之一,安民或许与其有交。仔细阅读元祐五年(1090)由安民独自刊刻的《京兆府学移石经记》,不难发现黎持撰写的这篇碑记含有赞颂吕公龙图之意。碑文云:

> 汲郡吕公龙图领漕陕右之日……喟然谓持曰:"京兆闉阓间,有唐国子监存焉……。地杂民居,其处洼下,霖潦冲注,随立辄仆,埋没腐壤,岁久折缺。殆非所以尊经而重道。予欲徙置于府学之北塘……。"此吕公所以为有功于圣人之经而不可不书也。[1]

吕公龙图即吕大忠,吕大忠领漕陕右,时命学官黎持移动石经,并撰写碑文,由安民刊刻。吕大忠乃元祐旧党的重要成员,其弟吕大防更是入党籍碑第一类"曾任宰臣执政官"成员,是与司马光、文彦博、吕公著同列碑首的名公钜卿。朱彝尊《宋京兆府学石经碑跋》云:

---

[1]王昶《金石萃编》卷一三九,第2597—2598页。

　　方是时，宣公在朝，二三执政罔非正人，监司长吏咸以兴起学校、裒集经史为务。至绍圣元符之际，小人柄政，诸君子咸被重罪以去，宣公窜死虔州。未几，大忠亦降官。崇宁初，籍党人立石端礼门侧，蔡京复自书碑，颁郡县。彼张商英、周秩、杨畏之徒，反覆附和，恬不知耻。民以一石工，独能严邪正之辨，不肯镌名姓于碑。惟恐得罪后世。匹夫之志，不可夺，如是夫！持为京兆学官，其文辞条达，类南丰曾氏，而宜之之书，亦称入格，迄今博闻之士，或不能举其姓氏。民则后生末学，皆能道之，以此见立身行己，不可不为后世虑。苟是非得其正，虽百工技能之人，反有荣于当时之士大夫者。[1]

朱彝尊颂赞安民的同时，已将其刻石的党争背景言明。宣公即指吕大防，这说明安民与旧党重要成员吕大防[2]、吕大忠等存在着接触的可能性。

　　3. 安民还可能与旧党中的一般成员交情深厚。进一步考察安民所刻的《京兆府学移石经记》，乃安宜之书丹。安民乃长安人，安宜之所刻石碑[3]亦在长安地区，陶宗仪《书史会要》云"安宜之，长安人，工楷书"[4]，即证明安宜之也为长安人。《奉天县浑忠武公祠堂记》下题"进士安宜之书并篆"[5]，说明安宜之也非普通石工，

① 朱彝尊《曝书亭集》卷五一，《清代诗文集汇编》本，第116册，第403页。
② 辛德勇《说阜昌石刻〈禹迹图〉与〈华夷图〉》也认为安民家族与吕大防等有关系。
③ 毕沅《关中金石记》卷四（《石刻史料新编》本，第2辑，第14册，第10679页）云："《藏真律公二帖》，无号年，释怀素草书，宋元祐八年九月安民之刻。有游师雄跋，并在西安府学。"这说明安宜之不仅能书丹，也能刻石。其所刻《怀素法帖》今藏西安碑林。
④ 陶宗仪《书史会要》卷六，《中华再造善本》，国家图书馆出版社，2014年。
⑤ 王昶《金石萃编》卷一三九，第2594页。

而极有可能是乡贡进士[①]，是一位能书善刻的地方文人。从表4—
1可知，安宜之应与安民有多次合作，仅元祐五年就有至少两次合
作书丹刻石。因为石工群体具有家族化特征，安民与安宜之皆能
刻石、书丹，长期合作，他们可能是同族。就流传的《元祐党籍碑》
名单，可知有一位安信之名列"余官"类，是与秦观、黄庭坚、晁补
之、张耒等同列的党人。安信之极有可能与安宜之有关系。《邵氏
闻见后录》载："长安安信之子允为予言：'旧藏韩退之家集第二十
六、二十七，二卷。'"[②]可见安信之与安宜之皆是长安人，其生活时
间也皆在元祐、崇宁年前后。他们同姓安，名皆带点——"丶"字。
因此，安民与安宜之、安信之都是同时期的同姓长安人，他们极有
可能是同族。

　　综上，勾稽种种文献，抽丝剥茧，可知安民与入元祐党籍碑的
安信之、吕大防家族都有千丝万缕的联系。而这些人都属于旧党，
安民的党争立场很大程度上就可能偏向旧党。因此安民拒刻党籍
碑，也非仅为公理而言，亦有一定的私情所在，只不过这一点未被
史料明载，千百年来似未有人深思。

　　再看李仲宁拒刻党籍碑的原因。作为民间石工的李仲宁乃生
意人，通过刻碑、刻版手艺来挣钱，既是石工，又是版刻刻工，因刊
刻苏轼、黄庭坚作品而得以发家致富，故其言不忍刻党籍碑。前引
《挥麈录》有载，黄庭坚题李仲宁居所曰"璪玉坊"，由此可见，李仲
宁也非一般石工，他应与入党籍碑的黄庭坚有交往，二人均为九江

[①]宋地方石刻常有撰者、书丹人题署乡贡进士，此安宜之所题进士极有可能是指乡
　贡进士。
[②]邵博撰，刘德权、李剑雄点校《邵氏闻见后录》卷一五，第116页。

人,可谓同乡。目前所知李仲宁石刻仅有两条出土文献①。其中刻
有《曾巩墓志铭》,因与墓主都是江西人,他或许也与曾氏家族有
交情。墓主曾巩的政治思想总体倾向新党,但对于改革又与王安
石等人有不同看法。党籍碑"曾任宰臣执政官"中的重要党人有曾
布,曾任宰相,乃曾巩之弟。李仲宁似乎与新旧两党成员都有一定
交集,他应有避免参涉党争的心态,因此婉拒刻碑,较之安民不得
已刻碑,李仲宁婉拒成功,可谓幸矣。

　　崇宁年间,除了安民、李仲宁拒刻党籍碑,还有陈敏作为台州
知州拒立党籍碑一事。南宋史能之《(咸淳)重修毗陵志》载:

　　　　陈敏,字伯修,无锡人。……登崇宁三年第……徽宗朝诸
　　蔡用事,斥司马公诸贤为奸党,令州郡皆立石。守倅刻铭焉,
　　敏通守天台,监司促之急。答曰:"诬司马公为奸臣,是诬天
　　也。"倅自立石,敏碎之。囚其石工,官吏悚栗言于敏,惧劾。
　　敏曰:"我死且不辞,何劾之畏?"竟挂冠不仕,号濯缨居士。②

　　这里刻石天台(台州)党籍碑的石工没有安民、李仲宁这种风
节与说辞,这应该是当时绝大部分地方石工的代表,他们大都按命
令办事,拒刻者当属少数。

　　由上可知,北宋晚期的部分民间石工可能与某些党人有交往,
所以当诏令天下州郡刻党籍碑时,相关石工所面临的心态可能都
与安民、李仲宁相似。

---

①1970年冬出土于江西南丰县,由李仲宁与李仲宪合刻的《中书舍人曾巩墓志铭》
　　(元丰七年,1084),以及1972年出土于江西彭泽县,由李仲宁独刻的《刘元周妻
　　易氏墓志铭》(元祐五年,1090),分别见于陈柏泉《江西出土墓志选编》,江西教
　　育出版社,1991年,第37、55页。
②史能之纂修《(咸淳)重修毗陵志》卷一七,《续修四库全书》本,第699册,第
　　170页。

（三）情理与公私的一边倒：后人对安民、李仲宁的咏叹

由于拒刻党籍碑，安民故事的文化影响甚大。明清不少文人肯定了他的气节，除了前引朱彝尊之语，还有不少诗文咏叹他们。随举几例：

如诸多咏史诗，或观广西党籍碑摩崖，或观党籍碑拓本有感而发。清卢綋《龙隐洞元祐党籍碑》云：

> 清流榜勒几经年，文浸苔苍绿字传。
>
> 信是蛟龙因类合，尽教鳞甲伴云眠。
>
> 籍投荒外原同窜，名托岩头正许全。
>
> 早识而今犹不朽，安民恨未附碑镌。[1]

此乃作者游玩龙隐洞观党籍碑之后所作，全诗颂赞元祐党人，诗末作者喟叹安民未镌题署为憾。读者从中能体会到时移世易、荣辱变迁的党人际遇差异。又如清人沈德潜的古体诗《元祐党籍碑》，此诗较长，作者以叙事笔法呈现党籍碑一事始末，其中"石工安民免镌名，名转因之留史册"[2]提及安民，未将此一小人物摈弃颂赞之外。还如清人陶澍《消寒四集胡墨庄斋中观沈暐本元祐党人碑》，此亦为古体诗，其中有"沈生摹此扬祖风，所见未许安民同。……青史千年黑白分，那在区区石一片"[3]几句。"沈生摹此扬祖风"指高宗平反元祐党后，沈暐重刻党籍碑。沈暐之举与安民拒刻党籍碑形成鲜明对比，一喜留名，一惧留名，折射出的是世事变迁的沧桑感与公道人心的集体评判。如此类诗作不少，都是附带咏叹安民。而专叹安民者亦有之。如明清之交的郭金台，以石

---

① 卢綋《四照堂诗集》卷六，《清代诗文集汇编》本，第19册，第506页。

② 沈德潜《归愚诗钞余集》卷六，《清代诗文集汇编》本，第234册，第292页。

③ 陶澍《陶文毅公全集》卷五五，《清代诗文集汇编》本，第530册，第244页。

工安民的口吻代其作诗，其诗云《党人碑·石工安民》，序文并诗如下：

> 蔡京颁所书元祐奸党碑，刻石于州县。有长安石工安民当镌字，固辞。府官怒，欲加之刑，民泣曰："被役不敢辞，乞免镌'安民'二字于石末。"后以天变，刘逵请帝碎之，安民乃仰天释憾而抒此词："碑无闻，宜朴筑。石无声，宜断斫。人有神兮天有目，景灵宫内飞尘烟，字出西方长竟天。"①

郭金台的代拟之作将人神共愤的党籍碑事件背后的集体愤懑情绪表达得淋漓尽致。还有合咏安民、李仲宁二位石工的。清人吴省钦《甘棠湖棹歌》之一谓："二蔡孤悍禁网张，小人饱暖仗苏黄。安民关内家迢递，只合移居琢玉坊。"②清人罗惇衍《安民》亦谓：

> 端礼门镌党籍碑，天教彗孛助倾危。
>
> 盘螭大字廷前立，司马高名宇内知。
>
> 金石千年留免累，风雷半夜毁嫌迟。
>
> 同心琢玉坊中客，一样苏黄泪洒时。③

郭金台、吴省钦、罗惇衍等代表了后人对安、李二位石工的褒扬态度。

综上几种咏叹，可知后人对于安民、李仲宁无论是出于公理，抑或是私情而拒刻党籍碑，几乎是一致性地肯定，可谓是非褒贬，颂赞皆同。他们于歌咏之中表达自己对党籍碑之事的批评，并一定程度上寄寓个人的政治情怀。总之，安民、李仲宁拒刻党籍碑是在党争炽热的情形之下产生的，他们的成名反映的是党争事件中

---

① 郭金台《石村诗文集》"诗集"卷上，岳麓书社，2010年，第32页。

② 吴省钦《白华前稿》卷二七，《清代诗文集汇编》本，第371册，第443页。

③ 罗惇衍《集义轩咏史诗钞》卷四四，《清代诗文集汇编》本，第657册，第501页。

气节风尚在小人物身上的可贵表现,是后世喟叹北宋党争时高标风节的结果。同时,他们的成名也离不开史籍作者的叙事立场。

四、从民间石工拒刻行为看党争舆情与党争叙事

北宋晚期党争炽热时,士大夫被罢遭贬乃常事,尤其是入党籍碑之士大夫,无论在世与否,被列入党籍对其本人及家族、后代的影响都是巨大的。崇宁元年(1102)九月己亥第一次在京师立党籍碑,立碑前夕的党争态势已然十分恶劣,立碑之后对相关党人的处罚则更严苛:陆续诏令禁元祐学术政事,诏令党人亲子弟不得擅到阙下,诏毁党人文集,诏令宗室不得与党人子孙通婚,追夺相关党人的出身与赠谥,甚至诏令与元祐党人同名的臣僚改名。①这些由蔡京擅权引发的声势浩大的严酷措施,波及士大夫甚广,影响甚大,治史者习称之为"崇宁党禁"或"崇宁党锢"。崇宁年间,蔡京及其党羽将政敌姓名刻碑全国加以羞辱,并关涉已亡者与党人子孙,社会舆情对蔡京等人此举持何种观点?

(一)"崇宁党禁"政治高压下的士大夫集体失语

先从士大夫角度来看。崇宁年间,全国掀起党禁高潮,应该遭致不少非议。前引陈敏任台州知州时拒立党籍碑,结果是主动"挂冠不仕",但大多数士大夫却没有如此勇气。基于党禁严酷,崇宁朝的士大夫绝大多数不敢将非议立党籍碑等事搬上台面,更不会留下文字证据,以免被政敌深文周纳。这一点,可以从《挥麈录》的记载窥斑知豹:

崇宁三年,黄太史鲁直窜宜州,携家南行,泊于零陵,独

① 相关举措可参看杨仲良《宋通鉴长编纪事本末》卷一二一"禁元祐党人上"与卷一二二"禁元祐党人下"。

赴贬所。是时外祖曾空青坐钩党,先徙是郡。太史留连逾月,极其欢洽,相予酬唱,如《江樾书事》之类是也。帅游浯溪,观《中兴碑》。太史赋诗,书姓名于诗左。外祖急止之云:"公诗文一出,即日传播。某方为流人,岂可出郊? 公又远徙,蔡元长当轴,岂可不过为之防邪?"太史从之。但诗中云:"亦有文士相追随。"盖为外祖而设。①

　　曾纡晚号空青先生,乃曾布之子,父子同入党籍碑,同入党籍的还有曾布的弟弟曾肇。南丰曾氏家族在"崇宁党禁"中受到牵连较大。在崇宁三年(1104),同入党籍的黄庭坚赶赴贬所宜州时,经过零陵而与曾纡等人同游浯溪,黄庭坚本欲书曾纡姓名于游记诗歌后,以纪念当时雅集交游之事,但黄庭坚此举被曾纡"急止之",最终只能用"文士相追随"暗指曾纡等人。曾纡劝阻原因是担心黄庭坚诗名过盛,"蔡元长(蔡京,字元长)当轴",不敢不提防蔡京等人可能引以为罪。在一首游记诗歌后署名本无关政治,但曾纡仍然劝阻,担心自己流贬途中外出游玩被罗织成罪,体现了他的惧祸心态非同一般。黄庭坚当年所作诗歌今存于其文集,名《书磨崖碑后》,此诗乃黄庭坚亲见唐代《中兴颂》摩崖石刻之后所作,虽然名义写唐,但或暗讽当朝之意,难免可能被蔡京集团拿来说事。曾纡之小心谨慎的举动并非个案,乃当朝士大夫集体惧祸之心理表征,是政治非常时期人人自危的体现。正因当时士大夫几乎集体无声,即便有士大夫品评当权者,也少有人敢用书面文字公开议论,所以现在几乎很难找到崇宁当朝非议党禁的文献记载。士大夫的集体失语并不意味着当时社会舆情对党禁事件就十分认可,反而透射出政治高压令人异常压抑恐惧。

① 王明清撰,田松青点校《挥麈录》"后录"卷七,第109页。

　　(二)石工拒刻行为所反映的当时舆情

　　如果说士大夫不敢议论当权者,是因为畏惧祸及本人仕途与子孙命运。那么远离政治的下层民众对党禁也会有自己的看法,他们私下议论党禁,顶多只是茶余饭后的交谈,乃口头议论而已,也更难留下文献记载。但我们如果眼光向下,可以从石工身上略窥当时的社会舆情。

　　党争酷烈时,绝大多数石工都会遵循命令而操凿刻石,像安民、李仲宁拒刻者无疑属少数。虽然前面已经探赜安民、李仲宁拒刻党籍碑应含有一定的徇私情之嫌,但毕竟两人确实做出了拒刻行为,他们拒刻并非全是徇私情,更多则是伸张正义的光荣之举。试想,士大夫们皆敢怒不敢言,当两位石工做出拒刻行为,就如同破空而来的惊雷,显得难能可贵,格外引人注意。前引《邵氏闻见录》云"安民者,一工匠耳,尚知邪正,畏过恶,贤于士大夫远矣。故余以表出之",《挥麈录》亦云"贤哉! 士大夫之所不及",邵伯温与王明清所言体现了一个鲜明的对比,即依据传统观念,读书人心怀天下乃本职,乃君子谋道的体现,就政治义务而言,批评时政、臧否人物乃当朝士大夫应该履行的义务,而这些义务对于政治边缘的石工而言,并非应尽之事。换言之,石工对于国家政治与社会责任是没有履行义务的。就连没有政治义务的下层石工都表现了对党籍碑之事的否定,这是小人物间接表达政治立场的行为,自然而然很大程度上体现了当时的人心向背。说明小人物在大历史中也能弘扬公道是非,伸张正气。得势者对政敌加以打压,失势者受尽排挤,属于"弱者",社会舆情对于"弱者"的同情源于当时政治打压的非正常化。入党籍碑之人,并非全是元祐旧党,张纲《看详元祐党人状》云"蔡京再将上书人及将己所不喜者作附丽人添入党籍,冗杂泛滥"①。入籍之人,除了元祐旧党,还有蔡京不喜者,这种不分青红皂白地打压政敌的做法,乃非正常化的以公谋私行为,所以遭致社会舆情的反对。同时,社会舆情的反对也体现了当时入籍之元祐党人的文化影响力与道德影响力之大,这也属于当时舆情的一种"道德审判"。

(三)石工拒刻行为所体现的南宋士大夫党争叙事立场

如果仔细考察安民、李仲宁拒刻行为的史源出处,还能部分了解南宋典籍的党争叙事立场。《邵氏闻见录》与《挥麈录》都是史料性质的笔记著作,两书都对两宋之际的史实具有重要补阙意义。

邵伯温之父邵雍与旧党要人司马光、吕公著、二程兄弟等人交情笃厚。邵伯温亦受旧党成员熏染,史载"伯温入闻父教,出则事司马光等,而光等亦屈名位辈行,与伯温为再世交,故所闻日博,而尤熟当世之务。光入相,尝欲荐伯温,未果而薨。"②《邵氏闻见录》成书于绍兴二年(1132)③,而在建炎四年(1130),南渡朝廷为收揽人心,为昔日遭难的元祐党人昭雪,平反主要依据《元祐党籍碑》名册。朝廷昭雪入籍党人之后行推恩之令,此时党人子孙反以先祖入籍为荣,以至于出现虚领推恩、以邀荣宠的局面。所以,南渡初期的主流政治思想乃是旧非新,邵伯温在此时记载安民拒刻党籍碑,无疑表现了他的党争叙事立场偏向旧党。再看王明清《挥麈录》的创作背景,其人生活在南宋中期,王明清的外祖父乃入籍之曾纡,是党禁中被打压的南丰曾氏成员。王明清前后耗时三十余年,陆续撰有《挥麈前录》《后录》《三录》《后录余话》,李仲宁拒刻

---

① 张纲《华阳集》卷一八,《宋集珍本丛刊》本,第38册,第509—510页。
② 《宋史》卷四三三《儒林传·邵伯温传》,第12851页。
③ 见李剑雄、刘德权点校《邵氏闻见录》书首邵伯温所撰《原序》。

党籍碑出自《三录》,此《三录》成书于庆元元年(1195)[1],此时的大环境也可以从当时党人子孙重刻党籍碑引以为证。为了彰显祖先荣耀,南宋庆元四年(1198),入籍党人梁焘曾孙梁律重刻党籍碑,党人沈千曾孙沈暐又于嘉定四年(1211)重刻党籍碑。梁、沈重刻党籍碑的时间在王明清《挥麈三录》之后不久,说明此时政治舆论环境相对宽松,因而王明清记载李仲宁拒刻党籍碑也有表明其党争叙事立场的目的。

所以说,记载石工拒刻行为的邵伯温与王明清,都是被蔡京等人打压的所谓"奸党"之后。在南宋元祐党人得以昭雪之后,党人子孙此时追叙前朝历史陈迹以表明政治褒贬之义,石工这类小人物的英雄事迹方得以展现在私家笔记中。南宋私人修史成风,笔记作者也常有着史官意识。尤其是生活在两宋之交或南宋的党人子孙,如邵伯温与王明清等人,笔记取材暗喻政治褒贬态度,他们的党争叙事立场[2]反映了南渡之后党人后人为宣扬祖德的舆论反攻。如果没有邵、王两人的记载,我们今天无从知晓安民、李仲宁拒刻的光荣事迹,从这一点意义而言,小人物正义之举的历史在场行为与党人后人对大历史叙事的选择性记载相结合,才让我们有机会略观那段严酷波诡的岁月中普通民众的政治立场。

通过安民、李仲宁的故事,可知在酷烈的崇宁党争白热化阶段下,凡与党人有关者皆避免与党争有牵连,哪怕是小人物,也尽

---

① 见王明清撰,田松青点校《挥麈录》之《点校说明》。
② 如李剑雄、刘德权点校《邵氏闻见录》之《点校说明》;李华瑞《宋代笔记小说中的王安石形象》(《王安石变法研究史》,人民出版社,2004年);程国赋、叶菁《北宋新旧党争影响下的笔记小说创作》(《陕西师范大学学报》2016年第6期)一致认为与北宋新旧党争有关的南宋笔记总体持有党争叙事立场。

量避免牵涉党争。作为地方的民间石工，如安民者，虽然并未主动参与党争，却因与党人有千丝万缕的关系，而通过拒刻党籍碑来间接表达自己的政治立场。进一步思考，长安安民与旧党颇多关系，九江李仲宁则可能与新党交集更多。旧党多北人，新党多南人，石工是否也因为地域而存在党争立场的分野？是否南方石工多与新党有关？北方石工多与旧党有关？抑或是石工人际交往也纠缠于复杂的新旧党人关系之中，难以以南北二元对立而论？此外，由于北宋都城的所在地相对靠北，中央官署石工是否也多为北方石工，尤其以洛阳、长安、开封等地石工为主？这些疑问目前难以一一回答，暂付阙如，随着出土石刻的渐多，也许未来能加以验证、解决。

第五章　专题个案：元祐党籍碑研究

　　元祐党籍碑[1]是中国历史上极其特殊的一份文献,此碑近千字,其实质是一份党人名单[2],它产生于北宋新旧党争晚期。这份文献从文本产生、实物立毁,到后世文本版本流传、实物重刻,其过程、版本极为复杂。此外,它牵涉众多党人,对名列其中的党人及其家族影响巨大,历来是北宋晚期文史研究引以为据的重要文献。鉴于学界未对元祐党籍碑做集中深入研究,本章以专题个案形式对其从文献学、历史学等层面做集中考察。这既包括党籍碑的静态文本研究,也涉及党籍碑立毁、重刻以及动态变化文本的索解。

第一节　元祐党籍碑的立毁与版本源流

　　宋哲宗元祐元年(1086),新旧两党领袖人物王安石、司马光相继去世,党争并未停止,反而愈演愈烈。至宋徽宗崇宁年间,为相专权的蔡京先后数次炮制出元祐党籍碑(又称元祐党人碑,或简称党籍碑、党人碑、奸党碑等),对相关党人加以禁锢。该碑作为一

---

[1] 由于该碑曾有立毁,含有物质实体性,故而本书行文中强调其物质实体性时不加书名号。同时它也是一份名录,亦属于传世纸本文献,行文时强调其纸本形态性则加书名号,由此以示区别。但有时兼有两义无法明确,则不加书名号。

[2] 可参见本书末附录"《元祐党籍碑》名单定本"。

份党籍名录,对相关党人仕途及党人家族的发展影响甚大。实际上此碑题目中所含"元祐"二字乃广义概念,涉及的党人身份冗杂,其以元祐旧臣为主体,还涉及若干新党士大夫和不为蔡京所喜者,甚至包括武将与内臣。所以本书在探讨元祐党籍名录的时候亦取广义,并非单指元祐旧臣。由于党争党禁的限制以及史料的遗失,相关记载语焉不详,呈现碎片化特点,或各有阙误、龃龉,导致此碑的立毁情况与版本流传问题较为复杂,相关成果[①]虽有论及,但多有不足,且部分关键问题不够深入或未见涉及。如党籍碑的立毁时间与次数探讨不够深入,而党籍碑与党籍名录的关系、京城与地方立碑的具体地点与意义等亦未见涉及。尤其要注意的是,若论党籍碑的版本流传,必须兼顾石刻物质形态与文字纸本形态两方面。

一、北宋元祐党籍碑的立毁与名录异同

首先需要说明的是,《元祐党籍碑》是一份党籍名录,但不能说元祐党籍名录即是元祐党籍碑。广义而言,党籍名录包括入石的党籍碑与未入石的党籍名录,但入党籍的人并不一定都被刻石上碑。此外,以最后出的309人版《元祐党籍碑》为例,其对党人的记录,分为文臣(又细分为曾任宰臣执政官、曾任待制以上官、余官)、武臣、内臣、为臣不忠曾任宰臣,前后不同版本党籍碑的分类大同小异,此处先将分类表出,利于后面的论证表达。

---

① 可参见陈乐素《桂林石刻〈元祐党籍〉》(《学术研究》1983年第6期)、林京海《元祐党籍石刻考》(《碑林集刊》,2001年)、方学志《宋"元祐党籍"碑两种重刻本的甄别》(《广西地志》2001年第2期)。诸文主要谈及两块今存于广西的重刻党籍碑,对崇宁年该碑的立毁时间与次数、党籍碑与党籍名录的关系、立碑地点等未加详考,留有较大拓展空间。

党籍碑的产生始末较为复杂,不同版本收录人数有异,立碑地点亦有不同,且党籍碑与未入石之党籍名录容易混淆。须以擘肌分理之态度,方能对其有相对清楚的把握。由于《续资治通鉴长编》缺徽宗朝事迹,当朝其他文献的相关记载也较为零散,下面先从《宋史》中梳理党籍碑的立毁始末,然后辅以其他文献进行考辨。

《宋史·徽宗本纪》的记载相对详细:

> (崇宁元年九月)己亥,籍元祐及元符末宰相文彦博等、侍从苏轼等、余官秦观等、内臣张士良等、武臣王献可等凡百有二十人,御书刻石端礼门……(崇宁二年)九月……辛丑……令天下监司长吏厅各立《元祐奸党碑》。……(崇宁三年)六月……戊午,诏重定元祐、元符党人及上书邪等者合为一籍,通三百九人,刻石朝堂,余并出籍,自今毋得复弹奏。……(崇宁)五年春正月戊戌,彗出西方,其长竟天。……乙巳,以星变,避殿损膳,诏求直言阙失。毁《元祐党人碑》。复谪者仕籍,自今言者勿复弹纠。丁未,太白昼见,赦天下,除党人一切之禁。①

《宋史·蔡京传》也有相关记载,但在具体时间上却语焉不详。其云:

> 崇宁元年,徙大名府。……二年正月,进左仆射……时元祐群臣贬窜死徙略尽,京犹未慊意,命等其罪状,首以司马光,目曰奸党,刻石文德殿门,又自书为大碑,遍班郡国。初,元符末以日食求言,言者多及熙宁、绍圣之政,则又籍范柔中以下为邪等,凡名在两籍者三百九人,皆锢其子孙,不得官京师及近甸。……五年正月,彗出西方,其长竟天。帝以言者毁

①《宋史》卷一九、二〇,第365—375页。

党碑,凡其所建置,一切罢之。①

这里的"言者"当指刘逵。《宋史·刘逵传》有载:"逵无他才能,初以附蔡京故躐进。京以彗星见去相,而逵贰中书,首劝徽宗碎《元祐党碑》,宽上书邪籍之禁;凡京所行悖理虐民事,稍稍澄正。"②可知,蔡京掌权之后,为了打击政敌,崇宁元年(1102)九月己亥首次炮制出第一种党籍碑,崇宁二年九月辛丑第二次立党籍碑,崇宁三年六月戊午第三次立党籍碑,前后三次党籍碑所涉及人数不同,崇宁五年正月乙巳,徽宗因星变从刘逵等人之请,党籍碑被毁讫。需要提及,粗看《宋史·蔡京传》的记载,似乎崇宁二年第二次立碑曾刻石文德殿门,然此实由于史官跳跃叙事,将崇宁三年之事置于二年书之,未见他书有录崇宁二年刻石文德殿门之事,此年只是如《宋史·徽宗本纪》所谓刻石天下监司长吏厅,这下面第二部分之考证地方监司长吏厅立碑引用的《皇宋通鉴长编纪事本末》亦可证之,兹不赘述。

《宋史·徽宗本纪》《宋大诏令集》等谓下诏定党籍309人刻石在崇宁三年六月戊午,即上云第三种党籍碑。但《道命录》云:"崇宁三年,六月丁巳,诏元符奸党通为元祐奸党,凡三百有九人……上亲书刻石于文德殿之东壁,又命蔡京书而颁之天下。"③《东都事略》亦云:"(崇宁三年)六月……丁巳,籍元祐奸党,以司马光为首,凡三百九人,刻石于文德殿门之东壁。"④这两处谓定党籍309

---

① 《宋史》卷四七二,第13722—13725页。

② 《宋史》卷三五一,第11109页。

③ 李心传《道命录》卷二,《续修四库全书》本,第517册,第518页。据来可泓《关于〈道命录〉的卷数及有关内容》(《古籍整理研究学刊》1985年第4期)的考辨,可知现存《道命录》除了李心传本人所撰之外,历来有人增益,但记录《元祐党籍碑》的内容为第二卷,应非后人补增,乃李心传所录。

④ 王称《东都事略》卷一〇,《二十五别史》本,齐鲁书社,2000年,第75页。

人刻石在六月丁巳，与前谓六月戊午相差一天。可能是先定党籍在六月丁巳，诏令刻石在翌日的六月戊午，故记载时间略有不同。

《宋史·徽宗本纪》载首次立碑与第三次立碑涉及的人数分别是120人、309人，却未记录第二次立碑涉及的人数。关于崇宁元年（1102）九月己亥首次立碑的入籍人数，各种记载有异，主要有120人、119人、117人三种记录。绝大多数文献皆谓120人，如除了《宋史·徽宗本纪》，李埴《皇宋十朝纲要》[①]等皆云120人；云119人者，如陈均《皇朝编年纲目备要》[②]、吕中《大事记讲义》[③]，云117人者，仅见于《皇宋通鉴长编纪事本末》[④]。先甄别119人与117人版，经过名录比对，多出的两人为郑雍、韩忠彦，皆被列为曾任宰相执政官内。考二人仕宦，他们确曾深陷党争，有入籍可能。且三次党籍碑名录皆由蔡京主事，郑、韩两人皆入第二、三次党籍碑，也极有可能入首次党籍碑。故而117人版当是漏抄郑雍、韩忠彦二人所致。由于未见120人版的具体名录，实难与119人版作对比。但应以120人为准，一来绝大多数文献皆谓120人，且相对先出的《宋史·徽宗本纪》[⑤]、李埴《皇宋十朝纲要》亦谓120人。之所以出现差异记载，恐是辗转抄录讹漏，转袭其说所致，119人版当是漏抄一人。以吕中《大事记讲义》为例，其云首次立碑为119人之

---

① 李埴撰，燕永成校正《皇宋十朝纲要校正》卷一六，第436页。

② 陈均撰，许沛藻等点校《皇朝编年纲目备要》卷二六，第666页。

③ 吕中撰，张其凡、白晓霞整理《类编皇朝大事记讲义　类编皇朝中兴大事记讲义》（合刊本）卷二一，第363页。

④ 杨仲良《皇宋通鉴长编纪事本末》卷一二一，第307—308页。此处未明言刻石，但联系上下文和时间（原文九月"己亥"误为"乙亥"），名单实应刻石。

⑤ 《宋史·徽宗本纪》虽为元代编撰，但史料来源当是北宋年间的官修国史等，可视为先出。

后，又紧接着记录了崇宁三年刻碑人数为390人①，此大误，应为309人。故而其云119人也极有可能是误记。

关于第二次立碑入籍人数，可从一篇奏状予以索解。两宋之际的张纲有《看详元祐党人状》云：

> 准尚书省劄子："臣寮上言。（具前劄子）七月十二日三省同奉圣旨：令给舍看详元祐党籍内曾任宰执、侍从、台谏等官，显有名德，合依累降指挥推恩之人，并余人各项开具，限五日具状闻奏。"今具下项须至奏闻者："曾任宰臣：文彦博……曾任执政：梁焘……曾任待制以上：苏轼……余官：秦观……已上共九十七人。"
>
> 右，臣等今看详党籍人姓名见于碑刻者，共有二本，一本计九十八人，一本计三百九人。虽皆出于蔡京私意，内九十八人者系是崇宁初年所定，多得其真。其后蔡京再将上书人及将己所不喜者作附丽人添入党籍，冗杂泛滥，增至三百九人。看详九十八人内，除王珪一名不合在籍，自余九十七人，多是名德之臣。除台谏官卒难省记外，其间曾任宰执、侍从及余人，并开项在前。所有三百九人，豁除九十七人系前石刻所载，其余数内更有侍从官上官均、岑象求，及余官江公望、范柔中、邓考甫、孙谔等六人，其名德亦显。然可见外有二百余人虽石刻具存，然其姓名有不显者。及当时议论是非，为年岁深远，别无文字考究，难以雷同开具。契勘前项九十七人并六人，共计一百三人，依得累降推恩指挥。所有今来臣寮上言许子孙陈乞恩例次数，伏乞付三省措置施行。谨录奏闻，

---

① 吕中撰，张其凡、白晓霞整理《类编皇朝大事记讲义　类编皇朝中兴大事记讲义》（合刊本）卷二一，第363页。

伏候敕旨。^①

可知,张纲看详元祐党人名单,目的乃行推恩之令。他确定的党人名单,来自于他所见的曾入石的两种党籍碑版本之一的98人版,并加入了上官均等六人,减去王珪一人,得以确定党人名单103人,据此用以推恩。张纲所谓"内九十八人者系是崇宁初年所定",即应是崇宁二年九月辛丑第二次所立党籍碑。关于此98人版,名单还可见于《皇宋通鉴长编纪事本末》^②。98人版较之能确定具体名单的119人版,因未计入内臣、武臣12人,且在余官类删削9人,共计少了21人,对曾任执政官与待制以上官的记录无异。由此推断,首次所立的120人党籍碑极有可能比119人版在余官类多出一人,而对执政官与待制以上官的记录也应无差异。

对于党籍碑的版本人数,清王士禛《蚕尾文·跋元祐党籍碑》有过论述:

> 《晁氏客语》云:"绍圣初,籍定元祐党,止数十人,世以为精选,后乃泛滥,人以得与为荣,而议者不以为当也。"张文简纲《华阳集》有《绍兴间进劄子》云:"臣等看详党籍人姓名,见于碑刻者有二本,一本计九十八人,一本三百九人,内九十八人……"以此考之,蔡京手定党籍原有二本,南渡合二本,详定为三本。^③

王士禛谓张纲《绍兴间进劄子》所记的"见于碑刻者有二本,一本计九十八人,一本三百九人",此《绍兴间进劄子》即指本书前引的《看详元祐党人状》。据洪箴《张公行状》,张纲生活在两宋之交,

---

① 张纲《华阳集》卷一八,第509—510页。
② 杨仲良《皇宋通鉴长编纪事本末》卷一二一,第311页。
③ 王士禛《带经堂集》卷七一,《清代诗文集汇编》本,第134册,第685页。

生卒年为元丰六年(1083)到乾道二年(1166),其人曾与蔡京共事,因论事忤蔡京而被贬。张纲亲身经历过党籍碑的立毁过程,故而他的记载值得信赖。洪箴《故资政殿学士左通议大夫丹阳郡开国公食邑二千二百户食实封一百户致仕赠左光禄大夫张公行状》(张纲行状)载:“(绍兴)四年正月,兼详定一司敕令,寻除给事中……先是推恩元祐党籍子孙,许其自陈,一时有司失于限制,来者不止,公建议以崇宁初年所定碑刻九十八人为正。”[①]联系《看详元祐党人状》与张纲仕履,以及张纲《看详元祐党人状》在《华阳集》中所处的位置,推测此状应写于张纲任中书舍人的绍兴三年(1133)的七月十二日至七月十七日之间,离毁党籍碑的崇宁五年(1106)约27年。

《道命录》谓:“先是七月既下元祐学术政事之禁,八月颁党人姓名下监司长吏厅刻石。凡九十有七,而先生(指程颐)于余官为第二十三人。”[②]“先是”指崇宁元年(1102),此云该年八月刻石97人版党籍碑于监司长吏厅。此时间记载与他书所载不符,《皇宋十朝纲要》《宋史·徽宗本纪》等书皆载崇宁二年(1103)九月辛丑令天下监司长吏厅刻石。即诸文献皆谓初次立碑在崇宁元年,且只在京师立碑,尚未扩及全国范围。从逻辑发展而言,《道命录》所载时间当误,且其云97人版党籍碑,亦未见他书有载,极有可能是误记。实际上《道命录》所谓的97人版,应是张纲所见98人版之误。

《宋史·徽宗本纪》等记载了120人与309人版,张纲《看详元祐党人状》记载了98人与309人版。故而《元祐党籍碑》前后三个不同人数的版本,分别是120人、98人、309人。记录人数的不同,

---

① 张纲《华阳集》卷四〇,第626页。
② 李心传《道命录》卷二,第517页。

体现了一时的政治格局与士大夫关系有异。严格说来，120人、98人、309人三版党籍碑都出自蔡京及其党羽之手。鉴于未刻石的党籍名录极易与党籍碑混淆，所以下面对其关系予以厘清。党籍碑是由此前的各种党籍名录发展而来的，其情况较为复杂，开其端绪的主要是如下两种，即章惇奏请编类元祐群臣章疏所确定的名录，以及元符三年臣僚章疏姓名录，这两种党籍名录未见入石。

王明清《挥麈录》"后录"云："明年，改元绍圣。四月，自外拜章子厚为左仆射。时东坡先生已责英州。子厚既至，蔡元度、邓温伯迎合，以谓《神宗实录》诋诬之甚，乞行重修。由是立元祐党籍，凡当时位于朝者，次第窜斥，初止七十三人。"[1]这说明最初的元祐党籍名录为73人版，时在绍圣元年（1094），乃章惇奏请编类元祐群臣章疏所确定的名录。崇宁元年（1102）九月乙未，又出现了一份元符三年臣僚章疏姓名录，即元符上书人姓名录，涉及人数众多。它是崇宁元年（1102）九月己亥出现120人版党籍碑之前四天问世的。这份名录分正邪两部分，其中正等又分为上中下三等，共计41人，分邪为四等（初分为三等），邪等多达541人，共计582人。史籍有载，如《宋会要辑稿·职官》载："崇宁元年九月十四日，诏开具元符三年臣僚章疏姓名。邪上尤甚：范柔中……邪上：梁宽……邪中：赵越……邪下：王萃……。"[2]《皇宋通鉴长编纪事本末》等亦有详细记载。乾道二年（1166）十月八日，周必大有《葛敏修圣功文集后序》谓："予尝观书太史氏，按崇宁元年九月乙未诏书，定元符末党籍五百四十有一人，而公姓名在焉。由此罢确山宰，废于

---

① 王明清撰，田松青点校《挥麈录》"后录"卷一，第44—45页。
② 徐松辑《宋会要辑稿》"职官"六八之一至六八之二，第3908—3909页。

家。越三年六月丁巳,始出党籍。"①此即指元符上书人之邪等的541人。前引崇宁三年"重定元祐、元符党人及上书邪等者合为一籍"而立碑,可知崇宁三年309人版《元祐党籍碑》的名单来源之一就是这份元符三年臣僚章疏姓名中的若干邪等党人,故而这份名录也可称为元祐党籍名录之一种。宋室南渡后的103人版党籍名录乃张纲整合而出,此本是党禁解除后的党人姓名汇集,目的在于确定推恩人数,性质与北宋党籍碑有异。

　　要之,上述六种可称为元祐党籍名录的文献,其中三种为入石的党籍碑,三种为未入石的党籍名录。如果按时间顺序而言,又该如何排列它们呢? 综上考述,绍圣元年(1094)的73人版最早,崇宁元年(1102)九月乙未的541人版次之,崇宁元年(1102)九月己亥的120人版再次之,崇宁二年(1103)九月辛丑的98人版再次之,崇宁三年(1104)六月戊午的309人版再次之,最后是绍兴三年(1133)七月的103人版。关于三种入石的党籍碑,其名录存佚情况如下,首次立碑的120人名单未见,但其中119人名单见于陈均《皇朝编年纲目备要》、吕中《大事记讲义》。第二次立碑的98人,名单见于张纲《看详元祐党人状》、杨仲良《皇宋通鉴长编纪事本末》。第三次309人版名录则为多种传世文献所载,并有重刻摩崖存世,其中名录有异,笔者有过专门探讨。

　　下面单独以表格形式对党籍碑的出现先后加以梳理。

---

① 周必大撰,王瑞来校证《周必大集校证》卷二〇,第289页。

表5—1　崇宁年间元祐党籍碑立毁始末简表①

时间	人数	立毁	地点范围	备注	主要出处
崇宁元年九月己亥(1102)	120	立	京师	蔡京炮制党人名籍,御书刻石端礼门	《皇宋十朝纲要》《宋史·徽宗本纪》等
崇宁二年九月辛丑(1103)	98	立	监司长吏厅	令天下监司长吏厅各立碑	张纲《看详元祐党人状》《宋史·徽宗本纪》《宋史·蔡京传》
崇宁三年六月戊午(1104)	309	立	京师、监司长吏厅	蔡京重定名籍,增加人数,上亲书,刻石朝堂(文德殿门东壁),蔡京书之令天下监司长吏厅刻石	《东都事略》《道命录》《宋通鉴纪事本末》《宋史·徽宗本纪》等,以及传世金石文献
崇宁五年正月乙巳(1106)	309	毁	京师、监司长吏厅	因星变毁碑	《宋史·徽宗本纪》等

足见,在崇宁元年、二年、三年,皆有党籍名录上石,皆可称为党籍碑。前已述及,崇宁五年(1106)正月乙巳,徽宗因星变诏令毁碑。党籍碑被毁,并不意味着元祐党人的政治地位迅速回升,更不象征着党争结束,但却意味着蔡京等人面临了前所未有的政治对抗。

要充分了解党籍碑的诏毁过程,需要辨析时人的天象观与相关记载差异。徽宗下诏毁碑与崇宁五年(1106)的一次天象异变有关,即《宋史·徽宗本纪》等书所谓的"星变"。《宋史·天文志》谓:"崇宁五年正月戊戌,彗出西方,如杯口大,光芒散出如碎星,长六

---

① 此表所谓时间乃指下诏时间,非具体立碑时间。诏令刻石到真正立碑有一个时间差,但不会相隔太久。崇宁年的党籍碑具体立碑时间史无明载,难以确定。本书在谈及立碑时间的时候,一般以下诏时间为准。

丈,阔三尺,斜指东北,自奎宿贯娄、胃、昴、毕,后入浊不见。"①《宋会要辑稿·职官》亦谓:"(崇宁)五年正月十四日星变。"②杨仲良《皇宋通鉴长编纪事本末》记载较为详细:

> 崇宁五年正月戊戌,是夕,彗星出西方,由奎贯胃、昴、毕,至戊午没。乙巳,诏:"以星文变见,避正殿,损常膳,中外臣寮等,并许直言朝廷阙失实有。"又诏:"应元祐及元符末系籍人等,今既迁谪累年,已足惩戒,可复仕籍,许其自新。朝堂石刻,已令除毁,如外处有奸党石刻,亦令除毁。今后更不许以前事弹纠。常令御史台觉察,违者劾奏实无。"……丁未,大赦天下,应合叙用人,依该非次赦恩与叙;应见贬责命官未量移者,与量移;应官员犯徒罪以下,依条不以赦降去官原减者,许于刑部投状,本部具元犯因依闻奏,未断者并仰依令赦原减。……癸丑,诏:"元祐系籍人等石本,已令除毁讫,所有省部元镂印板并颁降出外名籍册,并令所在除毁,付刑部疾速施行。"丁巳,诏曰:"……布告天下,明谕朕意毋惑。"戊午,御笔:"元祐系籍人石本,已令除毁讫。所有从初降黜子孙、亲属职名……并量等第与宽释,可速立法闻奏。"③

从《宋史》与《皇宋通鉴长编纪事本末》的记载,可知星变开始在崇宁五年(1106)正月戊戌,查《二十史朔闰表》,即崇宁五年正月初五。当今天文科学也指出,彗星出现的时间可以持续多天。《皇宋通鉴长编纪事本末》所谓"至戊午没",乃指彗星现象从正月戊戌(初五)持续到正月戊午(二十五)。这里所谓星变,乃是一

---

①《宋史》卷五六,第1228页。
②徐松辑《宋会要辑稿》"职官"七六之二五,第4108页。
③杨仲良《皇宋通鉴长编纪事本末》卷一二四,第327—331页。

个持续过程,并非单指正月戊戌(初五)这一日,此点当特别表出。此外,前引《宋会要辑稿·职官》亦谓"(崇宁)五年正月十四日星变",当指前引《宋史·徽宗本纪》所载的"(崇宁五年正月)丁未,太白昼见"。查《二十史朔闰表》,正月丁未即正月十四日。太白昼见即金星亮度异常,也是时人认为的一种天象异变,即《宋会要辑稿·职官》所谓正月十四日星变。而《宋史·徽宗本纪》等书所说的星变,乃指彗星现象。也就是说在彗星出现的20天内,曾出现了太白昼见的天象。具体来说,在崇宁五年(1106)正月间,彗星出现在正月初五至正月二十五,而金星亮度异常出现在正月十四。《宋史》与《皇宋通鉴长编纪事本末》皆谓宋徽宗因星变诏毁党籍碑在正月乙巳(正月十二日),可知下诏毁碑是在彗星开始七天之后对天有异象的一种回应举措。

　　《宋会要辑稿·职官》又载:"(崇宁)四年十二月二十四日,诏:'应元祐及元符末系籍人等,今既迁谪累年,已足惩诫,可复仕籍。许其自新,所有朝堂石刻,已令除毁讫,如外处有立到奸党石刻,亦令除毁。今后更不许以前事弹纠。'"[1]此云"(崇宁)四年十二月二十四日"下诏,时间与星变、诏毁碑难以契合,恐为清人辑出此书时误抄所致。此诏当如《皇宋通鉴长编纪事本末》所云在崇宁五年正月乙巳发出。此外,如被认为成书于南渡初的《宋大诏令集》具有资料的原始性,此书两处记载此诏,一曰《星变毁党籍石刻诏》[2],时间为崇宁五年正月乙巳。一曰《除外州奸党石刻御笔手诏》[3],时间为崇宁五年正月十二日。正月乙巳即正月十二日。清

---

① 徐松辑《宋会要辑稿》"职官"七六之二五,第4108页。
② 佚名编《宋大诏令集》卷一五五,第581页。
③ 佚名编《宋大诏令集》卷二一七,第829页。

人编撰《续资治通鉴》时,亦认可崇宁五年正月乙巳之说。

由上所述,可以归纳出如下一条线索,以明示毁党籍碑、宽党禁[①]的过程:

宋徽宗崇宁五年(1106):

正月戊戌(初五):星变开始(彗星出现)。

正月乙巳(十二日):避殿损膳,许直言朝廷阙失,诏毁朝廷内外党籍碑。

正月丁未(十四日):太白昼见(金星亮度大),赦天下,除党人一切之禁。

正月癸丑(二十日):已毁讫党籍碑石本,且令除毁元镂印板与颁降出外名籍册。

正月丁巳(二十四日):布告天下,明谕毋惑邪臣。

正月戊午(二十五日):星变结束(彗星消失),令宽党禁。

可见徽宗下诏毁碑之后的十多天内,连续颁布了好几条诏令,其目的都是对天象警示的回应。可以说徽宗因星变毁碑只是明令

---

① 需要格外说明的是,毁碑、宽党禁、解除党禁是三个不同概念,不能等同视之,此点易被忽略。绍圣元年(1094),章惇请编元祐群臣章疏,意味着党禁前奏。崇宁元年(1102),分元祐诸臣章疏姓名为正邪各三等(即元符上书人姓名录)、诏始禁元祐学术政事,意味着党禁正式开始。毁碑(毁党人名册)、宽党禁在崇宁五年(1106),崇宁五年有"除党人一切之禁",并非指解除党禁。如大观二年(1108)诏许韩维等95人出党籍。完全解除党禁在20年之后,即靖康元年(1126)"除元祐学术党籍之禁"(元祐学术党籍)。即毁碑、宽党禁之后,部分党人及其子孙,在20年左右内仍然受制于党禁的制约。直至"徽宗将内禅,诏解党禁,除新法,尽复祖宗之故。"(《宋史》卷三六二《吕好问传》,第11329页)故而,北宋新旧党争中的党禁,正式始于崇宁元年(1102),结束于靖康元年(1126),持续24年。《道命录》卷二(第516页)谓"先是,(崇宁)元年七月,蔡京拜右仆射,创讲议司,自领之,至是颁学制于天下,首有元祐学术政事之禁,凡二十有四年,至金人围京师乃罢。"此元祐学术政事之禁即指元祐党禁,又因崇宁元年开始实施,故又称"崇宁党禁"。

宽党禁的一个前奏措施，将具有强烈政治意义的、看得见的石碑毁坏，是一个极为重要的象征性措施，是当时党争态势得以变换的转捩点。此时徽宗对党争有了新认知，权相蔡京面临了新的政治对抗，即将迎来第一次罢相的结果。由此可知星变这一天象在当时对政治的影响。

党籍碑在崇宁五年（1106）被毁之后，南渡初已经文献难稽。《宋会要辑稿·职官》载：

> 高宗建炎元年……四年……十一月十二日，诏："故司空、平章军国事吕公著，特赠太师，追封晋国公……"先是，手诏欲褒赠公著等，宰执进呈，上曰："此事议论已久，缘军旅事多，终是行遣未尽。内中收得元祐党碑一本，待降出，可全录付所司，令一一契勘，合褒赠者皆追与之。时方艰难，虽似不急，实可以收人心、召和气。"至是乃举行焉。[①]

时隔毁碑24年之后的建炎四年（1130），南渡朝廷为收揽人心，为昔日遭难的元祐党人平反，平反依据则来自于内中所得《元祐党籍碑》名册。张纲有《论党籍之家推恩泛滥剳子》云：

> 往时元祐臣寮子孙，流落困踬，陛下怜其名族不遭，曲加恩惠，德至渥也。然臣考之党籍见于石刻者三百余人，前后推恩已多，而来者不止，递相援例，无有限极。……臣以谓党籍之家固宜有以优恤之，但不可不为限制。……臣愚欲乞诏有司，将元祐党人择其显有名德者，方许子孙陈乞恩例一次。今日以前已经推恩者，不得再有陈乞。……伏望特赐睿旨施行。取进止。[②]

---

① 徐松辑《宋会要辑稿》"职官"七六之六二至七六之六四，第4126—4127页。
② 张纲《华阳集》卷一五，第492页。

确定党籍名单目的在于行推恩之令,但由于希冀得到恩典的党人子孙较多,由此有虚领推恩、以邀荣宠的人出现。陈与义于绍兴四年(1134)二月十六日《乞寻访元祐党籍及元符上书人姓名定本奏》谓:

> 窃观元祐党籍及元符上书人,其硕大光明者既以尽录,亦有姓名不熟于人,而多故之后无籍以考。乃绍兴之元下诏访求,有黄策者以蔡京所书党碑及国子监所印党籍、上书人姓名录白来上,付在有司。而遭罹火灾,又已不存。间有其子孙应令自陈者,乃以胥吏私抄之本定其是非,一字之间,予夺随之。乞诏令吏部寻访其本,缴申左右司审验讫,送本部照使。①

可见,朝廷在建炎初搜得一本党籍碑名录之后,绍兴元年(1131)又下诏寻求党籍碑名单、上书人姓名,这时离毁碑约25年,离蔡京去世仅5年而已。下诏寻访党籍碑名籍,乃因朝廷欲仔细契勘党人名额,故广而告之以求他本。"绍兴之元下诏访求"党籍名单的结果是"付在有司",但不幸"遭罹火灾"。所以陈与义才请求再次访求党籍名录,此时离党籍碑被毁不到30年。

鉴于对元祐党人子孙的优待较多,当时有人提出了异议,认为应该适可而止。御史张绚于绍兴五年闰二月有《乞罢元祐之臣隶党籍者之子孙添差奏》云:"元祐之臣名隶党籍者,陛下临御以来,辨别邪正,明订是非,复其职名,则恩加于泉壤,世其禄仕,则泽及于子孙,天下至公之论也。若乃创立添差之例,则臣以为不然。盖

---

① 徐松辑《宋会要辑稿》"职官"七六之四六,第4118页。奏章名据曾枣庄等编《全宋文》所拟。

石刻名臣故家尚多，展转援例，何时可已？"①

绍兴六年正月，范直方又有《乞甄别元祐党籍奏》云：

> 朝廷旌别淑慝，大开党禁，以风动天下。凡隶名石刻之人，皆蒙追录，此千载盛德之举也。然而其间贤否是非，未免混殽。……自崇宁以后，党籍日众，其间固多忠谠劲正之士，出处议论，具在方册。……以至今日，子孙又从而借口，侥觊恩典，幸门一启，流风靡靡，虽故家遗族，未免衔鬻希进，伤教败俗，莫此为甚。伏望密诏近臣，博访耆旧，重加审订，稍示甄别，以行典礼。庶几贤不肖各当其分，足以取信天下后世。②

自从朝廷下令以党籍名录推恩党人子孙之后，就出现了"子孙又从而借口，侥觊恩典"的现象。这份"黑名单"在党禁解除推恩子孙时，又成为了历史的光荣榜。如绍兴元年八月，周渊《父谔入元祐党籍未沾圣泽奏》谓："父谔元丰中上言，乞修京城。神祖籍寄姓名，欲加擢用。而蔡京以父谔为范纯仁之甥，王觌之婿，陈瓘妻兄，遂同入元祐党籍，未沾圣泽。"③此类党人子孙欲讨恩典的事情在当时应较为普遍，以至于才有张纲、陈与义、范直方等人乞甄别党籍真伪的奏状出现。

两宋之交，短短20多年，党籍碑从禁锢党人及子弟的历史罪状，成为党人子弟引以为荣、据之以得恩典的历史凭证。这是北宋末期党争风云变幻的缩影，也是云谲波诡的党人命运的绝好体现。

---

① 李心传撰，胡坤点校《建炎以来系年要录》卷八六，中华书局，2013年，第4册，第1648页。奏章名据曾枣庄等编《全宋文》所拟。

② 李心传撰，胡坤点校《建炎以来系年要录》卷九七，第1848页。奏章名据曾枣庄等编《全宋文》所拟。

③ 徐松辑《宋会要辑稿》"职官"七七之六五，第4165页。奏章名据曾枣庄等编《全宋文》所拟。

二、崇宁年间元祐党籍碑的立碑地点

崇宁年间,京城和地方多次立有元祐党籍碑,立碑地点并非随意选择,而是有特殊规定。党籍碑是党争产物,作为一种政治空间①的体现,党籍碑的立碑地点显然属于物理性政治空间,它是物质实体的、看得见的建筑空间布局,下面探讨立碑地点及其作为政治空间的意义。

(一)京师宫城内

前已述及,有关京师立碑有如下几种记载:

> 崇宁元年(1102)九月己亥,御书刻石端礼门。(《宋史·徽宗本纪》等)

> 崇宁三年(1104)六月丁巳,上亲书刻石于文德殿之东壁。(《道命录》等)

> 崇宁三年(1104)六月丁巳,刻石于文德殿门之东壁(《东都事略》等)

> 崇宁三年(1104)六月戊午,刻石朝堂。(《宋史·徽宗本纪》等)②

由上述文献的明确记载,可知党籍碑先后不止一次在京师宫城内刻石。上述四条记载,后三条是否为同一所指?又有,端礼门在何处,此处立碑意义何在?朝堂是否有具体所指,抑或是泛指?这几处地理位置背后体现的政治空间意义是什么?下面力图回答

---

① 关于政治空间的相关定义,可参看平田茂树《宋代的政治空间:皇帝与臣僚交流方式的变化》(《历史研究》2008年第3期),该文将政治空间大致分为三种:物理性空间、具有特定功能的抽象空间、皇帝与官僚间的关系空间。

② 《道命录》《东都事略》与《宋史·徽宗本纪》记载的六月丁巳与六月戊午仅相差一天,实际上皆指崇宁三年刻石309人党籍碑一事,这在上节已考之。

这些问题。要弄清楚这些地点差异，有必要借助地图予以辨析。下面为东京大内宫城图之南部外朝区域。

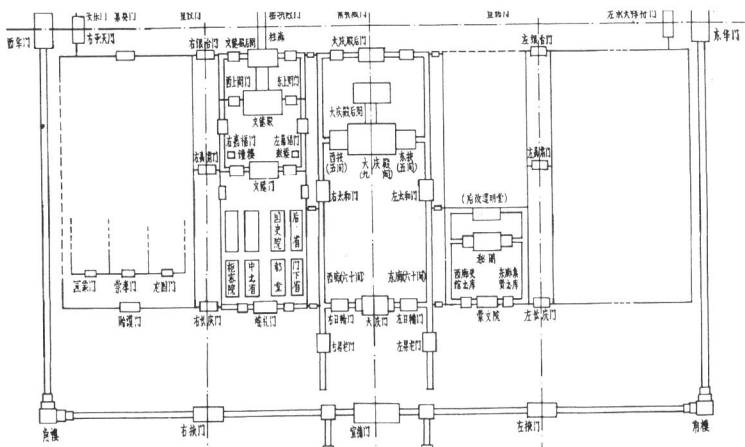

图5—1　北宋东京皇宫外朝示意图[①]

如图5—1所示，端礼门、文德殿位于正殿大庆殿的西南侧与西北侧，文德殿的南侧、端礼门北侧是中书省、门下省、枢密院

[①] 此图为东京宫城图其中的一部分，乃南部区域，即以连接东华门、西华门的横街为分界线之南部区域，被习称为外朝或前殿，图截自傅熹年《傅熹年建筑史论文集》(文物出版社，1998年，第296页)。有关北宋东京城的地图，还可参看李合群、司丽霞、段培培《北宋东京皇宫布局复原研究——兼对元代〈事林广记〉中的〈北宋东京宫城图〉予以勘误》(《中原文物》2012年第6期)、张驭寰《北宋东京城建筑复原研究》(浙江工商大学出版社，2011年)、刘春迎《北宋东京城研究》(科学出版社，2004年)、周宝珠《宋代东京研究》(河南大学出版社，1992年)、《〈清明上河图〉与清明上河学》(河南大学出版社，1997年)相关附图等等。有关东京城的复原图，各有差异，皆有不足，参详各图，取傅熹年所绘图为准，辅以李合群等图为证。

等①,这些地方都是官员的办公场所。

　　先看端礼门。端礼门与大庆门平齐。平日官员上朝、办公从左掖门、右掖门入,并非由宣德门、大庆门入。官员到中书门下等办公区域,一般需要从右掖门入,再经过端礼门。故而端礼门是官员办公或上朝的重要路径。《宋会要辑稿·仪制》云:"崇宁重修本台令:诸朝会仪出入不由端礼门,入端礼门不端笏,朝堂行私礼,交互幕次,语笑喧哗,殿门内聚谈,行立失序,立班不正,交语相揖,无故离位,拜舞不如仪,穿班仗出,诸朝会不至,及失仪序并不赴台参辞谢者,殿中侍御史具姓名申台,取审状申尚书省。"②这里的"崇宁重修本台令",即《崇宁重修御史台令》,乃徽宗崇宁年间编纂,正是党籍碑的产生时间。入端礼门需要端笏,这无疑说明当时端礼门应是一个端严肃穆的地点,乃官员们常经过之地。在此立碑,无疑有时刻警醒官员的意义。所谓端礼门,应取端正礼仪之义,再加上党籍碑竖立于此,其警示意义更甚。

　　再看文德殿。此处乃常朝之地,被称为前殿正衙。宋徽宗朝,文德殿是重要的朝会之地。朔望视朝文德殿,定于宋神宗朝。今人谓"'入阁',为唐后期至北宋前期的朝参形式之一,其制始于唐玄宗一朝,历经五代宋初,内涵发生了一系列的转变,至神宗熙宁三年得以废罢。而后,宋廷重新制定'文德殿月朔视朝仪',使五代

---

① 李合群、司丽霞、段培培《北宋东京皇宫布局复原研究——兼对元代〈事林广记〉中的〈北宋东京宫城图〉予以勘误》将中书省、门下省等绘于文德殿西侧,与傅熹年所绘图有异,但李图中的中书省、门下省等也与端礼门相距不远。

② 徐松辑《宋会要辑稿》"仪制"八之三七,第1985页。南宋赵升《朝野类要·班朝》"朝仪"条亦载(赵升撰,王瑞来点校《朝野类要》,中华书局,2007年,第21—22页):"趋朝之仪,如出入不由端礼门,不端简,朝堂行私礼,交互幕次,语笑喧哗,殿门内聚谈,行立失序,立班交语相揖,无故离位,拜舞不如仪,穿班仗出之类,皆谓失仪,即阁门弹奏有责。"

以来月朔正殿朝参仪制'名实不符'的弊端得到了解决"①。可见从神宗朝开始,文德殿成为名副其实的月朔视朝之地。检阅史料,可知北宋晚期文德殿的使用频率不低。崇宁三年的刻石,《道命录》与《东都事略》记载差一"门"字,前者谓刻石在文德殿之东壁,后者谓在文德殿门之东壁,地点各异。因为最初刻石端礼门,第二次也有可能是在门附近,所以崇宁三年的刻石理应在文德殿门之东壁。又据《宋史·律历志》等记载:"国朝复挈壶之职,专司辰刻,署置于文德殿门内之东偏,设鼓楼、钟楼于殿庭之左右。"②知文德殿门东壁之内壁立有计时的刻漏等工具,而党籍碑有可能就在刻漏等工具之旁,或者与其一墙之隔位于外壁,在外壁的可能性应更大。故而,在文德殿门东壁立党籍碑,除了考虑到官员能时常见之,或许还有时刻警醒之意。

最后看朝堂。有关崇宁三年(1104)309人版党籍碑,《东都事略》与《宋史·徽宗本纪》等对宫城内立碑地点记载有异,《东都事略》云刻石于文德殿门之东壁,《宋史·徽宗本纪》《皇宋通鉴长编纪事本末》谓刻石朝堂。按照此前宫城内立党籍碑的做法,此309人版党籍碑应在宫城内的某处具体位置,故而这里的"刻石朝堂"应指某具体地点,似即《东都事略》所谓的文德殿门之东壁。且据今存传世金石文献对此309人版党籍碑及序文的记录,以及广西重刻的摩崖石刻,可知所谓的"刻石朝堂"确为文德殿门之东壁。故而,前引崇宁三年三条刻石的记载,即文德殿之东壁、文德殿门之东壁、朝堂,三者实指同一地点,即文德殿门之东壁。所以,宫城

---

① 任石《略论北宋入阁仪与文德殿月朔视朝仪》,《古籍整理研究学刊》2016年第4期。
②《宋史》卷七〇,第1588页。

前后有两次立碑。但前引《皇宋通鉴长编纪事本末》又谓"朝堂石刻,已令除毁,如外处有奸党石刻,亦令除毁",这里的朝堂与《宋会要辑稿·职官》所载"所有朝堂石刻,已令除毁讫"之朝堂同义,当泛指宫城内所有立碑处,都指宫城内前后两次立碑在崇宁五年正月一并除讫。且"所有朝堂石刻,已令除毁讫"的记载,说明宫城内前后不止一处有立党籍碑。故而刻石朝堂与朝堂石刻,两个"朝堂"并不同义,刻石朝堂当取文德殿门东壁之义,而朝堂石刻则泛指宫城内的所有党籍碑。

综上,崇宁年宫城内两立党籍碑,按照时间先后,先在端礼门旁,后在文德殿门之东壁,地理位置是依次由外向内,这种地点变换似乎意味着越来越严厉的警示。总的来说,党籍碑在京城所立的地点主要是集中在外朝,未涉及皇帝、后妃等生活之内朝,亦未涉及京城皇宫外的居民生活区。立碑地点的选择无疑是针对朝廷官员而言,无论是警醒,抑或是蔡京等人对政敌的羞辱目的,都是党籍碑作为政治空间意义的所在。

(二)地方监司长吏厅

崇宁年间,除了京城两立党籍碑,地方亦不止一次立碑。《道命录》《宋通鉴纪事本末》《皇朝编年纲目备要》《宋史·蔡京传》等皆谓崇宁二年"令天下监司长吏厅"各立《元祐奸党碑》。崇宁三年,除了刻石于文德殿门之东壁,蔡京又亲书党籍碑颁行天下。为何立碑范围从京城扩及到地方?

《皇宋通鉴长编纪事本末》载:

> (崇宁二年九月)辛丑,臣僚上言:"近出使府界陈州,士人有以端礼门石刻元祐奸党姓名问臣者。其姓名,朝廷虽尝行下,至于御笔刻石,则未尽知也。陛下孚明赏罚,奸臣异党,无问存没,皆第其罪恶,亲洒宸翰,纪名刊石,以为天下臣

子不忠之戒。而近在畿内辅郡，犹有不知者，况四远乎？欲乞
特降睿旨，具列奸党，以御书刊石端礼门，姓名下外路州军，
于监司、长吏厅立石刊记，以示万世。"从之。[①]

可见，因有臣僚云京畿辅郡的民众不甚知党籍碑姓名，遑论其他地
方民众，所以第二次立碑范围扩及全国地方。那么，天下监司长吏
厅如何理解？此处所谓"监司长吏厅"[②]，应将监司与长吏厅断开
理解，分别代指地方路级与州级的长官的办公场所。如此则全国
立碑至少在数百块之多。粗略而言，监司长吏厅是全国地方的一
种特殊的政治空间，同时还算是一种社会空间。之所以选择在监
司长吏厅立碑，无疑是出于一种监察和警示意义。

因此，无论京师还是地方，本着"以为天下臣子不忠之戒"的
理由，选择立碑的地方都具有强烈的监察、警示意义，以及对政敌
的侮辱意义。警示的对象无疑是以入碑的党人为最重，而且还震
慑着未入碑的广大官员。从京城到地方，这种具有强烈政治意义
的党籍碑是蔡京等对官员的政治控制。地理空间可以成为政治空
间，党籍碑除了具有物质实体性，作为一种名录它还具有特定功能

---

① 杨仲良《皇宋通鉴长编纪事本末》卷一二一，第311页。
② 北宋时期所谓的监司，一般包括转运使司、提点刑狱司、安抚使司、提举常平司
　等监察机构，它们负有巡视、监察、举劾地方官的责任。不同时期监司概念范畴
　略有不同，但总体而言，监司是地方路级行政区的行政主体，是连接中央与地方
　州县的中间点。那么监司长吏厅合起来理解，则指狭义之转运使司、提点刑狱
　司、提举常平司等监察官员的办公场所。北宋崇宁年，全国大约有23个路，而
　路级无单一的行政长官，由四监司共同分管一路行政事务。如此立碑至少有数
　十块之多。但根据宋代史籍书写语境与习惯用法，监司长吏厅多应分开理解，
　可参见曾肇《论减罢监司守臣上殿奏》(元符三年七月)，马纯《陶朱新录》录党籍
　碑之末尾注(程郁整理《陶朱新录》，《全宋笔记》第五编，2012年，第10册，第177
　页)云："此两浙常平司所立碑，时天下监司郡守皆立之，后星变，遂毁。"此亦可
　证当时全国监司、郡守皆立碑。

的抽象空间意义,这种作为名录的抽象政治空间意义对党人家族的影响甚大。随着党人昭雪,后世重刻党籍碑,其政治空间意义予以转换,监察、警示、侮辱之义也就变为了彰显政治荣耀的意义。

三、南宋至明重刻元祐党籍碑

崇宁五年(1106)宋徽宗诏令全国毁碑,此后未出现大范围公开刻石的情况。但在宋高宗给党人昭雪之后,党人子弟为了彰显荣耀却私下刻石。从现存文献可知,至少有四次党籍碑重刻的情况。

(一)扬州重刻党籍碑

王明清《挥麈录》载:"如近日扬州重刻《元祐党人碑》,至以苏迥为苏过。"①《挥麈后录》大致作于绍熙四年(1194)②,故而扬州重刻党人碑当在此之前。由于史料缺略,无法考知扬州由谁重刻党籍碑,但这是目前所知最早重刻党人碑的记载。

(二)梁律重刻党籍碑

南宋庆元四年(1198),梁焘曾孙梁律重刻党籍碑,这是目前所知确切的且现存的最早重刻本。该本由南宋饶祖尧作跋,故也称饶本。跋文作于庆元四年(1198)九月。跋文云:

> 世之是非,未有□(久)失其当者。所谓公论,天地并存,日月并明,亘亿万年,矛盾驰互,此脉终不可乱,欲势力变置之,有是哉! 元祐党议,徽宗固随感悟,高宗亦继昭雪。观国史,读实录及诸公家传等书,大氐有考。庆元戊午,备末□

---

① 王明清撰,田松青点校《挥麈录》"后录"卷一,第45页。
② 参见余嘉锡《四库提要辨证》卷一七(中华书局,1980年,第1085页)谓:"绍熙癸丑任宁国军节度判官。其明年甲寅年六十八,作《后录》于武林。《后录》跋题甲寅上元日,故钱氏(钱大昕)以为作于癸丑。"

(掾)桂林,始获识左丞梁公之曾孙府铨辖律,爱其有前辈风度,相与光昵,暇日从容,及籍中名氏,因谓欲刻诸石,便□(报)传。夫前此一时之屈,而后此万世之伸,其所得孰多?然惟是焉计,浅之为丈夫耳,非所施于昔贤,特碑苟无恙,彼小人者有所睹,□其污蔑君子,本以利己,浮说定罪,恶反易位,而至于我,生遗家祸,死贻鬼诛,盖至□(严)其邪心,要必少悛明。斯举也,似不无补。岁九月旦,吉川饶祖尧敬跋。[①]

通过跋文可知,饶祖尧在桂林做官,亲见梁律主持重刻此碑。该碑存广西桂林龙隐岩内,严格说来不是狭义碑刻,其形制属于摩崖,故而其题额只曰"元祐党籍"四字,无"碑"字。

据说20世纪70年代,桂林市文管会对该地区摩崖石刻进行调查,于龙隐岩内发现残缺的新跋文一则,林京海整理如下:

> 右元祐奸党石刻,崇宁三年六月壬戌,蔡京所奏立,凡在籍者,皆当时名臣,刑窜禁锢,不问存亡。五年正月乙巳(下缺)/诏毁之,然其罪犹未废除也。京欺天罔上……今石刻所列,至逾三百,极天下之选,次第见其高下无少差,(下缺)/或者弗察乃尔,岂不误哉。旧尝得模本,敬勒之石,以彰我宋忠臣义士之盛。且俾网罗天下访失旧闻者有考乾(下缺)。[②]

观此残文,"旧尝得模本,敬勒之石,以彰我宋忠臣义士之盛",可知此作者应为南宋人,极有可能是梁律。且其据模本而重刻,即重刻崇宁原本。此跋文云党籍碑乃崇宁三年(1104)六月壬戌(二十一日)蔡京奏立,与前引《宋史·徽宗本纪》《宋大诏令集》

---

① 王昶《金石萃编》卷一四四,第2663页。《金石萃编》录此跋文略有脱文,本书引用时与曾枣庄等《全宋文》卷六六八三互参(第353页),不出校记。

② 林京海《元祐党籍石刻考》,《碑林集刊》,2001年。

等载崇宁三年六月戊午(十七日)相比晚了4天。据《皇宋通鉴长
编纪事本末》^①,此处云崇宁三年六月壬戌应为蔡京奉诏书党籍姓
名时间,而非下诏立碑时间,下诏时间应为前已述及的崇宁三年六
月戊午。

　　自梁刻党籍碑出现以后,拓本由此传播开来。如清人朱彝尊
《桂林府石刻元祐党籍跋》谓:"京所书刊石满天下,惟桂林勒之崖
壁故至今独存。碑后王珪、章惇姓名漫漶者,为瀑泉所沥也。"^②
此版即云梁刻本。又如全祖望《宋元祐党籍碑跋》谓:"《元祐党籍
碑》,世所见者,皆西粤重勒本。是刻为故相梁公焘曾孙律所重勒,
而吉州饶祖尧跋之。"^③全祖望所谓是刻即梁刻。关于龙隐岩的梁
刻碑,不少地方志都有载录,如雍正年间金鉷等修撰的《广西通志》
等。还有不少文人有诗文记录此碑,兹不赘引。

　　(三)沈暐重刻党籍碑

　　在梁律重刻党籍碑13年之后,党人沈千曾孙沈暐又于嘉定四
年(1211)重刻党籍碑。为了彰显曾祖沈千曾入党籍碑之荣耀,沈
暐利用家藏拓本重刻党籍碑。其自跋云:

　　　　元祐党籍,蔡氏当国实为之。徽庙遄悟,乃诏党人出籍。
　　高宗中兴,复加褒赠及录其子若孙。公道愈明,节义凛凛,所
　　谓诎于一时而信于万世矣。其行实大概,则有国史在,有公议
　　在。余官第六十三人,乃暐之曾祖父也,后复官终提点杭州集
　　真观,赠奉政大夫。暐幸托名节后,敬以家藏碑本镵诸玉融之
　　真仙岩,以为臣子之劝云。嘉定辛未八月既望,朝奉郎、权知

①杨仲良《皇宋通鉴长编纪事本末》卷一二二,第319页。
②朱彝尊《曝书亭集》卷五一,第403页。
③全祖望《鲒埼亭集》卷三八,《清代诗文集汇编》本,第302册,第710页。

融州军州兼管内劝农事、古霅沈暐谨识。①

该碑历来位于广西柳州融县真仙岩老君洞内。关于融县的沈刻本,亦有不少记录。如明人何乔新《题元祐党籍碑》云:"元祐党籍碑一卷,蔡京元长所书也。……霅川沈暐,以其祖千名在党籍,惧久而磨灭,特取家藏拓本重刻于石,行人司副姑苏周君得此卷,出以示予。……览此碑,尚亦自省哉。"②还有不少方志有记载,如《广西名胜志》载"融县"时说:"又有宋元祐党籍碑,岩背里许,平地中有二潭相连,大者数十亩,小者一二亩,水色绀碧,中多灵产,名安灵潭。"③明人徐煓《笔精·党籍碑重刻》载:"《元祐党籍碑》,蔡京欲传示后世,使其子孙有余辱也。弘治中,吴兴沈暐以其祖沈千,名与涑水、伊川联名,惧其久而磨灭,取拓本重刻于石,今世所传碑皆沈氏刻,子孙有余荣矣。"④这里曰弘治重刻当误记,弘治乃明代年号,非南宋沈暐刻碑年代。此外,著名的《徐霞客游记》也记载了徐霞客访拓此碑的事迹。沈刻相关记载所在多有,亦不赘举。

有一点需要特别提出,明代有若干文献记载了融县党籍碑曾经被毁。如郎瑛《七修类稿》"义理类"录"元祐党碑"载:"广西融州真仙岩多碑刻,元祐党碑亦在焉。本朝胡文穆公为广金事时碎之,此文穆自载于己集,谅不诬也。"⑤徐学聚《国朝典汇》亦云:"九年六月,升彭州知州,胡子祺为延平知府。子祺初擢御史,上书请都关中,上称善,寻升广西金事,克举宪典,多平逸狱。闻元祐党人

---

① 王昶《金石萃编》卷一四四,第2665页。
② 何乔新《椒邱文集》卷一八,影印文渊阁《四库全书》本,第1249册,第300页。
③ 曹学佺《广西名胜志》卷五,《续修四库全书》本,第735册,第73页。
④ 徐煓《笔精》卷七,第563页。
⑤ 郎瑛《七修类稿》卷一七,《续修四库全书》本,第1123册,第125页。

碑尚在融州岩谷中,出而碎之,改知彭州。"①胡寿昌(字子祺)曾经
毁碑,《明史稿》亦录此事。故而,今存融水县博物馆的党籍碑当是
明人重刻,并非沈刻②。桂林党籍碑,由于是摩崖石刻,从初刻保存
至今。而融县党籍碑,为明胡寿昌所毁,现存者为明人重刻。胡寿
昌毁碑之事,清人提出过异议,但无铁证辨其伪。现存融县博物馆
的党籍碑,曾在"文革"中有所毁损。

明清两朝,梁本、沈本广为流传。如清康雍之际的李光暎《金
石文考略》云:"余得党籍碑二本,一沈暐所跋者,一饶祖尧所跋
者。"③又如嘉道年间夏荃《退庵笔记》谓:"道光己未秋,徐次卿赠
余《元祐党籍碑》,是宋沈暐重刻本……今世所传,皆南渡后重刻
者。一为庆元四年,故相梁焘(焘亦在党籍)曾孙律刊,后有吉州饶
祖尧跋,旧在静江府,即今广西桂林府。一即沈本,后有暐自跋,在
今广西柳州融县。"④对于桂林龙隐岩梁刻党籍碑、融县真仙岩沈
刻党籍碑,历来文献征引较多,可见不少人见过实物或拓本。

梁本与沈本,哪一版流播更广? 前面已引,徐𤏡云"今世所传
碑皆沈氏刻",而全祖望又说:"《元祐党籍碑》,世所见者,皆西粤
重勒本,是刻为故相梁公焘曾孙律所重勒。"似乎明代更流行沈刻,
清代更流行梁刻,实难判轩轾。清末叶昌炽《语石》谓:"《元祐党籍
碑》亦有二石:一刻于庆元四年,在桂林龙隐岩。一刻于嘉定四年,
在融县真仙岩。融本不易得。余籍召皆之力始克藏之。"⑤由于融

① 徐学聚《国朝典汇》卷八一,《四库全书存目丛书》本,齐鲁书社,1996年,第265
册,第480页。
② 方学志《宋"元祐党籍"碑两种重刻本的甄别》,《广西地志》2001年第2期。
③ 李光暎《金石文考略》卷一三,《石刻史料新编》本,第3辑,第34册,第435页。
④ 夏荃《退庵笔记》卷一二,《四库未收书辑刊》本,第3辑,北京出版社,2000年,第
28册,第483—484页。
⑤ 叶昌炽撰,姚文昌点校《语石》卷二,第63页。

县的党籍碑地处相对偏远,所以其流播广度应该不如梁刻本。沈本多被认为是蔡京原书重刻,所以书法史意义较大。总之,梁本、沈本的碑刻拓本,历来皆是金石爱好者的藏物。从明清有关党籍碑的著作来看,似乎多以桂林龙隐岩版的党籍碑为底本,可能梁本流播更广。

后人未亲历党籍碑石刻者更多,相关诗文大都是针对纸质党籍碑名册或石刻拓片而言的。从南宋到当代,对党籍碑留有的文字感叹甚夥,此不赘举。

(四)司马逮重刻党籍碑

除了梁刻、沈刻党籍碑,南宋还有一个重刻本不为人熟知。南宋景定年间(1260—1264)的《严州续志》载"淳安县"云:"元祐党籍碑,县尉司马逮刊于县学,与绍兴求贤碑对立。"①此碑可称为司马逮本,未见他书有详细记载,足见传播较少,可能毁于南宋。钱大昕《潜研堂金石文跋尾》对此碑也作了介绍:"予尝读新定续志,知淳安县学亦有元祐党籍碑,县尉司马逮所刊,不审今尚存否?"②夏荃《退庵笔记》亦录:"而淳安县学亦有此碑,为县尉司马逮立。"③钱大昕、夏荃皆为清人,他们云淳安党籍碑为司马逮所立,也并未亲见,而是读自方志。

司马逮其人,仅见明初所编《普济方·产难门》载"昨有永嘉法曹司马逮……"④略带提及,《普济方》多取历代方书及史传、杂说等成书。严州、永嘉即今杭州、温州两地,相隔不远,且县尉、法

---

① 郑瑶、方仁荣《景定严州续志》卷六,影印文渊阁《四库全书》本,第487册,第571页。
② 钱大昕《潜研堂金石文跋尾》卷一五,第18918页。
③ 夏荃《退庵笔记》卷一二,第484页。
④ 朱橚《普济方》卷三五七,影印文渊阁《四库全书》本,第758册,第626页。

曹官职性质相似。故而,此处谓永嘉法曹司马逮,极有可能是指《严州续志》中的县尉司马逮。司马逮所立党籍碑当不是崇宁年间所立,因为崇宁年曾下诏全国毁碑,此处若有碑当被毁之。且县学立碑,也不符崇宁年天下监司长吏厅立碑之令①。

宋高宗为党人昭雪之后,位于党籍碑榜首的司马光的后裔,极有可能重刻党籍碑。司马逮是否为司马光后裔,史料不足征。但作一合理推测,司马逮任严州淳安县尉时,在县学重刻是碑是有可能的。

总之,北宋崇宁年间所刻的党籍碑实物虽然不存,但南渡初期党人得以昭雪,此后党籍碑得以私刻,相关拓本由此传播开来,南宋、明重刻党籍碑实物皆流传至今。尤其自从南宋梁、沈二刻党籍碑出现之后,相关拓本不绝于文人墨客之手,南宋元明清典籍对党籍碑的引用或论述大都与梁、沈二刻有关。梁、沈二版党籍碑都收录了309人,此为目前唯一有实物存世的党籍碑的版本人数。

四、南宋至清九种《元祐党籍碑》版本比勘

党籍碑名单从产生流传至今,为人熟知的是309人版。今天谈起《元祐党籍碑》也都指309人版。虽谓309人版是最终定本,但此版本又可分为多个传世版本,它们排序、人名也有少许差异②。虽然梁、沈二刻都在南宋产生,但有关党籍碑名单的记录,在

---

① 陈均撰,许沛藻等点校《皇朝编年纲目备要》卷二六(第674页)谓:"诏以御书元祐奸党姓名颁天下,监司长吏厅大立石刊记。……寻又诏置党籍及上书邪等人姓名籍于州县学。"此处谓置党籍姓名于州县学,并未明言刻碑于州县学,故淳安县学党籍碑当是后来重刻,非崇宁年间所立。

② 关于党籍碑姓名排序的差异,钱大昕《潜研堂金石文跋尾》、毕沅《续资治通鉴考异》、王昶《金石萃编》等已经指出,但未做详细比对。笔者曾经对9种版本的《元祐党籍碑》进行仔细对比,编制"诸版《元祐党籍碑》姓名录比勘表",为省篇幅,本书未载此表。

此之前还有《陶朱新录》版。《陶朱新录》的作者马纯,因祖父马默曾入党籍碑,在党人得以昭雪之后,马纯将党籍碑名录附录在《陶朱新录》末尾,这是目前最早的有关党籍碑名录的记载。

按照成书时间先后,笔者选择了九种党籍碑名录,分别是:南宋马纯《陶朱新录》版、南宋庆元四年梁律重刻版、南宋嘉定四年沈暐重刻版、南宋李心传《道命录》版、明郎瑛《七修类稿》版、明海瑞《元祐党籍碑考》版、明沈长卿《沈氏弋说》版、清王昶《金石萃编》版、清陆心源《元祐党人传》版。这九个版本都录有党人309人,是流传较广的有关党籍碑的文献记载,另外还有诸多史书的记载多与这些版本重合,不赘举。通过比对诸版本的差异,可以从中索解出309人版《元祐党籍碑》的版本源流与联系。

从党人分类来看,上述九个版本都分为文臣、武臣、内臣三大类,文臣又分为"曾任宰臣执政官""曾任待制以上官""余官",以及末尾"为臣不忠曾任宰臣"两位。每类中所包含的党人基本相同,排序或略有差异①。这九种党籍碑名录,人物姓名在书写方面偶有差异,其中不少应是誊录传写中产生的手民之误,主要是形误,名字差异主要集中在人数最多的"余官"这一类。

从产生时间看:马纯《陶朱新录》版乃"两浙常平司所立碑",是崇宁年间所立党籍碑的直接迻录,理应最接近崇宁原刻,可谓北宋版;桂林龙隐岩梁刻饶跋版,乃据模本重刻的摩崖石刻,至今存世,可谓南宋版,亦较为接近原刻;融县真仙岩沈刻版,乃据家藏旧碑本重刻,明代曾毁,今存者乃明人重刻南宋版,可谓明版;李心传《道命录》版,乃南宋传世的党籍碑名录,可谓南宋版;《七修类稿》

---

① 关于人物排序以及版本新旧问题,林京海《元祐党籍石刻考》(《碑林集刊》,2001年)曾有涉及。

版、《元祐党籍碑考》版、《沈氏弋说》版皆为明人所录,可谓明版;而《金石萃编》版乃清人所录,在人物姓名考订上对梁、沈等版本予以综合吸收,可谓清版。

从文献价值来看:最早当属马纯《陶朱新录》版,因其时间最接近崇宁原本,其所录人物排列先后也应最接近原本。且其题额为"元祐奸党","奸"字也更符合崇宁年间的政治语境与党争风气。因为党籍碑被炮制之初,即名奸党碑。两宋之交孙觌有《题魏公所藏先少师陀罗尼经后》一文载:"某窃观绍圣初朝廷按元祐大臣和戎弃地之罪,至崇宁新宰相用事,又疏具姓名,第为四等,刻石朝堂,号《奸党碑》。"[1]孙觌还有《宋故翰林学士莫公墓志铭》(莫俦墓志铭)亦载:"绍圣初,新宰相用事,首按元祐诸臣变更法度、和戎弃地之罪。生者削籍,流窜岭海;死者追贬,禁锢子孙。不用赦除,以示永废。已而蔡京当国,尽疏名氏,第为四等,立石朝堂,号《奸党碑》。"[2]

龙隐岩梁刻饶跋版因是据模本重刻,且存至今,当也十分接近原刻。而《金石萃编》版由于晚出,吸收前面的若干版本,在人物姓名的考订上具有较大参考价值。我们现在难以绝对确定崇宁年间全国刻石党籍碑,是否都以蔡京所列名单顺序为圭臬。如皆以蔡京所书顺序为准,则现存不同版本党籍碑的排序差异当是后来造成的。龙隐岩梁刻饶跋版、真仙岩沈刻版是后世流传最广的两个有拓本传世的版本,这两个版本人物排序大致相同,所以基本可以肯定梁、沈二人所据的碑本相同。

从版本源流看:诸版本的祖本应为蔡京所定的党籍碑名录,可

---

[1] 孙觌《鸿庆居士集补遗》卷二〇,《丛书集成续编》本,第103册,第93页。
[2] 孙觌《鸿庆居士集》卷三八,《丛书集成续编》本,第102册,第1019页。

称为蔡本。南宋版源于蔡本。明清诸版党籍碑,则皆来源于南宋
重刻的梁、沈二本。具体而言,从名单差异看,《沈氏弋说》版、《金
石萃编》版、《元祐党人传》本皆应源自梁刻本,但有适当考订与修
改。《七修类稿》版、《元祐党籍碑考》版,主要源于《道命录》版。

今所见《知不足斋丛书》版的《道命录》录"内臣二十九人",总
人数为309人。但元抄本《道命录》却录"内臣二十八人",少王化
臣一人。这里存在两种情况:一是李心传当初即少录一人①。二是
元抄本抄书之人少录一人。如果是李心传所录少一人,则说明《道
命录》所录的党籍碑版本可能是据拓本而来,因为王化臣属内臣最
后一名,其所处碑石的位置乃边角部分,容易泐灭。

总的来说,《元祐党籍碑》中的大多数党人无传,且其中不少
党人在传世文献中记录有异,出现异名,因此无法还原绝对完整的
党籍碑原本。不过,笔者根据诸版党籍碑文献与拓片,逐一对党人
异名进行了考察,得出一个相对真实可靠的定本,附于书末,供学
界参考。

第二节　五种《元祐党籍碑》著作考略

《元祐党籍碑》在崇宁年间被炮制出来,至南渡初,短短二三
十年,碑中人物已有不为人知者。从南宋至明清,不断有人对其进
行专门考述,这些著作或存或亡,今辑录如下数种。

---

① 据来可泓《关于〈道命录〉的卷数及有关内容》(《古籍整理研究学刊》1985年第4
期)的考辨,可知现存《道命录》除李心传本人所撰之外,历来有人增益,但记录
《元祐党籍碑》的内容为第二卷,应非后人补增,乃李心传本人所录。

一、南宋龚颐正《元祐党籍列传谱述》

龚颐正《元祐党籍列传谱述》一百卷,南宋陈振孙《直斋书录解题》云:

> 龚颐正撰。以诸臣本传及志、状、家传、遗事之类集成之。其事迹微晦,史不可见者,则采拾诸书为之补传,凡三百九人,其阙者四人而已。淳熙中,史院取其书以修四朝国史。洪迈奏乞甄录,补和州文学,后赐出身。详见"编年类"。颐正,给事中原之曾孙也。①

可知龚颐正(1140—1201)乃龚原曾孙,他撰写《元祐党籍列传谱述》的动机,或与其曾祖父龚原厕身党籍碑有关。据《宋史·龚原传》,龚原曾助王安石变法,其人亦与谏官陈瓘相善,因陈瓘弹劾蔡京受到牵连,龚原由此亦入党籍碑。

陈振孙说龚颐正"采拾诸书为之补传,凡三百九人,其阙者四人而已",可知当时绝大部分党人可考,不可考者仅四人而已。陈振孙记录此书为一百卷,说明该书卷帙颇繁,龚颐正编纂此书时,应是广搜文献。

陈振孙又谓南宋淳熙(1174—1189)中,史院取《元祐党籍列传谱述》一书以修四朝国史,说明当时此书还存世。至元马端临《文献通考》、明焦竑《国史经籍志》还曾记录此书,但此后却未见记录,故而该书可能亡佚于南宋后期或元朝。

二、明海瑞《元祐党籍碑考》

明人海瑞有《元祐党籍碑考》一卷。《元祐党籍碑考》海瑞自

---

① 陈振孙撰,徐小蛮、顾美华点校《直斋书录解题》卷五,第157页。

序:"今考参《道命录》《陶朱新录》等书,分门共录,载之于左。"①
《四库总目》亦谓:

> 《元祐党人碑》载于李心传《道命录》、马纯《陶朱新录》者
> 互有异同。兹则专以《道命录》为主,其阙者则以他书补之。
> 故所录人数较他书为多。如曾任执政之黄履、张商英、蒋之
> 奇,曾任待制之张畏、岑象求、周鼎以下十余人,皆他本所未
> 载者,搜罗可谓博矣。②

馆臣谓海瑞以《道命录》版为底本对相关人物进行补订。但其云
"故所录人数,较他书为多""曾任待制之张畏、岑象求、周鼎以下十
余人,皆他本所未载者",则应误。就今所见,在海瑞之前的《陶朱
新录》《道命录》等版的党籍碑名录皆载诸人。海瑞所录人数并非
较他书为多。从今存海瑞《元祐党籍碑考》来看,其书整一卷应为
完帙,并无残阙。海瑞多录少考,并未对党籍碑中的党人生平予以
详细考订。此外,该书末尾,海瑞说:

> 士大夫处乱世,未有获免者也。倜傥如子瞻,或触时忌。
> 而长厚如君实,犹且贾罪也,他可知已。然予有疑焉:韩琦、
> 富弼、欧阳脩、范镇、赵抃、程颢,皆以议新法罢去。李师中谓
> 安石眼白似王敦,吕诲、唐介、冯京亦忤安石,而不列党籍。
> 吕公著、韩维,初时为安石延誉者也。曾布、章惇,阿权臲仕。
> 李清臣首倡绍述之说,以开国衅。黄履,许垂帘之事,击吕大
> 防、刘挚而去之。安焘,依违蔡确、章惇,无所匡正。叶祖洽,
> 对策言"祖宗多因循苟且之政,陛下革而新之",遂擢第一。

---

① 海瑞《元祐党籍碑考》,《四库全书存目丛书》本,史部,齐鲁书社,1996年,第95
册,第89页。
② 四库全书研究所整理《钦定四库全书总目》(整理本)卷六一,第857页。

而皆得与党人之林,是非何矛盾软?以今揣之,置韩、富、欧、范于度外者,蔡京之公评也;不贷章惇群小者,蔡京之私怨也。则夫汉有耻不与党之徒,未必皆贤,而超然评论之外,未必皆不肖矣。元祐党议云亘亿万年,矛盾互驰。此脉终不可乱,欲势力变置之,有是哉! 然则予所疑者,即蔡京亦自知其矛盾矣。石工安民当镌碑,泣曰"愿免镌安民二字于石末,恐得罪后世"。呜呼,岂以蔡京而不及一石工耶?①

　　这段论述是今见该书唯一的集中陈述。但与海瑞《元祐党籍碑考》几乎同时稍后的有沈长卿《沈氏弋说》,也录有"元祐党籍碑文姓名说"一条,其罗列党人姓名之后,也有一段与此相同的论述,但沈书并未言明引自海瑞。《沈氏弋说》所录党人排序,与海瑞《元祐党籍碑考》有较多差异,当非同一版本。《沈氏弋说》乃笔记体,当是广搜博记之著作。且从时间来看,据《沈氏弋说》书前汤显祖所作序②,乃万历乙卯年,即万历四十三年(1615),而海瑞于万历十五年(1587)去世。故《沈氏弋说》较海瑞《元祐党籍碑考》晚出,这段论述当引自海瑞。

三、清王昶《元祐党籍碑姓名考》《元祐党籍碑本末》

　　清人王昶《元祐党籍碑姓名考》《元祐党籍碑本末》共两卷,都收录于《金石萃编》。《金石萃编》卷一四四乃《元祐党籍碑姓名考》,卷一四五乃《元祐党籍碑本末》与《总论》。

　　其中,《元祐党籍碑姓名考》一卷中,王昶对相关党人进行了

---

① 海瑞《元祐党籍碑考》,第94—95页。
② 沈长卿《沈氏弋说》(《续修四库全书》本,第1131册)前有三序,分别是汤显祖、陈继儒所作二序,以及沈长卿自序。

考证，分别以小字注于名单之下。较之海瑞《元祐党籍碑考》仅录不考，王昶做了更翔实的考证，尤其对名单中不少正史无传者，王昶通过辑佚史料而多少有所得。《元祐党籍碑本末》一卷中，王昶勾勒史料，对党籍碑事件始末系年条列，利于读者了解相关事件。王昶主要参考了《东都事略》《宋史》《续资治通鉴》《宋元通鉴》《通鉴辑览》等书。而紧接其后的《总论》部分，乃汇集笔记、《宋史》、《宋史纪事本末》等书有关党籍碑事件的记录，亦利于读者了解党籍碑始末与后人对此事件之评骘。

四、清陆心源《元祐党人传》

清季著名藏书家陆心源，有《元祐党人传》十卷，乃迄今为止对党人生平进行考证的最翔实著作。《续修四库全书》第517册录有《元祐党人传》，乃光绪十五年(1889)刊本。该书十卷，依据党籍碑的自身分类排序，第一卷考"曾任宰臣执政官"，第二、三卷考"曾任待制以上官"，第四卷至第八卷考"余官"，第九卷考"武臣、内臣、为臣不忠曾任宰臣"，前九卷乃考证相关党人生平，第十卷记载了党籍碑事件始末。

陆书对党人生平的考证较为翔实，是在王昶《元祐党籍碑姓名考》的基础上做了更精细的工作。尤其是对李新等名不见正史之人的考证，较有参考价值。该书亦可与陆心源的《宋史翼》对读互参。

第三节　《元祐党籍碑》的异质面相
与党人家族命运走向

作为谪籍名单的《元祐党籍碑》是北宋中晚期文史研究绕不开的重要文献，其产生可溯源于熙宁变法，但其直接、密切的近因却是元祐诸臣执政开始的新旧两党互相倾轧,尤其与新党对旧党的报复性打击密切相关。宋哲宗元祐元年(1086),新旧两党领袖人物王安石、司马光相继去世,党争愈演愈烈。至宋徽宗崇宁年间(1102—1106),党争浸炽,权相蔡京先后数次炮制出党籍碑,入籍①党人及其子弟广受牵连,对相关党人家族②的影响甚大。

本书此前有关党籍碑主要集中在立毁、版本、异名、刻工考辨等基础研究上,尚未及其他。众人皆知北宋晚期不少士大夫被列入《党籍碑》,入籍之人仕途、学术颇受影响,但具体对哪些士大夫或士大夫家族有何影响? 则未见深入剖析。下面以家族为视角进行相关考察,由此可以一窥北宋晚期党争对家族的强烈影响。

一、从黑名单到白名单:《党籍碑》的异时异质面相

所谓异时异质,指在不同时间内展现出不同性质。北宋晚期,《党籍碑》作为一份黑名单存在,所列之人都是当时被朝廷禁锢、贬谪之人,乃一份谪籍;南渡之后,这份名单内的人得以昭雪,该名单成为据以享受朝廷恩典的历史凭证与光荣榜,乃一份褒籍。因不同的政治语境,同一份名单所列之人面临前后截然相反的境遇,从中可窥两宋之际的政治斗争与政治文化。本书探讨《党籍碑》的异时异质面相与党人家族族运走向,实质上是探讨党人入籍与出籍及被平反对党人家族发展的影响,即出入谪籍与家族命运之关系。

---

① 所谓入籍主要指被列入《党籍碑》中,党籍碑曾刊石流播全国,当时影响远大于未刊石之党籍名单,后人常谓"坐党籍""入党籍"或"入元祐党籍",即多指姓名曾入《党籍碑》,也偶谓入元符上书邪等名单。
② 本书所谓党人家族兼有二义,其一指党人身后的家族,如陈瓘入党籍碑,其身后的陈氏家族成员都属于党人家族;其二,同入党籍的家族成员不止一个,他们皆属党人家族。

　　崇宁之前已有大规模的文字检核工作，此或可视为党籍碑事件之嚆矢。绍圣、元符期间，蹇序辰、安惇等人编类群臣章疏与看详诉理文字[①]，或有罗织附会，多指为谤讪，"序辰先有是请，上难之。于是，惇复建白。……自后缘诉理被祸者，凡七八百人。（蹇）序辰及（安）惇实启之"[②]。编类章疏、看详诉理前后涉及数百上千家士大夫，主要是寻找谪降士大夫文字依据之目的，此属于大规模的政治打压，却未造成实际的大规模贬黜恶劣影响[③]。真正对党人家族实施恶劣的大规模政治打压乃在"崇宁党禁"[④]时期。元符三年（1100），宋徽宗即位后曾有过短暂的调和党派矛盾的努力，但无果而终，转而走向了任用新党为主。"崇宁者，崇熙宁也"[⑤]，崇宁元年（1102），朝廷开始实施大规模党禁，以元祐旧臣为主的士大夫遭到新党蔡京团体的大规模贬黜，形成了对相关党人家族自人事组织到学术文化（此前绍圣年间即有禁元祐学术）的双重打压，治史者常谓蔡京得势打击元祐旧党不遗余力。

　　据本章前面研究可知，崇宁元年（1102）、二年、三年，蔡京当

① 可参方诚峰《北宋晚期的政治体制与政治文化》第三章第二节之"编类章疏与看详诉理文字"（北京大学出版社，2015年，第133—138页）。
② 李焘《续资治通鉴长编》卷四九九"元符元年六月壬寅"条，第11886页。
③ 所谓未造成大规模贬黜恶劣影响，并非指没有造成政治上的负面影响，而是相对于此后的"崇宁党禁"而言，绍圣、元符期间的文字审查工作，还未造成大规模的实际贬谪、禁锢之事实，真正造成事实的是在崇宁元年，尤其是该年党籍碑产生之后的各种贬锢事件。
④ "崇宁党禁"既包括崇宁期间的人事政事之禁，也包括持续至靖康元年的元祐学术之禁与元符上书邪等之禁，大致从崇宁元年持续至靖康元年（1102—1126），长达24年。解除党禁在徽宗禅让后，《宋史·吕好问传》："靖康元年……钦宗谕之曰：'卿元祐子孙，朕特用卿，令天下知朕意所向。'先是，徽宗将内禅，诏解党禁，除新法，尽复祖宗之故。而蔡京党根据中外，害其事，莫肯行。好问言：'……钦宗乡纳。'"（《宋史》卷三六二，第11329页）
⑤ 蔡絛撰，冯惠民、沈锡麟点校《铁围山丛谈》卷一，第12页。

权，前后三次立党籍碑，三次立碑入籍人数分别为120人、98人、309人。可见，《党籍碑》最后定本为309人实际上是多次层累而成，源于绍圣、元符年间编类群臣章疏与看详诉理文字确定的名单，也包括蔡京掌权之后确定的党籍名单。所以说，北宋晚期党禁的肇端与加强者当以章惇、蔡京为首，尤其是蔡京集团以刻碑禁锢党人及子孙的做法相当恶劣。崇宁元年九月首次立党籍碑，五年正月诏令全国毁碑，该碑作为实体存在仅三年余，但其造成的恶劣影响却远超三年。碑虽被毁，但名单却存在①，大规模党禁并未停止，直至北宋灭亡前夕。

南渡朝廷为收揽人心，为昔日遭难的元祐党人平反，平反名单依据主要来自内中所得《党籍碑》名单。确定党籍名单目的在于行推恩之令，但由于希冀得到恩典的党人子孙较多，由此有虚领推恩、以邀荣宠的局面出现。自朝廷下令以党籍名单推恩之后，就出现了"子孙又从而借口，侥觊恩典"②的现象。两宋之交的20多年，《党籍碑》经历了从黑名单到白名单的旅程，这份名单从禁锢党人及子弟的历史罪状，成为党人子弟引以为荣、据之以得恩典的历史凭证。这是北宋晚期党争风云变幻的缩影，也是党人云谲波诡命运的绝好体现。

二、《党籍碑》中的党人惩贬类型与党人家族统计

"崇宁党禁"首先是组织人事上的打压，贬谪、禁锢党人及其子弟意味着影响、断绝他们的仕途，其次是部分党人面临的元祐学

---

① 朝廷毁碑实际上也诏毁名单，但因名单曾颁发全国，不可能全部毁尽，如部分党人家藏此碑纸本或拓本，还有部分党人南渡后重刻此碑，故而名单保留至今。
② 李心传撰，胡坤点校《建炎以来系年要录》卷九七，第1848页。

术①之禁。党禁之人事禁锢约达4年,元祐学术之禁则长达约24年。党禁中遭打压的党人与其家族面临的惩处力度也轻重不一。第三次党籍碑立石版本乃309人,也是收录人数最多、后世流传最广的一版,本书统计与论述党人家族以此为准。《党籍碑》中的309人涉及的党人身份冗杂,该名单的自身分类标准是,从职官大小与类型来看,入籍党人被分为文臣(又细分为宰臣执政官、待制以上官、余官)、武臣、内臣、为臣不忠曾任宰臣。若从政治思想与政治集团来看,这份名单主要分为三部分,以元祐旧臣为主体,还涉及若干新党士大夫和不为蔡京所容者。

(一)党人惩贬类型

除了考虑官员类型、品级大小,同时还考虑存亡情况、贬谪力度,可将可考的入籍党人分为如下几类:

1.追贬已故党人

党禁正式启动时不少党人已亡故,如司马光、文彦博、吕公著、吕大防、刘挚、范纯仁等人皆曾为宰执,还有苏轼、范祖禹、朱光庭等曾任待制以上官。由于他们在党禁爆发之前已离世,党禁对其自身并未产生实际影响,但对其子弟却有较大影响,后文专论。

2.贬锢在世党人

党禁开始之后,不少党人仍然在世,他们成为打压的实际对

---

① 元祐学术不是某一学派的自称,而是具有敌意的他称,是"绍述"新党排斥政敌所使用的一个专门术语;在内容上,它通过蜀、洛、朔三党"相羽翼以攻新说",糅合了蜀学、洛学、朔学三大学派中某些相通的经学思想,并辐射到了文学、史学、制度等多个文化层面;在功能上,它是"元祐政事"的理论形态,具体表现为排斥"荆公新学"、废弃熙丰新法、打击变法"小人",最终恢复"祖宗旧法"。参见沈松勤《论"元祐学术"与"元祐叙事"》(《中华文史论丛》2007年第4期)。关于元祐学术,还可参见涂美云《北宋党争与文祸、学禁之关系研究》(万卷楼图书股份有限公司,2012年)第五章第三节。

象,党禁对其自身与子弟均造成了深远影响。主要有:曾任宰执类:韩忠彦、曾布、苏辙、李清臣、刘奉世、范纯礼、安焘、陆佃、张商英、蒋之奇;曾任待制以上:刘安世、王钦臣、曾肇、王觌、范纯粹、吕陶、丰稷、邹浩、陈次升、谢文瓘、上官均、叶涛、郭知章、龚原、叶祖洽等;余官类:黄庭坚、晁补之、张耒、欧阳棐、王巩、吕希哲、孔平仲、赵令畤、郭执中、苏迥、江公望、曾纡、种师道(极)、陈师锡、毕仲游、常安民、郑侠、程颐、李格非、陈瓘、任伯雨、龚夬、李之仪、范正平、洪羽、李夷行等;为臣不忠:章惇。

3.贬锢至死党人

《党籍碑》中有一类士大夫较为特殊,即因党禁被贬锢致死,这实际上也属于上述第二点"贬锢在世党人"。贬死之人如曾布、李清臣、范纯礼、安焘、陆佃、蒋之奇、王钦臣、王觌、吕陶、谢文瓘、黄庭坚、李格非、陈瓘、任伯雨、章惇、陈唐、扈充、许安修、郑侠等,他们皆卒于谪籍。这其中范柔中、邓考甫等人在党禁中受到的惩罚力度最大,当恢复谪者仕籍时,他们亦未能包含其中,最后贬死僻远荒裔。《宋史·隐逸传·邓考甫传》云:"蔡京嫉之,谓为诋讪宗庙,削籍羁筠州。崇宁去党碑,释逐臣,同类者五十三人,其五十人得归,惟考甫与范柔中,封觉民独否,遂卒于筠。"[1]

总体而言,入籍党人面临的无非有追贬与实贬两种类型。无论身亡与否,一旦被列入党籍,则对其家族发展或多或少会产生影响。

(二)同入党籍碑的党人家族统计

要考察党人家族命运,首先要弄清楚《党籍碑》涉及了哪些主要家族? 309名党人中,每人背后都有一个家庭,几乎每人都身系

①《宋史》卷四五八,第13449页。

家族命运。这309人大部分生平不详①,其中《宋史》有传者约三成多,有传者考辨籍属相对容易,无传者则多难以考实。明人倪元璐《题元祐党碑》云:"此碑自靖国五年(即崇宁四年)毁碎,遂稀传本。今获见之,犹钦宝篆矣。……诸贤自涑水、眉山数十公外。凡二百余人史无传者,不赖此碑,何由知其姓名哉!"②故谓该碑的史料意义非同一般。笔者通过名单差异的判定,家族成员③同入此碑的如下表统计:

表5—2　同入《元祐党籍碑》的党人家族统计表

籍贯	家族	姓名一	姓名二	姓名三	姓名四
陕州夏县	司马氏	司马光	司马康		
莱州	吕氏	吕公著	吕希哲	吕希绩	吕希纯
苏州吴县	范氏	范纯仁	范纯礼	范纯粹	范正平
成都华阳	范氏	范百禄	范祖禹		
相州安阳	韩氏	韩忠彦	韩治		
建昌南丰	曾氏	曾布	曾肇	曾纡	
眉州眉山	苏氏	苏轼	苏辙		
临江新喻	孔氏	孔文仲	孔武仲	孔平仲	
建州浦城	吴氏	吴安诗	吴安持		
沧州无棣	李氏	李之纯	李之仪		
洪州分宁	余氏	余卞	余爽		
无考	赵氏	赵希夷	赵希德		
南昌	洪氏	洪刍	洪羽		

① 晚清陆心源有《元祐党人传》十卷,可参。
② 倪元璐《倪文贞集》卷一六,第195页。
③ 统计在人数上以两名及以上为准,党籍碑中有两名或两名以上同族之官员,则视为同一家族。此表统计的只是有血缘关系的同族,无直接血缘关系的连襟等(亦主要因史料不足难考)不纳入统计。

北宋晚期的党争覆盖面大，影响深广，从表5—2可见，同入党籍碑的无一不是北宋中晚期政坛或文坛的大族。如将上表中的党人从亲属关系角度予以重新列表，可见下表。

表5—3　同入《元祐党籍碑》的党人亲属关系表①

姓名一	关系	姓名二	关系	姓名三	关系	姓名	关系
司马光	叔父	司马康	嗣子(侄)				
吕公著	父	吕希哲	子	吕希纯	子	吕希绩	子
范纯仁	兄	范纯礼	弟	范纯粹	弟	范正平	子
范百禄	叔父	范祖禹	侄				
韩忠彦	父	韩治	子				
曾布	兄	曾肇	弟	曾纡	子		
苏轼	兄	苏辙	弟				
孔文仲	兄	孔武仲	弟	孔平仲	弟		
吴安诗	兄	吴安持	弟				
李之纯	兄	李之仪	从弟				
余卞	兄	余爽	弟				
赵希夷	从兄(弟)②	赵希德	从弟(兄)				
黄庭坚	舅	洪刍、洪羽	外甥				

上面两表仅对同入《党籍碑》中可考的党人家族进行了梳理，已涉所有党人十分之一比例，由此可窥斑知豹。从表5—3可见，同入党籍的以父子、兄弟、子侄、舅甥关系为主。上面二表共计30

①本表对亲属关系的称谓，以"姓名一"类为参照对象，后面几列皆针对第一列而言。
②据《宋史·宗室世系表》与陆心源《元祐党人传》，赵希夷、赵希德皆为燕王赵德昭之后，两人谁为兄，谁为弟，实难以定夺，姑以希夷为兄。

余人，分为12个家族。但党籍碑中，实际上还有不少党人可能是同族，如内臣王化臣与王化基，还如何大正与何大受，鲜于侁与鲜于绰、龚原与龚夬等，还如吴充两子吴安持、吴安诗同陷党籍，但入籍之吴安逊是否为吴充族人则难考。上表中主要反映的是哲宗后期、徽宗前期世家大族卷入党争的情形。由于党籍碑主要是新党对旧党的打击证物，所以上表中司马氏、吕氏、范氏、韩氏几大家族都基本属于旧党集团。

宋代恩荫制度极为发达，赵翼说"荫子固朝廷惠下之典，然未有如宋代之滥者。……由斯以观，一人入仕，则子孙亲族俱可得官。大者并可及于门客医士，可谓滥矣！（自注：俱见《职官志》）"①，赵翼道出了宋代恩荫制度的发达与弊端，作为党人子弟，通过科考走上仕途的不在少数，享受恩荫步入仕途的也很多。由此可以想象一人之政治浮沉往往会关系一族之兴衰。家族成员属于利益共同体，家族荣辱常系于一人或数人在党争中的表现。党人家族内部有父子、兄弟、叔侄、舅甥关系，党人家族之间也有姻亲、子弟关系，不同家族组成的网络与党争产生关系，则形成了千丝万缕的繁杂关系网。家族中若有一人身陷党籍，往往牵连诸人，父子兄弟子侄纷纷勾连。以下在综论两宋之交党人家族命运基础之上，再撷取个案加以讨论，以明晰党禁期间党人家族面临的具体境遇与南渡之后面临的新境遇。

三、综论入出党籍与党人家族的命运走向

名单自身不能左右党人家族命运走向，它只是党争的重要表

---

① 赵翼撰，王树民校证《廿二史札记校证》卷二五《宋恩荫之烂》，中华书局，1984年，第535—536页。

征,是得势者对失势者压制的外显,故可视为考察两宋之交党人家族命运的重要切入口。入籍之象征性事件即崇宁元年(1102)党籍碑事件的产生,最终党人全部出籍则在靖康元年(1126)除元祐学术党籍之禁。"崇宁党禁"前后持续20余年,不少入籍党人卒于崇宁之前,但其家族却延续至南宋,另有部分入籍党人活至南宋。宋室南渡,经过靖康之变的党人家族都在亡国境遇下努力延续族群发展,此可视为朝亡政崩对家族的负面影响;此前党禁期间,党人家族也遭遇了集体性打压,此可视为政争对家族的负面影响。两宋之交,不少党人家族在先政争、后亡国的双重巨变之下寻找生存空间。

(一)名列《党籍碑》对党人家族的影响

早在党禁之前就有对党人家族进行打压的先例。如蔡卞、蔡京、章惇等罗织同文馆狱,禁锢刘挚、梁焘子孙于岭南。《续资治通鉴长编》载:"(元符元年五月)辛亥,诏:'刘挚、梁焘据文及甫、尚洙等所供语言,偶逐人皆亡,不及考验,明正典刑,挚、焘诸子并勒停,永不收叙,仍各于原指定处居住。'"[①]刘挚之子刘跂的自述中亦可窥见当时党人境遇,其《谢昭雪表》云:"然而先臣诸孤,终以屏废,阖门百口,益复幽囚。御瘴疠者十丧,隶臣妾者三岁。无罪且至于此,大戮亦何以复加?"[②]如刘氏家族"阖门百口"的遭遇只能算是被打压个案,但背后牵涉的人数却不少,可见党争对个别家族的发展造成了十分恶劣的影响。

"崇宁党禁"对党人家族的影响为何?据南宋史家杨仲良与

---

① 李焘《续资治通鉴长编》卷四九八"元符元年五月辛亥"条,第11841页。
② 刘跂《学易集》卷五,《丛书集成初编》本,第1941册,第45页。

彭百川①等人记载,持续20余年的党禁期间内,朝廷时常有针对党人个体(如一家数人)或党人集体(如多家数十人、甚至数百人)的惩处措施。个人时常随集体惩措,甚或有一人一议之惩措,例多不举。其中,崇宁年间的大规模惩措尤令人为之侧目,若联系杨、彭所录以及《宋史》等文献记载,可大致整理如下②:

崇宁元年(1102)

五月,已故元祐诸臣皆相应追夺官职,在世元祐诸臣子孙不得与在京差遣。八月,诏令元祐诸臣子弟毋得官京师。九月,分元祐诸臣章疏姓名为正邪各三等。贬韩忠彦、曾布官,贬曾肇、丰稷、陈瓘等于远州。蔡京籍文彦博、苏轼、秦观、张士良、王献可等五类人,等其罪状,谓之奸党,请御书刻石于端礼门(首次立党籍碑)。

崇宁二年(1103)

正月,任伯雨、陈瓘等台谏官被贬远州,并除名勒停。三月,诏令党人亲子弟毋得擅到阙下。黄庭坚遭除名勒停。夺陈瓘之甥李阶出身而赐安忱,黜免黄定等十八人。四月,诏毁吕公著、司马光等元祐诸臣景灵西宫绘像。诏焚毁"三苏"及"苏门四学士"文集,及范祖禹《唐鉴》、范镇《东斋记事》,刘攽《诗话》,僧文莹《湘山野录》等。追毁程颐出身以来文字,除名。追夺王珪赠谥。七月,诏令责降人子弟毋得任在京及府界差遣。八月,贬韩忠彦、安焘、范纯礼等。八月,谏官石豫、

---

① 关于禁锢元祐党人的相关举措记载,可参看杨仲良《宋通鉴长编纪事本末》卷一二一"禁元祐党人上"与卷一二二"禁元祐党人下";彭百川《太平治迹统类》卷二三"元祐党事本末上"与卷二四"元祐党事本末下"。
② 分年所述仅为崇宁年间的惩措,主要据杨仲良、彭百川以及《宋史》的相关记载加以整理,不赘注。

朱绂、余深等言张商英应入元祐党籍,张商英罢职。九月,诏令宗室不得与元祐奸党子孙及有服亲为婚姻,内已定未过礼者并改正。诏令以御书元祐党人姓名刊石端礼门,并下外路州军,于监司长吏厅立石(第二次立党籍碑)。十一月,继续诏令禁元祐学术政事。贬元祐党人若干为宫观、岳庙官。十二月,诏令臣僚姓名有与元祐党人同者改名。

崇宁三年(1104)

正月,诏令上书邪等人毋得至京师。二月,诏王珪、章惇别为一籍,如元祐党。四月,尚书省勘会党人子弟,令不得擅到阙下。六月,诏重定元祐党人计三百零九人,刻石朝堂,且颁之州县,令皆刻石(第三次立党籍碑)。七月,诏令应入籍人父,并不得任在京差遣。十一月,大赦贬谪官员,除元祐党人及特殊贬官外,未量移者与量移。

崇宁四年(1105)

五月,除党人父兄子弟之禁。七月,诏夺元祐诸臣吕大防等十九人所管坟寺。七月,诏令羁管、编管人适当放还乡里。八月,诏令放归乡里者不得犯流刑以上罪或擅出州界。九月,大赦天下,内徙元祐党人,但不得至四辅畿甸。十二月,除范柔中、邓考甫不放还乡里,其余编管、羁管人放还乡里。

崇宁五年(1106)

正月,以星变诏群臣直言朝政阙失。诏许党人复仕籍,毁朝堂与地方元祐党人碑及石本、名册。大赦天下,除党人一切之禁,量移贬官若干,叙复元祐党籍刘挚、苏轼、任伯雨等百余人。

可见,立碑前夕的党争态势已十分恶劣,立碑之后的处罚则更严苛。各种惩措针对人数众多，鱼龙混杂，正如陈长方评价元祐党籍名单，乃"蚖龙同在肆，玉石共沉河"[1]。党禁期间最严厉的惩措在崇宁元年至三年，稍后则有宽党禁之势。崇宁元年首次将党籍名录从纸上搬至石上，二年、三年又两次重定党籍名录，并刻于朝廷及地方州县，故可将党籍碑事件视为党人家族遭集体打压的重要标志，这是具有重要肇端意义的政治事件。

以上可从宏观略见党禁对党人家族的负面影响，下面再分别从仕途、学术、交游、婚姻方面论述入籍党人所受境遇。

1. 仕途之阻

党禁对党人的重要影响首先体现在相关人员的仕途，可分别从入籍党人自身与相关人员来论。

入籍党人中，时任京官丐外或被贬遐荒者，俯拾皆是，随举一例，《宋史·常安民传》记载监察御史常安民曾论章惇、蔡京朋党之奸，后"蔡京用事，入党籍，流落二十年"[2]，党禁期间如此者其多。相关人员中，主要是党人子弟仕途多受影响，据上可知，朝廷多次申饬：党人子弟不得与在京差遣、毋得擅到阙下、毋得任在京及府界差遣等等。除了党人子弟，还有党人之父会被牵涉，如有应入籍人父并不得任在京差遣的规定。党人子弟被废黜多年或废锢终身者所在多有，还有少数党人子弟入仕较晚。如入籍党人郑雍之子郑安恭入仕较晚，《秘阁修撰郑公墓志铭》(郑安恭墓志铭)云"盖公，元祐大臣尚书右丞公之子也，自党籍之祸起，子孙禁锢，几不容于时，故公晚而得仕，……党禁稍开，始得以右丞(指郑雍)遗泽授

---

① 陈长方撰，许沛藻整理《步里客谈》卷上，第7页。
② 《宋史》卷三四六，第10991页。

承务郎……"①。

　　入籍党人的直系子弟受锢自不待言,非直系的同姓同族竟然也会受牵。如江西丰城黄氏与分宁黄氏同出一族,因分宁黄庭坚入籍,丰城黄彦平(字季岑,号次山)亦受牵连。危素《黄次山传》谓:"黄次山,字季岑,直龙图阁庭坚之族子。宣和九年,试国学第一,时方申禁元祐党人,以庭坚在党籍,故降次山第四。历信阳州教授、池州司理参军,召为太学录台臣,犹以党人学术论罢,久之党禁解,复其官。"②

　　因士大夫婚姻网络,或有同姓同族与妻舅家族皆被卷入者。袁桷《延祐四明志·周师厚传》载:

> 周师厚,字敦夫,鄞人。……娶范氏文正公女,生子曰锷,字廉彦。元丰二年进士,初仕为桐城尉,……过洛,见文潞公、司马公,咸器重之。在京师,上书言徐禧永乐之失,国子祭酒丰稷、给事中范祖禹交荐之。后知南雄,以言边事忤时相,入党籍,即退休于家。……弟铢,崇宁二年进士,兄弟皆隐,乡人慕之。……锷娶胡氏尚书右丞宗愈之女,再娶王翰林学士觌之女。妹适陈忠肃公瓘。蔡京作党籍碑,妇翁、舅甥俱入籍,后以为盛事焉。③

上述周师厚之子周锷,即《党籍碑》中"余官"类周锷。周锷本人、第一任岳父胡宗愈、第二任岳父王觌,以及周锷的妹夫陈瓘,数人皆入党籍。说明当时党人家族政治关系网络之复杂,党禁牵连面之广。

---

① 韩元吉《南涧甲乙稿》卷二〇,《丛书集成初编》本,第1983册,第397页。
② 危素《危学士全集》卷一〇,《四库全书存目丛书》本,集部,齐鲁书社,1997年,第24册,第773页。
③ 袁桷《延祐四明志》卷四,影印文渊阁《四库全书》本,第491册,第391页。

2.学术之禁

绍圣年间，朝廷就下令禁止"元祐学术"，"崇宁党禁"时，"元祐学术"依旧是在禁之列，并且变本加厉。党禁是从政事到学术方面的大规模禁锢活动，目前学界已有不少关于禁元祐学术的论述①，主要集中在历史、文学（诗歌）与哲学层面的探讨。由于苏、黄与苏门四学士、程颐等元祐党人在文学、哲学上的巨大成就，故而现今研究北宋中晚期文学、哲学情况，绕不开对他们面临的学术之禁的探讨，不赘述。

3.交游之碍

党人外贬荒州恶地或任闲职，自然会影响交游。前述党人子弟不得在京任官或擅到京城的规定，就从根本上断绝了他们与京官的直接交游。还有令放归乡里者不得擅出州界、流人不可出郊等规定，亦是一种画地为牢。举例而言，如《宋史·王庠传》载："时严元祐党禁，庠自陈：'苏轼、苏辙、范纯仁为知己，吕陶、王吉尝荐举，黄庭坚、张舜民、王巩、任伯雨为交游，不可入举求仕，愿屏居田里。'"②此因与元祐党人交游而碍仕途，反言之，亦有畏惧与党人交游的情况存在。程颐去世，张绎曾作《祭文》，今见此《祭文》后，附录有尹焞之言，云："尹子（尹焞）曰：先生之葬，洛人畏入党，无敢送者，故祭文惟张绎、范域、孟厚及焞四人。乙夜，有素衣白马至者，视之，邵溥也，乃附名焉。盖溥亦有所畏而薄暮出城，是

---

① 如萧庆伟《元祐学术之禁考略》（《电大教学》1998年第1期）、彭国忠《元祐学术与元祐词坛》（《华东师范大学学报》2002年第2期）、沈松勤《论"元祐学术"与"元祐叙事"》（《中华文史论丛》2007年第4期）、刘培《元祐学术与北宋中晚期辞赋创作——以苏轼为中心的考察》（《齐鲁学刊》2018年第3期）等。
② 《宋史》卷三七七，第11658页。

以后。"①友人畏惧受党争牵连而不敢给程颐送葬,此时已是党籍碑被毁、除党人之禁以后,在毁碑之后诸人尚且畏惧如此,何况在未毁碑的政治高压态势之下。

4. 姻亲之废

党禁时期,党人子孙的婚姻也可能受到影响。前述规定宗室不得与元祐党人子孙及有服亲为婚姻,内已定未过礼者并改正。这说明当时有党人子孙的婚姻因此而作废。

除了以上从仕途、学术、交游、婚姻简述名列《党籍碑》带来的负面影响,朝廷还规定臣僚姓名有与元祐党人同者须改名,则更见党禁之恶劣。时人就有关于党禁对党人家族的综合影响之论,孙觌《宋故左承议郎权发遣和州军州事傅公墓志铭》(傅谅友墓志铭)云:"崇宁初,钩党之祸作,异时元臣故老之子若孙、门生故吏、婚姻之家,皆被禁锢。"②此皆见党人家族名列党籍碑之境遇。

(二)南渡后党人子孙对党籍碑的运用

靖康元年解除党禁,随即北宋朝亡,赵宋南渡,高宗为党人平反,朝廷依据党籍碑确定昭雪名单。如果说崇宁时期名列党籍碑是一种被动接受,那么南渡之后,党人子孙对党籍碑却有了主动运用。

1. 党人子孙据党籍碑以受推恩

南渡初期,很多入籍党人已去世,朝廷许党人子孙陈乞恩例,党人子孙多有沾溉。但党人子孙众多,或有滥竽充数者,当时就有人提出异议。张纲有《论党籍之家推恩泛滥札子》说:"臣考之党籍见于石刻者三百余人,前后推恩已多,而来者不止,递相援例,无有限极……臣以谓党籍之家固宜有以优恤之,但不可不为限制。"①可见当时乞恩之人不在少数。除了张纲,当时还有张绚、范直方等人坚持要甄别党籍名录,以免鱼目混珠。如范直方《乞甄别元祐党籍奏》云:"朝廷旌别淑慝,大开党禁,以风动天下。凡隶名石刻之人,皆蒙追录,此千载盛德之举也。然而其间贤否是非,未免混殽。……以至今日,子孙又从而借口,侥觊恩典,幸门一启,流风靡靡,虽故家遗族,未免衔鬻希进,伤教败俗,莫此为甚。"②

朝廷既然昭雪党人允许乞恩,元祐子孙特蒙擢用,则或有幸门开启之实,直至多年之后,仍有人据《党籍碑》以谋恩典。周必大《朝散大夫直显谟阁黄公石墓志铭》(黄石墓志铭,淳熙四年,1177)载:"会蜀人苏森乞用元祐党籍恩补官,右相欲与之。公言:'绍兴六年虽许补官,寻以伪冒故,八月才令免解,既克前敕矣。'右相滋不悦,公遂引去。"③这里的蜀人苏森,据说是曾入党籍的苏辙的第四代玄孙④,如时隔数代的苏森还据党籍乞恩,或非个案。魏了翁《杨君墓志铭》(杨庆崇墓志铭,嘉定二年,1209)谓:"君之王父元符末应诏上书,崇宁二年编入党籍。中兴之初,诏书数下,录元祐党人及元符上书姓名,既宠秩之,又禄其子孙。绍兴之元,天子祀明堂、肆眚,凡元符三等人,悉依元祐党人恩数,尤为著明,士

---

① 张纲《华阳集》卷一五,第492页。
② 李心传撰,胡坤点校《建炎以来系年要录》卷九七,第1848页。奏章名据曾枣庄等编《全宋文》所拟。
③ 周必大撰,王瑞来校证《周必大集校证》卷三二,第494页。
④ 周必大撰,王瑞来校证《周必大集校证》卷一四五(第2204页)《同诸司列荐陈自修苏森奏状》(绍熙三年):"又宣义郎、通判潭州苏森,文定公辙四世孙,开爽练达,恪守家法。"

多有沾丐者,蜀顾以远见遗。幸世载贤德,不爵而贵。"①此处墓主杨庆崇的祖父杨恂,未见于今存309人版《党籍碑》之列,应是入元符上书邪等禁之列的党人,此亦在朝廷允许陈乞恩例之列。苏森、杨庆崇的事例,说明当时离朝廷较远的川蜀之地的党人子弟,或因"以远见遗",恤典未及,推恩未及时施行,此后部分党人子孙或本着不患寡而患不均的想法,递相援例,陆续乞恩。

2. 党人子孙记党籍碑事以扬祖德

南渡后,党人得以昭雪,子孙自然不再讳言父祖辈曾入党籍,而或多有争先阐扬之事。他们或撰史著,或作笔记,或写诗文,记载党籍碑事件,暗喻政治褒贬态度,他们的党争叙事立场反映了党人子孙为宣扬祖德的舆论反攻。如《党籍碑》中有与苏轼等人同列"曾任待制以上官"的马默,其孙马纯南渡后宦游不偶,避居永嘉,撰笔记《陶朱新录》,末尾附录《党籍碑》,录碑文前后皆有按语。首以按语云"元祐党籍凡三著,仆家旧有《元祐奸党碑》。建炎间,吕元直作相,取去最后者也,其间多是元符间臣僚。文曰……"②,尾又云"此两浙常平司所立碑,时天下监司郡守皆立之,后星变,遂毁"③。吕颐浩(字元直)在相位时,有司取走马纯家藏的党籍碑④,说明当时部分党人家族有意保存此碑。马纯录两浙常平司所立碑有保存文献之意,但也不乏保存弘扬先祖荣誉之意。又如曾纾与父曾布、叔曾肇同入《党籍碑》,曾纾外孙王明清亦不讳言外祖曾纾坐钩党之事,不赘举。

---

① 魏了翁《重校鹤山先生大全文集》卷七〇,第373页。
② 马纯撰,程郁整理《陶朱新录》,第174页。
③ 马纯撰,程郁整理《陶朱新录》,第177页。
④ 即第三次所立309人版党籍碑,吕颐浩取走此碑,或为当时朝廷据碑推恩党人子孙之用。

3.党人子孙重刻党籍碑以扬祖德

除了记录党籍碑事,党人子孙还重立党籍碑,如沈暐与梁律重刻此碑。沈暐利用家藏拓本重刻此碑,并自跋云:

> 元祐党籍,蔡氏当国实为之。徽庙遄悟,乃诏党人出籍。高宗中兴,复加褒赠及录其子若孙。公道愈明,节义凛凛,所谓诎于一时而信于万世矣。其行实大概,则有国史在,有公议在。余官第六十三人,乃暐之曾祖父也,后复官终提点杭州集真观,赠奉政大夫。暐幸托名节后,敬以家藏碑本镌诸玉融之真仙岩,以为臣子之劝云。嘉定辛未八月既望,朝奉郎、权知融州军州兼管内劝农事、古雪沈暐谨识。①

沈暐曾祖父沈千曾入《党籍碑》,沈暐重刻此碑,跋语言辞表达,无不显示出艳羡自豪之意。

需要提及,虽然南渡后朝廷昭雪党人、颁布推恩,但却未像兴起党禁时那般采取了诸多措施。兴党禁时处罚异常严厉,涉及人数众多,平反时,奖励措施却远不及此前的惩处力度大,此所谓奖不及惩。"崇宁党禁"对党人家族的恶劣影响巨大,下面再择个案进行考察。

四、党人家族个案:以东莱吕氏、南丰曾氏、贡川陈氏为例

之所以选择名列《党籍碑》的东莱吕氏与南丰曾氏作为案例考察,主要原因有三:其一,吕氏与曾氏皆为人才辈出的阀阅世家,在政坛、文坛都颇有建树并声名远扬,且两族入籍人数较多,相关史料记载相对翔实,有探讨的基础;其二,从地域而言,吕氏与曾氏可分别视为北方与南方大族的代表;其三,从党派立场与党争思想而

---

① 王昶《金石萃编》卷一四四,第2665页。

282 北宋党争与石刻

言,吕氏与曾氏可分别视为旧党与新党的代表。此外,除了选择入籍人数较多的吕氏与曾氏之外,还选择只有一人入籍的贡川陈氏做考察。为了考察吕、曾两族在"崇宁党禁"期间与南渡之后的发展情况,先列表如下:

表5—4　南渡前后吕氏与曾氏党人仕履活动简表[①]

党人、生卒年	党禁期间(1102—1126)主要仕履活动	南渡后主要仕履活动	主要文献依据
吕公著 1018—1089	以父恩荫补官,卒于党禁前。绍圣元年追夺赠谥并毁赐碑,蔡京擅政,复降左光禄大夫,入党籍。	绍兴初,悉还官职、赠谥。	《名臣碑传琬琰集·吕正献公公著传》、《宋史》本传
吕希哲 1039—1116[②]	吕公著长子。以荫补官,崇宁元年(1102)入党籍,夺职知相州,徙邢州。罢为宫祠。羁寓淮、泗间(宿州、真、扬间)十余年卒。	绍兴初,悉还官职。	《宋史》本传、《言行龟鉴》
吕希绩 1042—1099	吕公著次子。以荫补官,卒于党禁前。	绍兴初,平反。	《续资治通鉴长编》《宋史翼》
吕希纯 1049—1108	吕公著三子。登第为官,入崇宁党籍,崇宁五年(1106),叙复朝请郎,管勾太极观,卒。	绍兴初,悉还官职。	《宋史》本传、《续资治通鉴长编拾补》
曾布 1036—1107	登第为官。徽宗初年曾与韩忠彦同为左右相,崇宁元年(1102),召蔡京为尚书左丞,京与布异,攻布,布连续遭贬。五年(1106),又徙舒州,复太中大夫、提举崇福宫。大观元年(1107),卒于润州。	绍兴初,悉还官职。	《宋史》本传、周明泰《三曾年谱》

[①] 本表主要考察入党籍之吕、曾家族在南渡前后的发展情况,主要依据传世宋元文献,亦适当参考今人研究成果。学界已有多种吕、曾家族世系图,本书不再赘列。
[②] 吕希哲生卒年,参见董德英《吕希哲生平辑考》(《鲁东大学学报》2018年第5期)。

党人、生卒年	党禁期间(1102—1126)主要仕履活动	南渡后主要仕履活动	主要文献依据
曾肇 1047—1107	曾布弟。崇宁元年(1102)，因曾布连坐入党籍，连贬外地。五年(1106)，得移台州，未至复朝散郎，寓居润州。大观元年(1107)，卒于润州。	绍兴二年，追封为曲阜县开国侯，赠少师，谥文昭。	杨时《龟山先生集·曾文昭公行述》、曾肇《曾文昭公集（又名曲阜集）·曾公神道碑》、周明泰《三曾年谱》
曾纡 1073—1135	曾布四子。崇宁二年(1103)，因曾布连坐入党籍，被贬永州零陵。五年(1106)，移和州，复承奉郎。后陆续在地方为官。	南渡后，陆续为地方官，绍兴五年(1135)，除知信州，卒。	汪藻《浮溪集·右中大夫直宝文阁知衢州曾公(纡)墓志铭》

以上东莱吕氏有四人入籍，南丰曾氏有三人入籍。这两族七位党人中有两人卒于党禁之前，有五人亲身经历了党禁。下面联系表5—4，着重考察南渡前后吕、曾两家族的发展情况，尤以亲身经历党禁者的考察为主。

（一）出籍后吕氏家族由政入学

两宋的东莱吕氏绵延十余代二百五十多年，代有显宦。早在北宋初、中期，吕蒙正、吕夷简相继为相，至晚期吕公著再膺相位。党禁发生前吕公著已然离世，但依旧被追贬，甚至被夺赠谥并毁赐碑。吕公著三子希哲、希绩、希纯，其中二子吕希绩也在党禁前离世，其子吕钦问亦在党禁期间遭牵连，这一脉由此渐衰。吕公著幼子吕希纯与两位兄长荫补得官不同，乃登第为官，党禁前夕仍得时望众许。陈均《皇朝编年纲目备要》载：

（建中靖国元年）二月，以吕希纯知瀛州。（小字注：时贤士夫经绍圣贬责者，稍稍还朝，而无所统一，咸愿推希纯为领袖。至是，复待制，知瀛州。上亦素闻希纯名，数与执政、侍

　　从道之。曾布等忌希纯,因其请觐永及见,亟托以虏新有丧,
　　*高阳阙帅,迫遣之。其实边鄙未尝警也。)*①

吕希纯出外,继而党禁爆发,他再次受牵连,后虽复职,但以闲终,
此一脉亦家道中落。

　　吕公著三子中,吕希哲一脉的影响远大于希绩、希纯二脉。党
禁期间,正值晚年的吕希哲羁寓淮、泗间,讲学授徒十余年,较之二
位胞弟,吕希哲最晚离世。东莱吕氏三子中,唯有长子吕希哲延续
家脉,影响波及南宋,大致如下:吕夷简—吕公著—吕希哲—吕好
问—吕本中—吕大器(侄)—吕祖谦。这一脉中,除了吕祖谦父亲
吕大器乃吕弸中(吕本中之弟)之子,其他皆为父子直系相承。面
对这一脉名单,略知宋史者不难发现其特点,即可以吕希哲为转捩
点,此前的东莱吕氏在北宋政坛赫赫有名,此后的东莱吕氏则在南
宋文坛、学界盛名鼎鼎,尤以提出"江西诗派"的吕本中与被誉为得
"中原文献之传"的吕祖谦名盛当朝。可谓南渡后,东莱吕氏从政
治望族转向了文化望族②。时人即有评论,曾续(曾肇第七子)云:
"吕家三相盛天朝,流泽于今有凤毛。世业中微谁料理,却收才具
入风骚。"③吕氏在南渡后"才具入风骚",正是家族转型之谓。东
莱吕氏在南宋学界的地位非同一般,《宋元学案》中,吕氏荣入《荥
阳学案》《东莱学案》等多达七代二十二人,此在宋代绝无仅有。
《荥阳学案》之首即为吕希哲,《东莱学案》之首即为吕祖谦。《宋
史·吕希哲传》云:"希哲乐易简俭,有至行,晚年名益重,远近皆师

①陈均撰,许沛藻等点校《皇朝编年纲目备要》卷二六,第646—647页。
②学界持此类观点者较多,如张剑、吕肖奂《两宋党争与家族文学》(《中国文化研
　究》2008年第4期)、姚红《宋代东莱吕氏家族及其文献考论》(中国社会科学出
　版社,2010年)、董德英《吕希哲生平辑考》(《鲁东大学学报》2018年第5期)。
③吕本中《紫微诗话》,吴文治主编《宋诗话全编》,第2884—2885页。

尊之。"①南宋李幼武《宋名臣言行录》记载："（吕希哲）晚居宿州真扬间十余年，衣食不给，有至绝粮数日者，处之晏然……闲居，日读《易》一爻，遍考古今诸儒之说，默坐沉思，随事解释，夜则与子孙评论古今，商确得失，久之方罢。"②吕祖谦《东莱公家传》亦云：

> 崇宁初，权臣修元祐之怨，治党锢甚急，群谴辈黜，廷中为空。于是荥阳公（指吕希哲）废居宿州，公（指吕好问）亦以元祐子弟例不得至京师，两监东岳庙，客于宿者七年。自正献公（指吕公著）时，悉禀赐以振宗族，无留赆。其后再更党祸，家愈窭，或日旰灶薪不属。③

可见，党禁既使吕氏家族仕途受阻，又致家族愈窭。因为党禁，吕希哲晚年谪居地方，授徒讲学，并与子孙沉潜学术。他主张为学"不主一门，不私一说"④，遂成为吕氏家学的基本特征。后人编有《吕氏杂志》《荥阳公说》，皆说明吕希哲对吕氏家学贡献之大。其实，吕氏三子皆多从天下著名学者，转益多师，然因党禁，吕希哲一脉得以在外部政治因素的促生下逐渐由政入学。

党禁期间，东莱吕氏一门父子四人入籍，乃《党籍碑》中入籍人数最多的家族。《宋史·吕公著传（附子希哲、希纯传）》论曰："希哲、希纯世济其美，然皆隐于崇宁党祸，何君子之不幸钦！"⑤作为驰名远扬的簪缨世家，吕公著这一脉"隐于崇宁党祸"，族运受到

①《宋史》卷三三六，第10779页。
②朱熹纂集，李幼武续纂《宋名臣言行录》"外集"卷六，第708—709页。
③吕祖谦撰，黄灵庚等点校《吕祖谦全集》"东莱吕太史文集"卷一四，浙江古籍出版社，2008年，第1册，第211—212页。
④朱熹纂集，李幼武续纂《宋名臣言行录》"外集"卷六（第710页）："朱子曰：吕公家传深有警悟人处，前辈涵养深厚，乃如此，但其论学殊有病，如云'不主一门，不私一说'，则博而杂矣。"
⑤《宋史》卷三三六，第10780页。

了极大影响。至南宋,这一脉以学名世,终无显宦。吕氏一脉家族文化与宗风传统的改变与转型,离不开党禁这一外在因素潜移默化的影响。

(二)出籍后曾氏家族逐渐衰落

如果说东莱吕氏到南渡之后逐渐由政转学,那么南丰曾氏到南渡之后则走向了逐渐衰败。南丰曾氏也是名家辈出的北宋望族,如曾易占六子皆登第,其中达者三人,曾巩、曾布、曾肇,或为文坛翘楚,或为政坛巨擘。但曾布与胞弟曾肇及儿子曾纡被列入党籍,这一族的发展也颇受影响。党禁伊始,曾布与曾肇就各自屡遭外贬,直至两人戴白相从,同年卒于润州,可谓当朝南丰曾氏最显赫的两人均卒于谪籍。在近五年的贬谪生涯中,曾氏兄弟晚年谪居在外,客死异乡,兄弟两脉家族也渐衰。

先看曾布一脉,曾布有十子,仕皆不达,《京口耆旧传·曾布传(附弟开从子统等)》谓"布薨,诸子避乱徙居"①。其中第四子曾纡颇善诗文书法,但因父、叔而坐党籍,并且活动于南渡之后,出籍之后的曾纡一直在地方为官,仕宦不显。南宋初汪藻《曾公(曾纡)墓志铭》如此评价他:"始以通知古今、裨赞左右,为家贤子弟;中以文章翰墨、风流酝藉,为时胜流;晚以精明强力、见事风生,为国能吏。虽低徊外补,位不至公卿,而所交皆一时英豪,世之言人物者,必以公一二数。"②青年、中年、老年时期的曾纡,分别可视为贤子弟、文人、能吏,他本可能成为朝廷要员,但正值而立之年却逢党禁,仕途由此蹉跎,只能低徊外补。至于曾纡子女,如三子曾惇、曾

---

① 刘宰撰,王勇、李金坤校证《京口耆旧传校证》卷二,江苏大学出版社,2016年,第54页。
② 汪藻《浮溪集》卷二八,第351页。

忻、曾憕,皆至多任地方长吏,属中下层官僚,此一脉浸衰。南宋末马廷鸾为曾纡文集所作《曾空青文集序》云:

> 空青子弟起家,文章继世,潜逃于家尊柄用之时,缱绻于诸贤流落之日。中间灭迹毁庐,相随入党。迨天地重开,迄能以《三朝正论》暴白之世,其视当时败国殄民、为魁为杰者之子孙补史咒神矫诬万世者,其贤不肖何如也! ……空青,抚人,而葬于信。断垣凄草,孤寄百年。……今曾氏昆令季强,侍郎公以忠言嘉谟入从出藩,太博之为邦,以道得民,朝廷深知治行,将选表矣。①

此可见曾氏家族为党禁所累,亦可知曾纡身后处境悲戚。即便"天地重开",曾氏子孙入从出藩、以道得民,但始终难挽族衰颓势。

再看曾肇一脉,前引曾肇第七子曾续评价东莱吕氏"世业中微"之说,形容曾氏家族自己亦可。杨时《曾文昭公(曾肇)行述》载曾肇有子八人,有孙二十人,或仕或隐,仕者皆不达。《京口耆旧传·曾布传(附弟开从子统等)》谓"肇八子,统最知名"②,曾肇之子曾统、孙曾晚相对仕途畅达,但远不及父祖显赫。曾肇之子曾明《春秋》擢第,终承议郎,赠左中奉大夫,孙曾协,未登第而蒙荫补,终朝奉大夫知永州,曾协之子曾炎与从弟曾晚重登第,这一脉家声似有重振之势。楼钥《集英殿修撰致仕赠光禄大夫曾公(曾炎)神道碑》谓:"后六十余年,曾孙刑部侍郎炎与从弟吏部尚书晚相继取世科, ……而南丰之曾益重于天下矣……自海陵赴调,有同姓为聘使者,金人问其氏族,自言蜀人,又问南丰后孰在班列? 既告以

---

① 马廷鸾《碧梧玩芳集》卷一二,《宋集珍本丛刊》本,第87册,第188页。
② 刘宰撰,王勇、李金坤校证《京口耆旧传校证》卷二,第54页。

归,于是朝廷始加搜访,时相意属公。"①曾肇之后六十余年,子弟多任地方长史,属中下层官僚,虽谓"南丰之曾益重于天下",但南丰之后皆无缘班列却也属实,此皆证曾肇一脉家声渐落。

（三）出籍后陈氏家族全面凋零

与宰执频出的东莱吕氏、南丰曾氏相比,贡川陈氏（福建永安贡川陈氏）不算望族,但也绝非闾里之家。入籍的陈瓘是南剑州沙县人,乃元丰年间探花,为北宋晚期著名言官、学者。其父陈偁曾数任知州,以朝议大夫致仕,其祖陈世卿亦曾登第,数任路级官。《宋史·陈瓘传》谓"瓘平生论京、卞,皆披擿其处心,发露其情慝,最所忌恨,故得祸最酷,不使一日少安"②,因纠弹蔡京、蔡卞甚多,陈瓘得祸最酷,终卒于谪籍。其子陈正汇亦因纠弹蔡京被流孤悬海外的沙门岛（今山东烟台长岛）,靖康初方赦还,南渡后高宗虽擢其子陈大方为迪功郎,但陈氏为党禁所累,终南宋一世,此脉渐泯然无闻。

如陈氏境遇者较多,如眉山二苏入籍,南渡后苏氏子孙亦无闻,远不埒父祖。还有名重一时的"清江三孔"一族,王庭珪《故孔氏夫人墓志铭》谓:"逮崇宁钩党之说起,取元祐以来名卿才士悉陷党中,皆一时俊异也,于是三孔散徙,不敢以谱系自矜。"③如三孔散徙终至泯灭无闻的例子在党人家族中较为普遍。

综上可见,北宋显赫的复合型家族东莱吕氏与南丰曾氏,历经党禁之后,家族或转型,或衰落。但他们毕竟是延续百年的阀阅世家,自与闾阎之家不同,尽管族衰,仍或多或少有子孙在仕途徜徉。

---

① 楼钥《攻媿先生文集》卷九七,《中华再造善本》,北京图书馆出版社,2006年。
② 《宋史》卷三四五,第10964页。
③ 王庭珪《卢溪文集》卷四五,第311页。

无论是吕氏家族的转型,还是曾氏家族的渐衰,甚或是陈氏家族的全面陵替,都无法再赓续家声。而《党籍碑》中誉望不如吕、曾显赫的家族不少,其中多有几至覆灭的情况。

家族中落的原因很多①,为党禁所累算是其中重要原因。此外,两宋之交的动荡局势也不利于党人家族恢复元气,尤其是北方党人家族多受兵燹之祸,发展更面临雪上加霜。浏览《党籍碑》,可发现其中名盛的大族至南渡后大多中落不起②,总体而言,能名列此碑的多系家族核心成员,受党禁连累,家族难免元气大衰,特别是对于仅依托政治立身的家族更是如此,复合型家族虽然抗风险系数更强,但也不免大受牵连。

正如前引沈暐重刻党籍碑时曾题跋语云"元祐党籍,蔡氏当国实为之。……公道愈明,节义凛凛,所谓诎于一时而信于万世矣",如沈暐一样的南宋元祐叙事者与不少后代文人,将《党籍碑》视为衡量君子与小人的试金石,大都认为名列此碑者为应崇奉尊扬的君子,而制造此碑的蔡京家族则为小人。"黜于一时,信以万世"是元祐党人集体接受印象,但是旧非新或是元祐非熙丰的评骘倾向也未必客观,南宋就有不少人持异议,如"张魏公(张浚)独相,以为元祐未必全是,熙丰未必全非"③,陈长方也认为"宣和殿所立《元

① 如《宋史》卷四七一《章惇传》(第13713页)谓章惇"不肯以官爵私所亲,四子连登科,独季子援尝为校书郎,余皆随牒东铨仕州县,讫无显者"。
② 相州韩氏乃例外,北宋有宰相韩琦、韩忠彦(入党籍),南渡后又出宰相韩侂胄。陆游《南园记》(叶绍翁撰,沈锡麟、冯惠民点校《四朝闻见录》戊集,中华书局,1989年,第187页)谓:"与忠献(韩琦)同时,功名富贵略相埒者,岂无其人? 今百四五十年,其后往往寂寥无闻,而韩氏子孙,功足以铭彝鼎、被弦歌者,独相踵也。……则韩氏之昌,将与宋无极。"
③ 杨时《龟山先生语录》"后录"下,《四部丛刊续编》本。

祐奸党碑》,以司马温公为首。元祐党籍固多真儒贤士,然蔡京以
势利倾夺锢之钩党者,亦多矣,未必皆君子也"①。为何元祐党人成
了大多数后人眼中的君子党? 除了元祐旧臣中确实有相当一批是
志士仁人,还在相当程度上源于元祐党人子孙在南渡以后的舆论
反攻体现。正因为入籍党人在党禁中遭到的恶意打击非同一般,
入籍党人家族也多以受害者身份与口吻自陈心迹,后人基于同情
弱者的普遍心理,在强烈的政治伦理文化语境下与党人子孙集体
构建了是旧(党)非新(党)的评骘论调。

---

① 陈长方撰,许沛藻整理《步里客谈》卷上,第7页。

第六章　石刻与政治文化：
从党人石刻看北宋政治文化

　　石刻文献具有文本与物质两种形态，历朝历代，不同阶层都与石刻有接触，上至帝王将相，中至文人骚客，下至贩夫走卒，无不与石刻的文本或物质形态产生联系。无论从文本形态而言，还是从物质实体的应用而言，石刻都是文化的体现。从不同角度来看，石刻体现的文化也多种多样，如礼器（葬器）文化、宗教文化、图像（书画）文化、文学文化、史学文化、政治文化等等，本书主要从政治角度观照石刻，故而着重探讨石刻所见北宋政治文化。

　　本章既从党人石刻中观照士大夫的言事文化，还从党人石刻中论及士大夫的人际交往与政治思维特点及政治性格，此外，亦对北宋晚期徽宗朝的碑刻政治现象做专门探讨。

第一节　党人碑志中的言事意识
与言事主题

　　"言事"一词，指向君王进谏或议论国家政事。言事意识乃参政意识或政治主体意识的具体展现，学界已论及宋人的言事意识，如余英时所谓"政治主体意识的显现"①,具体体现之一即言事意识。略习宋史者皆知,宋代士大夫的言事热情高,世传宋太祖定有所谓的"勒石三诫"(或谓"太祖誓碑")。虽说其真伪,学界聚讼纷纭,但大家普遍承认宋朝统治者确实宽待读书人,有不轻易杀士大夫的事实。②因为言事基本不会有性命之虞,所以宋代士大夫的言事热情很高。

一、碑志所见士大夫的言事意识

综观宋人别集或《全宋文》,奏议类文章所占篇幅甚多,内容既涉国家大事,也及琐碎小事,可谓士大夫的言事范围涉及公私的方方面面。直言规谏乃传统儒教提倡的事君本职之举,朝廷提倡士大夫言事,赵宋王朝尤其如此。

中国古代最能体现言事意识的文体是奏议文。北宋士大夫除了在奏议文章中议论国事,在创作碑志时,也有意无意将自己或墓主的言事意识融入其中,这在党争叙事时尤为明显。为了表现墓主政绩,作者在碑志中常记叙墓主因言事而遭贬,面折廷争往往被视为一种荣耀,是读书人履职尽责的行为。对于台谏官而言,逝后的碑志中少不了直谏言事的记载,略举数例如下。

王安石《给事中赠尚书工部侍郎孔公墓志铭》(孔道辅墓志铭)云:"皇后郭氏废,引谏官、御史伏阁以争,又求见上,皆不许,

---

① 余英时《朱熹的历史世界——宋代士大夫政治文化的研究》第三章"同治天下——政治主体意识的显现",生活·读书·新知三联书店,2011年。
② 近来有学者认为,宋代不轻易杀士大夫的传统是士大夫共同给予皇权政治压力而得到的一种福利,并不是皇帝主动给予的优待,参见李峰《论北宋"不杀士大夫"》(《史学月刊》2005年第12期)。

而固争之，得罪然后已。"①欧阳脩《端明殿学士蔡公墓志铭》(蔡襄墓志铭)载："明年，屡下诏书，劝农桑，兴学校，革弊修废……于此之时，言事之臣无日不进见，而公之补益为尤多。……今参知政事唐公介，时为御史，以直言忤旨，贬春州别驾，廷臣无敢言者。公独论其忠，人皆危之……。"②陈荐《韩魏公墓志铭并序》(韩琦墓志铭)云："公为谏官三年，时政之阙，知无不言，言无不尽，前后七十余疏，天子以为忠，故多嘉纳。"③韩琦《故崇信军节度副使检校尚书工部员外郎尹公墓表》(尹洙墓表)谓："时文正范公治开封府，……指丞相过失，贬知饶州。余公安道上疏论救，坐以朋党，贬监筠州酒税。公慨然上书曰：'……'贬崇信军节度掌书记，监郢州商税。欧阳公永叔移书让谏官不言，又贬夷陵令。当是时，天下称为四贤。"④以上数文，既肯定了台谏官的有所为，也对台谏官的不作为提出了批评，肯定与批评都是基于台谏官的本职义务而言。同时还说明了直言敢谏有风险，或语侵执政，或冒犯君主，言事者常面临贬谪风险。

　　言事之臣以直言遭贬，而敢言之臣为其辩护，这都被视为忠义之举。尤其是墓主曾任言事官，碑志中记其言事行为乃不成文的规定。故而党人碑志中，有关墓主为台谏官时的言事叙事在在皆是，以上数例即可证明，不必赘引。党人碑志中不仅多有台谏官履行言事职责的记载，而且还多有非台谏官言事得罪的记载。如李纲《宋故追复龙图阁直学士赠少师钱公墓志铭》(钱勰墓志铭)谓"及廷对制策，极论新法，忤执政意，与孔文仲俱被黜还任。自是遂

---

① 王安石撰，刘成国点校《王安石文集》卷九一，第1574页。
② 欧阳脩撰，洪本健校笺《欧阳脩诗文集校笺》"居士集"卷三五，第919—920页。
③ 河南省文物局编《安阳韩琦家族墓地》，第93页。
④ 韩琦《安阳集》卷四七，第594页。

罢制科,然名望益崇"①,钱勰此时并非台谏,按理说可不谋其政,但却因言事被贬,反而名望益崇,这说明不惧风险而言事,反而会得到同僚赞誉。

此外,党人碑志常有外制官封还词头的记载,表现的也是词臣群体的言事意识。如范镇《宋谏议敏求墓志铭》(宋敏求墓志铭)载:"今枢密吕公为御史中丞,以言事罢知颍州,公当制,执政改其词以进,寻乞解职,不报。后数日,以封还词头,连忤执政意,遂得解职,以本官奉朝请。"②苏颂《龙图阁直学士修国史宋公神道碑》(宋敏求神道碑)③的记载更详细。地上碑与地下志,都对宋敏求封还词头得罪王安石之举大书特书。

北宋还有外制官对台谏官的援助风气,这是两种制度的互助与补阙。杨时《曾肇神道碑》载:"谏官王觌言执政忤旨,落职知润州。公封还词头,言'觌之一身,出入内外,不足为轻重,而陛下寄腹心于大臣,寄耳目于台谏,二者相须,不可阙一,今觌一言,论及执政,即日去之,是何爱腹心而涂耳目,岂不殆哉?'"④

北宋台谏官员风闻奏事、外制官员封还词头等行为,无一不体现了士大夫的言事意识之强烈。士大夫热衷言事,党人碑志中对士大夫的言事意识与直谏行为尤为关注,这是体现墓主仕履德行的绝佳题材,有关士大夫直言谠议之风的记载在党人碑志中所在多有,皆体现了北宋言事文化之兴盛。

---

① 李纲撰,王瑞明点校《李纲全集》卷一六七,第1544页。
② 杜大珪编《新刊名臣碑传琬琰之集》中集卷一六。
③ 苏颂撰,王同策等点校《苏魏公文集》卷五一,第771—778页。
④ 曾肇《曾文昭公集》卷四"附录",《宋集珍本丛刊》本,第26册,第743页。

二、碑志所见党争言事主题

就北宋党人碑志来看,庆历党争和新旧党争时期,碑志中体现的言事主题较为集中。庆历党争时期,碑志中最为频繁的言事主题主要有四个:一是元昊叛边,二是侬智高叛乱,三是废后之争,四是庆历新政。尤以元昊叛边和侬智高叛乱为主。新旧党争时期,碑志中最为频繁的言事主题乃王安石新法。这些言事主题基本构成了北宋党争时期碑志中的主要言事内容,同时也是党人争论的焦点。

宋仁宗朝,先后发生了废后之争、元昊叛边、庆历新政、侬智高叛乱等北宋历史上的重大事件。围绕这几件事,仁宗朝士大夫常各持己见,莫衷一是,因此,这一时期的碑志中,这些言事主题成为表现墓主德行的主要内容。其中,既有对这些事件的简叙,又有关于党人于诸事言论煌煌的详载。

比如关于元昊叛边和侬智高叛乱,范仲淹、欧阳修、韩琦、宋祁、王安石、王珪等,都在撰写的墓志铭中加以笔墨,有详有略,或文中述之,或开篇即言。欧阳修《湖州长史苏君墓志铭》(苏舜钦墓志铭)、《资政殿大学士尚书左丞赠吏部尚书正肃吴公墓志铭》(吴育墓志铭)、《徂徕石先生墓志铭》(石介墓志铭)等,王安石《太常博士曾公墓志铭》(曾易占墓志铭)、《赠光禄少卿赵君墓志铭》(赵师旦墓志铭)等,王珪《夏文庄公竦神道碑铭》(夏竦神道碑)、《狄武襄公神道碑铭》(狄青神道碑)等,都有关于元昊叛边或侬智高叛乱的记载。还有一些碑志基本将仁宗朝党人参与的重大事件一网打尽,如《资政殿学士户部侍郎范文正公神道碑铭并序》(范仲淹神道碑)①,欧阳修前后记载了仁宗朝的范、吕明道废后之争、元昊叛

---

① 欧阳修撰,洪本健校笺《欧阳修诗文集校笺》"居士集"卷二〇,第587—591页。

边、范、吕朋党之论、庆历新政等,范仲淹生前所历的这几个典型
事件,也正是仁宗朝党人碑志中频繁出现的涉及朋党之争的主要
事件。

　　作为党争中的主要参与人物,他们离世之后,碑志中都会言及
他们生前对国家大事的看法。所以作为墓主,仁宗朝的众多名臣
如杜衍、范仲淹、欧阳脩、韩琦、蔡襄、余靖、章得象、高若讷、宋祁
等人的碑志中,他们对元昊叛边、废后之争、庆历新政、侬智高叛乱
等发表的政见就是表现他们政绩的绝好主题。而后来的新旧党争
时期,众多党人碑志对王安石变法也有详略不一的记载。如苏轼
《司马温公神道碑》(司马光神道碑)①一文,记载了王安石与司马
光等人因争论新法而分为对立两党的事情,苏轼笔下既有王安石
变法,也有司马光废法,假若司马光的神道碑缺少新法叙事,则无
疑可称为一篇"不合格"碑文。

　　要之,关于国家大事的言事主题就是北宋党人争论的焦点,
因政见不同,给他们分化为党提供了合作和敌对的理由。从党争
时期的众多碑志来看,基本可以将北宋党人的政见立场以及人际
关系认识一二。政治学中认为政治关系形成的内在基础是经济物
质等利益关系,而其核心是政治权力,北宋党争自然也离不开这一
点。新旧党争发展到中晚期,单纯的政见之争越发减少,为了获得
政治权力的博弈渐多。政治权力是一种政治力量,为了获得这些
力量,士大夫会围绕言事主题有不同政见。党争时期,由于政见不
同导致士大夫之间关系恶变者比比皆是,士大夫的政治性格围绕
政见不同多有体现,而这些亦可从党人碑志中窥见一斑。

---

① 苏轼撰,孔凡礼点校《苏轼文集》卷一七,第511—515页。

第二节　党人石刻所见士大夫的政治性格

政治性格(political character),是指影响人参与政治活动及其行为方式的个性心理特征①。本书在使用政治性格概念时,不强调个人经历形成的政治心理学因素②,而着重强调官员在政治活动中的行为目的与行为方式,具体指党人士大夫参与政治活动的内心动机、行为方式等共性特点。从党人石刻中能看出北宋士大夫重名惜声的渴望,并且具有党同伐异的政治性格,以及对石刻流播功能较为重视。

一、重名惜声:政治不朽的焦虑

古人讲究"三不朽",北宋士大夫亦如此。碑志本就是为了不朽目的而存在,自从诞生之日起,碑志大书深刻,立碑埋志的重要意义就在于书写不朽,士大夫碑志尤其如此,从党人碑志中也颇能看出士大夫政治不朽的焦虑。

为人熟知,北宋士大夫有着强烈的忧患意识,尤其从范仲淹时代开始,士大夫的忧患意识与社会责任感越发强烈。这其中既有

---

① 政治性格"由美国心理学家拉斯韦尔提出并加以运用。认为在个人经历中形成的心理需求潜伏在一个人的性格中,在适当时机将移植于'公共目标'之上,而自以为其行为是为了实现国家、团体或社会的利益。比如富于报复性、侵害性的心理补偿的需求可能形成暴戾狂热的政治性格,从而促使政治行为者争权夺利以至于借助战争手段。拉斯韦尔因夸大了个人心理素质的作用而受到批评。但对于政治性格的分析在政治行为考察中不失为一个重要侧面",见彭克宏主编《社会科学大词典》(中国国际广播出版社,1989年,第419页)。

② 中国古代文史研究往往囿于文献不足,难以对研究对象做深入的心理学分析,且因实证研究的风气所致,基于古人的心理学分析往往难以服众。

超越个人利害得失的崇高使命感,也有基于实现个人尊重需求和自我实现需求的不朽的焦虑。

前面论及庆历党争中"范是吕非"刻板印象之形成时,已经谈到范党成员去世之后,碑志多由内部成员创作,他们在碑志中有意为墓主延誉,体现出的群体意识较为明显。这种群体意识是建立在相似的政治取向、学术兴趣,或家族地域、科甲同年等因素达成的友谊之上,在党争中,他们同进退、共荣辱,希望在政治建树上多有可为,究其原因,除了真正希冀为国为民,同时也含有政治不朽的焦虑情结。所谓政治不朽的焦虑情结,指士大夫们希望通过政治成就而留名青史、垂范千秋的强烈愿望。

欧阳脩《程琳神道碑》云:"臣脩以谓古者功德之臣,进受国宠,退而铭于器物,非独私其后世,所以不忘君命,示国有人,而诗人又播其事,声于咏歌,以扬无穷。"①此为奉敕所作,作者代表官方倡导忠君爱国的价值观,"播其事,声于咏歌,以扬无穷",目的就在于替墓主制造政治不朽,这一点可视为士大夫碑志的共性特征。

二、党同伐异:鲜明的政治取向

关于北宋士大夫党同伐异的主体性格,沈松勤《北宋文人与党争》有过专门且深入的论述。本书无意在此观点上加以重复论述,而着意于在论述材料的运用上添砖加瓦。沈著主要利用诗文(书札等,不含碑志)、史著等材料来论述北宋士大夫的主体精神与政治思维特点,下面主要从碑志角度加以辅证。

常读宋代文献的人会有印象,宋人对《韩非子·显学》中的

---

① 欧阳脩撰,洪本健校笺《欧阳脩诗文集校笺》"居士集"卷二一,第618—619页。

"夫冰炭不同器而久,寒暑不兼时而至"[1]有着异乎寻常的"喜爱"。宋人好议论君子小人主题,君子小人之争、正邪之辩是北宋士大夫口中的"家常便饭"。在很多士大夫眼中,君子小人如冰炭不可同器,非君子即小人,此论在北宋非常盛行[2],这种二元对立的政治思维在党人碑志中时有发现。如苏轼《富弼神道碑》云:"常言:'君子小人如冰炭,决不可以同器,若兼收并用,则小人必胜。薰莸杂处,终必为臭。'"[3]杨时《曾肇神道碑》亦云:"公见上言:'陛下欲建皇极,以消弭朋党,须先分君子小人,赏善罚恶不可偏废。'"[4]此皆可见党人碑志叙事受到了日常政论语言的影响。党人碑志还常涉及台谏的记载,这其中既有台谏履职的正常行为,也或有台谏为泄私愤而故意攻击政敌的实际情况存在,兹不赘举。

北宋士大夫党同伐异的主体性格,常常使得政敌双方水火不容,甚至接近睚眦必报。最能体现士大夫倾轧报复的党人石刻活动乃崇宁年间的党籍碑事件,这场活动极其鲜明地体现了北宋士大夫党同伐异的主体性格与二元对立的政治思维。北宋新旧党争发展到中期,吕大防、梁焘、刘安世等元祐党人定新党名单榜之朝堂,以儆效尤,此乃开党籍碑事件之先兆,后逐步导致新党章惇、蔡京等人执政后对元祐党人加以反击,终酿成党籍碑事件。对此,王明清所言颇具只眼:

> 元祐党人,天下后世莫不推尊之。绍圣所定止七十三

---

① 韩非撰,王先慎集解,钟哲点校《韩非子集解》卷一九,中华书局,1998年,第458页。
② 从《全宋文》不难发现,北宋士大夫论"朋党""邪正""君子小人"的文章比比皆是。关于北宋士大夫的君子小人之辨,还可参见沈松勤《北宋文人与党争》之第二章"君子小人之辨:北宋党争的理论依据与主体性格"。
③ 苏轼撰,孔凡礼点校《苏轼文集》卷一八,第536页。
④ 曾肇《曾文昭公集》卷四附录,第744页。

> 人，至蔡元长当国，凡所背己者皆著其间，殆至三百九人。皆
> 石刻姓氏，颁行天下。其中智愚圈渍，不可分别。至于前日诋
> 訾元祐之政者，亦获厕名焉。唯有识讲论之熟者，始能辨之。
> 然而祸根实基于元祐嫉恶太甚焉。吕汲公、梁况之、刘器之定
> 王介甫新党吕吉甫、章子厚而下三十人，蔡持正新党安厚卿、
> 曾子宣而下六十人，榜之朝堂。范淳父上疏，以为奸厥渠魁，
> 胁从罔治。范忠宣太息语同列曰："吾辈将不免矣。"后来时
> 事既变，章子厚建元祐党，果如忠宣之言。大抵皆出于士大夫
> 报复，卒使国家受其咎，悲夫！①

王明清道明了北宋新旧党争中晚期，单纯的政见之争已经少见，意气之争却越发明显。

　　总的来说，除了十分特殊的党籍碑事件之外，众多党人碑志体现的党同伐异的政治性格不如奏议等文体体现明显，这也和作为颂美文体的碑志一向"祥和"的氛围有关。此外，北宋士大夫中也不乏部分持论中允之人，他们代表的是当时较为理性、客观思考政治的观点，这在如曾肇《范忠宣公墓志铭》(范纯仁墓志铭)中有一定体现。

　　需要提及，从党人石刻观照士大夫的政治思维特点及政治性格，并未有太多新见，这里只是从碑志角度对学界已有的北宋士大夫党同伐异的政治性格论加以辅证，不必赘述。

三、金石永固：石刻流播功能的重视与运用

　　因为金石载体的不朽性，以及石刻材料的易得性，石刻具有

---

① 王明清撰，戴建国、赵龙整理《玉照新志》卷一，《全宋笔记》第六编，2013年，第2册，第125页。

强大的流播功能。前面所谓北宋士大夫具有强烈的政治不朽的
焦虑,此乃从时间坐标的纵向轴而言,士大夫希望通过碑志、题识
等石刻名垂青史,昭示未来,这一点不仅在北宋存在,在前朝或后
世都存在。而从时间坐标的横向轴而言,北宋士大夫对石刻的运
用往往是基于石刻流播的功用意义,北宋中晚期的士大夫将石刻
当作一种政治工具去使用却是北宋特色,这在此前与此后都很
罕见。

　　北宋士大夫对石刻政治流播功能的运用,最为明显的体现是
党籍碑事件。元祐党籍碑的产生、立毁,以及版本的复杂性,极能
说明士大夫对石刻流播功能的运用。全国各地立碑,目的是为了
传播入籍之人的恶名,使其臭名远扬四方。《皇宋通鉴长编纪事本
末》载:

　　　(崇宁二年九月)辛丑,臣僚上言:"近出使府界陈州,士
　　人有以端礼门石刻元祐奸党姓名问臣者。其姓名,朝廷虽尝
　　行下,至于御笔刻石,则未尽知也。陛下孚明赏罚,奸臣异
　　党,无问存没,皆第其罪恶,亲洒宸翰,纪名刊石,以为天下臣
　　子不忠之戒。而近在畿内辅郡,犹有不知者,况四远乎? 欲乞
　　特降睿旨,具列奸党,以御书刊石端礼门,姓名下外路州军,
　　于监司、长吏厅立石刊记,以示万世。"从之。①
当时就有人提出了石刻作为媒介的宣传意义,所以扩大了党籍碑
的刊立范围。但党籍碑事件无疑是一种恶性的政治报复行为,是
极尽戕害、定遭骂名之举。时人与后人大都对入籍之元祐党人加
以褒评,对炮制党籍碑的蔡京予以贬议,这种众口一词成了后人对
党籍碑事件的评骘倾向。蔡京在世的时候,即有人以其炮制党籍

————————
① 杨仲良《皇宋通鉴长编纪事本末》卷一二一,第311页。

碑一事来提起弹劾。毛注作于大观四年(1110)的《劾蔡京奏》之四云:"臣累论蔡京罪积恶大,天人交谴,虽罢相致政,犹怙恩恃宠,偃居赐第,以致上天威怒。推原其咎,实在于京。考京之罪,盖不可以缕数:陛下去党碑以开自新之路,京疾其异己而别为防禁;……声焰所震,中外愤疾,宜早令去国,消弭灾咎。"①毛注谓"陛下去党碑以开自新之路,京疾其异己而别为防禁",就极能说明时人对蔡京炮制党籍碑的反感。绍兴二十九年(1159)闰六月,侍御史朱倬、殿中侍御史任古联名上《劾沈调葛立方奏》,谓葛立方"在秦桧时,曾乞以桧不合者,立为党碑。桧虽不从,人皆愤怒"②。可见,当有人建议模仿蔡京立党籍碑时,遭到众人愤怒的反对之声,这正说明当初蔡京立党籍碑的负面影响之大。

　　石刻作为载体,其流播功用既有延誉意义,也有毁誉意义。党人碑志大都体现了其延誉意义,而党籍碑事件说明了宋人对石刻毁誉意义运用到了极致。宋人对石刻的运用不仅体现在士大夫层面,还体现在君主层面,下面即以宋徽宗为例,探讨君主对石刻的政治性运用。

第三节　雅好与政治:宋徽宗的金石情结与碑刻政治

　　"情结"本是一个西方精神分析心理学专用术语,诞生至今已有百年历史,它早已融入我们的日常生活用语与学术话语表达中。

①《宋史》卷三四八,第11034页。
②李心传撰,胡坤点校《建炎以来系年要录》卷一八二,第3509页。奏章名据曾枣庄等编《全宋文》所拟。

情结(complex),精神分析理论术语。荣格首先提出。
指被压抑在个人潜意识中的情绪、思想、知觉和记忆的群集。
常以某些具有意义的个人为核心;如父亲或母亲;或以某些
有意义的对象为核心,如金钱。具有磁性作用,可使许多有关
的经验附着于其上,具有强大的能量,对人的思想和行为产生
极大影响。荣格认为,人人都有情结,只是在内容、数量、强
度和来源等方面不同。①

可知情结是一种复杂的、不易察觉的心理活动,但它以某些人或具
体对象为核心,体现在对某些人或物的"执着"上。情结可以是有
意识的,或者半有意识的,也有可能是无意识的②。荣格等人认为,
情结往往是人类灵感和趋力的源泉,对于艺术家、作家而言,其作
品往往是由于他们内心情结的驱使而产出的③。

分析心理学研究还认为:"情结对心理的影响大多是消极的。
但是,情结也有积极的表现,它使得里比多(libido)可以有方向性
地投注于一定的活动,从而促进活动的达成。比如,一个积极的业
余爱好可能是一个情结的作用,它把人的兴趣指向有利身心健康
的方向,是为积极作用。"④这里所说的"一个积极的业余爱好",即
属于上述情结概念中的"或以某些有意义的对象为核心",凡对某
种物体有特殊而强烈的爱好,都可视为是情结的作用,它能对人的
思想和行为产生较大影响。

<hr>

① 林崇德、杨治良、黄希庭主编《心理学大辞典》,上海教育出版社,2003年,第
943页。
② 张日升、陈香《"情结"及其泛化》,《齐鲁学刊》2000年第4期。
③ 范红霞、申荷永、李北容《荣格分析心理学中情结的结构、功能及意义》,《中国心
理卫生杂志》2008年第4期。
④ 范红霞、申荷永、李北容《荣格分析心理学中情结的结构、功能及意义》。

　　本书所谓的金石情结是对情结概念的一种泛化使用,指个体对金石的特别兴趣。古人认为金石坚硬并能传之久远,金石象征着刚强、坚定、诚信、不朽、长生、功业等等。一般而言,个体爱好很难与国家政治联系起来,但一国之君的个人雅好却可能具有重要的政治意义。帝王爱石,勒碑立铭,历代不乏其人,但论及痴迷程度却无过于宋徽宗。历史学并不只是史料的堆积与实证研究,"历史学首先是一门社会——心理学"[①]。由于未见有人专门从心理史学角度对宋徽宗的碑刻政治做探讨,下文试作尝试。欲着力探讨的是,徽宗朝出现众多政治碑刻的深层原因,或许能对物好[②]与政治的研究产生一点启发性思考。

一、宋徽宗的政治碑刻与碑刻政治

　　宋徽宗拥有深厚的金石情结,所以外显为对金石的运用。这种情结最大程度体现在他的个人雅好上,是他对书画艺术的追求与对石艺园林的营造。徽宗雅好赏石、玩石,往往有意识或无意识地体现在政治治理中。柯昌泗云"宋之御书石刻,徽宗最多"[③],徽宗常以碑本赐全国刻石,这种行为可视为一种有目的的政治活动。

　　伊沛霞(Patricia Buckley Ebrey)《徽宗的石刻碑文》[④]较系统

----

① 彼得·伯克著,姚朋、周玉鹏等译《历史学与社会理论》,上海人民出版社,2001年,第16页。
② 物好(wù hào)指对某种物品(书画、玉石、木制品、陶器等)的格外偏爱。物好常与政治有关,由物好投射到政治上,甚至会一定程度上影响政治决策。
③ 叶昌炽、柯昌泗《语石　语石异同评》(合刊本)卷八,中华书局,1994年,第470页。
④ 有关宋徽宗的御撰、御书石刻研究,笔者所见有两文(有关宋徽宗书画研究除外):
　　[美]Patricia Buckley Ebrey, "Huizong's Stone Inscriptions",edited by Patricia Buckley Ebrey and Maggie Bickford. *Emperor Huizong and Late Northern Song China: The Politics of Culture and the Culture of Politics*,Cambridge:(转下页)

地统计并论述了徽宗的御笔诏令立碑情况,认为这一举措是徽宗
主观上与臣民直接交流的一种手段,徽宗借此传达自己的政治见
解与艺术才能,以此宣示自己作为一国之主的存在感。笔者亦认
同伊沛霞所持徽宗将石碑视为展示自己政治意图的一种手段或工
具,但其只注重考察全国性的御笔诏令立碑事件,而未及部分单
个政治性立碑事件。如伊沛霞认为元祐党籍碑事件属蔡京私人行
为,并且立后不久就被毁讫,故将该碑排除在讨论之外①。本文勾
稽文献,增加了一些伊沛霞未见或忽视之碑刻,全面统计徽宗朝的
各种政治碑刻,进一步探讨其碑刻政治。

（一）政治碑刻的统计与分类

首先以表格呈现宋徽宗的政治碑刻②:

（接上页）Harvard University Asia Center,2006,pp.229—274;肖红兵《宋代御
赐神道碑额考述——以文献所见六十余人碑额为中心》(《中原文化研究》2013
年第5期)对北宋御赐神道碑额的时间、名称、碑额概况做了统计与介绍,其中涉
及徽宗御赐神道碑额。

①Patricia Buckley Ebrey,"Huizong's Stone Inscriptions",edited by Patricia
Buckley Ebrey and Maggie Bickford. *Emperor Huizong and Late Northern Song
China: The Politics of Culture and the Culture of Politics.*

②所谓徽宗的政治碑刻,指徽宗作为实施主体的政治性立碑活动。既指由徽宗发
起自上而下的全国立碑事件(如范致君撰《兴学圣德颂碑》《进兴学圣德颂表》,
为臣僚的夤缘行为,但经徽宗授意全国立碑,亦列入统计),也指徽宗下令的与
政治有关的单独(指立碑某处)立碑活动。此外,徽宗有宸翰赐额宫观,或木质,
或石质,统计甚难,皆不计。

表6—1　宋徽宗政治碑刻撰书刊立明细表①

时间	名称	主要内容	立碑范围	徽宗行为	臣僚行为	主要出处
崇宁元年(1102)九月	元祐党籍碑	党人姓名120人	京师端礼门	徽宗书	蔡京炮制名籍	《宋史·徽宗本纪》等
崇宁二年(1103)	兴学圣德颂碑	颂圣兴学	邢州(今河北邢台)	徽宗授意全国立碑	范致君撰书	《续通志·金石略》《寰宇访碑录》《蒐古汇编》、拓片

---

① 本表首栏为立碑时间,诏令下达之后,各地立碑所书时间并非完全一致,但大略不差,故择其一记年月(月份乃阴历),部分月日无考者仅系年。少数碑刻立碑在撰文若干年之后,则特别说明。臣僚应和徽宗所立碑刻一并系入,如崇宁三年徽宗《付辟雍诏》刻碑,次年薛昂《赐辟雍手诏后序》亦全国刻碑,系之。末栏列录文或事件的主要出处,一般列几种先出文献作为代表;本表所列邢台所立《兴学圣德颂碑》《进兴学圣德颂表》属同一碑,碑阴刻颂文,两侧行书刻颂表;《全宋文》卷二七一〇(第125册,第276页)录薛昂《赐辟雍手诏后序》系于"崇宁二年",细核文义,当在崇宁四年;《宝刻丛编》记载《孙过庭书谱》《(王)羲之十七帖》云(《石刻史料新编》,第1辑,第24册,第18087页)"大观二年九月奉圣旨摹勒刊石太清楼下",但又自注谓"新增",因本年大观三年正月已刊刻《大观帖》,新增即后增,疑"二"当为"三"之误;据徽宗《诫约无侵官御笔手诏》与程振《元丰大观诏书后序》,知徽宗此手诏于大观三年二月颁布全国,京东路转运判官张孝纯、京东路计度转运使兼劝农使沈纯诚,于政和四年六月将其与神宗元丰五年五月二日《诫谕百官诏》合刻,名《元丰大观诏书碑》,见毕沅、阮元《山左金石志》卷一八。此碑是否为奉诏所刻不得而知,但确是徽宗碑刻政治之产物,故统计在内;《全宋文》卷三五九九(第165册,第264页)据《景定建康志》卷四"留都录四"录《政和御书手诏碑》,但《景定建康志》载"政和八年二月刻石府学"实误,故《全宋文》亦误。李邦彦《政和御书手诏碑记》载徽宗御书手诏训士在政和八年六月,京师太学刻碑在政和八年七月,各地府学刻碑在七月之后,建康府学不可能早在政和八年二月刻碑。又据《山左金石志》卷一八,此碑上截刻《政和御书手诏碑》,下截刻《政和御书手诏碑记》。可见地方官学、文庙或多合刻二文。

续表

时间	名称	主要内容	立碑范围	徽宗行为	臣僚行为	主要出处
崇宁二年(1103)	进兴学圣德颂表	颂圣兴学	邢州(今河北邢台)	徽宗授意全国立碑	范致君撰书	《续通志·金石略》《寰宇访碑录》《蒐古汇编》、拓片
崇宁二年(1103)九月	元祐党籍碑	党人姓名98人	京师端礼门、地方监司长吏厅	徽宗书		《道命录》《宋史·蔡京传》
崇宁三年(1104)六月	元祐党籍碑	党人姓名309人	京师文德殿门东壁、地方监司长吏厅	徽宗书,刻石京师	蔡京重定名籍,并书之,天下刻石	《宋史·徽宗本纪》《东都事略》、拓片
崇宁三年(1104)十一月	付辟雍诏碑	重教兴学(禁元祐学术)	京师、各地官学、文庙	徽宗撰并书		《(嘉靖)惠州府志》《(乾隆)无为州志》、拓片
崇宁四年(1105)	赐辟雍手诏后序	颂圣兴学	京师、各地官学、文庙	徽宗令薛昂撰序并书	蔡京题额,薛昂撰	《嘉泰吴兴志》《(嘉靖)惠州府志》
崇宁四年(1105)九月	诫约诸路监司奉法御笔手诏	劝诫诸路监司奉法	地方监司州军长官厅	徽宗撰并书		《嘉泰吴兴志》《(正德)袁州府志》、拓片
大观二年(1108)六月、七月、八月	大观圣作碑(又谓八行八刑碑)	"八行八刑"取士训士	京师、各地官学、文庙	徽宗撰并书	郑居中等请立,蔡京题额,地方立碑由李时雍或他人书	《宋通鉴长编纪事本末》《(景定)建康志》《宋会要辑稿》、拓片

时间	名称	主要内容	立碑范围	徽宗行为	臣僚行为	主要出处
大观三年(1109)正月	大观帖	书法丛帖	京师皇宫太清楼下	徽宗令重编书帖刻石	更定编次之后由蔡京奉旨书款识标题	《宝刻丛编》、拓片
大观三年(1109)三月	西京崇福宫记	颂章献、钦慈皇后,以昭孝思	西京(河南府登封)崇福宫	徽宗撰并书		《宋朝事实》
大观三年(1109)九月	孙过庭书谱、(王)羲之十七帖	书论、书法丛帖	奉圣旨摹勒刊石太清楼下	徽宗令刻石		《宝刻丛编》
政和元年(1111)三月	五礼新仪序	宣扬礼刑并用	京城太常寺	徽宗撰并书	郑居中等奉敕编《五礼新仪》	《五礼新仪》
政和四年(1114)六月	诫约无侵官御笔手诏	劝诫官员谨守本职勿侵官	东平(今山东东平)州学	徽宗撰		《宋大诏令集》《山左金石志》
政和六年(1116)九月	济渎庙灵符碑	祭祀济渎神,并崇信符箓道	孟州济源济渎庙内(今河南济源)	徽宗撰并书		《寰宇访碑录》、拓片
政和七年(1117)二月	遂昌寿光宫宸翰碑(又谓徽宗赐刘既济手诏)	令两浙漕臣刘既济敦促道士项举之赴阙	处州寿光宫(今浙江丽水遂昌)	徽宗撰并书		《吴郡金石目》《两浙金石志》
政和八年(1118)八月	御解道德真经刻石	升老子于《史记》列传之首,并令刻石御解《老子》	京城神霄宫	命大臣分章句书写	大臣书	《宋大诏令集》

时间	名称	主要内容	立碑范围	徽宗行为	臣僚行为	主要出处
政和八年(1118)七月、十月	政和御书手诏碑(又谓赐李邦彦手诏)	兴学、励贤训士	京师、各地官学、文庙(如江宁府学、济南府学、韶州府学)	徽宗撰并书		《(景定)建康志》《山左金石志》《粤东金石略》
政和八年(1118)十月	政和御书手诏碑记	颂圣兴学	各地官学、文庙(如济南府学、韶州府学)	徽宗令李邦彦撰记	蔡脩题额，李邦彦撰	《山左金石志》《粤东金石略》
政和八年(1118)六月	付楼异御笔碑	对楼异之请示开垦广德湖为田的批复	明州(今宁波)	徽宗撰并书		拓片
宣和元年(1119)八月	龙章云篆诗文碑(又谓题楮慧龙章云篆诗文碑)	记政和七年十二月天神降临坤宁殿	耀州(今陕西铜川市耀州区药王山静应庙)	徽宗撰并书	楮慧(即道士林灵素)撰书龙章云篆诗	《陕西金石志补遗》、拓片
宣和元年(1119)八月	神霄玉清万寿宫碑	崇道	京城与地方之神霄玉清万寿宫	徽宗撰并书	蔡脩题额	《嘉泰吴兴志》《宋通鉴长编纪事本末》、拓片等
宣和五年(1123)八月	复燕云碑	颂圣庆"收复"燕云旧地	延寿寺(今北京昌平)	徽宗令王安中撰碑	燕山知府王安中撰，书丹无考	《宋史·徽宗本纪》《东都事略》
宣和六年(1124)三月	宣和重修泰岳庙记	纪重修泰岳庙并颂圣	袭庆府(今山东泰安)	徽宗令宇文粹中撰记	翰林学士承旨宇文粹中奉敕撰，张澣书并篆额	《山左金石志》《金石萃编》

　　根据上表,从碑刻内容、立碑范围与地点、目标人群、撰书行为等角度考察立碑频次,重新制表如下:

表6—2　宋徽宗政治碑刻分类统计表[①]

内容＼时间	1102—1105	1106—1109	1110—1113	1114—1117	1118—1121	1122—1125	合计	京地皆立	仅京师立	各地立	京外某地立	徽宗撰并书	徽宗书	臣撰或书
党人名籍	3						3	2	1				3	3
兴学重教	3			1			4	4	3		1	2		2
规饬奉法	1			1			2			1	1	1		
选举取士		1					1	1				1		1
书法艺术		2					2		1					1
颂圣思孝		1					1				1	1		
宣扬礼刑			1				1				1	1		
信神崇道				2	3		5	1	2		3	4	1	1
颂复疆土					1		1				1			1
修缮岱庙					1		1				1			1
其他政事					1	1	2				1	1		
合计	7	4	1	3	5		23	8	8	1	9	11	4	10

　　联系表6—1与表6—2,可知:

　　从碑刻内容而言,涉及主题多元。遍及党人名籍、教育选举、

[①] 有关立碑次数需特别说明。如《元祐党籍碑》在崇宁年经过三次立碑,第一次仅在京师,后两次在京师与地方皆立,在表6—2中统计立碑范围时,则计全国立碑两次,京师立碑三次。立碑次数指批次,如大观二年全国遍立《大观圣作碑》,则计一次。如两碑一体同立(指碑阳与碑阴皆刻文,同时刊立),实为一体,乃一碑二文,则计一次。数据或有误差,但大致能体现立碑范围与频次。

礼刑奉法、书法艺术、信神崇道、颂复疆土、修缮岱庙等。徽宗朝政治碑刻集中体现的是用人总体上抑旧（党）扬新（党）、兴学重礼与崇道三大主题。若以政和四年（1114）为界将诸碑刻分为前后两期，前期徽宗用人扬新抑旧，并且重教兴学，讲求礼刑奉法，后期则转向崇道。

从立碑范围与地点而言，涉及地域有大有小，立碑地点亦有针对性。立碑范围方面，党人名籍、兴学重教、信神崇道、选举取士、规饬奉法都在京师与地方立碑，全国立碑说明其重要性之大，属于徽宗朝的重要政治事件；只在地方立碑的，有在崇福宫立碑表达孝思之意，还有表达复疆伟业之碑，以及批复地方垦湖之碑；仅在京城立碑的，有书法丛帖与宣扬礼刑之碑。立碑地点大都具有较强的针对性，党籍碑与规饬奉法碑多立于地方监司长吏厅，兴学重教与选举取士碑多立于京师与地方官学、文庙，信神崇道碑多立于地方宫观，它们分别具有监察警示、励贤重教、掌控地方信仰等意义。

从目标人群而言，碑刻的阅读对象较为分明。碑刻大部分是针对士人与官员，少数是针对普通民众。

从撰书行为而言，碑刻多由徽宗本人撰书，亦兼有臣僚撰书。尤其是前期兴学重教与后期信神崇道碑刻，正是徽宗朝至关重要的两大政治任务，徽宗大都亲撰并书。

（二）从政治碑刻管窥宋徽宗的治国理念

既然政治碑刻是宋徽宗政治心理的一种表征，那么从碑刻亦可反观其政治理念。下面以具体碑刻为例，管窥宋徽宗的治国理念。

徽宗登位之后的第二年改年号为建中靖国，意在调和新旧两党，但效果并不理想。嗣后徽宗改号崇宁，决意绍述。崇宁元年（1102年）七月，徽宗用蔡京取代曾布，蔡京先后奏请兴学与实施党禁。这一兴与一禁都在政治碑刻中有所体现。具体情况如下：崇宁元年八月甲戌，蔡京奏请再度继承熙宁兴学，全力推行"三舍法"①。九月己亥，蔡京又奏请炮制党籍碑。兴学与实施党禁几乎是同时交互进行。崇宁二年，全国各地奉诏兴学，时任邢州学教授的范致君撰《进兴学圣德颂表》，表明了立碑颂圣之愿，徽宗应允刻碑。在地方立碑颂圣兴学之后，崇宁三年，徽宗将兴学碑刻扩及全国，亲书《付辟雍诏》，立碑京师与各地官学、文庙，并在翌年又令薛昂撰后记在全国立碑，至此兴学碑刻蔚为大观。徽宗昌明学术、繁兴文化的宏愿，通过全国广而告之予以实施。

　　崇宁年间，蔡京炮制出诸版《元祐党籍碑》，对相关党人仕途及党人家族的发展影响甚大。历来多非蔡京而对徽宗置之不论。在这一事件中，徽宗曾作为书丹人，每个党人名字都需寓目。从碑首蔡京记文来看："乃命有司，夷考罪状，第其首恶与其附丽者以闻，得三百九人。皇帝书而刊之石，置于文德殿门之东壁，永为万世臣子之戒。又诏臣京书之，将以颁之天下。"②蔡京似乎谓党籍碑的施动者乃宋徽宗，此或属实。从表6—1统计可以看出，全国性立碑活动中，只有党籍碑的性质格外与众不同，乃是具有侮辱、警示意义的"黑名单"。徽宗只书不撰，而将此碑的创作权给予蔡京，如此就必定将受人诟病的政治罪名安放到蔡京头上。可以认为，蔡京等主倡打击元祐旧党，大兴党禁，很大程度上是徽宗默许的。崇宁间，徽宗打着绍述神宗新法的旗号，用人抑旧扬新，并兴学重教，二者交互进行。这两项事务使得徽宗与蔡京等人关系越加密切，渐成徽宗—蔡京集团。

---

① 杨仲良《皇宋通鉴长编纪事本末》卷一二六，第345页。
② 蔡京《元祐党籍碑序》，见马纯撰，程郁整理《陶朱新录》（第174页）。

崇宁四年(1105)九月，徽宗亲撰并书《诫约诸路监司奉法御笔手诏》，令地方监司州军长官厅皆立碑。碑文末尾云："有怀奸废法不如令者，按罪以闻，仍令御史台体访弹奏。"[1]此乃徽宗御笔手诏之一种，但却极有可能是其手诏第一次全国立碑，可见徽宗欲通过这种"看得见的形式"强调自身的权威性与统治地位。

大观元年(1107)三月，宋徽宗诏令全国八行取士。当年"六月庚午，御笔令诸州学以御制八行八刑刻石，从江东转运副使家彬奏请也。八月庚午，资政殿学士中太一宫使兼侍读郑居中，乞以所赐御书八行八刑模刻于石，立之学宫，从之"[2]。此八行八刑刻石即指《大观圣作碑》，可视为崇宁兴学的又一高潮标志，它的题名格外强调"圣作"二字，这在徽宗朝此前未有，此后亦无。该碑由蔡京题额，乃徽宗亲撰亲书立于京师。各地的《大观圣作碑》则由当时的著名书学博士李时雍书丹，或由当地文人所书。此前的《付辟雍诏碑》只是总论徽宗兴学重教之意，而后来的《大观圣作碑》则从选拔取士、训士的角度出发，具体制定了相关规则，其碑刻内容的针对性更强。

大观三年(1109)三月，河南府登封崇福宫立碑，由徽宗亲撰亲书，旨在颂赞真宗章献皇后与徽宗生母钦慈皇后，以昭孝思。《西京崇福宫记》云："大观元年丁亥……万役不出于民，一费不取于官，庀工予财，悉自内府。三年三月，工告讫，百辟卿士，咸曰休哉！必有金石刻，以纪本末，而垂无穷……以祀宗庙，于以显亲，于

①宋徽宗《诫约诸路监司奉法御笔手诏》，见严嵩纂修《(正德)袁州府志》卷一〇，《天一阁藏明代方志选刊》本，上海古籍书店，1963年，第37册。
②杨仲良《皇宋通鉴长编纪事本末》卷一二六，第344页。

以扬名,孝之本也。"①

徽宗修缮崇福宫自谓不用公帑,其目的就是宣扬以孝治国,并言明从自身做起。政和元年(1111)三月,徽宗又御撰御书《五礼新仪序》立于京城太常寺,宣扬礼刑并用。《五礼新仪序》末尾云:"万机之暇,书其意,记其制作之因,以兼明天下后世。"②徽宗以此来宣扬礼刑并用、以继成周的治国理念。

政和四年(1114)六月,京东路转运判官张孝纯与京东路计度转运使兼劝农使沈纯诚,在东平将神宗《诫谕百官诏》与徽宗《诫约无侵官御笔手诏》合刻,命名《元丰大观诏书碑》。未知此碑是否为奉诏而刻,但前已有崇宁四年徽宗御笔手诏全国刻碑之先例,此次合刻元丰大观诏书,目的是地方监司劝勉辖内官员"思严二圣之训"③,这无疑可视为徽宗碑刻政治之产物。

综观表6—1,可知徽宗朝的政治碑刻主题大致可以政和四年为前后分界线,后期碑刻重信神崇道。目前未见有政和之前的徽宗崇道碑刻文献记载,但后期的崇道碑刻却有多种。从碑刻而言,徽宗崇道思想在政和往后有愈演愈烈之趋势。先是地方立碑崇道,最后发展到全国立神霄玉清万寿宫碑。时人谓"政和以后,道家者流始盛"④,这与碑刻中所见崇道主题的体现若合符节。

政和六年(1116)九月,孟州济源立《济渎庙灵符碑》,意在治水镇蛟、祭祀济渎神。从拓片可知,该碑结构为上符下文,充满了

---

① 宋徽宗《西京崇福宫记》,见李攸《宋朝事实》卷三,影印文渊阁《四库全书》本,第608册。第38页。
② 郑居中等《政和五礼新仪》卷首,影印文渊阁《四库全书》本,第647册,第3页。
③ 程振《元丰大观诏书后序》,见毕沅、阮元《山左金石志》卷一八,《石刻史料新编》本,第14653页。
④ 蔡絛撰,冯惠民、沈锡麟点校《铁围山丛谈》卷三,第44页。

浓厚的道教神秘色彩，其义费解。而政和七年(1117)二月树立的《遂昌寿光宫宸翰碑》从侧面反映出当时徽宗对道士项举之的宠信。《宋史·徽宗本纪》载："(政和七年十二月)戊辰，诏天神降于坤宁殿，刻石以纪之。"[1]落实立碑纪念此事却在一年多之后。政和八年(1118)八月，徽宗下诏刻石《御解道德真经》于京城神霄宫，同时将老子升于《史记》列传之首，此时徽宗对道教始祖与经典推崇备至。宣和元年(1119)八月，徽宗亲撰并书的《龙章云篆诗文碑》，碑立在耀州(今陕西铜川市耀州区药王山)，乃是纪念天神降于坤宁殿。此碑上为楮慧(即道士林灵素)云篆诗一首，下为徽宗瘦金楷体题文。碑谓"比之中春，灵异尤甚"[2]，说明徽宗所见天神不止一次，至于诸灵异现象的描述更是荒诞无稽。此实乃徽宗伪造天书，借机崇道愚昧百姓之行为。宣和元年(1119)八月初七，徽宗又诏令天下宫观树立《神霄玉清万寿宫碑》，依旧是御撰御书。徽宗崇道发展到此时，已臻顶峰。是碑云："呜呼！朕之所以隆振道教……布告天下，其谕朕意，毋忽。仍令京师神霄玉清万寿宫，刻诏于碑，以碑本赐天下，如大中祥符故事，摹勒立石，以垂无穷。宣和元年八月十二日奉圣旨立石。"[3]此前曾有宋真宗神道设教、天书封祀，御书泰山刻石纪功，所以徽宗也效仿其崇道刻石。

　　崇宁开始的兴学是贯穿整个徽宗朝的重要事件，在徽宗统治后期仍在进行。前已述及，崇宁二年至三年，徽宗兴学重教碑由地

---

①《宋史》卷二一，第399页。

②武树善编纂《陕西金石志·补遗上》(《石刻史料新编》本，第1辑，第22册，第16828页)谓之《宣和御书》，又见王富民编《药王山石刻集萃》(中国传媒大学出版社，2009年，第69页)。

③宋徽宗《宋徽宗神霄玉清万寿宫碑》，《中华经典碑帖彩色放大本》，中华书局，2017年，第11—15页。

方扩及全国。十余年之后，徽宗虽然沉浸在信神崇道中，但亦不忘兴学。政和八年十月，天下官学又立徽宗御撰御书之《政和御书手诏碑》，此诏乃徽宗赐与当时任师儒的大司成李邦彦，意在励贤训士。与此诏合刻的有李邦彦所撰《政和御书手诏碑记》，以示对徽宗手诏的回应与颂赞。这次立碑与14年之前的全国立《付辟雍诏》略有不同，此次乃御书手诏[①]立碑，更能体现徽宗个人的主体权威。

宣和五年(1123)八月，徽宗命燕山知府王安中撰立《复燕云碑》于延寿寺。此碑乃为庆祝"收复"燕云旧地而为，但为何如此丰功伟绩，徽宗却并未亲撰亲书？且未全国立碑？或许徽宗深知此次并未真正收复旧地。宣和四年九月，有司以泰岳宫庙完成奏功，徽宗令宇文粹中作文纪之，六年(1124)三月，《宣和重修泰岳庙记》立于岱庙，碑文记载徽宗陆续诏修岱庙，以示其重礼敬祖以及仁孝治国。历来修缮岱庙并立碑之君主不在少数，此非徽宗所独为。但值得一提的是，此碑近十米高，为岱庙诸碑之冠，徽宗似乎在碑刻形制上有意为之，背后体现了其政治上的宏大抱负。

综上可见，宋徽宗的治国理念与碑刻密切相关。徽宗朝政治路线的转变导致政治碑刻主题的变化，碑刻成为反映徽宗朝治国理念的实物证据，体现了碑刻融入徽宗治国的方方面面，这种现象是徽宗主动选择的结果。

二、宋徽宗碑刻政治的主观意识与客观效果

帝王好金石者多矣，但如宋徽宗者却鲜见。上面已经大略论

[①] 蔡絛撰，冯惠民、沈锡麟点校《铁围山丛谈》卷六(第109页)："及政和三四年，由上自揽朝纲，政归九重，而后皆以御笔从事。"

述了徽宗朝的政治碑刻发展情况,下面主要探讨徽宗通过政治碑刻来治国的主观意识以及取得的客观效果。

(一)碑刻政治的主观意识

正如伊沛霞所说:碑刻与书本不同,相对而言,碑刻不易携带(尽管会有拓片形式的存在),它的文本内容更加开放,时刻准备着让经过其面前的人驻足阅读,能让人记忆深刻,书本却需要被人打开才能阅读。就传达信息而言,碑刻更具强制性、侵略性的阅读特点[①]。相比长埋地下的墓志铭,石碑立在地上是可视的,具有典重与垂远特征,作为一种政治景观具有强烈的政治意义。尤其是大规模、全国性的碑刻,往往具有传达治国理念,及体现政治秩序、君臣关系的重要意义。"领导力的一个重要根源是领袖对象征符号的操控"[②],政治碑刻即是一种象征符号,是行政信息传播的重要媒介。宋徽宗在金石情结的作用之下,有意或无意地利用政治碑刻的强制性、可视性来展现其治国理念。

宋徽宗主观上应有以碑治国的意识。如前引《神霄玉清万寿宫碑》中自谓"以碑本赐天下……以垂无穷",又云"必有金石刻,以纪本末,而垂无穷""刻文兹石,以昭厥后"[③]。这说明徽宗深知石刻的垂远意义。臣下奏云"比年以来,所颁御制,皆勒金石,以垂永久"[④],前引柯昌泗也云"宋之御书石刻,徽宗最多",说明徽宗御制

---

①Patricia Buckley Ebrey,"Huizong's Stone Inscriptions",edited by Patricia Buckley Ebrey and Maggie Bickford. *Emperor Huizong and Late Northern Song China: The Politics of Culture and the Culture of Politics*,p237.

②查尔斯·B. 斯特罗齐尔、丹尼尔·奥弗《埃里克·H. 埃里克森、自我心理学与伟人理论》,载查尔斯·B. 斯特罗齐尔、丹尼尔·奥弗主编,梁卿等译《领袖:一项心理史学研究》,中央编译出版社,2013年,第59页。

③宋徽宗《西京崇福宫记》,见李攸《宋朝事实》卷三,第38—39页。

④郑居中等《政和五礼新仪》卷首议礼局进奏语(第22页)。

刻石为常事。政治碑刻与宋徽宗自我认同感的建构有密切关系，徽宗在位期间针对不同的目标人群，在不同地域立碑，多次利用碑刻来强化、证明自己的权威与政治、艺术才能。

宋徽宗铸九鼎、建明堂，追求礼治。包弼德（Peter K.Bol）认为，相比宋神宗以富国强兵力图达到圣王目标，徽宗更多想通过礼制文化而成为"圣王"[1]，此说颇为有理。从其政治碑刻中也能察见诸多端倪，如：

> 传不云乎：以善养人者服天下，朕之迪士至矣。其丕应徯志，以从上之欲。则将一道德，同风俗，追成周之隆。（崇宁三年全国立《付辟雍诏碑》语）

> 近因余暇稽周官之书，制为法度颁之校学，明伦善俗，庶几于古。（大观二年全国立《大观圣作碑》语）

> 朕因今之俗，仿古之政，以道损益而用之，推而行之，由乎百世之后，奋乎百世之上，等百世之王，若合符契，其归一揆，所谓百世而继周者也。（政和元年太常寺立《五礼新仪序》语）

足见徽宗时常在强调其追慕圣王礼制的文化理想。宋徽宗的碑刻政治自我效能感[2]应该较高，这是因为其金石情结中的积极因素所造成的。荣格认为，情结具有较高的自主性，常常是无意识的体

---

[1]Peter K.Bol, "Emperors Can Claim Antiquity Too: Emperorship and Autocracy Under the New Policies", edited by Patricia Buckley Ebrey and Maggie Bickford. *Emperor Huizong and Late Northern Song China: The Politics of Culture and the Culture of Politics*, pp.173—205.

[2] 自我效能感（Self-efficacy），或译为自我效能，乃社会心理学著名术语，班杜拉（Albert Bandura）对其定义是"个体对自己的行为能力及行为能否产生预期结果所抱的信念"。见林崇德、杨治良、黄希庭主编《心理学大辞典》（第1775页）。

现①。徽宗十六七岁时书画造诣已经名高天下，这些过去的"成功经验"②会长时间地③、积极地促进其心理自信，所以移情④到政治治理，他也会有较大的信心，这也是其乐此不疲地用碑刻来展现治国理念的重要内因。

　　虽然宋徽宗有以碑治国的主观意识，但徽宗朝的碑刻政治也离不开当时权臣、宠臣的推波助澜，尤其是蔡京的作用。徽宗在位25年，蔡京四度为相，前后长达近15年。从前面的表6—1不难看出，除了徽宗即位初期的元符三年与建中靖国元年，以及仅用了三个月的重和时期内，未出现政治碑刻。其他崇宁、大观、政和、宣和都有政治碑刻树立。政治碑刻几乎贯穿整个徽宗朝，其中以崇宁、政和年的立碑频次更高。立碑频次高的年份，基本都在蔡京任相时，这或许并非巧合。前已述及，徽宗朝第一次大规模立碑乃崇宁元年(1102)九月首立党籍碑，即蔡京入相约两个月，就开始了徽宗朝第一次大规模政治碑刻运动。用碑刻来实施政治理念，是徽宗与蔡京这两位同样具有艺术爱好、金石情结的君臣的一拍即合行为。自此之后，蔡京与徽宗多次进行碑刻政治，蔡京可谓是徽宗碑刻政治实施的最有力助手。除蔡京之外，还有如郑居中曾请立《大

---

① 荣格著，关群德译《情结理论评述》，《心理结构与心理动力学》，《荣格文集》第四卷，国际文化出版公司，2011年。

② 班杜拉的社会学习理论认为"实践的成败经验是个体赖以建立自我效能感的最可靠的基础。在此基础上建立的效能感不仅坚定，而且还有向其它活动领域泛化的趋势"，见高申春《人性辉煌之路：班杜拉的社会学习理论》(湖北教育出版社，2000年，第269页)。

③ "自我效能感通过个体选择过程产生的主体作用是一种长时效(long-lasting effect)影响作用"，见高申春《人性辉煌之路：班杜拉的社会学习理论》(第258页)。

④ 移情(transference)指"个体将先前对某人或事的某种情感转移到其他新对象上的潜意识心理过程"。见林崇德等主编《心理学大辞典》(第1534页)。

观圣作碑》。所以说,徽宗朝的碑刻政治,是徽宗与当时权臣、宠臣蔡京、郑居中等人合力实施的结果,不能简单视为徽宗的个人行为。

那么,徽宗通过碑刻来治国的实际成效如何呢?

(二)碑刻政治的客观效果

宋徽宗内心具有强烈的效仿宋太宗、宋神宗之欲望。其即位之初就效仿太宗之太平兴国,改元建中靖国,继而又欲绍续神宗变法图强之遗志,改年号为崇宁。崇宁三年全国立《付辟雍诏碑》云:"则将一道德,同风俗,追成周之隆,以骏惠我神考,岂不韪欤?"①骏惠即极力遵从之意,徽宗强烈的继述之志,是其对父亲神宗变法的认可与尊崇。

钱大昕对徽宗政治碑刻有如下看法:

> 《元祐党籍碑》:神宗所用之人,所创之法,海内皆以为非,独其臣子是之……人主之权,能行于一时,不能行于万世。读党籍之碑,崇宁君臣,几大快于心矣,岂知人心所不服,即天心所不祐。②

> 《政和御制五礼记》:祐陵改修五礼,意在粉饰太平,而牧守建言,辄为毁人自成之举,上亦不以为非也,君侈而臣谄,识者知宋祚之不长矣。③

---

① 宋徽宗《宋徽宗赐辟雍诏》,见姚良弼修,杨载鸣纂《(嘉靖)惠州府志》卷一六《词翰志》(《天一阁藏明代方志选刊》本影嘉靖三十五年刊本,上海古籍书店,1961年,第62册)。此志录文于标题下注谓"崇宁元年刻石循州学",乃误。具体考辨见曾枣庄等编《全宋文》卷三五五七(第163册,第386页)《付辟雍诏》整理者按语。

② 钱大昕《潜研堂金石文跋尾》卷一五,第18919页。

③ 钱大昕《潜研堂金石文跋尾》卷一五,第18920页。"毁人自成"指大名府尹梁子美磨去柳公权撰文并书丹的《何进滔德政碑》而新刻《五礼新仪序碑》,事见《老学庵笔记》卷九。

　　《御笔付李邦彦诏》：语曰：其身正，不令而行，其身不正，虽令不从。观徽宗之诏，可谓有志于化民成俗矣，而人才日衰，国遂以亡，何哉？盖徽宗之所好者，道教也……邦彦轻薄浪子，领袖师儒，乃亟称其学行，此岂真能知人育才者，区区十行手诏，欲使天下风移俗易，颠矣。是故有国家者，务实而不尚文。[1]

观钱大昕之言，无一不是极力批评徽宗的碑刻政治，并且认为这些碑刻的治国作用收效甚微，钱大昕之言应代表了大多数后人的看法。

　　其实，从治国理政的角度而言，碑刻作为一种传播媒介，对其传播效果还应分而论之。党籍碑对相关党人与家族的禁锢影响是巨大的，总体而言不利于舆论治国，所以立碑三四年即诏毁讫。除了党籍碑，其他全国性立碑多毁于后世，既然在徽宗当朝全国遍立碑刻，接受者必然会受其影响。如徽宗前期的兴学重教与诫约监司奉法碑，通过这种强制性、侵略性的阅读方式，对全国臣民，尤其是臣僚与士子进行了一定程度的道德规范引导，对地方官员进行了监察警示。当读者面对这些"大书深刻"的碑刻时，应有"出入顾瞻，必畏而仰"[2]的效果。有学者认为徽宗在全国建立神霄玉清万寿宫，此乃控制地方宗教信仰之行为[3]。确如所言，徽宗此举无疑属于对宫观这种"公共场所"的控制，确对地方民众的宗教信仰有

①钱大昕《潜研堂金石文跋尾》卷一五，第18922页。
②程振《元丰大观诏书后序》，见毕沅、阮元《山左金石志》卷一八，第14653页。
③Shin-yi Chao, "Huizong and the Divine Empyrean Palace Temple Network", edited by Patricia Buckley Ebrey and Maggie Bickford. *Emperor Huizong and Late Northern Song China: The Politics of Culture and the Culture of Politics*, P.P.324—358.

一定影响。可见,徽宗碑刻针对的对象不同,起到的效果也不同。

三、宋徽宗金石情结的形成与强化

金石情结背后体现的深层含义是不朽意识、功业意识、权力意识。下面主要从艺术与政治等层面简述宋徽宗金石情结的成因与强化。

(一)形成:在藩时欲以金石书画永传不朽

中国书画艺术特别重金石气、金石味。书画之所以常与金石同休戚,主要是古人认为"物不朽者,莫不朽于金石"[1]。金石作为一种传之久远的载体,它承载着书画的传播命运与作者不朽的艺术生命,金石情结与书画雅好密切相关。

古人对金石的运用很早,金石成为一门学问,众皆认为乃宋仁宗朝兴起,至徽宗朝达到顶峰。人常谓宋徽宗乃艺术天才,政治昏君。众所周知,徽宗酷爱书画,御书翰墨较多,"瘦金体"独步天下,花鸟画流传千古。徽宗醉心书画,对金石有特殊爱好亦在情理之中。关于个体的人格发展,埃里克森(Erik H. Erikson)强调"个人与周围的文化和社会环境是密切相关的,个人在各阶段的发展都离不开周围的环境的影响"[2],金石情结亦为人格发展之一种,必然与社会风气、文化教育有关。徽宗受到北宋晚期金石学风气的陶染,处在作为文化中心的帝都,这种影响尤大。

分析心理学还认为:"情结的能量朝向积极的方面还是消极的方面,在分析的意义上讲,受到一系列复杂因素的影响,如一个人

---

① 蔡邕《铭论》,蔡邕撰,邓安生编《蔡邕集编年校注》,河北教育出版社,2002年,第483页。
② 罗凤礼《历史与心灵:西方心理史学的理论与实践》,中央编译出版社,1998年,第75页。

的情结是否与其所选择的职业方向一致，是否可以得到周围现实的赞许，是否为个体所认识等等。"①埃里克森把个体心理的发展过程划分为八个阶段，指出每一阶段的特殊社会心理任务。"在这个发展过程中，埃里克森最为重视青春期和青年时期，因为青春期形成的'自我同一'（identity）和可能出现的自我同一危机（identity crisis）无论对于个人还是对于社会，都最为重要"②。其中，第四阶段（6—12周岁）是勤奋或自卑的形成期，"如果他（指儿童）对自己的工具和技能，或对自己在玩伴中的地位感到失望，那么他便不会对这些工具和技能以及工具世界产生认同感……会认为自己注定是平庸或无能之人"③。埃里克森所谓的第五阶段（12—20周岁）是同一性或角色混乱的形成期，即其最重视的青春期，这一阶段的核心问题是自我意识的确定和自我角色的形成④。

宋徽宗即位时约18周岁，在此之前的若干年内，他应在书画艺术方面耗费精力颇多。《铁围山丛谈》载：

> 国朝诸王弟多嗜富贵，独祐陵（指徽宗）在藩时玩好不凡，所事者惟笔研、丹青、图史、射御而已。当绍圣、元符间，年始十六七，于是盛名圣誉布在人间，识者已疑其当璧矣。初与王晋卿诜、宗室大年令穰往来。二人者，皆喜作文词，妙图画，而大年又善黄庭坚，故祐陵作庭坚书体，后自成一法也。时亦就端邸内知客吴元瑜弄丹青……⑤

---

① 范红霞、申荷永、李北容《荣格分析心理学中情结的结构、功能及意义》，《中国心理卫生杂志》2008年第4期。
② 罗凤礼《历史与心灵：西方心理史学的理论与实践》，第74页。
③ Erik H. Erikson, *Childhood and Society*, London: Paladin Grafton Books, 1977, pp.233—234.
④ Erik H. Erikson, *Childhood and Society*, pp.234—237.
⑤ 蔡絛撰，冯惠民、沈锡麟点校《铁围山丛谈》卷一，第5—6页。

　　班杜拉社会学习理论认为,影响自我效能感的因素除了前面所说的最重要的"实践的成败经验",还有"替代经验的效能信息"与"言语劝导"①。徽宗为藩王时,王诜、赵令穰、吴元瑜、黄庭坚等富有艺术盛名的人即起到榜样的示范作用,体现的是"替代经验的效能信息"。同时,徽宗十六七岁就因书画造诣获得各种赞许,这些"言语劝导"无疑会提升徽宗艺术上的自我效能感。至于徽宗登位之后因艺术造诣得到的嘉许更是多如牛毛,他的作品在当时就被奉为神品,被认为纵越古今。徽宗勤奋学研书画艺术即处于"可以得到周围现实的赞许"的环境中,他对书画工具与书画技能应有较高的自信,这对其青春期时自我同一性②建构有非常重要的影响。

　　埃里克森还认为"个人的心理精神状态是与外界社会的情况紧密相关的,尤其某些具有杰出天才的历史人物的自我同一的形成或心理危机的出现都是社会心态的反映"③。徽宗非嫡非长,登位具有偶然性,此前他本无心觊觎政治,身在藩邸,格外耽溺书画艺术,所以在这方面勤奋异常。可以说徽宗登位之前的自我同一性建构就是成为一位酷爱艺术的藩王,而不是成为君主,这也符合当时的众"望"所归。《铁围山丛谈》又载:"(徽宗)及即大位,于是

────────

① "所谓替代经验的效能信息,是指看到能力等人格特征相似的别人在活动中取得了成功的观察结果,能够使观察者相信,当自己处于类似活动情境时也能获得同样的成功,从而提高观察者的自我效能感","言语劝导,即接受别人认为自己具有执行某一任务的能力的语言鼓励而相信自己的效能",见高申春《人性辉煌之路:班杜拉的社会学习理论》(第269—271页)。

② 自我同一性(ego-identity),是埃里克森提出的人格理论术语,指"自己能意识到自我与他人相区别而存在,以及自我的连续性和稳定性,亦即个人的内部状态与外部环境的整合和协调一致。"见林崇德等主编《心理学大辞典》(第1774页)。

③ 罗凤礼《历史与心灵:西方心理史学的理论与实践》,第87页。

酷意访求天下法书图画。"① 众知徽宗为帝时亦不忘书画，多有杰作，且诏令编书谱、画谱，收藏古文物，足见他对艺术是由衷热爱。所以说徽宗对金石的酷爱很大程度上来源于身在藩邸时的书画雅好，由此形成了一种强烈的金石情结。

（二）强化：为帝时欲以金石碑刻铭功垂业

人所共知，九鼎乃王权至高无上的象征，在先秦被视为传国宝器。秦之后有极少数君主重铸九鼎，以彰显金石伟业，为史明载的有武则天与宋徽宗，宋以后则无人再复铸九鼎。徽宗登位具有偶然性，他铸造九鼎一定程度上应含有为继位正名的原因。但徽宗铸造九鼎，则更多是展现了徽宗时代"自我作古"的历史定位②，其实质是徽宗意图铭功垂业。徽宗身为藩王时形成的金石情结在其在位之后因为政治宏愿得以被激发，所以造就了多次全国立碑的现象。

徽宗继位之前的艺术雅好是促成其金石情结形成的最重要原因，继位之后出于政治目的的金石应用是其金石情结的一种强化体现，政治功业宏愿由此反过来强化了其金石情结，可以说政治碑刻是强化其金石情结的外驱力。

（三）其他偏爱：向往封地与道家养生

还有两点或许是徽宗金石情结形成或强化的次要原因，即其对封地的特别偏爱与受到道家金石养生的影响。

宋徽宗喜好江南奇石应是受到了唐宋文人普遍的江南园林观念的浸染，还与其独特的个人生活经历有关。精神分析心理学研究认为情结产生的最重要原因是早期的经验，考察徽宗童年的生

---

① 蔡絛撰，冯惠民、沈锡麟点校《铁围山丛谈》卷四，第78页。
② 方诚峰《祥瑞与北宋徽宗朝的政治文化》，《中华文史论丛》2011年第4期。

活经历,或可解释其金石情结的部分形成之因。徽宗孩童时期常年生活在京城石艺园林中,所以自小对石头世界有特殊情感。此外,北宋灭亡前夕的靖康元年(1126),在金兵南下时,作为上皇的徽宗从开封逃往江南镇江。选择镇江作为逃亡目的地恐非偶然。徽宗为藩王时的封地乃苏州与镇江,他虽未曾就藩,但也许心中早就有了天然的亲近感与偏爱之心。徽宗所建艮岳园等石艺园林,皆以江南山水为原型,花石纲多采太湖奇石,或许也是他对江南封地特别钟爱的潜在体现。故而,基于封地偏爱,宋徽宗对江南地区有特殊的亲近感,对江南奇石的热爱也含有一定的爱屋及乌成分。

帝王信奉神仙方术,服食金石方以求长生不老,习焉已久。金石方是道教服食方的重要成分,"道教服食的金石药主要有丹砂、黄金、白银、玉屑、钟乳、云母、雄黄、曾青、石英、赤石脂、太乙禹余粮等。这些药物有单服者……也有将多味金石药配伍服食或以金石配草木药服食者"[1]。这些金石方虽然不等同于钟鼎碑碣之属,但在古人看来,它们仍然同根同源,同属于不腐不变的金属石头材质。服食习俗在魏晋与唐形成高潮,发展到北宋,好服食者已经逐渐认识到服食金石对身体的危害,金石服食相对减少。即便如此,宋徽宗对预言、占梦、驱鬼等道术极为迷信,也有可能热衷服食[2],故而他对金石的热爱也许含有道教养生的成分所在。

分析心理学研究认为,"情结的形成不仅受外部条件(创伤)的影响,其与个体的固有意象以及潜意识精神的内在精神结构也

[1]蒋力生《道教服食方的类型和特点》,《江西中医学院学报》2003年第4期。
[2]有知名眼科学家认为:"宋徽宗赵佶迷信道教,喜服丹石,被金人俘虏后,一目终致盲废,有可能与服食丹石有关。"见陈耀真《中国眼科学发展史》(《眼科学报》1986年第1期)。

更有关系"①。宋徽宗金石情结的形成，不仅与其小时候的石艺园林生活经历有关，更与徽宗希望艺术不朽、建立金石伟业的内在精神结构有关，这其中，徽宗登位之前的书画雅好造成的金石情结尤为重要。

要之，宋徽宗的金石情结在其身在藩邸就已经开始形成，并且在其统治期间不断被强化，终其一生，它一定程度支配着徽宗的心理与行为，并且这种情结与外显行为相互影响，互为促进。

《宋史·徽宗本纪》赞云"自古人君玩物而丧志，纵欲而败度，鲜不亡者，徽宗甚焉，故特著以为戒"②。正史叙事很大程度上营造了后世的徽宗形象。对于"艺术家皇帝"徽宗而言，所谓玩物丧志之"物"，主要指书画、园艺，这都与其金石情结有关。"以文人的身份来履行自己的皇帝职责，这是徽宗统治的一个核心特点"③，碑刻政治即具有文人治国特点。

通过本文论述，可知从雅好玩物移情到政治治理，乃是艺术心理与政治心理相结合的政治行为，它往往有玩物表志、玩物达志的意义。由此引起思考，帝王的艺术情结对治国理政具有一定影响，这种影响是有意识或无意识的，或积极或消极，不能一概否定，但其情结常会被臣下利用。臣僚也会利用帝王的艺术情结来夤缘谋私，如《宋史·朱勔传》谓"徽宗颇垂意花石"，朱勔等人奉迎上意兴花石纲，以致"流毒州郡者二十年"④。

本文由宋徽宗的碑刻政治进而思考这种以物治国行为的流变。先秦时期的金石治国着重体现在"金"，即青铜礼器，时至唐

① 刘立国《荣格的情结理论探析》，《心理学探新》2008年第4期。
② 《宋史》卷二二《徽宗本纪四》，第418页。
③ 伊沛霞著，韩华译《宋徽宗》，广西师范大学出版社，2018年，第190页。
④ 《宋史》卷四七〇《朱勔传》，第13684、13685页。

宋,转向到"石"。由青铜到碑刻,这种转向背后体现的是文献载体的制作工艺由繁趋简,由此造成了使用地域的扩大化与使用频次的提升,面向对象也由贵族向平民转向。从青铜政治到碑刻政治的风习流转,是物的象征性到实用性的转向,但物的象征性是始终不可丢弃的一面旗帜。无论是象征还是实用,它们都体现了中国文化对金石之不朽与垂远特征的政治性应用。

余论:石刻文献的多维面相
与多元研究谫论

　　传统的石刻文献研究隶属于金石学研究范畴,但现今学科体制的划分早已趋向精细与专门,石刻研究若要取得更大发展,极有必要走出传统金石学研究之"阴影"[1]。传统石刻研究中,石刻多被文史学者用来证经考史,体现出比勘验照、查缺补漏的重要文献意义。但作为一种文献载体,石刻具有多维面相,其产生(包括撰文、书丹、刻石、立石、捶拓等)与功用也各有不同,它是具有多重生命的历史文化遗产,对其进行研究能反映出历史的方方面面。本书末尾拟对石刻的多维面相与研究现状,以及未来可拓的研究角度做初探。笔者难以思虑周全,或有偏颇之嫌,点滴思考聊为抛砖之用。

一、石刻文献的多维面相与目前的研究偏向

　　陈寅恪说:"自昔长于金石之学者,必为深研经史之人。"[2]古

---

[1] 仇鹿鸣《未完成的转型:从金石学到石刻研究刍议》(《读闲书》,浙江大学出版社,2018年)已谈到金石学的现代转型问题。
[2] 陈寅恪《杨树达积微居小学金石论丛续稿序》,《金明馆丛稿二编》,生活·读书·新知三联书店,2001年,第260页。

人早已重视石刻的证经补史功用,这一意义至今不辍,并仍长期是石刻研究的主体所在。证经补史意义主要体现在石刻的补苴罅漏功用,这一主要研究导向造成了石刻研究的各种不足,略举大端如下。

(一)重文字轻图像

传统石刻研究中,文字文本是重要关注点,因为这是石刻作为信息承载特征最直接、最重要的体现。较之而言,图像文本则关注不够。如传统石刻研究中,文史学界对造像记、图赞、像赞的重视程度远胜于造像、图像本身,美术学界则重点关注造像、图像。除了武梁祠等画像石(砖)是文史研究、甚至是美术史研究的重点,石刻中还存在其他大量的图像文本,尤其是道教、佛教、基督教[①]等图像符号,这些图像文本往往载于传统金石文献中,或以拓片形式存世,亦常常是文图并存,还有较大研究空间。实际上,造像、碑额纹图等等都应该纳入石刻研究范畴。还有石刻地图、《五岳真形图》《靠天吃饭图》等一类石刻图像的研究,目前还有待继续深入。而全国多处的梅花碑、竹石碑、园图碑等,也可从图像学角度进行探讨。

(二)重碑志轻题识

墓志铭、神道碑等可统称为碑志文(或碑刻文),由于它们承载的文字信息量较大,故而成为石刻研究之大宗。较之碑志文,那些寥寥数语,或仅存寥寥数字的题名、题字等,可统称为石刻题识,其所受关注度与碑志文有云泥之别。当今石刻数据库的出现,对于以前毫无文献规模效应的各种题识,提供了文献汇集之便利。

---

① 佛教石刻图像受到关注较多,道教、基督教等相对较少。包兆会等对基督教石刻已有关注。

所以,各种题识①也应该纳入考察范畴。联系各种题识产生之背景,宏观的整体研究可期。如全国性的鹅字碑、寿字碑等题字,往往只被当作地方景观个案对待,如联系产生时间与地域做宏观考察,或许会有新的发现。

(三)重作者轻书者、石工、拓工

一种石刻的产生与流传,离不开作者、书丹人、石工、拓工等多人的合作与贡献。但传统的石刻研究,作者(撰者)是最受重视之人,其次是有名的书家备受关注,但也多是被书学研究所关注,多未被纳入文史研究之范围。一般而言,书丹人不被重视②。由于工种属性的特殊性,石工与拓工群体历来被视为匠人,相关文献记载也极少,自然更鲜有深入关注③。有关他们的生活状况、技艺传承、生产与经营方式等,也应是石刻相关研究范畴。不过囿于史料有限,有关他们的相关研究,除了新出石刻或有较大利用价值,更多则应集中在明清两朝来考察。

(四)重静态石本轻动态立石与流通

传统石刻研究中,石刻多以静态的文本被纳入研究视野。一种石刻是如何被刊刻并立石?纸本如何传播开来?是否有毁石与重刻?石刻的产生与流通是否有专门化、规模化、商品化经营?等等,这些都属于动态的石刻产生过程。除了传统的静态石本研究,

---

① 石刻题识目前已略被关注,如杜海军《论题名的文学研究意义》(《安徽师范大学学报》2017年第1期)。

② 传统的石刻书丹主要集中在名家名作考察,系统深入的宏观考察较为鲜见。

③ 已有石工研究多是石工名姓辑录,深入系统研究不多。程章灿《石刻刻工研究》在石工研究方面具有里程碑式意义;白谦慎《吴大澂和他的拓工》(海豚出版社,2013年)、程章灿《捶石入纸:拓本生产与流通中的拓工——以晚清缪荃孙及其拓工为中心》(《上海师范大学学报》2018年第5期)是有关拓工研究的代表成果。

动态的石刻产生、传播过程也应是研究范畴。这一点,曾见仇鹿鸣有相关论述①。

(五)重出土石本轻传世纸本

所谓出土石本,主要指当今新出石刻,甫经问世,往往成为被关注的焦点。如《程知节墓志铭》《上官婉儿墓志铭》即是代表。其实,传世金石文献中还有不少石刻值得关注,包括释读、迻录石刻,以及墨迹本石刻,都不应被忽视。朝代越后,纸质文献留存越多,虽然宋元明清金石文献的史料意义整体不如中古石刻重要,但研究地方社会史,地方书坛、地方民俗等,它们往往能起到非同一般的作用。故而传统金石文献,尤其是明清金石文献亦应引起更多关注。石刻研究者不能养成"喜新厌旧"的习惯,而应是新旧并观。

(六)重汉字轻非汉字

传统石刻研究中,由汉字书写的石刻占研究的主体。但实际上还有不少传世或出土非汉字石刻存在,比如中古以来的佛道石刻,明清时期的传教士墓碑,少数民族地区产生的少数民族语言文字石刻、非本土的外族宗教碑刻②等等,无疑可纳入研究范围。此前如陈寅恪所谓塞外之史、殊族之文研究,已注意到非汉字材料的运用。这一类研究对于民族文化的交流、少数族裔研究具有重要意义。非汉文石刻之所以不被重视,很大程度的原因是目前研究者的知识结构缺陷所致,如学界对西夏文、蒙文、满文等少数民族语言的识别度相对不高,加强相关语言文字掌握,是研究相关石刻的基础。

---

① 仇鹿鸣《言词内外:碑的社会史研究试笔》,见仇鹿鸣《读闲书》。
② 如包兆会《中国基督教图像历史进程之一:唐代的大秦景教流行中国碑》(《天风》2018年第1期)等着重关注基督教石刻。

　　(七)轻石刻主体研究

　　贞石证史,自古而然,石刻之所以被传统文史研究所重视,最重要价值在于它作为史料的补阙意义,但正因为如此,石刻长期成为一种"附庸的史料意义"而存在,未被视为单独的研究对象。石刻作为一种具有鲜明特色的文献载体,对其进行主体研究也是极有必要的。何谓石刻主体研究? 简言之,即把石刻本身当作一种研究对象,而不把它当作文史研究之史料。石刻的撰写、书丹、刻石、拓印与流传等等,都属于石刻主体研究,这些研究在整个石刻研究中显得尤为不够。

　　所谓进行石刻主体研究,首先体现在观念的转变,石刻研究者应该转变观念,将石刻从作为史料的"身份定位"与传世文献之"附庸"的角色里解放出来,单独予以观照。目前石刻研究存在上述之偏重局面,很大程度上是由于研究者对石刻的定位使然,即大都将石刻作为辅助性文献加以利用,而未对石刻本身给予研究对象的主体性关注。

二、石刻文献的多元研究视角

　　石刻千姿百态,研究角度也可以多样化。石刻研究业已取得长足进步,尤其是目前诸多石刻数据库的建设,从文献搜集的意义给研究者提供了巨大便利。在建设石刻数据库的同时,石刻研究还可以在研究角度上加以拓展、创新。大略而言,可在某些已有视角上继续深入,更可在某些视角尝试拓新。需要格外提及,下面若干视角,从逻辑层面而言或有重合与分属关系,但本书不强调概念解释与边界分析,而着重强调石刻研究所能继承和可能拓新的若干研究角度。

（一）语言文字学视角

石刻研究中，语言文字研究乃基础研究。石刻中存在着大量的异体字、俗字，并留存古代民间用字用语习俗。进行语言文字研究，是其他研究的基础体现。目前西南大学汉语言文献研究所、华东师范大学中国文字研究与应用中心等，已在相关领域做出不俗成绩。

（二）历史文化视角

石刻作为文献载体之一种，最重要的体现是史料意义，由此古人将金石类纳入到史部文献。目前存在的石刻研究，主要集中在史学界，文学与美术等学科亦有关注。史学界的石刻研究更多是对石刻的补史证史意义的挖掘。在今后相当长的时期内，历史文化研究视角仍然是石刻研究的主体。目前，除了纯粹的历史研究，其他学科如法学也开始着重关注石刻研究。如李雪梅对法律石刻文献做了较多关注。还有如海洋类碑刻学术会议的组织、道教与碑刻会议的组织，等等，由此可见，包括法律、文学、历史、艺术、宗教等多个学科，都可将石刻作为一种史料进行考察。

（三）文本学视角

"同一个文本，只要呈现形式大异其趣，就不再是'同一个'文本了。"[1]传统纸质文献的产生过程中，往往会有手稿到刻本的变化。石刻文献从纸本到石本，中间或经立石之人因为石材大小而删改内容，或因政治、丧家情感等因素删改内容，又或有石工臆改内容，还有后人重刻时删改内容等因素，由此种种，往往留传的石本与原手稿多有差异，这并非"同一个"文本。业已存在的石刻研究多从石本与集本的异文比较进行考索，已经产出不少成果。新

---

① 罗杰·夏蒂埃《书籍的秩序》，商务印书馆，2013年，第2页。

近冯国栋《一月万川:塔铭文本的多样性》①也可视为此类研究,但其在文献观照上有了新的发现,突破了以往较为单一的一石本与一集本的二元比较,而将书丹实物、不同石本等纳入考察,颇具新意。

正因为石刻产生过程中可能经过多次文本修改,所以可以从文本学角度进行考察。古代大量的士大夫碑志,由于需要进行死后的盖棺论定,常因涉及政治因素或丧家干预而留下互有差异的石本与集本,目前学界已有相关研究②。还有历史上的大量石经,或许可从文本学角度进行深入考察。需要强调的是,文本是流动的,但也是复杂的,过分强调流动的文本则是"片面的深刻",所以进行文本学研究,需要保持格外的冷静态度。

(四)物质文化视角

传统石刻研究中,重文本轻物质形态,石刻物质形态研究基本处于缺席状态(石鼓文似乎是个例外)。石刻的大小、形制研究,皆属于物质文化研究。石刻作为一种物质形态,质量、尺寸受到多方影响,如身份地位、财力大小对碑碣质量、书刻水平会有限制,碑碣制度对碑碣形制会有限制,地方石头材质对石刻大小形制也有限制,目前这方面的研究似不多见。

此外,笔者认为石刻的物质性保护研究基本处于空白。古代大部分石刻,无论是碑志,还是题识,其实体基本仍留原地,其中部分石刻被移动到公共场所加以保护,比如孔庙、府学、县学、寺庙、道观等地往往设有碑廊、碑林。又如史载宋代曾专门下令禁止随意移动、毁坏石碑。古人移碑、重刻、建房护碑等等,都是实施物

---

① 冯国栋《一月万川:塔铭文本的多样性》,《安徽师范大学学报》2021年第1期。
② 这一方面,先后有刘成国、仝相卿等人进行关注,可参见相关成果。

质性保护措施。还有,关于古代石刻的现代管理与使用研究目前
也不多,古代石刻留存至今,或位于某家宅基地或农田内,或立于
某单位建筑群内,往往被私人或单位据为己有,如何保护与研究它
们应该纳入思考。还有如石刻拓本的装裱、剪裱等,目前已有学者
涉及,主要由图书馆、文物所、博物馆工作人员着手。碑帖鉴赏、
鉴定工作比较专门化,需要大量实践经验积累,相关经验也待开掘
交流。

　　将石刻作为一种物质文化进行研究,目前大陆学界以程章灿
所出成果最多。程章灿长期从事石刻研究,已经发表多篇以文物、
神物、玩物、尤物等词为主题的文章,皆从物质文化角度考察,颇值
得关注。

　　(五)空间文化视角

　　空间本属建筑学范畴,但早已被其他学科借鉴。如建筑学认
为建筑并非完全自由,要遵循经济原则、接受制度考验[1],从某种
意义而言,石刻也是一种建筑,故而作为建筑范畴的石刻也可从建
筑学角度去考察。如建筑具有实用功用与文化象征,石刻亦如此。

　　如原广司认为人们被"空间意识"框架限制了自己的思想,难
逃"空间"的束缚。"我们的想象力已经成为这种支配性空间意识
的'俘虏'。"[2]"如果我们将'阙'看作是维持个体内部秩序,阻止外
部不适宜信息进入的装置,那么它所发挥的作用即象征于门这种
物体上,同样道理,四壁就是物象化的阙的典型的一部分。……
古代社会,阙的形成是建立在法律、惯例为主体的基础之上的。然

――――――――

[1] 原广司《均质空间论》,原广司《空间——从功能到形态》,江苏凤凰科学技术出
　　版社,2017年,第22页。
[2] 原广司《均质空间论》,原广司《空间——从功能到形态》,第24页。

而,阙的基本职责,即避忌外力给内部秩序带来的破坏,它是依赖于物质化的边界的,是可以看到的,城墙即是一例。"①的确如此,如石阙、石柱子,内外世界不同,具有边界的意义,可从空间文化角度探讨。

作为实体的石刻,曾经从何处采石、最终立石于何处等等,立在不同地方,有何不同意义,这都可以从空间文化角度去思考。如果联系建筑学视角、人文地理学的概念(如聚落),对古代地方墓葬石刻进行探讨,有利于古代中国乡村社会的考察。另外,空间并不一定是实际空间之所在,也可以有虚拟之空间,如动态立石过程,往往也体现一定的政治空间意义。

(六)视觉文化视角

所谓视觉文化视角,即从视觉角度来对石刻进行观照,目前艺术史视角的石刻研究多属此类。严格来说,视觉文化视角可以隶属于物质文化视角之中,两者常常并举。

石刻作为视角文化研究的主要对象,更多体现在图像、图案研究上,如学界对武梁祠等的系统研究,对各画像石(砖)的关注,即是这一体现。如仇鹿鸣谓"读碑"与"观或看碑"不同②,范兆飞已经关注到碑额图纹的演变③,这都涉及了视觉文化。但目前文史学界对石刻的视角研究,仍显不够。文史学界应多向艺术史(书法史)、美术史取经。宗教图像利用图像志、图像学研究方法,或许可起到意想不到的效果。图像志与图像学的方法,尤其是在分析宗

---

① 原广司《边界论》,原广司《空间——从功能到形态》,第115—116页。
② 可参仇鹿鸣《读者还是观众:石刻景观与中国中古政治》等文,见仇鹿鸣《读闲书》。
③ 范兆飞《螭龙的光与影:中古早期碑额形象演变一瞥》,叶炜主编《唐研究》,第24卷,北京大学出版社,2019年。

教图像的时候,有助于"重现"过去的意识。但需要慎用,并且学会
接受理论、分析心理学、结构主义等知识。

(七)阅读史视角

阅读史的视角相对较新,或可运用到石刻研究中。阅读史研
究认为,阅读一种文本,读者最先接触的就是物质形态的书写物
体,然后才目及文本。读者或观众"受到读物的物质形式和话语形
式的约束"[1]。阅读史还认为,"读者所面对的,从来就不是凭空存
在的理想抽象文本,他们接触的和感知的是实物和形式,后者的结
构和形态将支配阅读(或接受)活动,将左右他们对所读(或所闻)
之文本的可能理解"[2]。因此,研究阅读史,想弄清楚读者怎样读一
个文本,就应该把这物质形态看作影响阅读的第一因素。

石刻阅读亦如此,读者身处环境有异,观实体碑刻、读石刻拓
本、读石刻纸质印本,三者各有不同之视觉感受,读后接受效果亦
有差异。如读摩崖文本与观摩崖实物各有不同体验是极易理解
的,不少摩崖题识存于胜景名地,风化磨泐,远不如读文本来得容
易。还有不少碑刻实体是高书深刻,难以在实物面前仔细阅读,而
只能驻足仰视、远观、略观。阅读史研究还认为阅读行为不纯粹是
一种个人行为,也是一种社会行为。不同时期,不同人群,对于石
刻集本、拓本的重视程度可能有异,如乾嘉时期,有翁方纲等人为
主的石刻鉴赏派,也有如钱大昕等人为主的石刻考据派,这与背后
的学术风气、个人喜好有关,可做群体性考察。阅读史研究还关
注公共阅读与私密阅读,此亦可纳入石刻研究。阅读官方刻石,如
石经、敕告文书等,大都是面对石刻实物的公共阅读,而阅读私人

---

① 罗杰·夏蒂埃《书籍的秩序》,第90页。
② 罗杰·夏蒂埃《书籍的秩序》,第88页。

碑志、题识，除了实物阅读，还有许多是闭门在家的私密阅读，这些阅读当有不同的阅读方式与接受效果。阅读始终是一种实践活动，这种活动离不开动作、空间和习惯。喜欢金石的士大夫玩赏阅读碑拓，其主动性、热忱度，与被动阅读告示、法令的平民的阅读习惯、接受心态自然有异。识字程度与文化程度也影响阅读石刻。甚至石刻拓本或印本的装裱、排版、迻录、字体、刊印方式等等，也影响阅读效果。总之，阅读史要研究的对象，是谁读，读什么，在哪儿读，什么时候读，怎么读，为什么读等问题，兹角度亦可与石刻研究相参。

　　笔者以上所述，难以面面俱到，只就思之所及简而论之。碑帖鉴赏、鉴定工作，依旧需要专业人员尤其是考古研究人员努力为之。语言文字学视角、历史文化视角等等，都是业已存在的石刻研究路向，尚有许多可待深入的地方。而如文本学角度、视觉文化、空间文化、阅读史等视角则相对较新，亦可尝试拓新。但石刻研究中，语言文字学视角、历史文化视角研究依旧是基础研究，应该加强重视，在此基础之上，方能做拓新研究，切不可本末倒置，直接追求花样翻新，陷入凿空之论。上述研究视角并非是泾渭分明地独立、并立存在，而常常是一种交叉、综合研究。而要发掘新的研究视角，其中尤为重要的是将石刻主体研究纳入考察重点，将其从"附庸的史料意义"中解放出来。

三、建立石刻学的可能性与必要性

　　饶宗颐说："向来谈文献学者，辄举甲骨、简牍、敦煌写卷、档案四者为新出史料之渊薮。余谓宜增入碑志为五大类。碑志之文，多与史传相表里，阐幽表微，补阙正误。"[1]所言不虚，为人熟

---

① 饶宗颐主编《唐宋墓志：远东学院藏拓片图录》，香港中文大学出版社，1981年。

知,甲骨学、简帛学、敦煌学等早已成为显学,档案对明清文史研究影响渐大。但迄今为止,石刻研究却仍然是文史研究的附庸。究其原因,主要是因为前三者一般无传世文献,出土文献一经问世,其史料价值立刻引起关注。而石刻却具有传世与出土两种形态,越是往后的朝代,石刻史料价值意义越小。

石刻作为文献载体,其承载的文字、图画等内容比起纸本文献要少,但比起甲骨、简帛、敦煌文献则要多,因此从文献数量而言,石刻完全有可能成为一门相对独立的学科。作为一种独立的文献载体,也有必要将石刻单独列为一种研究对象。前辈学者已有倡议建立石刻学的呼声①,但至今石刻却没有单独成为一门学科,此并非特指要成为文史二级学科,而是它没有与甲骨学、敦煌学、简帛学相应的地位与关注度。

叶昌炽《语石》的问世象征着金石与石刻在理论和体系上的分道扬镳,石刻研究由此可以成为一门独立的学科。石刻可谓千姿百态,而研究现状依旧以补苴罅漏的证经补史为主。近百年的石刻研究主体是文史研究,尤其是史学研究的附庸,并将在今后依然长期以这种状态存在。笔者并不是要强提畛域分明的金石分家,而是认为若要符合当今学科体制的发展,需要重新审视石刻,既要坚持传统石刻作为史料的研究意义,也要新辟石刻作为文献载体的主体研究方向。如何将石刻当作一种单独的研究对象,如何开辟更多的研究角度,这是需要集思广益的。

末尾提及,笔者曾亲聆冯国栋讲座,冯国栋认为石刻的研究路向可分为:作为史料的石刻,作为对象的石刻,作为方法的石刻。

---

① 徐自强《石刻学刍议》(《文物》1983年第2期)、吴琦幸《谈石刻学的建立》(《文物》1986年第3期)。

其中所谓作为史料的石刻,即笔者所谓的石刻作为史料的主体意义。而作为对象的石刻的体现,笔者以为本书所谓的石刻多元研究视角,大都可以体现在作为对象的石刻研究意义上。至于所谓的作为方法的石刻,则更多体现在:传世与出土并重、文字与拓本、墨迹本综合考察、数据库的建设与利用、石刻文献总集与专集的编撰等多个方面。

要之,目前交叉研究乃大势所趋,唯此能在创新上颇具意义,石刻的交叉研究也如此。石刻文史研究应该多向艺术学、建筑学、书籍史等学科取经,这对于提升石刻学的地位、利于石刻研究是极有必要的。

最后提及,有关石刻研究,笔者见识鄙陋,这里斗胆谈一孔之见,上述点滴思考甚不成熟,笔者所言各种新视角,或许分类不尽合理,抑或有主观臆测之嫌,操作起来困难重重,但学术发展乃不断尝试拓新之过程,石刻研究也应多方尝试探索,期待石刻研究能产生更多更新的成果。

附录 《元祐党籍碑》名单定本^①

元祐奸党碑

皇帝嗣位之五年，旌别淑慝，明信赏刑，黜元祐害政之臣，靡有佚罚。乃命有司，夷考罪状，第其首恶与其附丽者以闻，得三百九人。皇帝书而刊之石，置于文德殿门之东壁，永为万世臣子之戒。又诏臣京书之，将以颁之天下。臣窃惟陛下仁圣英武，遵制扬

---

① 崇宁年间，党籍碑先后出现数个版本，这里所谓名单定本，指流传最广、影响最大的崇宁三年刊刻的309人版党籍碑定本。笔者曾统计党籍碑所录309人于《宋史》、清陆心源《宋史翼》中是否有传，然后对异名者、无传者分类丛考（限于篇幅，具体考证过程本书从略），得出相对真实可靠的309人版党籍碑定本胪列于此。本名单以《墨海金壶丛书》本《陶朱新录》所录党籍碑为底本（该版乃南宋马纯对北宋崇宁年间"两浙常平司所立碑"的直接迻录，理应接近崇宁原刻），并参以南宋梁律、沈暐重刻原拓二本（梁刻拓片来自沈鹏主编《历代散佚碑帖珍本》高清影宋拓本，沈刻拓片由笔者通过"孔夫子旧书网"从某冯姓石工手中购得，乃实物棰拓，无出版信息），以及其他传世版本，经过考证最终得出，理应基本还原了崇宁原本。需要提及，《全宋笔记》（第五编，第10册）收录了程郁整理的《陶朱新录》，程郁整理此名单时，以上海文明书局《广四十家小说》本为底本，并以《四库全书》本、宛委山堂《说郛》本、《桂林石刻选》（广西人民出版社，1980年）缩印拓本校之，主要参考了4个版本。笔者至少参考了9种传世版本，尤其重点参考了梁律、沈暐重刻原拓，亦对《全宋笔记》版《陶朱新录》有所纠正。
　　王昶《元祐党籍碑姓名考》、陆心源《元祐党人传》已对相关党人生平做了或详或略的考证，尤其是陆心源《元祐党人传》自称"遍考群书，辑补事（转下页）

功,彰善瘅恶,以昭先烈。臣敢不对扬休命,仰承陛下孝悌继述之志。司空尚书左仆射兼门下侍郎蔡京谨书。

文臣

曾任宰臣执政官

司马光	文彦博	吕公著	吕大防	刘　挚	范纯仁	韩忠彦
曾　布	王岩叟	梁　焘	苏　辙	王　存	郑　雍	傅尧俞
赵　瞻	韩　维	孙　固	范百禄	胡宗愈	安　焘	李清臣
刘奉世	范纯礼	陆　佃	黄　履	张商英	蒋之奇	

曾任待制以上官

| 苏　轼 | 刘安世 | 范祖禹 | 朱光庭 | 姚　勔 | 赵君锡 | 孔文仲 |
| 孔武仲 | 吴安持 | 马　默 | 钱　勰 | 李之纯 | 鲜于侁 | 赵彦若 |

(接上页)迹""为补考,不厌求详"(《元祐党人传·凡例》,《续修四库全书》本,第517册,第376页),笔者在其基础上进行了查缺补漏与匡误纠谬。

　　《元祐党籍碑》有传者约三成多。明人倪元璐《题元祐党碑》(《倪文贞集》卷一六,影印文渊阁《四库全书》本,第1297册,第195页)云:"此碑自靖国五年毁碎,遂稀传本。今获见之,犹钦宝篆矣。……诸贤自涑水、眉山数十公外。凡二百余人史无传者,不赖此碑,何由知其姓名哉。"所谓建中靖国五年,即崇宁四年(1105),建中靖国年号仅用一年。全国毁碑在崇宁五年(1106),此建中靖国五年,应为崇宁五年之误。清末杨岘为陆心源《元祐党人传》作序(《元祐党人传》,第375页)云:"党碑凡三百九人,《宋史》有传者不及百人,或附见而不尽详,且舛伪焉。"此"数十公""不及百人",当为大略而言。陆心源《元祐党人传·凡例》(第376页)谓:"党碑三百九人内,《宋史》有专传者凡七十八人,附传者三十四人。节略史传,以省繁复。"陆心源统计有传者为112人,笔者统计有传者为110人,略有差异。党籍碑中,品级较高的曾任宰臣执政官、待制以上官,基本都在《宋史》有传,有关他们的生平记载文献较多。而余官、武臣、内臣,则在《宋史》大都无传。余官类,其中如"苏门四学士",以及陈瓘、任伯雨等谏官于《宋史》有传,其他大都无传。余官类又可分为两部分,即元祐党人与元符末上书人。据海瑞《元祐党籍碑考》的名单排序,可知余官类,从秦观至欧阳中立被定为元祐党人,从尹材至彭醇,被定为元符末上书人。

孙觉	赵卨	王钦臣	孙升	李周	王汾	韩川
顾临	贾易	吕希纯	曾肇	王觌	范纯粹	吕陶
王古	丰稷	张舜民	张问	杨畏	陈次升	邹浩
谢文瓘	岑象求	周鼎	路昌衡	徐勣	董敦逸	上官均
郭知章	杨康国	叶涛	龚原	朱绂	叶祖洽	朱师服

余官

秦观	黄庭坚	晁补之	吴安诗	张耒	欧阳棐	刘唐老
王巩	吕希哲	杜纯	张保源	孔平仲	司马康	宋保国
汤戫	黄隐	毕仲游	常安民	汪衍	余爽	郑侠
常立	程颐	唐义问	余卞	李格非	陈瓘	任伯雨
张庭坚	马涓	孙谔	陈郛	朱光裔	苏嘉	龚夬
王回	吕希绩	吴俦	欧阳中立		尹材	叶伸
李茂直	吴处厚	商倚	李积中	陈祐	虞防	李祉
李深	李之仪	范正平	曹盖	杨琳	苏昉	葛茂宗
刘谓	柴衮	洪羽	李新	赵天佐	衡钧	兖公适
冯百药	周谊	孙琮	范柔中	邓考甫	王察	赵峋
封觉民	胡端修	李杰	李賁	石芳	赵令畤	郭执中
金极	高公应	张集	安信之	黄策	吴安逊	周永徽
高渐	张夙	鲜于绰	吕谅卿	王贯	朱纮	吴朋
梁安国	王古	苏迥	檀固	何大受	王箴	鹿敏求
江公望	曾纡	高士育	邓忠臣	种师极	韩浩	都贶
秦希甫	钱景祥	周綍	何大正	梁宽	吕彦祖	沈千
曹兴宗	罗鼎臣	刘勃	王拯	黄安期	陈师锡	于肇
黄迁	万俟正	许尧辅	杨朏	梅君俞	胡良	寇宗颜
张居	李修	逢纯熙	黄才	高遵恪	曹盥	侯顾道
周遵道	林膚	葛辉	宋寿岳	王公彦	王交	张溥

许安修	刘吉甫	胡　潜	杨瓗宝	董　祥	倪直孺	蒋　津
王　守	邓允中	王　阳	梁俊民	张　裕	陆表民	叶世英
谢　潜	陈　唐	刘经国	扈　充	张　恕	陈　并	洪　刍
周　锷	萧　刓	赵　越	滕　友	江　洵	方　适	许端卿
李昭玘	向　纠	陈　察	钟正甫	高茂华	杨彦璋	彭　醇
廖正一	李夷行	梁士能				

武臣

张　巽	李　备	王献可	胡　田	马　谂	王　履	赵希夷
郭子旂	任　潀	钱　盛	赵希德	王长民	李　永	李　愚
王庭臣	吉师雄	吴休复	崔昌符	潘　滋	高士权	李嘉亮
李　琮	刘延肇	姚　雄	李　基			

内臣

梁惟简	陈　衍	张士良	梁知新	李　倬	谭　扆	窦　钺
赵　约	黄卿从	冯　说	曾　焘	苏舜民	杨　俌	梁　弼
陈　恂	张茂则	张　琳	裴彦臣	李　俦	王　绂	阎守懃
李　穆	蔡克明	王化基	王　道	邓世昌	郑居简	张　祐
王化臣						

为臣不忠曾任宰臣

王　珪　章　惇

主要参考文献

　　凡例：一、书前"绪论"部分在论述相关学术史时引用的期刊、辑刊、学位论文，已随文出注或做脚注，书末不再重复列出，以省篇幅；二、部分石刻拓片由本书作者购买，无出版信息，具体引用见文中脚注，书末不再重列；三、古籍，按经、史、子、集四部划分，四部下属小类排序大致据《四库全书总目》分类方式排列；四、近今人著作，按作者姓名拼音首字母顺序、出版时间先后编排；五、期刊、辑刊与会议论文，按发表时间顺序编排；六、本书引用金石文献较多，据《四库全书总目》分类方式，或列于史部目录类，或列于子部艺术类，引用公开出版的石刻拓本列入史部目录类；七、凡引自常见的大部头丛书，一般标注到所引用的具体册数，首次出现时标注出版社地址与名称、出版年，后续不一一注明。

一、古籍

（一）经部

王弼、韩康伯注，孔颖达等正义《周易正义》，《十三经注疏》，北京：中华书局，1980年。

毛亨传，郑玄笺，孔颖达等正义《毛诗正义》，《十三经注疏》，北京：中华书局，1980年。

（二）史部

正史类

薛居正等《旧五代史》，北京：中华书局，2016年。

脱脱等《宋史》，北京：中华书局，1985年。

脱脱等《金史》，北京：中华书局，1975年。

编年类

李焘撰，上海师范大学古籍整理研究所、华东师范大学古籍整理研究所点校《续资治通鉴长编》，北京：中华书局，2004年。

李心传撰，胡坤点校《建炎以来系年要录》，北京：中华书局，2013年。

李埴撰，燕永成校正《皇宋十朝纲要校正》，北京：中华书局，2013年。

陈均撰，许沛藻等点校《皇朝编年纲目备要》，北京：中华书局，2006年。

纪事本末类

杨仲良《皇宋通鉴长编纪事本末》，《续修四库全书》，上海：上海古籍出版社，2002年，第387册。

陈邦瞻《宋史纪事本末》，北京：中华书局，1977年。

别史类

王称撰，孙言诚、崔国光点校《东都事略》，《二十五别史》，济南：齐鲁书社，2000年，第19册。

陆心源撰，吴伯雄校注《宋史翼》，杭州：浙江古籍出版社，2016年。

杂史类

彭百川《太平治迹统类》，影印文渊阁《四库全书》，第408册。

诏令奏议类

佚名编《宋大诏令集》，北京：中华书局，1962年。

传记类

朱熹纂集，李幼武续纂《宋名臣言行录》，影印文渊阁《四库全书》，第449册。

杜大珪编《新刊名臣碑传琬琰之集》,《中华再造善本》,北京:北京
　图书馆出版社,2003年。

刘宰撰,王勇、李金坤校证《京口耆旧传校证》,镇江:江苏大学出版
　社,2016年。

黄宗羲原著,全祖望补修《宋元学案》,北京:中华书局,1986年。

李心传《道命录》,《续修四库全书》,第517册。

海瑞《元祐党籍碑考》,《四库全书存目丛书》,史部,济南:齐鲁书
　社,1996年,第95册。

陆心源《元祐党人传》,《续修四库全书》,第517册。

黄𪩘《山谷年谱》,影印文渊阁《四库全书》,第1113册。

茆泮林《宋孙莘老先生年谱》,《宋人年谱丛刊》,成都:四川大学出
　版社,2003年,第4册。

地理类

王象之《舆地纪胜》,《续修四库全书》,第584、585册。

李贤等《明一统志》,影印文渊阁《四库全书》,第73册。

穆彰阿等纂修《大清一统志》,《续修四库全书》,第620册。

谈钥《嘉泰吴兴志》,《中国方志丛书》,华中地方第557号,台北:成
　文出版社,1983年。

施谔撰,胡敬辑《淳祐临安志辑逸》,《丛书集成续编》,上海:上海
　书店,1994年。

郑瑶、方仁荣《景定严州续志》,影印文渊阁《四库全书》,第487册。

周应合《景定建康志》,影印文渊阁《四库全书》,第489册。

潜说友《咸淳临安志》,影印文渊阁《四库全书》,第490册。

史能之纂修《(咸淳)重修毗陵志》,《续修四库全书》,第699册。

袁桷《延祐四明志》,影印文渊阁《四库全书》,第491册。

严嵩纂修《(正德)袁州府志》,《天一阁藏明代方志选刊》,上海:上海古籍书店,1963年,第37册。

李濂撰,周宝珠、程民生点校《汴京遗迹志》,北京:中华书局,1999年。

姚良弼修,杨载鸣纂《(嘉靖)惠州府志》,《天一阁藏明代方志选刊》,第62册。

钟崇文等纂修《(隆庆)岳州府志》,《天一阁藏明代方志选刊》,第57册。

曹学佺《广西名胜志》,《续修四库全书》,第735册。

曹学佺《蜀中广记》,影印文渊阁《四库全书》,第591—592册。

郑元庆《石柱记笺释》,影印文渊阁《四库全书》,第588册。

阮元修,陈昌齐等纂《(道光)广东通志》,《续修四库全书》,第673册。

李瀚章、曾国荃等编撰《(光绪)湖南通志》,长沙:岳麓书社,2009年。

龚嘉儁修,李楁纂《杭州府志》,《中国方志丛书》,华中地方第199号。

陈舜俞《庐山记》,《大正新修大藏经》,台北:佛陀教育基金会,1990年,第51册。

何镗《古今游名山记》,桂林:广西师范大学出版社,2009年。

职官类

程俱撰,张富祥校证《麟台故事校证》,北京:中华书局,2000年。

洪遵《翰苑群书》,影印文渊阁《四库全书》,第595册。

徐自明《宋宰辅编年录》,影印文渊阁《四库全书》,第596册。

政书类

徐松辑《宋会要辑稿》,北京:中华书局,1957年。

李攸《宋朝事实》,影印文渊阁《四库全书》,第608册。

郑居中等《政和五礼新仪》,《影印文渊阁四库全书》,第647册。

徐学聚《国朝典汇》,《四库全书存目丛书》,史部,第265册。

目录类

晁公武撰,孙猛校证《郡斋读书志校证》,上海:上海古籍出版社,1990年。

陈振孙撰,徐小蛮、顾美华点校《直斋书录解题》,上海:上海古籍出版社,2015年。

纪昀等撰,四库全书研究所整理《钦定四库全书总目》(整理本),北京:中华书局,1997年。

北京图书馆藏金石组编《北京图书馆藏中国历代石刻拓本汇编》,郑州:中州古籍出版社,1989年。

宋徽宗《宋徽宗神霄玉清万寿宫碑》,《中华经典碑帖彩色放大本》,北京:中华书局,2017年。

国家图书馆善本金石组编《宋代石刻文献全编》,北京:北京图书馆出版社,2003年。

欧阳修《集古录跋尾》,《石刻史料新编》,台北:台湾新文丰出版公司,1982年,第1辑,第24册。

王象之《舆地碑记目》,《石刻史料新编》,第1辑,第24册。

陈思编《宝刻丛编》,《石刻史料新编》,第1辑,第24册。

陶宗仪编《古刻丛钞》,影印文渊阁《四库全书》,第683册。

顾炎武《金石文字记》,《石刻史料新编》,第1辑,第12册。

顾炎武《求古录》,《石刻史料新编》,台北:台湾新文丰出版公司,1986年,第3辑,第2册。

李光暎《金石文考略》,《石刻史料新编》,第3辑,第34册。

王昶《金石萃编》,《石刻史料新编》,第1辑,第4册。

钱大昕《潜研堂金石文跋尾》,《石刻史料新编》,第1辑,第25册。

毕沅《关中金石记》,《石刻史料新编》,台北:台湾新文丰出版公司,1979年,第2辑,第14册。

毕沅、阮元《山左金石志》,《石刻史料新编》,第1辑,第19册。

谢启昆编《粤西金石略》,《石刻史料新编》,第1辑,第17册。

赵绍祖《安徽金石略》,《续修四库全书》,第912册。

孙星衍、邢澍编《寰宇访碑录》,《石刻史料新编》,第1辑,第26册。

阮元等编《两浙金石志》,《石刻史料新编》,第1辑,第14册。

阮元主修,梁中民点校《广东通志·金石略》,广州:广东人民出版社,2011年。

陆耀遹《金石续编》,《石刻史料新编》,第1辑,第5册。

冯登府辑《闽中金石志》,《石刻史料新编》,第1辑,第17册。

方履篯编《金石萃编补正》,《石刻史料新编》,第1辑,第5册。

陆增祥《八琼室金石补正》,《石刻史料新编》,第1辑,第8册。

缪荃孙等编《江苏金石志》,《石刻史料新编》,第1辑,第13册。

陆心源辑《吴兴金石记》,《石刻史料新编》,第1辑,第14册。

张仲炘辑《湖北金石志》,《石刻史料新编》,第1辑,第16册。

胡聘之辑《山右石刻丛编》,《石刻史料新编》,第1辑,第20册。

张维编《陇右金石录》,《石刻史料新编》,第1辑,第21册。

徐乃昌等编撰《安徽通志稿·金石古物考》,《石刻史料新编》,第3辑,第11册。

武树善编纂《陕西金石志》,《石刻史料新编》,第1辑,第22册。

叶昌炽撰,姚文昌点校《语石》,杭州:浙江大学出版社,2018年。

叶昌炽撰,柯昌泗撰《语石　语石异同评》(合刊本),北京:中华书局,1994年。

史评类

吕中撰,张其凡、白晓霞整理《类编皇朝大事记讲义　类编皇朝中兴大事记讲义》(合刊本),上海:上海人民出版社,2014年。

王夫之撰,舒士彦点校《宋论》,北京:中华书局,1964年。

赵翼撰,王树民校证《廿二史札记校证》,北京:中华书局,1984年。

(三)子部

儒家类

杨时《龟山先生语录》,《四部丛刊续编》。

黄士毅编,徐时仪、杨艳汇校《朱子语类汇校》,上海:上海古籍出版社,2016年。

法家类

韩非撰,王先慎集解,钟哲点校《韩非子集解》,北京:中华书局,1998年。

医家类

朱橚等《普济方》,影印文渊阁《四库全书》,第758册。

艺术类

朱长文《墨池编》,《中国书画全书》,上海:上海书画出版社,1993年,第1册。

陶宗仪《书史会要》,《中华再造善本》,北京:国家图书馆出版社,2014年。

孙承泽《庚子销夏记》,影印文渊阁《四库全书》,第826册。

倪涛《六艺之一录》,影印文渊阁《四库全书》,第832册。

杂家类

苏轼撰,王松龄点校《东坡志林》,北京:中华书局,1981年。

苏轼撰,孔凡礼整理《商刻东坡志林》,郑州:大象出版社,2003年,第一编,第9册。

李廌撰，孔凡礼点校《师友谈记》；朱弁撰，孔凡礼点校《曲洧旧闻》；陈鹄撰，孔凡礼点校《西塘集耆旧续闻》(合刊本)，北京：中华书局，2002年。

何薳撰，张明华点校《春渚纪闻》，北京：中华书局，1983年。

叶梦得撰，侯忠义点校《石林燕语》，北京：中华书局，1984年。

徐度《却扫编》，影印文渊阁《四库全书》，第863册。

张邦基撰，孔凡礼点校《墨庄漫录》；范公偁撰，孔凡礼点校《过庭录》，张知甫撰，孔凡礼点校《可书》(合刊本)，北京：中华书局，2002年。

洪迈撰，孔凡礼点校《容斋随笔》，北京：中华书局，2005年。

陆游《老学庵笔记》，北京：中华书局，1979年。

费衮撰，金圆点校《梁溪漫志》，上海：上海古籍出版社，1985年。

赵升撰，王瑞来点校《朝野类要》，北京：中华书局，2007年。

俞文豹撰，张宗祥校订《吹剑录全编》，上海：古典文学出版社，1958年。

郎瑛《七修类稿》，《续修四库全书》，第1123册。

徐𤊻《笔精》，影印文渊阁《四库全书》，第856册。

沈长卿《沈氏弋说》，《续修四库全书》，第1131册。

王士禛撰，湛之点校《香祖笔记》，上海：上海古籍出版社，1982年。

何焯撰，崔高维点校《义门读书记》，北京：中华书局，1987年。

王懋竑《读书记疑》，《续修四库全书》，第1146册。

汪师韩《谈书录》，《续修四库全书》，第1147册。

胡虔《柿叶轩笔记》，《续修四库全书》，第1158册。

钱泳撰，张伟点校《履园丛话》，北京：中华书局，1979年。

夏荃《退庵笔记》，《四库未收书辑刊》，北京：北京出版社，2000年，第3辑，第28册。

类书类

王钦若等《册府元龟》,北京:中华书局,1960年。

彭大翼《山堂肆考》,影印文渊阁《四库全书》,第977册。

小说家类

杨亿口述,黄鉴笔录,宋庠整理,李裕民辑校《杨文公谈苑》;张师正撰,李裕民辑校《倦游杂录》(合刊本),上海:上海古籍出版社,1993年。

范镇撰,汝沛点校《东斋记事》;宋敏求撰,诚刚点校《春明退朝录》(合刊本),北京:中华书局,1980年。

王辟之撰,吕友仁点校《渑水燕谈录》;欧阳脩撰,李伟国点校《归田录》(合刊本),北京:中华书局,1981年。

魏泰撰,李裕民点校《东轩笔录》,北京:中华书局,1983年。

邵伯温撰,李剑雄、刘德权点校《邵氏闻见录》,北京:中华书局,1983年。

文莹撰,郑世刚、杨立扬点校《湘山野录 续录 玉壶清话》(合刊本),北京:中华书局,1984年。

邵博撰,刘德权、李剑雄点校《邵氏闻见后录》,北京:中华书局,1983年。

蔡絛撰,冯惠民、沈锡麟点校《铁围山丛谈》,北京:中华书局,1983年。

谢良佐《上蔡语录》;陈模《东宫备览》;曾慥撰,阎海文点校《高斋漫录》;曾慥《乐府雅词》(合刊本),北京:商务印书馆,2019年。

王铚撰,朱杰人点校《默记》;王栐撰,诚刚点校《燕翼诒谋录》(合刊本),北京:中华书局,1981年。

马纯《陶朱新录》,《墨海金壶丛书》。

马纯撰,程郁整理《陶朱新录》,《全宋笔记》,郑州:大象出版社,2012年,第五编,第10册。

陈长方撰,许沛藻整理《步里客谈》,《全宋笔记》,郑州:大象出版
　社,2008年,第四编,第4册。

周煇撰,刘永翔校注《清波杂志校注》,北京:中华书局,1994年。

王明清撰,戴建国、赵龙整理《玉照新志》,《全宋笔记》,郑州:大象
　出版社,2013年,第六编,第2册。

王明清撰,田松青点校《挥麈录》,上海:上海古籍出版社,2012年。

吴曾《能改斋漫录》,上海:上海古籍出版社,1979年。

叶绍翁撰,沈锡麟、冯惠民校《四朝闻见录》,北京:中华书局,
　1989年。

蒋正子《山房随笔》,《知不足斋丛书》。

陶宗仪《南村辍耕录》,北京:中华书局,1959年。

叶盛撰,魏中平点校《水东日记》,北京:中华书局,1980年。

陆以湉撰,崔凡芝点校《冷庐杂识》,北京:中华书局,1984年。

（四）集部

别集类

蔡邕撰,邓安生编《蔡邕集编年校注》,石家庄:河北教育出版社,
　2002年。

徐铉撰,李振中校注《徐铉集校注》,北京:中华书局,2018年。

王禹偁《王黄州小畜集》,《中华再造善本》,北京:北京图书馆出版
　社,2004年。

夏竦《文庄集》,影印文渊阁《四库全书》,第1087册。

宋祁《景文集》,影印文渊阁《四库全书》,第1088册。

文彦博《文潞公文集》,《宋集珍本丛刊》,北京:线装书局,2004年,
　第5册。

欧阳脩撰,李逸安点校《欧阳脩全集》,北京:中华书局,2001年。

欧阳脩撰,洪本健校笺《欧阳脩诗文集校笺》,上海:上海古籍出版

社,2009年。

张方平《乐全集》,影印文渊阁《四库全书》,第1104册。

韩琦《安阳集》,《宋集珍本丛刊》,第6册。

祖无择《龙学文集》,影印文渊阁《四库全书》,第1098册。

蔡襄《宋端明殿学士蔡忠惠公文集》,《宋集珍本丛刊》,第8册。

韩维《南阳集》,影印文渊阁《四库全书》,第1101册。

曾巩撰,陈杏珍、晁继周点校《曾巩集》,北京:中华书局,1984年。

司马光撰,李文泽、霞绍晖点校《司马光集》,成都:四川大学出版
　　社,2010年。

王珪《华阳集》,影印文渊阁《四库全书》,第1093册。

苏颂撰,王同策等点校《苏魏公文集》,北京:中华书局,1988年。

王安石撰,刘成国点校《王安石文集》,北京:中华书局,2021年。

刘攽《彭城集》,《丛书集成初编》,上海:商务印书馆,1935年,第
　　1911册。

吕陶《净德集》,《丛书集成初编》,第1921册。

程颢、程颐撰,王孝鱼点校《二程集》,北京:中华书局,1981年。

沈辽《云巢编》,《沈氏三先生文集》,《四部丛刊三编》。

丰稷《丰清敏公遗书》,《丛书集成续编》,第101册。

苏轼撰,王文诰辑注,孔凡礼点校《苏轼诗集》,北京:中华书局,
　　1982年。

苏轼撰,孔凡礼点校《苏轼文集》,北京:中华书局,1986年。

苏轼撰,张志烈、马德富、周裕锴主编《苏轼全集校注》,石家庄:河
　　北人民出版社,2012年。

苏辙撰,曾枣庄、马德富点校《栾城集》,上海:上海古籍出版社,
　　1987年。

范祖禹《太史范公文集》,《宋集珍本丛刊》,第24册。

黄庭坚撰,刘琳等点校《黄庭坚全集》,北京:中华书局,2021年。

曾肇《曾文昭公集》,《宋集珍本丛刊》,第26册。

晁补之《鸡肋集》,《四部丛刊初编》。

陈师道撰,任渊注,冒广生补笺《后山诗注补笺》,北京:中华书局,
　　1995年。

刘跂《学易集》,《丛书集成初编》,第1941册。

张耒撰,李逸安等点校《张耒集》,北京:中华书局,1990年。

李彭《日涉园集》,《宋集珍本丛刊》,第33册。

汪藻《浮溪集》,《丛书集成初编》,第1960、1961册。

王庭珪《卢溪文集》,影印文渊阁《四库全书》,第1134册。

孙觌《鸿庆居士集》,《丛书集成续编》,第102册。

孙觌《鸿庆居士集补遗》,《丛书集成续编》,第103册。

綦崇礼《北海集》,《宋集珍本丛刊》,第38册。

李纲撰,王瑞明点校《李纲全集》,长沙:岳麓书社,2004年。

张纲《华阳集》,《宋集珍本丛刊》,第38册。

周麟之《海陵集》,影印文渊阁《四库全书》,第1142册。

韩元吉《南涧甲乙稿》,《丛书集成初编》,1936年。

周必大撰,王瑞来校证《周必大集校证》,上海:上海古籍出版社,
　　2020年。

吕祖谦撰,黄灵庚等点校《吕祖谦全集》,杭州:浙江古籍出版社,
　　2008年。

陈傅良《止斋先生文集》,《四部丛刊初编》。

楼钥《攻媿先生文集》,《中华再造善本》,北京:北京图书馆出版
　　社,2006年。

楼钥《攻媿集》,影印文渊阁《四库全书》,第1153册。

叶适《水心先生文集》,《宋集珍本丛刊》,第66册。

魏了翁《重校鹤山先生大全文集》,《宋集珍本丛刊》,第77册。

刘克庄撰,辛更儒校注《刘克庄集笺校》,北京:中华书局,2011年。

马廷鸾《碧梧玩芳集》,《宋集珍本丛刊》,第87册。

滕安上《东庵集》,影印文渊阁《四库全书》,第1199册。

释大欣《蒲室集》,影印文渊阁《四库全书》,第1204册。

危素《危学士全集》,《四库全书存目丛书》,集部,第24册。

何乔新《椒邱文集》,影印文渊阁《四库全书》,第1249册。

郎瑛《七修类稿》,《续修四库全书》,第1123册。

袁中道撰,钱伯城点校《珂雪斋集》,上海:上海古籍出版社,1989年。

倪元璐《倪文贞集》,影印文渊阁《四库全书》,第1297册。

卢纮《四照堂诗集》,《清代诗文集汇编》,上海:上海古籍出版社,
　　2010年,第19册。

郭金台《石村诗文集》,长沙:岳麓书社,2010年。

朱彝尊《曝书亭集》,《清代诗文集汇编》,第116册。

王士禛《带经堂集》,《清代诗文集汇编》,第134册。

沈德潜《归愚诗钞余集》,《清代诗文集汇编》,第234册。

全祖望《鲒埼亭集》,《清代诗文集汇编》,第302册。

袁枚《小仓山房文集》,王英志主编《袁枚全集》,南京:江苏古籍出
　　版社,1993年,第2册。

吴省钦《白华前稿》,《清代诗文集汇编》,第371册。

张澍《养素堂文集》,《清代诗文集汇编》,第229册。

陶澍《陶文毅公全集》,《清代诗文集汇编》,第530册。

罗惇衍《集义轩咏史诗钞》,《清代诗文集汇编》,第657册。

总集类

吕祖谦编《宋文鉴》,北京:中华书局,2018年。

茅坤《唐宋八大家文钞》,影印文渊阁《四库全书》,第1383册。

傅璇琮等主编《全宋诗》，北京：北京大学出版社，1995年。

曾枣庄、刘琳主编《全宋文》，上海：上海辞书出版社；合肥：安徽教
　　育出版社，2006年。

李修生主编《全元文》，南京：凤凰出版社，2004年。

诗文评类

范温《潜溪诗眼》，吴文治主编《宋诗话全编》，南京：江苏古籍出版
　　社，1998年。

吕本中《紫微诗话》，吴文治主编《宋诗话全编》，南京：江苏古籍出
　　版社，1998年。

胡仔撰，廖德明点校《苕溪渔隐丛话》，北京：人民文学出版社，
　　1962年。

王正德《余师录》，王水照主编《历代文话》，上海：复旦大学出版
　　社，2007年，第1册。

陈模撰，郑必俊校注《怀古录校注》，北京：中华书局，1993年。

谢枋得《文章轨范》，郑州：中州古籍出版社，1991年。

吴讷撰，于北山点校；徐师曾撰，罗根泽点校《文章辩体序说　文体
　　明辨序说》（合刊本），北京：人民文学出版社，1962年。

唐彪《读书作文谱》，王水照主编《历代文话》，上海：复旦大学出版
　　社，2007年，第4册。

张谦宜《絸斋论文》，王水照主编《历代文话》，上海：复旦大学出版
　　社，2007年，第4册。

蔡世远编《古文雅正》，影印文渊阁《四库全书》，第1476册。

王行《墓铭举例》，影印文渊阁《四库全书》，第1482册。

黄宗羲《金石要例》，《石刻史料新编》，第3辑，第39册。

王芑孙《碑版文广例》，《石刻史料新编》，第3辑，第40册。

二、近今人著作

B

［英］彼得·伯克著,姚朋、周玉鹏等译《历史学与社会理论》,上海:上海人民出版社,2001年。

包伟民、戴建国主编《开拓与创新:宋史学术前沿论坛文集》,上海:中西书局,2019年。

C

昌彼得、王德毅等编《宋人传记资料索引》(增订再版),台北:鼎文书局,1984年。

陈柏泉编《江西出土墓志选编》,南昌:江西教育出版社,1991年。

重庆市博物馆编《中国西南地区历代石刻汇编》,天津:天津古籍出版社,1998年。

陈寅恪《金明馆丛稿二编》,北京:生活·读书·新知三联书店,2001年。

程章灿《石刻刻工研究》,上海:上海古籍出版社,2008年。

陈致主编《当代西方汉学研究集萃》(上古史卷),上海:上海古籍出版社,2012年。

［美］查尔斯·B. 斯特罗齐尔、［美］丹尼尔·奥弗主编,梁卿等译《领袖:一项心理史学研究》,北京:中央编译出版社,2013年。

E

［美］Erik H. Erikson(爱利克·埃里克森),*Childhood and Society*, London:Paladin Grafton Books,1977.

F

傅熹年《傅熹年建筑史论文集》,北京:文物出版社,1998年。

方诚峰《北宋晚期的政治体制与政治文化》,北京:北京大学出版社,2015年。

G

高申春《人性辉煌之路:班杜拉的社会学习理论》,武汉:湖北教育
　出版社,2000年。

龚延明《宋代官制辞典》(增补本),北京:中华书局,2017年。

H

河南省文物研究所、洛阳地区文管处编《千唐志斋藏志》,北京:文
　物出版社,1984年。

河南省文物考古研究所编《北宋皇陵》,郑州:中州古籍出版社,
　1997年。

河南省文物局编《安阳韩琦家族墓地》,北京:科学出版社,2012年。

[日]户崎哲彦《唐代岭南文学与石刻考》,北京:中华书局,2014年。

J

《江苏文物综录》编辑委员会编《江苏文物综录》,南京:南京博物院
　内部发行,1988年。

[美]贾志扬著,赵冬梅译《天潢贵胄:宋代宗室史》,南京:江苏人
　民出版社,2010年。

K

孔凡礼《苏轼年谱》,北京:中华书局,1998年。

L

李国玲编《宋人传记资料索引补编》,成都:四川大学出版社,
　1994年。

罗凤礼《历史与心灵:西方心理学的理论与实践》,北京:中央编
　译出版社,1998年。

柳诒徵《中国文化史》,上海:上海古籍出版社,2001年。

罗家祥《朋党之争与北宋政治》,武汉:华中师范大学出版社,

林崇德、杨治良、黄希庭主编《心理学大辞典》，上海：上海教育出版社，2003年。

李华瑞《王安石变法研究史》，北京：人民出版社，2004年。

洛阳市第二文物工作队编《富弼家族墓地》，郑州：中州古籍出版社，2009年。

［法］罗杰·夏蒂埃《书籍的秩序》，北京：商务印书馆，2013年。

李贞慧《历史叙事与宋代散文研究》，北京：中国社会科学出版社，2015年。

M

苗书梅《宋代官员选任和管理制度》，开封：河南大学出版社，1996年。

N

聂鸿音《西夏文德行集研究》，兰州：甘肃文化出版社，2002年。

P

彭克宏主编《社会科学大词典》，北京：中国国际广播出版社，1989年。

［美］Patricia Buckley Ebrey（伊沛霞）and Maggie Bickford（毕嘉珍），*Emperor Huizong and Late Northern Song China: The Politics of Culture and the Culture of Politics*，Cambridge：Harvard University Asia Center，2006。

［美］Patricia Buckley Ebrey（伊沛霞），*Accumulating Culture: The Collections of Emperor Huizong*，Seattle：University of Washington Press，2008.

［日］平田茂树《宋代政治结构研究》，上海：上海古籍出版社，2010年。

［美］Patricia Buckley Ebrey（伊沛霞）著，韩华译《宋徽宗》，桂林：
　广西师范大学出版社，2018年。

Q

仇鹿鸣《读闲书》，杭州：浙江大学出版社，2018年。

R

饶宗颐主编《唐宋墓志：远东学院藏拓片图录》，香港：香港中文大
　学出版社，1981年。

［瑞士］荣格著，关群德译《心理结构与心理动力学》，《荣格文集》
　第四卷，北京：国际文化出版公司，2011年。

S

释印光重修《九华山志》，《中国佛寺史志汇刊》第二辑第22册，台
　北：明文书局，1980年。

束景南《朱熹年谱长编》，上海：华东师范大学出版社，2001年。

沈松勤《北宋文人与党争》（增订本），北京：人民出版社，2004年。

沈鹏主编《历代散佚碑帖珍本》，太原：山西人民出版社，2016年。

T

谭其骧主编《中国历史地图集》，北京：中国地图出版社，1982年。

涂美云《北宋党争与文祸、学禁之关系研究》，台北：万卷楼图书股
　份有限公司，2012年。

仝相卿《北宋墓志碑铭撰写研究》，北京：中国社会科学出版社，
　2019年。

W

王富民编《药王山石刻集萃》，北京：中国传媒大学出版社，2009年。

［美］巫鸿著，梅玫、肖铁、施杰等译《时空中的美术》，北京：生
　活·读书·新知三联书店，2016年。

王晴佳、李隆国主编《断裂与转型：帝国之后的欧亚历史与史学》，

上海：上海古籍出版社，2017年。

X

辛德勇《石室賸言》，北京：中华书局，2014年。

Y

余嘉锡《四库提要辨证》，北京：中华书局，1980年。

叶国良《石学蠡探》，台北：大安出版社，1989年。

颜中其《苏颂年表》，《宋人年谱丛刊》，成都：四川大学出版社，
　　2003年，第4册。

姚红《宋代东莱吕氏家族及其文献考论》，北京：中国社会科学出版
　　社，2010年。

余英时《朱熹的历史世界——宋代士大夫政治文化的研究》，北京：
　　生活·读书·新知三联书店，2011年。

杨倩描主编《宋代人物辞典》，保定：河北大学出版社，2015年。

［日］原广司《空间——从功能到形态》，南京：江苏凤凰科学技术
　　出版社，2017年。

于景祥、李贵银编著《中国历代碑志文话》，沈阳：辽海出版社，
　　2017年。

Z

曾毅公《石刻考工录》，北京：书目文献出版社，1987年。

郑永晓《黄庭坚年谱新编》，北京：社会科学文献出版社，1997年。

周明泰《三曾年谱》，《宋人年谱丛刊》，成都：四川大学出版社，
　　2003年，第4册。

［美］张聪著，李文锋译《行万里路：宋代的旅行与文化》，杭州：浙
　　江大学出版社，2015年。

曾大兴《文学地理学概论》，北京：商务印书馆，2017年。

三、期刊、辑刊、会议论文

胡道静、吴佐忻辑《〈梦溪忘怀录〉钩沉——沈存中佚著钩沉之
　　一》,《杭州大学学报》,1981年第1期。

陈乐素《桂林石刻〈元祐党籍〉》,《学术研究》,1983年第6期。

来可泓《关于〈道命录〉的卷数及有关内容》,《古籍整理研究学
　　刊》,1985年第4期。

谢鹤林《旅游文学的定义和分类》,《旅游论坛》,1986年第3期。

冯乃康《再谈旅游文学的特征》,《旅游学刊》,1988年第4期。

李振宏《论史家主体意识》,《历史研究》,1988年第3期。

张帆《翰林学士院何时兼修史之任》,《史学史研究》,1990年第
　　3期。

项一峰《麦积山石窟内容总录》(东崖部分),《敦煌学辑刊》,1997
　　年第2期。

萧庆伟《元祐学术之禁考略》,《电大教学》,1998年第1期。

刘成国《宋代文学研究的新创获——读〈北宋文人与党争〉》,《浙江
　　社会科学》,2000年第2期。

张日升、陈香《“情结”及其泛化》,《齐鲁学刊》,2000年第4期。

方学志《宋“元祐党籍”碑两种重刻本的甄别》,《广西地志》,2001
　　年第2期。

林京海《元祐党籍石刻考》,西安碑林博物馆编《碑林集刊》,陕西人
　　民美术出版社,2001年,第7辑。

孙伯君《苏轼〈富郑公神道碑〉的西夏译文》,《宁夏社会科学》,
　　2002年第4期。

翁育瑄《唐宋墓志的书写方式比较——从哀悼文学到传记文学》,
　　台湾2003年“宋代墓志史料的文本分析与实证运用”国际学术

研讨会会议论文。

蒋力生《道教服食方的类型和特点》,《江西中医学院学报》,2003年第4期。

刘心明《略论金石学兴起于宋代的原因》,《山东大学学报》,2004年第2期。

刘静贞《北宋前期墓志书写活动初探》,《东吴历史学报》,2004年第11期。

李峰《论北宋"不杀士大夫"》,《史学月刊》,2006年第12期。

沈松勤《论"元祐学术"与"元祐叙事"》,《中华文史论丛》,2007年第4期。

姚红《北宋宰相吕夷简奸臣说献疑》,《人文杂志》,2008年第3期。

刘成国《北宋党争与碑志初探》,《文学评论》,2008年第3期。

刘立国《荣格的情结理论探析》,《心理学探新》,2008年第4期。

范红霞、申荷永、李北容《荣格分析心理学中情结的结构、功能及意义》,《中国心理卫生杂志》,2008年第4期。

[日]平田茂树《宋代的政治空间:皇帝与臣僚交流方式的变化》,《历史研究》,2008年第3期。

张剑、吕肖奂《两宋党争与家族文学》,《中国文化研究》,2008年第4期。

仇家倞《民国〈杭州府志〉考述》,《图书馆研究与工作》,2009年第2期。

方诚峰《祥瑞与北宋徽宗朝的政治文化》,《中华文史论丛》,2011年第4期。

王星、王兆鹏《苏轼题名、题字及文类石刻作品数量统计与分析》,《湖北大学学报》,2013年第3期。

侯永慧《新见黄庭坚永州朝阳岩题名考》,《河池学院学报》,2013

年第4期。

肖红兵《宋代御赐神道碑额考述——以文献所见六十余人碑额为中心》,《中原文化研究》,2013年第5期。

肖红兵《御赐神道碑额所见北宋中晚期的君臣关系》,《历史教学问题》,2013年第6期。

［日］藤本猛《直睿思殿与承受官——北宋末的宦官官职》,《东洋史研究》74卷号2,2015年9月。

杨向奎《唐代奉敕撰写墓志的制度化及其影响》,《中国文学研究》,2016年第2期。

任石《略论北宋入阁仪与文德殿月朔视朝仪》,《古籍整理研究学刊》,2016年第4期。

程国赋、叶菁《北宋新旧党争影响下的笔记小说创作》,《陕西师范大学学报》,2016年第6期。

杜海军《论题名的文学研究意义》,《安徽师范大学学报》,2017年第1期。

［日］榎并岳史著,贾桢译《宋代神道碑目录》,《吐鲁番学研究》,2018年第2期。

董德英《吕希哲生平辑考》,《鲁东大学学报》,2018年第5期。

王星《唐宋浯溪石刻的"中兴"话题》,《文艺研究》,2019年第1期。

王延智《壁上烟云:宋代题名书法刻石初探》,《中国书法》,2019年第4期。

陈安民、周欣《蒋之奇潇湘摩崖石刻考释三题》,《常州大学学报》,2019年第5期。

范兆飞《螭龙的光与影:中古早期碑额形象演变一瞥》,叶炜主编《唐研究》,北京大学出版社,2019年,第24卷。

王瑞来《生长的墓志——从范仲淹撰〈天章阁待制滕君墓志铭〉看

后人的改易》,《历史教学》(下半月刊),2019年第12期。

程章灿《方物:从永州摩崖石刻看文献生产的地方性》,《武汉大学
  学报》,2021年第1期。

冯国栋《一月万川:塔铭文本的多样性》,《安徽师范大学学报》
  2021年第1期。

后　记

　　我的家乡在鄂西南武陵山区,此地重峦叠嶂,河流、小溪布于群山大壑。云烟袅袅,绿树依依,砾石土屋毗邻潺溪,溪边雏鸡常翻地龙,昔时的日常写照,如今却是梦中向往的桃源光景。老屋依河而建,儿时上山爬树、下河抓鱼乃家常便饭。各种形状、颜色的小石头是妹妹的宝贝,而我与弟弟尤其钟爱河边那匹石质"战马"与那辆"吉普",虽然跑不动,但承载着我们的欢乐。也许因为从小与石结缘,乃至注定若干年后从事石刻研究。那时,满眼满手都是自然天成的石头,后来治学所见石刻皆染上人工色彩。由赤子到成人,也如所接触的石头一样,渐染风习与人情,与自然越走越远。由天造到人为,势不可挡,但我还负隅顽抗。从事高校教学与学术研究这份相对简单、自由的工作,可谓"躲进小楼成一统",算是我顽抗人为化选择的结果。

　　习治石刻中,我偶尔有鳞爪心得。韩愈有诗云"千搜万索何处有,森森绿树猿猱悲",这是他访寻《岣嵝碑》实物的感受。我在统计宋人石刻时,同样也是千搜万索,有时为了一条题名而遍检典籍,尽管其无关考证、立论之大局,然而自己总想竭泽而渔式地占有文献,也许这是文献学专业易患的"强迫症"吧。古人治金石学多有访碑经历,当今我们更多是从纸质或电子载体接触石刻,亲身访碑者日渐稀少。虽然我曾冒酷暑到外地访碑,但仍远不及古人那份热忱。试看叶昌炽《语石》所云:"荒崖断涧,古刹幽宫,裹粮遐访,无所不至。夜无投宿处,拾土块为枕,饥寒风雪,甘之如饴。"这种访碑、拓碑之苦与乐,我们无法真切体认。现代学科细化,考古学、历史学、文献学等等,往往壁垒森严,加之数码摄影、摄像的普及,使得部分人对访碑、拓碑更加陌生。这种陌生,让我们的研究产生了疏离感,少了些许血肉感,似乎也少了一些生命力。此外,石刻题名在古今的待遇迥异,我时常幻想昔时东坡、山谷四处游题的盛景,向往那九百年前的群星璀璨。现在,我们不能轻易在景区名胜刻下"某某到此一游"了,因为这是破坏文物的低素质行为。自然一旦染上人工因素,便非真正的自然了。如今,与其说我们向往自然,不如说我们希冀远离人工。

　　谈起本书的写作缘起,必须提到蓝图先行的项目制。2015年初,我尝试以"北宋党争视域下石刻文献的多元观照"为题申报国家社科基金青年项目,有幸得中,接下来的数年内便用力于此,此项目于2020年9月结项。如今,我终于有机会在步入不惑之年的前夕对此项目做个总结。本书初稿约33万字,为节省版面、方便排版,我删去了部分章节与众多图表。书中部分内容,先后在《天中学刊》《殷都学刊》《北京社会科学》《浙江大学学报》《中原文化研究》《图书馆》《香港中文大学中国文化研究所学报》《四川大学学报》等期刊发表。这次结集付梓,我将已发表的内容做了简单修订,并且将部分未发表的内容也端出献丑。从2008年读硕士开始学治石刻算起,除去读博期间专研中古传世文献,我治石约有12年了。这本小书是我第一本石刻学专著,虽不满意,但却是我研习石刻蹒跚学步迈出的第一小步。

　　学人大都希望自己的习作不会受到"素蟫灰丝时蒙卷轴"的待遇,奈何"形势"催生的"急就章"堆积如山,而我这份"急就章",也即将成为这山中一粒不起眼的小石子。"数间茅屋闲临水,一盏秋灯夜读书"的生活是我所好,那是过往,是梦想;二三"素心人"在荒江野老屋中所谈的,也正是各种"急就章",这是如今,是现实。权且将自己笔下的产物敝帚自珍吧。

罗昌繁
2023年3月2日记于武汉南湖北
3月6日修订于郑州龙子湖西